COMPARATIVE STUDIES ON INTERNATIONAL HOTELS

世界著名酒店集团比较研究 （第二版）

COMPARATIVE STUDIES ON INTERNATIONAL HOTELS

奚晏平 编著

中国旅游出版社

目录
CONTENTS

第一版序言 ·· (1)

再版序言 ·· (12)

第一章 世界饭店业发展简史 ······················· (1)

　第一节 世界饭店业产业形态的演变 ················ (3)

　　一、世界饭店业发展综述 ························· (3)

　　二、中国饭店业发展综述 ························· (7)

　第二节 现代饭店业发展简史及未来 ················ (10)

　　一、60 年代——先行者创立行业标准的时代 ······· (11)

　　二、70 年代——新机遇和新挑战并存的时代 ······· (13)

　　三、80 年代——追求奢华、扩张和全球化的时代 ··· (15)

　　四、90 年代——由创新、交易和发展主导的时代 ··· (18)

　　五、21 世纪前十年——全球化和互联网将世界变为一个平台的

　　　　时代 ·· (21)

　　六、21 世纪的其他事件和主题 ··················· (24)

第二章 世界酒店文化演变研究 ··················· (25)

　第一节 世界酒店管理理念的演进 ·················· (27)

　　一、贵族饭店创立者里兹给予我们的精神财富 ····· (27)

　　二、斯塔特勒先生所创立的行业范式 ············· (29)

　　三、希尔顿先生所设计的企业治理路线图 ········· (31)

　　四、喜来登所建立的职业道德规范给我们的启示 ··· (33)

　　五、凯蒙·威尔逊先生的创新之道 ··············· (36)

　第二节 企业文化与酒店文化 ······················ (38)

　　一、企业理念与文化的关系及作用 ··············· (39)

　　二、文化的三维逻辑在酒店中的表现形态 ········· (41)

三、文化的光芒 ……………………………………（52）

第三章 世界酒店集团化演进研究 ………………………（55）
第一节 酒店集团化经营模式及演进的趋势性特征 ………（57）
一、经营模式 …………………………………………（57）
二、酒店集团化发展的趋势性特征 …………………（62）
第二节 中国饭店业集团化进程 ………………………（65）
一、中国市场集团化现状 ……………………………（66）
二、展望中国酒店集团化发展 ………………………（72）

第四章 世界著名酒店集团经营战略研究 ………………（77）
第一节 经营类型比较 …………………………………（80）
一、经营档次比较 ……………………………………（81）
二、区位类型比较 ……………………………………（87）
第二节 经营模式比较 …………………………………（89）
一、特许经营 …………………………………………（90）
二、管理合同 …………………………………………（91）
三、战略联盟 …………………………………………（92）
四、全资公司 …………………………………………（93）
五、长期租赁 …………………………………………（94）
六、兼并和收购 ………………………………………（95）
第三节 经营策略比较 …………………………………（98）
一、社会责任 …………………………………………（98）
二、集团扩张与多样性 ………………………………（101）
三、细分市场下的个性化服务及特色品牌塑造 ……（102）
四、高科技，信息化与酒店管理的契合 ……………（104）
五、绿色环保已经深入酒店投资理念 ………………（106）

第五章 世界著名酒店集团财务研究 ……………………（111）
第一节 从财务状况看世界酒店业 ……………………（113）
一、财务结构与财务管理 ……………………………（114）
二、全球酒店业的运营现状 …………………………（115）

　　三、中国在世界酒店业中的位置 ……………………………… (119)

　第二节　世界著名酒店集团的财务经营状况 …………………… (120)

　　一、实力状况 …………………………………………………… (121)

　　二、市场定位 …………………………………………………… (125)

　　三、主要指标 …………………………………………………… (126)

　　四、经营业绩 …………………………………………………… (129)

　　五、财务细分 …………………………………………………… (132)

第六章　世界著名酒店集团进入中国市场情况 …………………… (143)

　第一节　抢滩中国大陆 …………………………………………… (148)

　　一、进入中国大陆的旗舰酒店 ………………………………… (148)

　　二、著名酒店集团的试水期 …………………………………… (149)

　　三、对中国酒店集团的启示 …………………………………… (152)

　第二节　世界著名酒店集团中国市场经营战略 ………………… (153)

　　一、近年来中国旅游经济运行情况 …………………………… (153)

　　二、国际酒店集团在中国市场的战略布局 …………………… (156)

　　三、经济型酒店集团在中国市场获得前所未有的发展机遇 …… (165)

　第三节　各酒店集团在中国大陆发展过程中的本土化 ………… (169)

　　一、管理人才本土化 …………………………………………… (169)

　　二、经营管理本土化 …………………………………………… (170)

　　三、设计装潢本土化 …………………………………………… (171)

　　四、与当地社区的关系 ………………………………………… (172)

第七章　当今世界著名酒店集团概览 ……………………………… (175)

　第一节　洲际酒店集团 …………………………………………… (177)

　　一、集团历史概况 ……………………………………………… (178)

　　二、集团旗下品牌介绍 ………………………………………… (181)

　　三、集团市场营销 ……………………………………………… (184)

　　四、集团财务状况 ……………………………………………… (185)

　　五、集团在中国的发展 ………………………………………… (187)

　第二节　温德姆酒店集团 ………………………………………… (188)

一、集团历史概况 …………………………………………… (190)

二、集团旗下品牌介绍 ……………………………………… (191)

三、集团企业文化 …………………………………………… (197)

四、集团社会责任 …………………………………………… (199)

五、集团财务状况 …………………………………………… (204)

六、集团在中国的发展 ……………………………………… (205)

第三节　万豪国际集团 ……………………………………… (207)

一、集团历史概况 …………………………………………… (210)

二、集团旗下品牌介绍 ……………………………………… (214)

三、集团市场营销 …………………………………………… (224)

四、集团品牌战略 …………………………………………… (224)

五、集团企业文化 …………………………………………… (226)

六、集团财务状况 …………………………………………… (229)

七、集团在中国的发展 ……………………………………… (231)

第四节　希尔顿酒店集团 …………………………………… (233)

一、集团历史概况 …………………………………………… (235)

二、集团旗下品牌介绍 ……………………………………… (238)

三、集团管理创新 …………………………………………… (243)

四、集团企业文化 …………………………………………… (247)

五、集团社会责任 …………………………………………… (250)

六、集团财务状况 …………………………………………… (254)

七、集团在中国的发展 ……………………………………… (256)

第五节　精选国际酒店集团 ………………………………… (258)

一、集团历史概况 …………………………………………… (259)

二、集团旗下品牌介绍 ……………………………………… (268)

三、集团企业文化 …………………………………………… (271)

四、集团社会责任 …………………………………………… (272)

五、集团财务状况 …………………………………………… (273)

六、集团在中国的发展 ……………………………………… (276)

第六节　喜达屋酒店与度假村国际集团 …………………… (276)

一、集团历史概况 …………………………………………（277）

二、集团旗下品牌介绍 ……………………………………（281）

三、集团企业文化 …………………………………………（289）

四、集团社会责任 …………………………………………（290）

五、集团经营战略 …………………………………………（293）

六、集团财务状况 …………………………………………（296）

七、集团在中国的发展 ……………………………………（298）

第七节 雅高酒店集团 ………………………………………（300）

一、集团历史概况 …………………………………………（302）

二、集团旗下品牌介绍 ……………………………………（308）

三、集团经营战略 …………………………………………（311）

四、集团社会责任 …………………………………………（314）

五、集团财务状况 …………………………………………（319）

六、集团在中国的发展 ……………………………………（322）

第八节 凯悦酒店集团 ………………………………………（324）

一、集团历史概况 …………………………………………（325）

二、集团旗下品牌介绍 ……………………………………（328）

三、集团企业文化 …………………………………………（331）

四、集团社会责任 …………………………………………（331）

五、集团财务状况 …………………………………………（334）

六、集团在中国的发展 ……………………………………（335）

第九节 香格里拉酒店集团 …………………………………（336）

一、集团历史概况 …………………………………………（337）

二、集团旗下品牌介绍 ……………………………………（341）

三、集团企业文化 …………………………………………（343）

四、集团职业发展与社会责任 ……………………………（344）

五、集团财务状况 …………………………………………（347）

六、集团在中国的发展 ……………………………………（349）

第十节 四季酒店及度假村集团 ……………………………（351）

一、集团历史概况 …………………………………………（351）

二、集团的服务 ·· (352)

三、集团经典风范回顾 ·· (356)

四、集团企业文化 ·· (358)

五、集团的发展 ·· (361)

第十一节 最佳西方国际酒店管理有限公司 ················ (363)

一、集团历史概况 ·· (363)

二、集团企业文化 ·· (367)

三、集团社会责任 ·· (370)

四、集团财务状况 ·· (372)

五、集团在中国的发展 ·· (372)

第十二节 卡尔森国际酒店集团 ···························· (374)

一、集团历史概况 ·· (376)

二、集团旗下品牌介绍 ·· (379)

三、集团企业文化 ·· (383)

四、集团在中国的发展 ·· (385)

第十三节 费尔蒙莱佛士国际控股集团 ···················· (387)

一、集团历史概况 ·· (388)

二、集团旗下品牌介绍 ·· (390)

三、集团企业文化 ·· (392)

四、集团社会责任 ·· (393)

五、集团在中国的发展 ·· (394)

第十四节 凯宾斯基酒店集团 ······························ (395)

一、集团历史概况 ·· (395)

二、集团发展策略 ·· (398)

三、集团企业文化 ·· (400)

四、集团社会责任 ·· (402)

五、集团在中国的发展 ·· (402)

第十五节 卓美亚酒店集团 ································ (403)

一、集团历史概况 ·· (403)

二、集团旗下酒店介绍 ·· (404)

三、集团企业文化 ……………………………………… （416）

第十六节　悦榕庄酒店及度假村 ……………………… （417）

一、集团历史概况 ……………………………………… （418）

二、集团旗下品牌介绍 ………………………………… （420）

三、集团企业文化 ……………………………………… （423）

四、集团社会责任 ……………………………………… （424）

五、集团在中国的发展 ………………………………… （433）

第十七节　世界一流酒店组织 ………………………… （435）

一、组织简介 …………………………………………… （435）

二、组织历史概况 ……………………………………… （436）

三、组织附属企业 ……………………………………… （437）

四、组织使命宗旨 ……………………………………… （442）

五、组织在中国的发展 ………………………………… （442）

第十八节　世界大酒店组织 …………………………… （443）

一、组织概况 …………………………………………… （444）

二、组织旗下品牌介绍 ………………………………… （445）

三、组织市场销售 ……………………………………… （447）

四、组织社会责任 ……………………………………… （455）

第十九节　罗克福第酒店集团 ………………………… （456）

一、集团历史概况 ……………………………………… （456）

二、集团优势特征 ……………………………………… （458）

三、集团旗下酒店介绍 ………………………………… （460）

第二十节　世界优选酒店集团 ………………………… （466）

一、集团历史概况 ……………………………………… （466）

二、集团旗下品牌介绍 ………………………………… （468）

三、集团经营管理 ……………………………………… （469）

四、集团品牌运作 ……………………………………… （470）

五、集团社会责任 ……………………………………… （472）

第二十一节　丝路酒店集团 …………………………… （476）

一、集团历史概况 ……………………………………… （476）

二、集团旗舰酒店介绍 ……………………………………… （478）

三、集团咨询服务 …………………………………………… （480）

四、集团项目与施工管理 …………………………………… （482）

五、集团酒店管理 …………………………………………… （483）

附录 …………………………………………………………… （486）

一、2010 年世界酒店集团 100 强 ……………………… （486）

二、奇妙的未来酒店 ………………………………………… （493）

参考文献 ……………………………………………………… （500）

第一版序言

漫步当代中国的街头，我们会发现越来越多的国外酒店品牌 logo 悄然间出现在一幢比一幢漂亮的建筑物上，这对城市来说是一道亮丽的风景，对消费者来说多了一份选择，对酒店管理者来说又意味着什么呢？竞争——不可避免的短兵相接的竞争：市场的竞争、人才的竞争、管理技术的竞争、企业文化的竞争。但竞争并不是游戏的唯一主旋律。竞合——竞争中的合作将成为现代市场经济条件下的另外一种必然选择。一方面酒店业在动荡的市场环境中为了生存进行着产品的竞争、价格的竞争、客户的竞争，尽管竞争的最高境界是避免竞争；另一方面为了在竞争中强壮起来，使行业健康持续地发展，吸收各种外来先进的管理技术和先进企业文化，培养和分享成长中的市场，合作的态度、方式和能力将决定企业的另一半命运。波特的竞争优势理论、普拉哈拉德的企业成长理论、盖瑞·海默尔的开创竞争新局面的理论从不同的侧面揭示了现代企业的竞争模式和企业如何获取竞争优势的途径。但所有的论述中有一点是共同的，那就是在非垄断的竞争环境中直面竞争的勇气和能力。面对竞争，我们该做出什么样的选择？圣吉在《第五项修炼》中提出了建立学习型组织的理念。自我超越（Personal Mastery）、改善心智模式（Improving Mental Models）、建立共同愿景（Building Shared Vision）、团队学习（Team Learning）、系统思考（Systems Thinking）中的每项要素都是对现代管理者和每个企业组织的一种挑战。知己知彼，方能百战不殆。企业有目标的学习和进步可以降低我们的学习成本并缩短变革的周期。通过对世界著名酒店集团的比较研究我们既可以寻找到他们成功的规律和途径，也可以为我们自己找到现在和将来的位置。对酒店集团的比较研究有多种方法可以选择，但简单的数据和操作比较并不能解释各个集团通过不同的模式和途径达到成功的结果，因为没有一种模式是万能的。因此我们有必要从酒店作为企业组织的本质特性的角度去解读这些酒店集团成功的必然性。

酒店作为一个企业组织存在所构成的三组基本三维逻辑关系——治理的逻辑、管理的逻辑、文化的逻辑，是我们研究世界优秀酒店的合理途径，这与中国传统文化的基本宇宙观"道生一，一生二，二生三，三生万物"是一种方法论上的契合。彼得·圣吉在《第五项修炼》中认为中国文化仍保留有那些生命一体观方法论来了解万事万物运行的法则，保留有对于奥妙的宇宙万有本原所体悟出极高明、精微而深广的古老智慧结晶。① 因此让我们从这些关系所蕴涵的企业本质特性出发去探寻这些著名酒店集团运行的规律和应有价值。这些关系形成的必然逻辑关联为我们从哲学的层面来观察酒店业作为一种经济组织构建了三个视窗。这三组既有内部强烈关联性又有外部逻辑连接的逻辑关系组合是构成几乎所有成功企业三位一体的必要条件。由于解读治理的逻辑、管理的逻辑和文化的逻辑需要大量的第一手资料来支持各个酒店集团的治理途径和管理方法，我们不能全面地为读者提供详尽的内容分析，但是至少我们可以为读者提供一些基本材料和研究这些酒店集团的方法。②

治理的逻辑 Corporate Governance Logic：

产权—治理结构—科学管理

property rights— governance ctructure—scientific management

管理的逻辑 Management Logic：

品牌—文化—管理模式 brand—culture—management model

文化的逻辑 Trinity of Cultural Logic：

企业—员工—顾客 management—associates—customers

---

① 彼得·圣吉.《第五项修炼》.郭进隆译.上海三联书店，2002 年

② 关于治理的逻辑，参见奚晏平《寻找国有酒店业的现代企业之路》，《中外酒店》2003 年 5 月；关于管理的逻辑，参见《海天酒店管理模式——系统设计与操作实务》，中国旅游出版社，2003 年

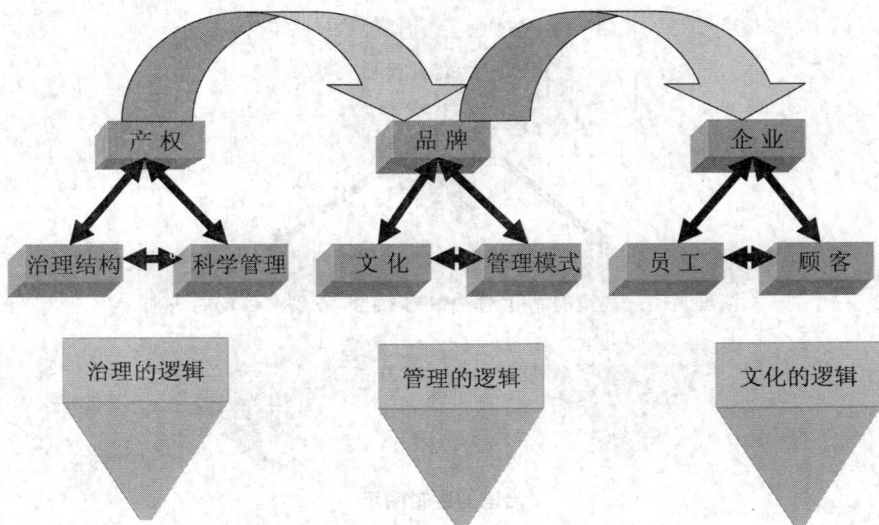

企业的三维逻辑关系组图
Trinities of Hotel Logic

事实上这三组逻辑组合具有一定的递进依存关系，即是说只有当治理的逻辑关系完备的时候，管理的逻辑才在理想的状态下成立，或者说管理的逻辑是在完善的治理状态下科学管理理念的延伸。同样地，理想的管理逻辑组合是构成文化逻辑的必要条件。从理论的层面上，每一个在上一层次抽象的理性设计到了下一个层次自然演变为具体的范式。科学管理在治理的逻辑中表现为一种制度安排而在管理的逻辑中已经成为具体的操作范式；文化在管理的逻辑组合中是一种理念设计，到了文化的逻辑组合中自然地演变为具体的人文关怀。

一、治理的逻辑：治理的逻辑关系组合所涵盖的是产权、治理结构和科学管理。即通过一种制度安排，来合理地配置所有者与经营者之间的权利与责任关系。公司治理的目标是保证股东利益的最大化，防止经营者对所有者利益的背离。公司治理是通过一套包括正式或非正式的、内部的或外部的制度或机制来协调公司与所有利害相关者之间的利益关系，以保证公司决策的科学化，从而最终维护公司各方面的利益。

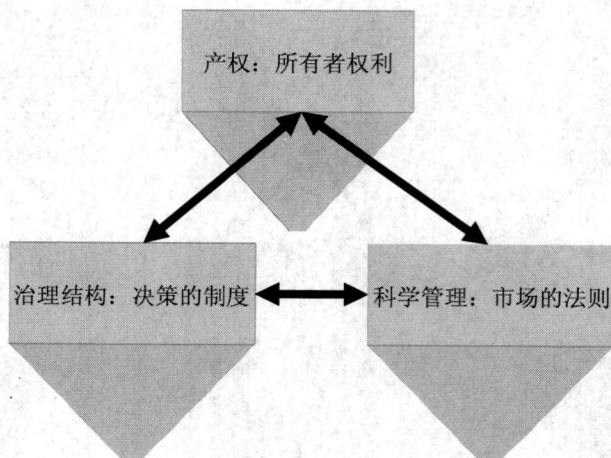

治理的逻辑图示
Corporate Governance Logic

1. 在这个三位一体的关系中，产权主要界定所有者和权利。我们很难想象当给定的资产都不知道是谁所有和由谁来控制时，这个企业在市场的环境中能有持续的生命力，而中国国有企业恰恰保存了这种特性。我们毋庸置疑，世界著名酒店集团的产权关系是明确的。明确的产权关系实际上包括财产的所有权、控制权以及剩余索取权。产权是所有制的核心和主要内容。建立归属清晰、权责明确、保护严格、流转顺畅的现代产权制度，是完善基本经济制度的内在要求，是构建现代企业制度的重要基础。①

———————————

① 中共十六届三中全会公报关于产权制度的完整表述：产权是所有制的核心和主要内容。建立归属清晰、权责明确、保护严格、流转顺畅的现代产权制度，有利于维护公有财产权，巩固公有制经济的主体地位；有利于保护私有财产权，促进非公有制经济发展；有利于各类资本的流动和重组，推动混合所有制经济发展；有利于增强企业和公众创业创新的动力，形成良好的信用基础和市场秩序。这是完善基本经济制度的内在要求，是构建现代企业制度的重要基础。要依法保护各类产权，健全产权交易规则和监管制度，推动产权有序流转。

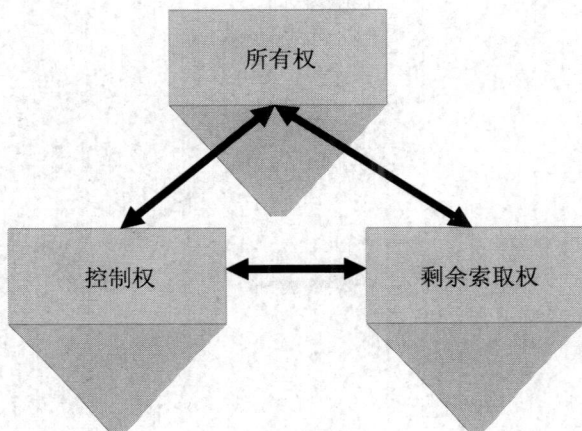

产权的三维逻辑
Trinity of Property rights Logic

2. 当产权关系明确以后，就应该设定一个权力结构来有效管制这些资产，以使其在运行过程中不断增值。现代企业制度中对于公司治理结构已经有明确的规范可以遵循。通常的现代企业治理结构由股东大会、董事会和管理者组成。股东大会是公司的最高权力机构、董事会是公司的最高决策机构而管理者是执行机构。世界著名酒店集团由于自身的文化传统和所在地的法律规制在治理结构上可能有所差异，但治理结构的基本框架应该是大同小异的。而所有权和经营权的分离是建立在委托代理关系基础之上的，委托代理关系实质上是一种契约关系。在这种契约关系下，公司的所有者将其拥有的资源委托给公司经理人员经营，公司所有者不再直接管理公司，而是通过建立激励机制，最大限度地使经营者和股东利益趋于一致，同时通过约束机制尽量避免经理人员的"道德风险"问题。上述的激励机制和约束机制等制度安排就构成了公司的治理结构。其目的是要解决所有权与经营权分离带来的代理问题和信息不对称问题，以实现股东利益的最大化。①

① 除了股东大会、董事会，许多现代公司还根据当地法律条文设有监事会，但笔者认为监事会的监督功用并不构成公司的三权分立，有的公司法对监事会的设立并没有强制性的法律条款。

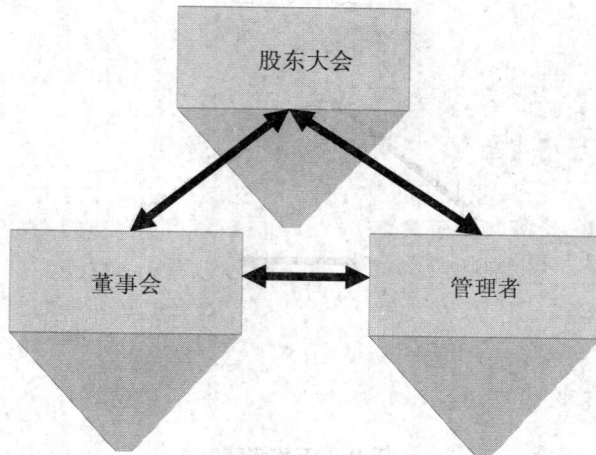

治理结构的三维逻辑
Trinity of Gover nance Structure Logic

3. 企业治理的权力结构确立以后实际上一种委托代理关系就成立了，资产所有者成为股东后将资产委托董事会对资产的运行进行决策，董事会再通过委托专业化管理者负责企业的日常管理。在科学的管理逻辑中，市场法则是指企业的资源按照市场规律来进行配置，包括对管理者的选择，企业的战略决策也是由市场驱动的。在选择合适的管理者后要设计一套完善的激励机制和约束机制以保证给予企业最大的动力和防范道德风险的机制。我们不难从世界著名酒店集团的产权关系和产权交易的背景中看出酒店管理的专业性和科学性。世界饭店业的一大特性就是在专业化经营的基础上实现了所有权与经营权的分离。这种委托代理关系不仅在大的酒店集团中演绎，也在个别独立酒店的专业化管理中延伸。实际上国际品牌酒店为了扩大自己的网络组织，把输出管理作为自己的一种战略来设计和实施，而业主也可从专业化的国际品牌管理中获得声誉和利益的双丰收。特许经营也是行业另一大特色。

市场法则

激励机制 ⟷ 约束机制

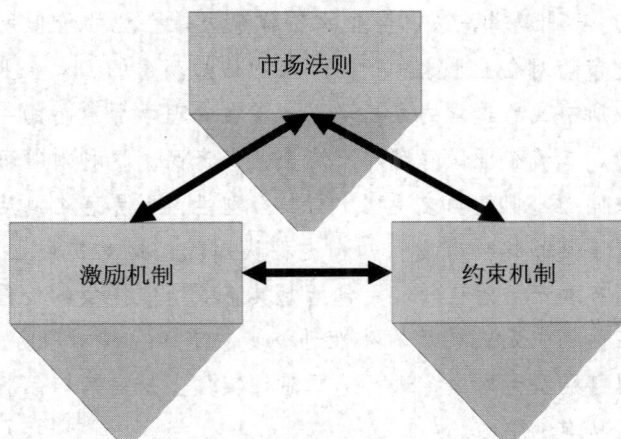

科学管理的三维逻辑
Trinity of Scientific Management Logic

二、**管理的逻辑**：在科学管理得到制度性保证后，管理就转化为一种行为活动。管理的逻辑关系表现为品牌、文化和管理模式的有机组合。品牌象征着企业的价值所在；文化是管理的精神；模式是管理的技术。

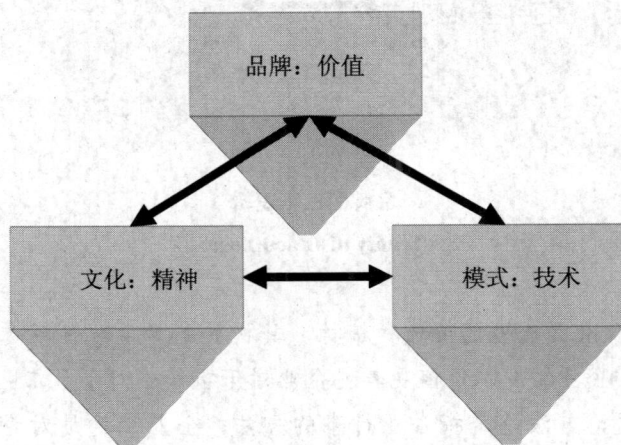

品牌：价值

文化：精神 ⟷ 模式：技术

管理的逻辑图示
Management Logic

1. 在这个三维逻辑关系中企业的品牌意味着企业的价值所在，而价值的实现是通过市场对企业形象和产品形象的认知获得的。对企业品牌的追求实际上是企业所有战略追求的最高境界。现在管理学界流行的一种观点是一流企业做品牌，二流企业做营销，三流企业做产品。这种对管理科学的片面强调尽管有失偏颇，但的确在现实中有其合理性。世界著名酒店集团的价值体现实际上在于其品牌被市场认知。这种认知既包括对其企业形象的认知，也包括对其服务和产品的认知，更包括对其企业所能提供的价值的信心。由于服务产品在促销中无法展示的特性进一步决定了品牌对服务业的重要性。人们在根据自身购买力对服务进行选择时，实际上是对酒店品牌的一种选择和对该品牌所持有的信心。

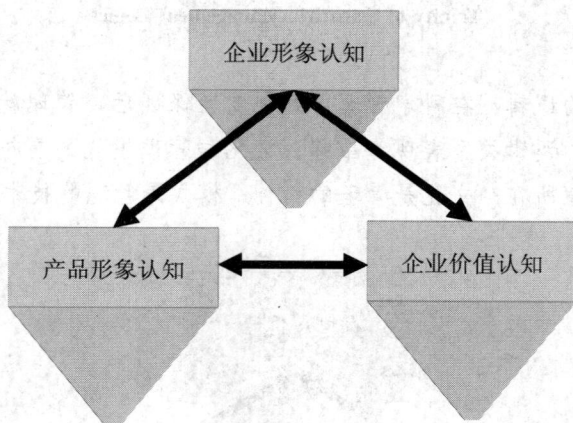

品牌的三维逻辑
Trinity of Brand Logic

2. 企业文化是企业的灵魂和精神。其构成要素主要体现为企业的价值观、方法论和企业制度。价值观表现企业对于市场、对于员工、对于自身价值的基本态度；方法论是指企业行事的方法；企业制度是对企业行为的规制。每个酒店集团在设计自身文化战略之前一定要解决作为企业存在的原因和目的，这个问题的答案直接决定了企业的行为方式，为了使企业的价值观

和行为方式得到始终如一的贯彻，企业必须制定系统的制度以规范企业的
行为。

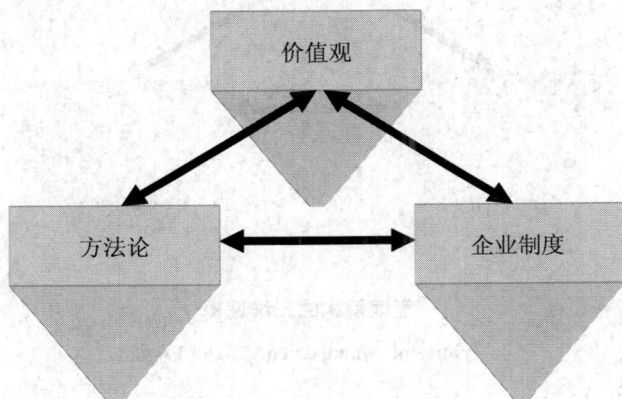

文化的三维逻辑
Trinity of Culture Logic

3. **管理模式**是管理技术的范式。每个成熟的企业都应该有一套完善的
管理模式。管理模式的构成要素体现为规范、流程和控制。规范就是一种标
准；流程是指管理和生产的程序；控制是对标准和过程的监控和反馈。我们
无论走进世界著名酒店集团中的任何一家酒店都会感受到他们一种独特的管
理和服务模式，这些模式绝对不会是一模一样的，否则就缺少了世界酒店业
的多样性，也不能满足消费者的多样化需求。但是这些酒店集团中的任何一
家酒店都会呈现出某种似曾相识的感觉，这是为了保证产品的连续性和给予
消费者信心。

规范

流程　　　　控制

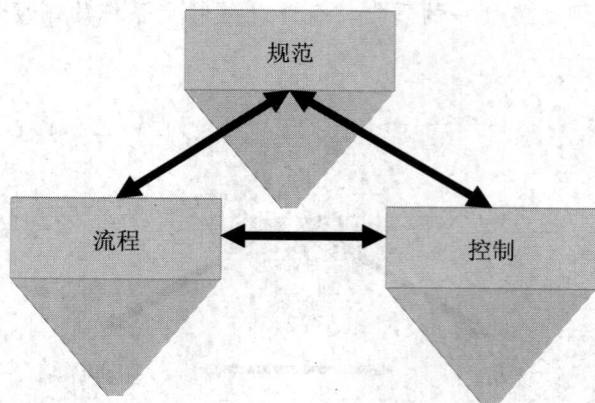

管理模式的三维逻辑
Trinity of Management Model Logic

　　三、文化的逻辑：当文化理念转化为利益关系表现出来的时候，三个利益主体就成为文化的载体。这里的文化逻辑关系包含的三个利益主体关系是我们理解企业文化的关键，因为再好的企业文化总是要以一定的方式体现利益主体的利益关系。这三个利益主体是企业、员工、顾客。

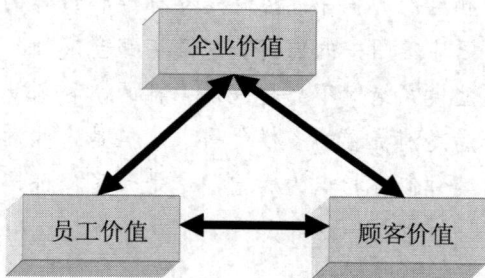

企业价值

员工价值　　　　顾客价值

文化的逻辑图示
Cultural Logic

　　由于本书有章节专门探讨世界著名酒店的企业文化，这里就不再赘述。
　　《世界著名酒店集团比较研究》的出版，旨在为中国酒店业提供一个全面了解世界著名酒店集团的窗口，从而把握现代酒店业先进的管理理念和管理技术。本书是目前国内第一部全面翔实介绍世界著名酒店集团并对其进行比较研究的书。本书介绍了各酒店集团不同的企业文化、经营理念、发展历史、发展战略、现在的辉煌以及未来发展的趋势。内容涉及各大集团在世界各地经营管理的不同品牌酒店和特许经营情况以及在中国大陆的市场进入情况、集团财务经营情况、在全球酒店业的地位等。

目前中国酒店业正处在行业大重组大变革时期，特别是酒店业的集团化发展是不可逆转的趋势，本书的出版将有助于酒店业的业主和从业者从国际酒店集团的经验中获取专业的知识来决策自己的未来。

该书选择了世界著名酒店集团进行详尽论述和比较研究，同时还辅以其他酒店集团的相关资料。在此书的编写过程中，我们查阅了大量的信息资料进行甄选、翻译和比较研究，中国旅游出版社为此书的出版做了大量细致的工作，在此对他们的努力一并表示谢意。最后还要特别鸣谢为此书出版给予积极支持的各有关酒店集团，他们在整个交流过程中所表现出的慷慨大度和乐于助人的态度使我们感悟到了他们之所以成为世界著名酒店集团的必然性，同时更增加了我们对他们的敬意。雅高集团还特地为我们寄来了《2002年年度报告》和《2002年财务说明》，喜达屋集团向我们提供了他们发展的历史和最新酒店数据资料……愿这些令人感动的故事在我们共同的事业中永远延续下去。

奚晏平

2003 年 11 月 18 日于青岛

再版序言

　　中国饭店业浩浩荡荡的发展趋势不仅改变了中国饭店业的格局，同时也改变了众多国际酒店集团的全球发展战略。通过酒店资产的并购而导致产权结构的变化和规模的迅速扩张，通过管理模式的创新而占据新兴市场，通过技术革命来支持管理和服务的便利化和个性化。中国饭店业在这场风起云涌的急流中获得的不仅仅是规模的扩张，更重要的是饭店业通过学习、引进、借鉴、融合等途径已经造就了一批有影响力的国内酒店集团和一批真正的行业专才。国际酒店集团进入中国市场的速度和广度超过了许多专业人士的研判，甚至也可能超越这些国际酒店集团自身的战略规划。2008 年的金融危机深刻地改变了许多盲目地寻找外国酒店集团作为合作伙伴的投资者的观念，因为国内市场的消费能力的提高使越来越多的高星级饭店接待越来越多的国内客人，而中国管理模式对于同质文化的理解要比国际饭店集团更加深刻。在 2000 年时，国际品牌酒店接待的客源结构中只有大约 16％是中国客人，到了 2009 年，国际品牌酒店接待的客源中，中国人已经占到了 50％以上，而且这种趋势还在发展，甚至有专业人士预测，到 2015 年时，国际品牌酒店的客源比例中，70％以上将是中国人。尽管许多城市的标志性建筑上还挂着国际酒店品牌 logo，但国内酒店集团对国际酒店集团形成的竞争态势从来没有如此鲜明和强烈。许多业主在到底是追求"名"还是"利"的窘境中徘徊。国际酒店集团面临的压力来源于国际市场的相对萎缩、业主经营期望的落差和人力资源供给的匮乏等方面。目前中国五星级酒店中有近 50％挂的都是国际品牌的局面将会有所改变。可以预言的是国际酒店集团与中国饭店业主合作的方式和条件都在改变，相对成本较为低廉的特许经营模式（Franchise）在可预见的将来会成为中国饭店业新的流行趋势。特许经营在欧美国家早已是超越委托管理的成熟运行模式。

当决定重新修订《世界著名酒店集团比较研究》这本书时，我的目的与初版时是不一样的。当初，我和许多中国同行一样，怀着对国际酒店集团的崇敬甚至膜拜，向广大的读者推荐他们的管理理念和管理模式以及经营战略等，因为对于许多从业者来说，国际酒店集团还是比较神秘和遥远的；而今天我修订这本书的目的是想让更多的中国同行更加深入地了解国际酒店集团的运作模式和发展历程，并根据我对他们的理解来诠释他们成功的经验，做到知己知彼，构建我们中国饭店业自身的核心竞争力。正如文学大师郭沫若所说：吃狗肉是为了长人肉，而不是为了长狗肉。中国饭店从业者应该有信心和希望创建中国饭店业的民族品牌。中国著名酒店组织正带着梦想与责任走在前行的路上。当然在相当长的一段历史时期内，我们会看到国际品牌与国内民族品牌交相辉映的局面，正是这种竞争中的合作力量在推动着中国饭店业的进步与发展。这样的景象使我想到了卞之琳的《断章》：

你站在桥上看风景，

看风景的人在楼上看你。

明月装饰了你的窗子，

你装饰了别人的梦。

因此，在这次修订过程中不仅在结构上有所调整，在内容上有所充实和更新外，在观察国际酒店集团的角度上也有所调整。一些新兴的酒店集团也纳入了我们的视野，包括以特许经营为主要方式的国际酒店连锁集团，新兴的以 SPA 和时尚设计闻名的悦榕庄，以软品牌运作的 Leading Hotels of the World 和 Great Hotels of the World 等酒店集团。可以说新修订版《世界著名酒店集团比较研究》几乎囊括了世界上老牌的和新兴的重要酒店集团。

《世界著名酒店集团比较研究》一书已付梓多次售罄，为广大的从业者和学者所热爱。

我相信大家对知识和事业的渴求远远胜过对本书的阅读。

再版写作过程中郑体健、昌云盛等做了大量卓有成效的工作，在此表示感谢！

中国名酒店组织秘书长　奚晏平

2012 年 2 月 19 日于青岛

第一章

[世界饭店业发展简史]

Chapter Ⅰ　Brief History of International Hotels

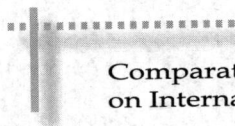

Comparative Studies
on International Hotels

第一节 世界饭店业产业形态的演变

一、世界饭店业发展综述

世界著名酒店集团演变为现在的业态并不是一蹴而就的，而是在经历了不同历史阶段的洗礼并经过市场的检验后成为行业的典范。饭店业界的先驱们用他们的创新智慧和实践精神谱写了世界饭店业的英雄史诗，当我们用崇敬的目光回首他们的丰功伟绩时，可以寻找到当代饭店从业者所需要的伟大灵魂和科学精神。综观世界饭店业的发展史，我们可以有许多的方法对其梳理和分类。如果根据饭店在各个时期的形态不同大致可以将其分成四个时期，这种分类也是国际饭店业学界普遍认同的分类方法，即古代客栈时期；豪华饭店时期，也称大饭店时期；商业饭店时期；现代新型饭店时期。自从有了饭店的存在便有了管理的存在，饭店业在不同时期的存在业态决定和反映了管理模式的演进。管理学成为一门独立的科学不仅指导着饭店业管理活动的革新，同时饭店业的管理实践又丰富和发展了管理理论。所以当我们将饭店业的管理实践与管理理论置于同一历史平面进行剖析时，就会发现许多方法论上的契合。

1. 古代客栈时期（12 世纪至 18 世纪）

客栈是为满足古代不同境域的交往、宗教和商务旅行、帝王和贵族巡游以及军事等需求而产生的。欧洲在经历了漫长的中世纪黑暗时代（476—1453 年）、文艺复兴（14—16 世纪）、资产阶级革命（17—18 世纪）、欧洲启蒙运动（16—18 世纪）后，15—18 世纪客栈在欧洲大陆已经非常流行。到了 18 世纪，客栈的作用不仅仅是为过路人提供寄宿的地方，在一个信息不发达的时代还不自觉地充当了当地的社会、政治与商业活动中心。客栈的规模一般都较小，建筑简单，设备简易，价格低廉；仅提供简单食宿、休息场所或车马等交通工具；客人在客栈往往与主人同吃同住。

2. 豪华饭店时期（18 世纪末至 19 世纪中叶）

随着资本主义经济和旅游业的产生和发展，旅游开始成为一种经济活动，专为上层统治阶级服务的豪华饭店应运而生。豪华饭店是新的富裕阶级生活方式和社交活动商业化的结果。欧洲工业革命（1760—1800 年）带来的巨大影响为饭店业的发展提供了物质条件和社会基础。

这一时期，欧洲大陆出现了许多以"饭店"命名的住宿设施，但是欧洲第一个真正可称为饭店的住宿设施是在德国的巴登建起的巴典国别墅。在这之后，1794 年，纽约首都饭店建成，有 73 套客房；1829 年，特里蒙特饭店在波士顿落成；1850 年巴黎建成巴黎大饭店；1874 年柏林恺撒大饭店开业；1876 年法兰克福大饭店开业；1889 年伦敦萨沃伊饭店开业；1897 年，凯宾斯基集团首家饭店在柏林营业等。到了 19 世纪末 20 世纪初，美国也出现了一些豪华饭店。在这些饭店中，瑞士人塞萨·里兹开办的饭店可以说是豪华饭店时代最具代表性的饭店。

里兹在饭店服务方面所做出的创新和努力、饭店经营法则和实际经验，在今天被世界各国高级饭店继承和沿用，他的成功经验可以总结为三点：

成功经验之一：高贵而时尚的饭店定位。饭店应该引导住宿、饮食、娱乐消费的新潮流，引领整个世界如何享受高品位的生活。

成功经验之二：顾客满意度至上的经营方法。为了使顾客满意，无须考虑成本、价格。

成功经验之三：真诚对待客人和员工的态度。其著名的经营格言——"客人永远不会错"（The guest is never wrong）和"人才是无价之宝"（A good man is beyond price）被许多饭店从业者当做经营法宝传承。

3. 商业饭店时期（19 世纪末至 20 世纪 50 年代）

19 世纪末至 20 世纪 50 年代，在经历了欧洲殖民主义的蔓延和两次世界大战的洗礼后，饭店业最终成为以大众消费者为服务对象的产业，它从各个方面奠定了现代饭店业的基础。商业饭店的基本特点是：第一，商业饭店的规模较大、设施设备完善、服务项目齐全，主要以接待商务客人为主，讲求舒适、清洁、安全和实用，不追求奢华。第二，实行合理的价格政策，让顾客感到物有所值。第三，饭店的所有权与经营权逐渐分离，饭店经营活动完全商业化，以经济效益为中心。这种所有权与控制权的分离为专业化的饭店管理公司的发展奠定了制度基础。第四，饭店管理的专业化经营提高了饭店管理的科学化程度和管理效率，对于市场的研究和细分使经营和服务的针对性更强，对于员工的专业化训练成为饭店管理的基石。

20 世纪初产生了一位对世界饭店业作出重要贡献并产生巨大影响力的饭店业的开创者，他就是美国人——埃尔斯沃思·米尔顿·斯塔特勒（EUsworth Milton Statler）。1908 年，斯塔特勒在美国巴法罗建造了第一个由他亲自设计并用他的名字命名的饭店（Buffalo Statler Hotel），拥有 300 间客房，他按照统一标准来管理他的饭店。其经营管理方法既科学合理又简练适宜，这种经营管理方法与科学管理理论的奠基人泰勒在 1903 年提出的科学管理理论不谋而合。斯塔特勒先生的成功经验可以总结为三点：

成功经验之一：以市场需求为导向的价格机制。在一般人能够支付得起的价格内，提供必要的舒适、服务与清洁的新型商业饭店；或者说，在合理成本价格限制下，尽可能为顾客承诺提供更多的满足。斯塔特勒先生的推销口号是"一间客房一浴室、一个美元零五十"（A room and a dollar and a half）。

成功经验之二：强调饭店位置（Location）。"饭店经营的关键第一是地点，第二是地点，第三还是地点"等理念，至今对饭店业仍有很大启迪，对现代饭店的经营具有重要的影响。他说的地点选择，不仅要看当时的情况，而且要看到未来的发展，要把饭店设计在未来繁华的街道上。

成功经验之三：客人永远是对的（The guest is always right）。这是斯塔特勒先生的另外一个著名格言。在斯塔特勒饭店员工人手一册的《斯塔特勒服务守则》上是这样写的："一个好的饭店，它的职责就是要比世界上任何其他饭店更能使顾客满意。饭店服务是一位雇员对客人所表示的谦恭的、有效的满意程度。任何员工不得在任何问题上与客人争执，他必须立即设法使客人满意，或者请他的上司来做到这一点。"

也正是在这一时期，管理学作为一门独立的科学开始指导管理实践活动，而这一时期饭店业重要的进步恰好践行了这些管理理论的精髓：

泰勒的科学管理理论（1903 年）

韦伯的组织理论（1911 年）

法约尔的一般管理理论（1916 年）

梅奥的人际关系理论（1933 年）

巴纳德的系统组织理论（1938 年）

马斯洛的需要层次论（1943 年）

4. 现代新型饭店时期（20 世纪 50 年代以后）

"二战"后，世界范围内的经济复苏和繁荣、人口的迅速增长、科学技术的进步使交通条件大为改善，为外出旅游创造了条件；劳动生产率的提高、人们可支配收入的增加等对外出旅游和享受饭店服务的需求迅速增加，加快了旅游活动普及和世界各国政治、经济、文化等方面的交往。这种社会需求的变化促使饭店业进入现代饭店时期。到 20 世纪 60 年代，大型汽车旅馆开始在世界各地出现。

现代饭店的主要特点：第一，饭店形态的多样化，如度假饭店、观光饭店、商务饭店、会员制俱乐部饭店、公寓式酒店、主题酒店、经济型酒店，等等；第二，市场需求的多样化引领着饭店设施的不断进步与发展，经营方式更加灵活；第三，饭店产业的高利润引起了资本的追逐，从而加剧了市场竞争，使饭店与其他行业联合或走向连锁经营、集团化经营的道路；第四，现代科学技术革命和科学管理理论的发展使现代饭店管理日益科学化和个性化；第五，塑造品牌成为饭店成功的必要条件。

同时期的管理理论出现了百家争鸣、百花齐放的局面：

麦格雷戈人性假设与管理方式（1960 年）

菲德勒的权变管理思想（1965 年）

赫茨伯格双因素激励理论（1966 年）

麦克利兰的成就动机理论（1966 年）

弗洛姆期望理论及管理决策新思想（1969 年）

杜拉克的有效管理者研究（1974 年）

西蒙的管理决策学派（1977 年）

明茨伯格的经理角色学派（1980 年）

威廉·大内的 z 理论（1981 年）

波特的竞争战略研究（1985 年）

沙因的组织文化研究（1985 年）

圣吉的学习型组织理论（1990 年）

哈默的企业再造（1993 年）

戴明全面质量管理理论

二、中国饭店业发展综述

中国饭店业的发展历程和世界饭店业所经历的阶段有不同之处，也有历史的交会。在中国近代饭店业和当代饭店业的发展轨迹中，中国饭店业实际上也代表和反映了当时世界饭店业的发展。只是"文化大革命"这十年间，中国饭店业的发展轨迹背离了世界饭店业的发展趋势。我们可以将中国饭店业按照时间脉络分为三个阶段来剖析和研究：古代饭店业、近代饭店业和当代饭店业。

1. 中国古代饭店业

现在我们对饭店的称谓"饭店"、"宾馆"、"酒店"、"旅店"、"国宾馆"、"旅社"、"客栈"、"招待所"等其实都源于中国饭店业自身的发展历程和对历史文化的直接反映。在 19 世纪之前，饭店的本质是驿站或客舍，为了适应古代帝王出巡以及军事用途而存在，它是官本社会阶级制度在饭店业的直接体现。到商业经济有了原始萌芽的时候，各种区域性客栈和会馆开始出现。在这漫长的历史长河中，封建社会制度始终成为制约中国饭店业发展的桎梏。

2. 中国近代饭店业

中国近代饭店业始于 19 世纪初延续至 20 世纪中国改革开放之前。19 世纪初外国资本开始进入中国的饭店业并按照西方饭店模式进行建造和经营，到了 19 世纪中叶至 20 世纪 30 年代前，这些饭店在建筑式样和风格上、设备设施、饭店内部装修、经营方式、服务对象等都与中国的传统饭店形态大相径庭，是中国近代饭店业中的舶来品。至 1939 年，在北京、上海、广州等 23 个城市中，已有外国资本建造和经营的西式饭店近 80 家。北京饭店 1903 年；上海锦江 1925 年；和平饭店（原名华懋饭店）1929 年等都是这时期的代表产物。也就在这一时期，欧美大饭店和商业旅馆的经营方式正处在如火如荼的发展阶段。与中国当时传统饭店相比，这些西式饭店规模宏大，装饰华丽，设备趋向豪华和舒适。内部有客房、餐厅、酒吧、舞厅、球房、理发室、会客室、小卖部、电梯等设施。客房内有电灯、电话、暖气，卫生间有冷热水等。西式饭店的高级管理人员多来自英、美、法、德等西方发达国家，有不少在本国受过饭店专业的高等教育。

西式饭店的大量涌现，刺激了中国民族资本向饭店业投资。从民国开始，各地相继出现了一大批具有中西结合风格的新式饭店。这些饭店在建筑风格、设施设备、服务功能和经营方式上都受到了西式饭店的影响，一改传统的中国饭店大多是庭院式或园林式并且以平房建筑为多的风格特点，多为楼房建筑，有的纯粹是西式建筑。至 20 世纪 30 年代，中西式饭店的发展达到了鼎盛时期，在当时的各大城市中，均可看到这类饭店。中西式饭店将欧美饭店业经营理念和方法与中国饭店经营环境的实际相融合，成为中国近代饭店业中引人注目的部分，为中国饭店业进入现代饭店时期奠定了良好的基础。中国饭店业可以说是中国最早改革开放的行业之一。

新中国成立后到"文化大革命"结束，中国饭店业成了为政治服务的工具。也正是这一时期中国饭店业的发展脱离了世界饭店业的轨道，而西方社会却迎来了饭店业的黄金时代。

3. 中国当代饭店业

改革开放为中国饭店业的发展带来了新的生机。在这一时期又有四个标志性的阶段。

第一阶段（1978－1983年）：由政务招待型向企业经营型过渡。

改革开放解放了饭店业的生产力。这一时期的饭店，以前多是政府的高级招待所或为计划经济服务的事业单位。没有经营意识和经营行为，在财政上实行统收统支，实报实销的制度，服务上只提供简单的食宿。

1978年11月，国务院成立以谷牧、陈慕华、廖承志为首的利用侨资、外资筹建旅游饭店领导小组。1978年年底，中国旅行游览事业管理总局（后改为国家旅游局）成立。

1980年6月，建国饭店破土动工，1982年4月竣工开业并聘请香港半岛酒店管理集团标志着中国饭店业拉开了改革开放的序幕。

第二阶段（1984－1987年）：由经验型管理向制度型管理过渡。

1984年的标志性事件是我国饭店业在全行业推广北京建国饭店的科学管理方法，这标志着中国饭店业由传统经验型走上了与国际接轨的科学管理、制度管理的轨道。企业化管理进程开始加快，科学管理体系和企业管理制度开始形成，经营方式趋向灵活，管理队伍活力增强，服务质量明显上升，经济效益和社会效益有显著提高。

第三阶段（1988－1993年）：由单体的饭店管理规范到行业的管理规范过渡。

1988年9月，经国务院批准，国家旅游局颁布了饭店星级标准，并开始对旅游涉外饭店进行星级评定。这预示着我国的饭店业由单体的饭店规范向行业规范过渡。星级标准是在对国内外饭店业进行大量调查研究的基础上，参照国际通行标准并结合我国实际情况，在世界旅游组织派来的专家指导下制定出来的。1993年经国家技术监督局批准，定为国家标准。我国饭店业实行星级制度，客观上促使了饭店的服务和管理符合国际惯例和国际标准。

第四阶段（1994年至今）：由独立饭店经营向集团化和专业化经营

过渡。

1994 年，经国家旅游局批准，我国成立了第一批国内饭店管理公司。集团化在中国饭店业的渗透拉开了序幕。20 世纪 90 年代以来，国际上许多知名饭店管理集团纷纷进入中国饭店市场进一步加快了中国饭店业集团化的步伐。而到了 90 年代中后期，随着我国饭店业供给总量的急骤增加，市场竞争的态势就一直延续到今天。2003 年 12 月 1 日颁布、2004 年 7 月 1 日实施的新版《旅游饭店星级划分与评定》（GB/T 14308－2003）标准中设立了白金五星。

这个时期饭店业的显著特征：第一，投资主体多元化，投资形式多样化；第二，设施设备和服务规范日趋现代化；第三，经营管理模式日趋成熟完善；第四，饭店形态多样化；第五，世界著名酒店集团纷纷抢滩中国市场；第六，集团化和专业化程度大幅度提升。

第二节　现代饭店业发展简史及未来①

第二次世界大战结束以后，冷战像一道铁幕把不同意识形态的西方世界和共产主义阵营国家分成了两个世界。于是，两个不同的世界做出了不同的制度选择，其结果当然也就大相径庭。信奉资本主义的西方国家将军事技术迅速转化为民用的能力，使其在物质积累方面很快就超越了共产主义国家。伴随着日益丰富的社会物质财富的积累，货物和人员开始大规模流动，喷气式飞机的出现又使这种流动变得便捷。因为商务目的流动的人数迅速增长，旅行逐步成为人们生活的组成部分。随着人们可支配收入和可支配时间的增加，旅游业得到飞速发展。到了 20 世纪 60 年代以后，经济学家发现一个人类历史上从来没有出现过的现象，社会生产和消费的服务产品总量开始超过货物产品的总量。正是这种历史背景催生了现代饭店业在规模上和形式上的革命。

---

① 本节主要内容摘译自《HOTELS》杂志 40 年庆典系列文章。

　　相反地，由于另外一个世界选择了阶级斗争和不同形式的"文化大革命"，物质财富被广泛唾弃，饥饿中的人们既没有追求奢侈生活方式的物质基础，也没有精神原动力，现代饭店业没有生长的土壤。因此当时的世界饭店业可以说一边是如火如荼，一边是苦难丛生。中国和许多共产主义世界的国家因此错过了创造现代饭店业历史的机遇，这就和 19 世纪中国错过了工业革命的历史一样，不能不说是历史的巧合。直到当中国实行改革开放和德国柏林墙倒下的时候，两个世界才开始融入追求共同繁荣与进步的历史进程中。现代饭店业开始了史无前例的大交融，不同的制度，不同的管理方法，不同的对饭店业的认识开始被强大的市场力量驱动着走向大同。

　　从 20 世纪 60 年代开始回顾现代饭店业的发展轨迹，这段历史好像与我们相距如此遥远。当我们抛开资本主义和社会主义的意识形态，以纯经济学的眼光来审视饭店业历史的时候，又不难发现，我们现在正循着这条历史的轨迹弥补我们缺失的课程。中国饭店业与西方国家饭店业的差距绝不仅仅是形式上的差距，更是整个社会对于现代饭店业的认识和消费者的素质以及消费能力的综合体现。从 60 年代到现在，饭店业各个时期的每个标志性事件都是历史的积淀。中国饭店业正通过自身的努力来证明我们正在缩小与先进国家饭店业的差距。我们可以从另外一个事实来佐证中国饭店业正迎来发展的春天，那就是几乎所有的国际酒店集团都在通过竞争获取在中国饭店业的存在。自 20 世纪 80 年代以来，中国饭店业已经成为世界饭店业不可缺少的组成部分，甚至可以说在相当长的一段时间里已经成为并将继续成为推动世界饭店业发展不可或缺的动力。其实中国饭店业自身也有许多标志性的事件在昭示着饭店业的日新月异。本节通过梳理现代饭店业各个时期的特征，以更好地理解其发展轨迹和发展趋势，这对于发展中的中国饭店业来说无疑是大有裨益的。

一、60 年代——先行者创立行业标准的时代

1960 年：伊萨多-夏普（Isadore Sharp）创建了四季酒店集团。

1962 年：Curt Carlson 购买了位于明尼阿波利斯（美国）的雷迪森

（Radisson）酒店的股份。

1963 年：香港东方文华开业。

1964 年：希尔顿国际成立独立公司，康拉德·希尔顿（Conrad Hilton）担任总裁。

1964 年：Marriott—Hot Shoppes 成立，J. W. Marriott Jr. 成为总裁，当时他只有 32 岁。

1964 年：假日推出 Holidex I 系统。

1965 年：希尔顿开始在美国发展特许经营酒店，到 1966 年已经发展了 9 家特许酒店。

1966 年：Loews 购买了位于旧金山古老的马克霍普金斯（Mark Hopkins）。

1966 年：Harry Mullikin 执掌洛杉矶的世纪广场（The Century Plaza）时，提出诸如在大堂提供鸡尾酒服务，为门童统一设计服装，在枕头褶缝中放入薄荷，放置卫生纸以表明卫生间是洁净的等概念。Harry Mullikin 后来担任威斯汀总裁。

1966 年：洲际推出了顾客淋浴可回收的晾衣绳，在走廊放置沙发、冷饮和自动售货机以及为餐厅开设在街面的出入口。

1966 年：4 月，巴黎希尔顿开业。

1966 年：最佳西方宣布其主要的扩张计划，在欧洲、加勒比和太平洋地区建立新的预订中心提供免费服务。

1966 年：Barron Hilton 成为希尔顿酒店公司总裁。

1967 年：雅高集团在巴黎设立。

1967 年：美国的希尔顿国际与环球航空公司（TWA）联姻。

1967 年：Paul Dubrule 和 Gérard Pélisson 创建 SIEH 集团，第一家 Novotel 在法国里尔开业。

1967 年：投资达 1800 万美元的丽晶凯悦（Regency Hyatt）在亚特兰大开业，由 John Portman 设计的 21 层中庭楼体是其特色。该酒店使酒店设计发生变革。

1967 年：Outrigger Waikiki 开业，它是业内第一家以 Outrigger 命名的

酒店。

1967 年：希尔顿与各大航空公司合作推出"和你太太在一起"（Take Your Wife Along）的广告活动。

1968 年：欧洲第一家假日酒店在荷兰的莱顿开业。

1969 年：万豪开始国际化布局，首次在美国之外发展酒店，该酒店建在墨西哥的阿卡普尔科（Acapulco）。

1969 年：威斯汀成为第一家推出 24 小时客房服务的连锁酒店。

1969 年：香港和上海酒店公司开办了 800 间客房的酒店：香港半岛酒店。

二、70 年代——新机遇和新挑战并存的时代

1970 年：希尔顿成为第一家资产超过 10 亿美元的住宿和餐饮服务公司。

1970 年：希尔顿因为 Flamingo Hilton 酒店而首次进入拉斯维加斯市场。

1970 年：美国的西方国际（WI）与联合航空公司（UA）联姻。

1970 年：墨西哥酒店公司 Grupo Posadas 由 Don Gastón Azcárraga Tamayo 建立，并通过 Fiesta Palace 酒店（现在的 Fiesta Americana Reforma）的开业而开始进行酒店经营。

1970 年：Cecil B. Day 在乔治亚州的 Tybee 岛建立了第一家天天酒店（Days Inn）。

1970 年：波音 747 研发成功。

1971 年：第一家香格里拉酒店在新加坡开业。

1971 年：迪士尼在奥兰多开业。

1972 年：半岛集团成立。

1972 年：法国的子午线（Meridien）与法航（AF）联姻。

1972 年：J. W. Marriott Jr. 继承其父亲担任 CEO。

1972 年：Le Méridien 品牌由法国航空公司创立，品牌理念：为顾客提供一个家外之家，第一家 Le Méridien 酒店是位于巴黎的拥有 1000 间客房的 Le Méridien Etoile。

1972 年：发生在华盛顿特区民主党总部水门酒店的水门事件，导致尼克

松总统在 1974 年辞职。

1973 年：喜来登的 Anaheim 酒店（The Sheraton Anaheim）是第一家提供房间免费电影的酒店。

1973 年：Mövenpick 酒店连锁的第一、第二家酒店在苏黎世机场开业。

1973 年：假日酒店学院密西西比奥利佛分部的成立，成为其重要的培训中心。

1973 年：半岛酒店在香港和上海成立营销分部以提高酒店的赢利能力。

1973 年：Gold Bond 将名字改为卡尔森（Carlson Companies）。

1974 年：文华国际酒店有限公司（Mandarin International Hotels Ltd.）在香港成立，拥有曼谷东方文华酒店 49％的股份。

1974 年：国际能源危机严重影响了美国饭店业，饭店业的对策：降低客房走廊灯光亮度，关掉不必要的整晚夜间照明，自动温度控制，要求客人节约能源。

1974 年：索菲特（Sofitel）在美国明尼苏达明尼阿波利斯（Minneapolis，Minnesota）发展了在美国的第一家酒店。

1974 年：第一家宜必思酒店（Ibis）在法国波尔多（Bordeaux，France）开业。

1974 年：最佳西方重新定义汽车旅馆（motel）的含义，并直接开始与其他提供完整服务的住宿连锁企业展开竞争。

1975 年：四季酒店第一家提供以客房命名的品牌洗发水。

1975 年：凯悦丽晶（Hyatt Regency）成立丽晶俱乐部（Regency Club），提供贵宾（VIP）服务。

1975 年：金郁金香酒店公司（Golden Tulip Hotels Worldwide）成立，是荷兰航空公司——皇家荷兰航空公司（KLM，Royal Dutch Airlines）的子公司。

1975：天天酒店（Days Inn）创始人 Cecil B. Day 推行每一位年龄超过 50 岁的顾客可以获得木制镀镍卡奖励计划，这是世界饭店业第一个老年人折扣计划。

1975 年：雅高（SIEH 集团）获得美居（Mercure）品牌。

1976 年：两家在佛罗里达州的酒店首先向顾客提供客房内点播付费服务（HBO）。

1976 年：Mövenpick 在欧洲之外开出了首家酒店——Mövenpick Resort Jolie Ville Cairo Pyramids。

1976 年：四季在提供客房服务送早餐的同时，提供免费报纸。

1977 年：希尔顿以 3580 万美元并购了位于纽约市的 Waldorf Astoria 酒店。

1977 年："世界最大的连锁酒店"成为最佳西方的部分特征和广告主题。

1977 年：凯宾斯基酒店将 betriebs － Aktiengesellschaft 正式更改为 Kempinski A. G.。

1978 年：威斯汀成为第一家建立自己的行政厨师培训计划的酒店。

1979 年：凯悦任命第一位女性 Cheryl Phelps 担任加州长滩前 Queen Mary Hyatt 酒店总经理。

1979 年：康拉德·希尔顿去世，巴恩·希尔顿（Barron Hilton）担任董事长。

1979 年：太阳城（Sun City）的第一家酒店在波普塔茨瓦纳（Bophuthatswana，随后成为南非的一个独立州）开业。

1979 年：最佳西方的客房销售收入达到 10 亿美元。

1979 年：VingCard 推出全球首张可以重新编写信息的钥匙卡锁；Elsafe 发明出世界上第一个室内电子安全保险箱。

三、80 年代——追求奢华、扩张和全球化的时代

1980 年：凯悦（Hyatt）推出君悦（Grand Hyatt）和柏悦（Park Hyatt）品牌。

1980 年：西方国际（Western International）庆祝 50 周年纪念，并将名字改为威斯汀酒店和度假地（Westin Hotels & Resorts）。

1980 年：拉斯维加斯美高梅（MGM Grand）失火，美国历史上第二大致命的火灾，这一事件直接导致了美国建筑法规的改变。

1980 年：雅高通过与杰克槐斯·玻勒尔国际公司（JBI）的兼并，引进了索菲特品牌，在巴黎股票交易中心上市融资。

1981 年：Frank Sinatra 被邀请到太阳城演出，60 分钟演出从侧面反映出太阳城的形象，从而使这一度假胜地受到全国的重视。

1981 年：开普敦酒店和餐馆（Kimpton Hotels & Restaurants）第一家酒店，位于旧金山的克拉里昂酒店（Clarion Bedford Hotel）开业，是第一家以特定时段免费为顾客提供葡萄酒的酒店。

1981 年：Gordon Stewart 购买了经营不善的牙买加蒙特哥湾（Montego Bay）的 Bay Roc 酒店，将其重新装修成 Sandals Montego Bay，是一家独一无二地为新婚夫妇提供服务的酒店。

1981 年：伦敦大都市（Grand Metropolitan，London）从身体状况不佳的 Pan Am 手上购买了洲际酒店（Intercontinental Hotels）。

1982 年：万豪 25 周年庆典，创下 10 亿美元的客房销售额，以及第一百家酒店 Marriott Maui。

1982 年：北京建国饭店引进第一家国际酒店集团（香港半岛集团）。

1983 年：Novotel SIEH 集团与 Jacques Borel International 合并，雅高成立。

1983 年：万豪的第一家庭院酒店（Courtyard）在亚特兰大开业。

1983 年：威斯汀成为第一家接受顾客使用信用卡预订与结算的酒店。

1983 年：万豪推出万豪贵宾卡，万豪的第一个常客奖励计划。

1983 年：四季推出可选择食品（Alternative Cuisine），菜单包括低能量、低胆固醇、低盐食品。

1983 年：Trump Tower 在纽约建成。

1983 年：雅高兼并 JBI，易名雅高集团。

1984 年：上海锦江集团、东湖集团、华亭集团、新亚集团设立。

1984 年：著名的 Studio 54 创建人 Ian Schrager 和 Steve Rubell 开创摩根斯（Morgans），从而引发纽约市精品酒店（boutique hotel）发展的趋势。

1984 年：选择酒店（Choice Hotels）推出无烟客房。

1984 年：假日公司推出使馆套房酒店（Embassy Suites Hotels），第一家全套房连锁酒店位于美国的堪萨斯的奥佛兰公园（Overland Park）。

1984 年：万豪通过购入美国度假集团（American Resorts Group）而进入分时度假市场。

1984 年：最佳西方推行常客奖励计划：金皇冠国际俱乐部（Gold Crown Club International）。

1984 年：假日推出 Homewood Suites 长期居住概念。

1984 年：Schrager 在纽约市推出的 Royalton 酒店，是第一家由菲利浦·斯塔克（Philippe Starck）设计的酒店。

1985 年：索尔酒店的第一家国际酒店巴厘索尔（Bali Sol）开业。

1985 年：雅高推出 Formule 1 经济型品牌。

1985 年：Sandals 泳池吧方案公布。

1985 年：北京长城喜来登酒店开业，喜来登成为第一家进入中国的国际连锁酒店。

1985 年：文华国际酒店（Mandarin International Hotels）将名称变为文华东方酒店集团（Mandarin Oriental Hotel Group reflecting）以反映其所经营的两个重要的旗舰酒店：香港文华酒店（Mandarin Hotel Hong Kong）和曼谷东方（The Oriental，Bangkok）。

1985 年：澳大利亚的第一家康拉德酒店黄金海岸木星赌场酒店（Conrad Jupiters Gold Coast Hotel and Casino）开业。

1985 年：上海衡山集团设立。

1985 年：中国第一家中外合作的五星级饭店——白天鹅宾馆开业。

1986 年：天天酒店的交互预订系统开始连接所有的酒店。

1987 年：索尔收购 Luxembourg－based Interpol Group. 的梅利亚酒店（Melia Hotels），旗下连锁酒店增加到 22 家。

1987 年：卡尔森推出乡村套房酒店（Country Inns & Suites）。

1987 年：万豪收购假日的丽晶酒店（Residence Inn Co.），同年第一家 Fairfield Inn 在亚特兰大开业。

1987 年：希尔顿推出希尔顿常客奖励计划。

1987 年：希尔顿在所有的连锁酒店内设置迷你吧（minibar）。

1987 年：希尔顿国际自 1967 年来第三次被收购，由前身为莱德布鲁克（Ladbrok）集团的希尔顿集团买下。

1988 年：国务院办公厅发布《国务院办公厅转发国家旅游局关于建立酒店管理公司及有关政策问题请示的通知》，其中明确规定：中国的酒店管理公司在原则上享受外国酒店集团在中国享受的同等待遇。

1988 年：英国巴斯（Bass）集团收购假日（Holiday Inns International），随后在 1990 年收购假日酒店北美商（North American Business of Holiday Inn）。

1988 年：Ladbroke 从 Allegis（联合航空，United Airlines）收购希尔顿国际（Hilton International）；Allegis 将威斯汀酒店和度假（Westin Hotels & Resorts）出售给日本的青木公司（Aoki Corp.）。

1989 年：Kimpton 合伙人著名的厨师 Wolfgang Puck 在旧金山的 Prescott 酒店开办 Postrio 餐厅。

1989 年：汉普顿酒店（Hampton Inns）是第一家提出顾客百分之百满意的承诺的酒店。

1989 年：香格里拉推出商贸酒店（Traders Hotels）品牌。

1989 年：香港新世界集团（New World）收购兼并华美达集团（Ramada）。

1989 年：大都市（Grand Metropolitan）将洲际酒店公司（Intercontinental Hotels Corp.）出售给东京 Saison 集团，后者随后将其中 40％的股份出售给斯堪的纳维亚航空公司（SAS）。

1989 年：天安门事件对中国饭店业的发展产生了负面影响。

四、90 年代——由创新、交易和发展主导的时代

1990 年：巴斯股份有限公司购买了全球假日酒店，成为世界最大的酒店连锁机构，酒店总部移至亚特兰大。

1990 年：雅高购买了汽车旅馆 6（Motel 6）。

1990 年：品质国际更名为精选国际酒店，并以约 6000 万美元购买了 Econo Lodge 连锁店。

1990 年：希尔顿酒店公司和希尔顿国际发起联合广告宣传。

1990 年：巴黎的里兹酒店斥资 1.5 亿元进行重修。

1990 年：低成本和客人的高需求使 Pizza 成为世界各地酒店客房和餐厅中广受欢迎的食品。

1991 年：海湾战争减缓了美国旅游业的发展，客房出租率低于 60％，美国多处酒店市场爆发了价格战。

1991 年：饭店业有史以来最低的收益导致行业低迷，多数酒店遭遇资金危机，直至走向抵押或破产。

1991 年：威斯汀成为首家提供房间内语音信箱的连锁酒店。

1991 年：全球的酒店经理都在寻找方法去吸引女性商务客人和日本客人。

1991 年：低脂、低糖的健康烹饪方式和食品渐渐受到欢迎，逐渐出现在酒店的菜单上，并发展为对有益健康产品的销售。

1991 年：《HOTELS》创建了全球酒店经理人俱乐部，创始会员有 Raymond Bickson、David McMillan、Peter Borer 和 J. T. Kuhlman。

1992 年：四季酒店集团完全收购了丽晶国际酒店集团（Regent International Hotel），包括它所有的管理合同、品牌名称和商标。

1992 年：美国饭店业终于突破了连续六年的亏损状况。

1992 年：美国 5 家五星级酒店在建，迪拜的 Arab Emirates 准备到 1993 年年底房间数量能增加 53％。

1992 年：希尔顿酒店开始专为日本客人提供的和谐舒适的服务，包括日语的酒店信息、传统食品选择和日式拖鞋服务。

1992 年：Kimpton 在所有旗下的酒店内举办"亲善宠物"活动。

1992－1993 年：万豪分为万豪国际和万豪酒店公司，并分别运营。

1992 年：邓小平南巡讲话对中国饭店业的积极影响。

1993 年：Radisson 是世界首家提供商务楼层的酒店。

1993 年：最佳西方推出"行业第一团队价格"计划。

1993 年：美高梅（MGM Grand Hotel and Casino）在拉斯维加斯开业。

1994 年：飞马旅游网（Pegasus' Travel Web）开通。这是第一家提供网络实时酒店预订的网站。

1994 年：普罗莫斯（Promus）酒店和凯悦酒店是最先建立网站的酒店。

1994 年：Kerzner 的亚特兰蒂斯（Atlantis）酒店在巴哈马群岛的天堂岛开业。

1995 年：依恩·施拉格在迈阿密海滩开了 Delano，接着在洛杉矶开了 Mondrian，一年以后，掀起了酒店内酒吧的热潮，成为当时的热点。

1995 年：互联网预订开始（精选国际、假日开始了在线预订业务）。

1995 年：喜达屋/高盛购买了威斯汀。

1995 年：万豪收购了丽兹－卡尔顿酒店公司的 49％股份。

1996 年：ITT 以 133 亿美元被喜达屋酒店公司购买。

1996 年：希尔顿购买了 Bally 娱乐公司。

1997 年：万豪以约 10 亿元的价格购买了复兴酒店集团。

1997 年：Carlson 从四季手中购得丽晶国际酒店。

1997－1998 年：亚洲饭店业危机——亚洲饭店业受到经济低迷的沉重打击，商务客人减少了他们的出行频率和逗留时间以降低花费。

1998 年：希尔顿在恺撒娱乐公司开辟赌博类项目。

1998 年：开始了饭店业创纪录的三年赢利时期。

1998 年：波士顿丽兹－卡尔顿酒店公司 99％的股份归到了万豪国际集团名下。

1998 年：喜达屋完成了更名、对 ITT 集团和威斯汀酒店的购并三件大事。

1998 年：英国巴斯有限公司（Bass）收购兼并洲际集团。

1998 年：北京建国国际酒店管理有限公司设立。

1999 年：希尔顿酒店以 37 亿美元的价格收购了普罗莫斯（Promus）酒店公司，将 Embassy Suites，Doubletree，Hampton 和 Homewood Suites 等

品牌收至旗下。

1999 年：喜达屋（Starwood）推出 W 品牌，使之跻身一流精品酒店品牌。

1999 年：威斯汀（Westin）推出"天堂之床"。

1999 年：威尼斯酒店（Venetian）开业。至此，世界上规模最大的十家酒店有九家开在了拉斯维加斯。

1999 年：锦江集团与上海华亭集团合并。

1999 年：迪拜的七星级酒店"阿拉伯之帆"竣工。

1999 年：上海金茂凯悦酒店开业并成为世界最高的酒店。

五、21 世纪前十年——全球化和互联网将世界变为一个平台的时代

2000 年：美高梅（MGM Grand Hotel and Casino）以 64 亿美元的价格购得 Mirage Resorts，是赌博行业历史上最大的购买案。

2000 年：分时度假（time share）最热门。

2000 年：根据 PhoCusWright 1999 年鉴提供的数字，有 3% 的住宿客人是通过网络预订的。

2000 年：希尔顿揭幕首个太空豪华酒店计划。

2001 年：Raffles 从 SAirGroup 购买了 Swissotel。而希尔顿集团购买了 Scandic 酒店。

2001 年：两座金色的拱形酒店在瑞士开业。

2001 年：Bass PLC 的股东们同意将其更名为六洲。

2001 年：能源附加税打击了美国的旅游市场。

2001 年："9·11"恐怖袭击事件导致行业低迷。

2002 年：欧元成为欧洲 12 国唯一合法货币。

2002 年：Rezidor SAS 与 Carlson 酒店签订特许经营协议，将 Carlson 品牌在欧洲、非洲和中东地区推广。

2002 年：IP 电话应用于旧金山北部的 Sheraton Petaluma 酒店。

2002 年：SPA 因其有益健康而再次兴起，成为酒店重要特征。

2002 年：Steve Wynn 首次公开发行股票，使 Wynn 在拉斯维加斯的工程破土动工。

2003 年：希尔顿考虑给那些通过第三方网络平台预订的顾客分配积分。

2003 年：酒店酒吧成为时尚消费去处，也展示着当地特色。

2003 年：等离子和液晶电视出现在了高级酒店的客房内。

2003 年：六洲酒店成为洲际酒店集团。

2003 年："非典"冲击亚洲市场。

2003 年：洲际酒店集团收购兼并了美国的"蜡木酒店式公寓集团"（Candlewood Suite）。

2003 年：锦江集团与上海新亚集团合并组成锦江国际集团。

2003 年：首旅集团通过合并重组。

2004 年：国际酒店顾问协会 1 号案；本年度主要问题是分销以及渠道管理。

2004 年："动态打包产品"（Dynamic packaging）成为营销术语。

2004 年：迪拜的酒店产业崭露头角。

2004 年：香格里拉通过管理合同开始了迅速扩张。

2004 年：海啸冲击了东南亚的酒店市场。（马尔代夫酒店）

2004 年：洲际酒店集团跃居国际酒店集团三百强首位，改写了美国圣丹特集团（Cendant）连续六年冠军的历史。

2004－2005 年：酒店爆炸物引起较大关注。

2005 年：美高梅买下了曼德勒集团，使之成为最大的赌博公司。

2005 年：豪华零售业和服装品牌进驻酒店。

2005 年：喜达屋购买了 Le Méridien 品牌。

2005 年："精选服务"（Select service）出现在 Indigo、坎布里亚套房酒店（Cambria Suites）、凯悦寓所酒店（Hyatt Place）、厄劳夫特酒店（A-loft）、NYLO 而变得非常流行。

2005 年：北美发生飓风和威尔玛大破坏。

2005－2006 年：许多大的交易和采购是由黑石集团（Blackstone）发起

的；大品牌的发展趋势是"资产简约化"。

2005－2006 年：Crillon 将 Waldorf Astoria 这一豪华酒店品牌投放市场。

2006 年：酒店餐厅和酒吧里，休闲简约风格的菜品和小尺寸盘碟开始流行。

2006 年：希尔顿酒店公司和希尔顿国际重组。

2006 年：米兰四季酒店以超过 200 万美元的价格出售。

2006 年：胜腾变更为万哈姆（Wyndham Worldwide）。

2006 年：中东输油管线沿途布满豪华酒店和新品牌以及新概念酒店。

2006 年：日本酒店在主流市场中浮现；越南酒店开始发展。

2006 年：北京饭店业随着 2008 年奥运会的临近而越发繁荣。

2007 年：2007 年 7 月 3 日收购希尔顿后，黑石集团房间总数增加至 60 万间，其中 56 万间为自己拥有，超过了洲际。

2007 年：中国内地与香港地区的 14 家集团入围全球酒店集团 2007 年 300 位年度排行榜。

2007 年：仲量联行酒店集团预测 2007 年度全球酒店交易额将达 1100 亿美元，较 2006 年的历史纪录 725 亿美元增长 52％。

2008 年：北京第 29 届奥运会。

2008 年：2008 年 11 月 20 日被誉为全球最豪华酒店的"棕榈岛亚特兰蒂斯"（Atlantis，The Palm）在迪拜正式开幕。

2008 年：2008 年 11 月 21 日世界最大的邮轮"海中绿洲"在芬兰第二大城市图尔库的一家造船厂下水。

2009 年：国际社会持续关注气候变化，节能降耗和低碳生活被推崇，绿色饭店越来越成为未来酒店业的发展方向。

2010 年：欧洲债务危机爆发，与此形成对应的是，中国经济总量首次超越日本，升至全球第二；上海世博会成功举办，高铁开通运营等。内外部环境再次让国际酒店业巨头坚定了加速进军中国市场的决心。

六、21 世纪的其他事件和主题

明档厨房兴起。

主流市场上的名厨主理的餐厅继续流行。

"W"品牌的兴起使精品酒店的发展更加繁荣。

天堂之床风行之后，寝具又成为焦点。

随着顾客需求增长的需要，SPA 成为酒店的必备元素。

随着第三方销售的商业模式产生，电子商务和渠道管理慢慢兴起。

高速互联网访问使酒店得到业务更广泛的延伸并提升了消费舒适度。

公寓式酒店成为最新发展潮流。

酒店行业全球化趋势加强。

酒店品牌专家的任务是品牌建设和品牌管理。

随着大量的管理合同的签订，资产简约化将成为发展趋势。

水下酒店和太空梯。

国际预测专家 Marvin J. Cetron 和英语方言学会 Jeff Wacker 做出的预测和日期：

2020 年：时速 500 英里的磁悬浮列车载着游客环游日本，从洛杉矶到拉斯维加斯以及其他游客密集的线路。

2023 年：通过互联网传输的三维影像将是酒店主要的广告媒体，准确地向潜在的客人显示来到酒店将经历的一切。

2025 年：生态游旅客游览北极、南极和其他原始目的地的时候，可乘只排放水的氢气机抵达。

2030 年：太空梯凭借大量的纳米碳管制成的缆线搭起通往太空旅游的航线。

2035 年：结合机器人技术，像人一样聪明的机器人贴身管家应运而生。

2040 年：水下酒店和餐馆大量涌现。

2040 年：第一个长期的月球基地将向游客提供食宿。

第二章

［世界酒店文化演变研究］

Chapter II　Evolution of Hotel Culture

Comparative Studies
on International Hotels

第一节　世界酒店管理理念的演进

　　每个划时代的饭店业的标志性人物都是饭店管理原理和方法的伟大实践者和创新者。从那些影响世界饭店业发展的开拓者身上，我们可以感受到饭店管理者的真实形象和伟大力量，他们所创立的理念和管理范式所能带给我们的启示深远地影响着饭店业的发展方向。饭店经营理念的演变客观地反映了饭店业作为时代产物所代表的不同生态环境。

一、贵族饭店创立者里兹给予我们的精神财富

　　现代饭店起源于欧洲的贵族饭店是世界公认的事实，而将欧洲贵族饭店经营管理的成功经验得以传播和推广的先行者是西泽·里兹（Cesar Ritz）。他将贵族饭店做到了极致，以至于英国国王爱德华四世称赞里兹："你不仅是国王们的饭店老板，你也是饭店业老板们的国王。"里兹曾在当时巴黎最有名的餐厅 Voision 当过侍者。在那里，他接待了许多达官贵人，其中有法国国王和王储、俄国的沙皇和皇后、比利时国王、意大利国王和丹麦王子等，并了解了他们各自的嗜好、习惯、虚荣心等。里兹此后还先后在奥地利、瑞士、法国、德国、英国的几家餐厅和饭店工作，并崭露头角。里兹 27 岁时就开始担任当时瑞士最大最豪华的卢塞恩国家大饭店（Hotel Grand National）的总经理。

　　里兹的成功经历使他具备了去创造旨在为上层社会服务的贵族饭店的一切条件。

里兹的成功经验之一：高贵而时尚的饭店定位。他所创立的贵族饭店展现了住宿、饮食、娱乐等消费的时尚，引领整个世界如何去享受高品质的生活。1898 年 6 月，里兹在位于巴黎旺多姆广场 15 号院的地方建立了一家自己的饭店：里兹饭店。该饭店遵循的原则是"卫生、高效而优雅"，并成为当时巴黎最现代化的饭店。这一饭店在世界上第一次实现了"一个房间一个浴室"，比美国商业饭店的奠基人斯塔特勒先生 1908 年创立的巴法罗饭店还早 10 年。在当时，里兹饭店豪华套房一夜房价最高达 2500 美元。里兹的成功经验对当代豪华饭店的经营管理仍然具有指导意义。

里兹的成功经验之二：顾客满意度至上的经营方法。在里兹看来，为了使顾客满意，无须考虑成本和价格的因素。这种经营理念与他所服务的顾客群体几乎全是贵族有关，因为他们的支付能力决定了对价格的敏感度远远低于对服务的满意度。他们追求的是奢侈、豪华和新奇的体验等。为了满足贵族的各种需要，里兹不惜重金创造了各种活动和场景。为了让客人从饭店能够眺望远处山景，他在山顶燃起烽火，并同时点燃了 1 万支蜡烛让客人感受到一种特殊的欣赏效果。为了创造一种威尼斯水城的气氛，里兹在伦敦萨沃依饭店（Savoy Hotel）底层餐厅放满水，水面上漂着威尼斯冈多拉，客人可以在二楼一边聆听船上人优美的歌唱，一边品尝美味佳肴。里兹饭店的另一创新是用灯光创造气氛。里兹用雪花膏罩把灯光打到有颜色的天花板上，这种反射光使客人感到柔和舒适；餐桌上的灯光多采用淡雅的设计，以制造出一种神秘、宁静的私密气氛。

里兹的成功经验之三：真诚对待客人和员工的态度。他的两个著名格言是"客人永远不会错"（The guest is never wrong）和"人才是无价之宝"（A goodman is beyond price）。千方百计使客人满意是饭店的责任，特别要研究客人的偏好，以提供个性化服务。多年的餐馆和饭店服务工作经验，使里兹养成了一种对人性认识的独到见解，如他可以轻易认出客人并记住客人姓名。只要他与客人交谈几句后就能掌握客人的爱好。把客人引入座位的同时，就知道如何招待他们。这些特殊技能也成为那些上流社会的名流们喜欢他所管理饭店的原因。客人入住饭店，有专人陪同进客房；客人在吃早饭时，有人把客人昨天穿皱的衣服取出，等客人下午回来时，客人的衣服已经熨平放好了。这些服务规范对于建立以后的饭店管家服务打下了基础。

他对于人才的重视体现在善于发掘人才和提拔人才。里兹与名厨埃斯科菲那长久的合作关系成为饭店业的一段佳话。

二、斯塔特勒先生所创立的行业范式

许多人能够记住埃尔斯沃思·米尔顿·斯塔特勒先生只是因为他的著名格言——"饭店经营的关键，第一是地点，第二是地点，第三还是地点"。但事实上他给予我们的行业所带来革命性的变化迄今仍然在教育着每位从业者。可以说，他是把豪华贵族型饭店时代推进到现代产业阶段的商业型饭店时代的鼻祖。他的经营理念和管理方法与里兹先生迥然不同，但在一个充满竞争的商业社会中，他的经营理念更加适合现代饭店业的客观现实。

斯塔特勒的成功经验之一：以市场需求为导向的价格机制。他要建立的商业饭店是在一般顾客能够负担得起的价格内，提供必要服务的新型商业饭店；在合理成本价格限制下，尽可能为顾客承诺提供更多的服务。1908年，斯塔特勒先生建造并经营的第一家正规饭店就是举世闻名的巴法罗斯塔特勒饭店（Buffalo Statler Hotel）。该饭店拥有300间客房，它在美国首次推出了每间客房配备浴室的新方式。斯塔特勒先生的推销口号是"一间客房一浴室、一个美元零五十"（A room and a bath for a dollar and a half）。斯塔特勒的成功也迫使他的竞争对手们不得不仿效他的方式来改革自己的饭店，以保住自己的市场占有率，一个真正意义上的充满竞争的商业饭店业得以萌生。斯塔特勒先生在1928年去世时，已建成了拥有7250间客房的斯塔特勒饭店集团。在1929年经济大萧条时，美国85％的饭店面临倒闭的困境，斯塔特勒饭店集团却取得了良好的经营业绩。斯塔特勒饭店集团在完成了其历史使命后于1954年出售给了希尔顿集团，当时已经发展到拥有客房10400间。

标准化设计、标准化建设和标准化的管理所带来的成本优势使斯塔特勒饭店集团得以在竞争中获取利润。这种以成本优势决定的低廉价格战略从许多意义上讲都是创新的，也影响了现代饭店业的竞争理念。他认为"最好服务是方便的、舒适的、价格合理的服务"。为了实现低成本低价格战略，他在建筑结构、客房与厨房设计、设施设备的使用、饭店的组织结构和工作流程、成本管理以及其他管理规范方面，都推行彻底的简洁化、标准化和科学性的量化管理。与此同时，通过提高工作效率来降低成本和提升服务水平。

时至如今，由斯塔特勒先生一手创立的关于饭店设施设备和服务方面的典范还在流行：门锁与门把手合成一体，钥匙就设在门把手中间，让客人在黑暗时也容易打开门锁；为了在客房内安装浴室，斯塔特勒先生首创了用一组给排水管同时供给相邻的两间客房的用水形式，这在后来被称为斯塔特勒式配管，得到了普遍的运用。客房设置电话、开门同时能自动照明的衣帽间、每间房配备浴室、浴室内装大镜子、饮用水专用龙头、免费给各房间送报纸，等等。斯塔特勒先生也通过大规模订购标准化的器具来降低成本。

斯塔特勒的成功经验之二：强调饭店位置（Location）。在他看来，地点对于饭店起着决定性的作用，寻找适宜的地点来建造饭店成为他一生的信条。但他说的地点选择的标准不仅要看当时的情况更要看到未来的发展潜力，饭店要尽可能建在未来繁华的街道上。1916 年，宾夕法尼亚铁路公司在纽约建造新客运车站，斯塔特勒先生决心在那里建起一座当时世界上最大的饭店——宾夕法尼亚大饭店（Pennsylvania Hotel），也称为纽约斯塔特勒饭店。饭店于 1919 年 1 月 25 日正式开业不久后，战后经济危机就席卷美国，饭店业最先受到打击，不少饭店宣布破产。但纽约斯塔特勒饭店由于其良好的地理位置，从它开业那天起到 10 年后经济危机最严重的时期，其客房出租率一直维持在 90％以上。

斯塔特勒的成功经验之三：客人永远是对的（The guest is always right）。斯塔特勒饭店员工手册——《斯塔特勒服务守则》上写道："一个好的饭店，它的职责就是要比世界上任何其他饭店更能使顾客满意。饭店服务是一位雇员对客人所表示的谦恭的、有效的满意程度。任何员工不得在任何问题上与客人争执，他必须立即设法使客人满意，或者请他的上司来做到这一点。"

从现代饭店发展史来评判斯塔特勒先生所作出的最大贡献在于将饭店转向了普通消费者，为饭店业的市场开辟了新的天地，同时为饭店管理的标准化建立了一种永不过时的范式。斯塔特勒先生的另外一个贡献是对美国康奈尔大学酒店管理学院的慷慨资助，正是斯塔特勒基金不断地在该校科研、教学、奖学金和设施设备的投入，才使该校成为世界著名的酒店管理总经理的摇篮。为了纪念斯塔特勒先生的卓越贡献，康奈尔大学1948年建立了有50间客房的 Statler Inn 实习酒店，1986年重新建立了150间客房的 Statler Hotel。

三、希尔顿先生所设计的企业治理路线图

康拉德·N. 希尔顿（Conrad Nicholson Hilton）1919年合伙买下仅有50间客房的莫布雷（Mobley）饭店，之后他在饭店业奋斗了整整60个春秋。1946年，他创立了希尔顿饭店公司（Hilton Hotel Corporation），1949年，为了便于到世界其他国家去经营管理饭店，希尔顿先生又创立了作为希尔顿饭店公司子公司的希尔顿国际饭店公司（Hilton International），总部设在纽约市的第三大街。希尔顿先生著名的治理格言是：勤奋、自信和微笑（Diligent、Confident and Smile）。他认为，饭店业无规则的工作时间决定了勤奋是饭店从业者很重要的条件之一；而饭店业又是与人打交道的行道，服务人员对宾客要始终笑脸相迎且充满自信，因为饭店业是高尚的事业。希尔顿先生在1925—1930年曾提出了一个经营口号："花最少的钱，享受最多的服务"（Minimum Charge for Maximum Service）。这一经营理念反映了希尔顿先生对商业时代饭店经营特点的深刻认识，和斯塔特勒先生的经营理念有异曲同工之妙。

他在1957年出版的自传《来做我的佳宾》（Be My Guest）中强调了经营管理好饭店需要关注的5个方面：客人的需求、合适的地点、合理的设计、合理的理财和优良的管理。同时他还总结了希尔顿饭店发展成功的七个主要经验，这对于当代饭店业的经营管理仍然具有指导意义：

第一，强调饭店的个性特征。

每一家饭店要有自己的个性特征以适应不同的市场需求。挑选好有足够能力的总经理至关重要，同时要授予他们管理好饭店所必需的权力。

第二，精确的预算编制。

希尔顿先生认为，美国饭店业 20 世纪 20—30 年代失败的原因，是由于美国饭店业者没有像卓越的家庭主妇那样编制好饭店的预算。因此，他规定任何希尔顿饭店每个月底都必须编制当时的订房状况，并根据上一年同一月份的经验资料编制下一个月每一天的预算计划。他坚持认为，除了完全不能预测的特殊情况，饭店的决算和预算大体上应该是一致的。优秀的饭店经理都应正确地掌握每天需要多少服务员。否则，人员过剩时就会浪费金钱，人员不足时就会服务不到位。对于容易腐烂的食品补充也是这样。在每一家希尔顿饭店中都设有专职的经营分析员。他每天填写当天的各种经营报表，内容包括收入、支出、赢利与亏损，以及累计到这一天的当月经营情况，并与上个月和上一年度同一天的相同项目的资料进行比较。这些报表将送给希尔顿饭店总部，并汇总分送给各部，使有关的高级经理人员都能了解每天最新的经营情况。

第三，实行集团大宗采购。

在一个买方市场的条件下，饭店集团的大批采购对于价格和成本的控制是相当有利的。即使有些物品必须由每一家饭店自行采购，也最好向制造商直接大批采购。这样做不仅能使所采购的同类物品标准统一、价格便宜，而且也会使制造商产生以高标准来改进其产品的要求。希尔顿饭店系统的桌布、床具、地毯、电视机、餐巾、灯泡、瓷器等 21 种商品都是由公司在洛杉矶的采购部订货的。每年光火柴一项就要订购 500 万盒，耗资 25 万美元。由于集体或大批量的采购，希尔顿饭店公司节省了大量的采购费用。

第四，让每一平方米的空间产生最大的收益。

"要找到金子，就要不断地挖掘！"这是希尔顿先生从经营莫布雷饭店所取得的经验。他买下莫布雷饭店后做的第一件事就是要使每一平方米的空间产生最大的收益。他发现，当时人们需要的是床位，只要提供睡的地方就可以赚钱。因此，他就将餐厅改成客房。另外，为了提高经济效益，他又将一张大的服务台一分为二，一半做服务台，另一半用来出售香烟与报纸。原来放棕榈树的一个墙角也清理出来，装修了一个小柜台，出租给别人当小卖店。当时，希尔顿先生自己还不得不经常睡在办公室的椅子上过夜，因为凡是能住人的地方都住了客人。另外一个经典案例就是，希尔顿先生买下华尔道夫（Waldorf）饭店后，他把大厅内4个做装饰用的圆柱改装成一个个玻璃陈列架，把它租赁给纽约著名的珠宝商和香水商。每年因此可增加4.2万美元的收入。买下朝圣者饭店后，他把地下室租给别人当仓库，把书店改成酒吧，所有餐厅一周营业7天。

第五，注重对优秀管理人员的培训。

希尔顿饭店公司积极选拔员工到密歇根州立大学和康奈尔大学饭店管理学院进修和在职培训。希尔顿饭店的管理人员大都由本系统内部的员工晋升上来，大部分饭店的经理都在本系统工作10年以上。每当开发一家新的饭店，公司就派出一支有多年经验的管理团队去主持工作。

第六，强化营销管理。

这包括有效的广告、预订系统、新闻媒体、促销措施和会议销售等。

第七，希尔顿饭店之间的交叉订房。

希尔顿饭店是较早使用全球互联网预订系统的酒店集团。位于纽约市的斯塔特勒希尔顿饭店是这一系统的预订中心，电脑控制的预订网络把希尔顿总部与其他饭店联系起来实现客户预订的便利化和集团管理的便利化。随着希尔顿系统饭店数量的增加，饭店之间的交叉订房越来越成为有力的营销渠道。

四、喜来登所建立的职业道德规范给我们的启示

迄今为止，还有不少人认为喜来登（Sheraton）就是该饭店公司老板的名字。其实是欧内斯特·亨德森（Ernest Henderson）先生于1937年创建了喜来登饭店公司（Sheraton）。幽默的亨德森先生于1965年出版了一本自传，名字就叫《喜来登先生的世界》（The World of Mr. Sheraton），在书中，亨德森先生将自己称为喜来登先生。他的著名格言："在饭店经营方面，客人

比经理更高明。"所以凡给喜来登总部来的信，他都要求给予及时的答复。无论是表扬信还是投诉信，都要转给有关经理阅读，对投诉信的处理尤其认真。他认为顾客的抱怨有不少是建设性的，是饭店制定政策和改进业务的依据。一旦喜来登总部收到的投诉信件少了，他就指示用《顾客意见征询表》去主动征询客人的意见。早在 20 世纪 60 年代，亨德森先生就指定由专人来处理客人的投诉，还要求对赞扬与投诉的信件分类登记和整理。当时还确立了下列评价标准：当抱怨信略多于表扬信时，说明经理工作有些疏忽，如果比例是 60 比 40，那么就必须认真对待，及时采取措施。另外，如果对某一位经理的赞扬信过多，也需要检查一下，这位经理是否用饭店应得的利益来换取客人的过度好感。

亨德森先生为喜来登管理模式制定的著名喜来登十诫（The Sheraton Ten Commandments），对于饭店业的职业道德建设具有相当直接的指导意义。

第一诫：不要滥用权势并要求特殊待遇。亨德森先生不愿意每到一个喜来登饭店，那里的经理总是为他安排最好的客房，并像招待贵宾那样送上鲜花和水果。作为老板的他最爱听的话是："对不起，那间总统套房不巧已被人住上了。"因为这样，那间总统套房每天至少可获得几百甚至上千美元的收入。这主要是对高级管理人员的约束。

第二诫：不要收取那些讨好你的人的礼物。他规定管理人员收到的礼物必须送交一位专门负责礼品的副经理，由饭店定期组织拍卖这些礼物，所得的收益归职工福利基金。这一约束的目的在于防止有人因私得到礼品好处，而在交易中用饭店的利益去做人情。如负责食品采购的经理，为了回报送礼商人几美元礼品的好处，常常会提高食品购买价格而使饭店增加数十万美元的开支。

第三诫：不要让经理插手饭店装修的事。1941 年，亨德森买下了波士顿有名的科普雷广场饭店（Copley Plaza），决定对它进行重新装修。为了保障装修效果，亨德森请了 8 位大师竞标，要求每人装修一套受客人欢迎的未来型客房，预算费用控制在 3000 美元。竞标结束日，他举办了一场大型鸡尾酒会，请来了 1000 名客人，请他们投票选出各自最喜欢的房间。最后玛丽·肯尼迪以压倒多数赢得了这场竞赛。从此，玛丽被喜来登饭店公司聘做饭店装修的总负责人。亨德森先生规定，各饭店经理不能擅自修改玛丽的装修方案，一切要听从专业的装修大师玛丽·肯尼迪。

第四诫：不能违约已经确认的客房预订。超额预订往往是饭店经理为了防止有一部分 no show 造成损失的一种方式。如果预订者都到店住了，超额预订就会出现有预订的客人没有客房可住的情况。喜来登公司规定，一旦出现这种情况，酒店应送客人一张 20 美元的礼券，可在任何一家喜来登饭店使用，并派车送客人到另一家饭店住宿，车费由喜来登承担。

第五诫：管理者在向下属下达指令前必须完全弄清楚确切的目的。亨德森先生认为，如果管理者清楚地理解了每一指令的目的，同时又让下属了解，就可以让下属发挥主观能动性，把工作做得更好。

第六诫：一些适用于经营小旅店的管理方式可能正好是经营大饭店的忌讳。亨德森先生认为，在小旅馆里，老板可以统管一切事务，可在大饭店里，必须建立管理权力结构，合理充分授权。大饭店成功的根本点在于选拔部门经理，发挥他们的才干，靠他们去承担责任和行使权力。实践证明，只有那些善于授权的人管理饭店才能取得成功。

第七诫：建立合作共赢的伙伴关系。亨德森先生认为，谈生意要有整体与长远的眼光，小分歧可以协商通融，不要把大路堵死，在当时看来似乎事关重大的讨价还价，也许实际意义并不大。在一些争执中，不要轻易使用"干就干，不干就拉倒"的语句。

第八诫：放凉的茶不能上餐桌。这就是要遵循服务的基本质量要求，如热菜要热，用热盘装盛；凉菜要凉，用冷盘装盛。这虽然是直接针对餐厅服务员讲的，但它的精神适用于一切服务员。细小的服务质量也会直接影响饭店的声誉。

第九诫：决策要靠事实，不能只靠感觉。要通过计算与专业知识来判断和决策。要禁止光靠感觉、估计、愿望去办事的做法。

第十诫：当你的下属出现差错时，你不要动辄发怒。因为他们的过错也许是由于你没有给予他们适当的指导而产生的；你要从解决问题的角度去思考如何更好地去处理。

五、凯蒙·威尔逊先生的创新之道

凯蒙·威尔逊（Kemmons Wilson）于 1952 年建立了第一家假日饭店，到 1989 年巴斯收购假日酒店（Holiday Inns International），他已使假日公司拥有、经营或签有特许经营合同的饭店共达 1606 家，客房总数 320599 间，分布在全球 52 个国家和地区，雇员总数超过了 20 万。凯蒙·威尔逊先生在 30 多年的时间里把一个仅有几家路边汽车旅馆的假日公司发展成为世界上最大的饭店集团，并把当时声誉低下、设施简陋的汽车旅馆变成了一个受大众喜爱的家外之家。他的名字出现在 1969 年伦敦《星期日泰晤士报》开列的"20 世纪世界名人录"上，与丘吉尔和罗斯福齐名。威尔逊先生的著名格言是："当你想到一个主意的时候，你应该努力去寻找实现它的理由，而不应该去寻找不去实现它的借口。"威尔逊先生的一生充满了开拓与创新精神，以至演变为行业传奇。从爆玉米花到做地产开发商，再到以后成为假日公司的创始人，最后成功地实现了一名优秀企业家的梦想。

威尔逊先生的成功经验主要有以下四点：

成功经验之一：创立特许经营权（Franchise）运营模式。出售饭店特许经营权是指某一饭店公司与另一法人或自然人签订合同，同意该企业或个人使用这一饭店公司的名字和管理标准来经营管理他们自己的饭店。而饭店公司对已获得特许经营权的企业在其饭店选址、开业、人员培训、市场营销和经营管理等方面提供咨询服务。申请者需要先付一笔费用以获得这一特许经营的权利，然后再根据经营收入，按期交纳一定比例的专利权使用费。特许经营权的出售给假日饭店公司带来了巨额的财富。

1952 年，威尔逊先生从银行借了 30 万美元，建了第一家假日饭店。1953 年，威尔逊先生就开始销售假日饭店的特许经营权。当时只有 4 个人买下了假日饭店的特许经营权，每份特许经营的转让费是 500 美元，在开业后再付专利费与广告费，分别按每出租一间客房每夜 5 美分和 2 美分计算。20

世纪 60 年代，假日饭店公司为特许经营权的购买者提供除土地以外几乎所有其他饭店开业所需要的服务。假日旅馆公司首先提出几种可供选择的设计方案，然后按选定的方案建造饭店，生产并运送所必需的家具。开业后，假日旅馆公司的中央采购网还供应毛巾、香皂、纸品以及加工的食品，标准统一，价格低廉。当然，最重要的还是假日公司所提供的系统的经营模式和管理制度。假日公司成功的经营模式导致许多饭店业主申请购买它的特许经营权。

到了 20 世纪 70 年代初，假日饭店公司每年要接到 1 万多份购买特许经营权的申请书，但只有 200 多份获得批准，其中大部分申请者已经是经营假日饭店并取得成功的企业家。而且与假日公司的合作成为一种融资模式，获得特许经营权的饭店主要比独立的饭店拥有者更加容易获得借贷，因为他们有假日公司良好的声誉做后盾，借贷风险自然减少。一般模式就是土地费与饭店建造费由特许经营权购买人筹集，自筹资金占总投入的 1/4－3/4，其余部分则向银行、保险公司或抵押公司借款。随着越来越多地受到青睐，假日饭店公司的特许经营权售价也越来越高。1953 年的第一批客户仅需付 500 美元，而到 1957 年涨到了 1000 美元。20 世纪 70 年代以后，特许经营费用总计大致相当于一家饭店客房收入的 6％，包括特许经营费 1.5 万美元；每100 间客房要再增加 100 美元；2500 美元的假日饭店标志费；每月每个房间交 3 美元的客房预订系统使用费；按每间客房出租一夜/间收入的 1％交纳培训费；还需交纳 1％的广告费；1％的推销费和其他费用。在这时，假日旅馆公司自己拥有的饭店数仅占全公司饭店总数的 15％，而剩下的 85％都是特许经营的饭店。

成功经验之二：不断完善自己的预订中心与信息管理系统。最初，和许多其他饭店公司一样，每当假日饭店为住在自己饭店的客人代打电话预订下一站的假日饭店时，长途电话费由客人自己支付。1965 年假日饭店系统建立了自己独立的电脑预订系统 Holidex Ⅰ，到 20 世纪 70 年代又建立了更加先进的 Holidex Ⅱ系统。通过 Holidex Ⅱ系统，在每一个假日旅馆里都可以非常便捷地预订世界上任何一个地方的假日饭店，在几秒钟之内就能得到确认，而且这一切都是免费的。

　　成功经验之三：标准化管理与严格的检查控制制度。要在全球范围内保持每一家假日饭店服务标准的统一是件非常复杂而庞大的工程。假日公司为此编印了《假日饭店标准手册》（以下简称《手册》），让每家饭店持有一本且都有编号，严格保密。《手册》对假日饭店的建造、设施设备和服务规程都作了详细的规定，未经总部批准不得擅自更改任何规定。如规定假日饭店的标准客房必须有一个写字台、一张双人床、两把安乐椅、床头上有两只100瓦的灯、一台电视和一本《圣经》。《手册》甚至细致到对香皂的重量和火柴的规格都有具体的要求。

　　假日公司运用严格的检查控制制度以保证《手册》中的各项规定被很好地实施。假日公司自20世纪70年代初开始组建一支由40人组成的专职督察队，每年对所属各饭店进行4次抽查。抽查的项目有500多项，满分为1000分。如果检查结果不到850分者，予以警告，并限期在3个月内进行整改。第二次检查时对上次指出但仍未整改的问题加倍罚分，同时再给一定的时间改正。如果仍不能在规定时间内达到标准，对假日公司自己所拥有的饭店就解雇经理，对特许经营的饭店，就将情况报告给国际假日饭店协会（International Association of Holiday Inns），由它发布收回假日饭店标志并从假日饭店系统除名的决定。每年被开除或解除特许经营合同的饭店有30多家。

　　成功经验之四：千方百计降低成本。假日酒店集团公司为各饭店进行集中采购，自然要比每家饭店单独采购节约更多成本。其他节约措施还包括：采用节能钥匙来节约能源，客人进客房只有把节能钥匙插入门侧小槽中，客房电源才会接通；离房时，将钥匙从小槽中拔出，除有专用线的电冰箱外，其他电源都会自动切断，这样不仅降低了电耗，而且还延长了灯泡、灯管、电视和空调等电器的使用寿命；另外，还有比如要求服务员把客人没有使用完的小香皂收集起来磨碎，制成清洗地板的清洁剂等。

第二节　企业文化与酒店文化

　　如果说酒店集团化的动因在于集团化具有对于单体经营模式的比较优

势，能够更有效地保障相关利益群体行动之间的协调，那么内生于这种制度之中的企业理念则可以看做是保证企业集团这一庞大机体有序运行的润滑剂。企业文化理念具有双重作用：一是展现于外，增加理解感知的途径；二是企业组织与生俱来并且不断演进的观念和内核。企业理念对于追求竞争优势的企业而言正如《追求卓越》一书所指出的"我们研究所有的优秀公司都清楚他们主张什么，并认真地建立和形成了公司的价值准则。事实上，如果一个公司缺乏明确的价值准则或价值观念不正确，我们很怀疑他是否能获得经营上的成功。"①

一、企业理念与文化的关系及作用

谈到企业文化的核心意义，就必然提到企业的价值观。而企业文化的价值观和企业理念的价值观在本质上是一致的。企业的成功来自成功的企业理念，作为核心地位的企业理念无时无刻不起着指导作用。没有企业价值观，企业理念概括的企业文化起码是低层次的，经不起竞争磨砺的短期文化，也没有企业特色。从这一角度而言，企业理念是企业文化的核心，是构成企业文化的重要组成部分。同时，企业理念起着统御企业行为的作用，决定着经营方向以及企业与外界的联系，换言之，企业观念指导企业内部与外部的各项工作，指导企业文化的方向，影响企业文化的形象、传播和发展。

企业理念和企业文化一般都强调以人为本的作用。例如，企业英雄作为他人学习的榜样和敬重的对象，他们的一言一行都体现着企业价值观。英雄是一种象征，同样也体现出企业人的完美型理想。有了企业英雄，企业理念所强调的凝聚功能便有了现实的导向。

当今酒店集团经历了100多年的历史，在经营模式、经营战略以及管理概念每一次深刻意义上的变革尽管有各种深层次的原因，但一个不争的事实是，酒店的发展演进始终都围绕着企业经营理念和文化哲学进行。企业文化理念是企业的基本精神，它决定着企业的产品、营销、广告、企业与顾客、

---

① ［美］托马斯·彼得斯、罗伯特·沃特曼.《追求卓越》

政府的关系，企业的基本形象。企业经营战略的制定归根结底以企业文化理念为准绳。企业文化理念所起的作用往往有以下几个方面：

1. 与企业品牌形象和品牌认同有着紧密的联系，品牌形象认同展现着企业的文化理念。

雅高在 1974 年推出宜必思饭店品牌，以卓越服务、质量、价格而闻名，至今仍然是欧洲最大的经济型饭店网络，开创了经济型酒店理念之先。etap hotel 则为商业与休闲旅游者提供了最便宜的带浴室的房间。创建于 1985 年的 Formule 1 是最早的保证客人以最少的花费享受舒适客房的饭店，无论哪家连锁饭店。凯悦丽晶酒店作为凯悦的核心品牌酒店，则以为客人提供机会以开阔视野和恢复精力为自己的核心理念。大厅和房间的设计充分反映出当地的文化精髓，从富含艺术性的服务、精致的商务和休闲设施到世界水平的会宴设施以及专业化的各种服务项目，无一不独具特色，充分满足商务和度假宾客的需要。

2. 企业的文化理念是企业经营思想的归纳和总结。

香格里拉酒店集团的经营思想是"殷勤好客香格里拉情"。独特之处是以亚洲式的殷勤好客的核心内容为基石，尊重备至、真诚质朴、乐于助人、彬彬有礼、温良谦恭。这一经营思想已深入香格里拉酒店集团的每家饭店。尽管如此，每家饭店都兼容了当地所特有的文化底蕴，殷勤好客的服务反映着浓郁的地方风情。

3. 企业的文化理念向相关群体反映传递企业经营思想。

作为最大的特许经营商之一的温德姆集团认为，其成功得到广泛认可的基本原因是诚实，在温德姆顾客是第一位的，对顾客的需求负责，努力解决顾客的业务问题，急他们之所急。为特许经营商创造价值，提供他们自己在商业中所需要的支持，坚持以消费者为中心，帮助消费者取得最大的利益。

4. 影响企业经营的主导文化和理念随着经营实际的变化往往需要变革，变与不变作为一种选择的机会成为企业经营成败的关键。

酒店集团经营中的"不变"往往是核心的价值观，是企业创建以来成功的基石。万豪长期以来一直坚信员工是最大的资产，以人为本，这是万豪75年来成功的基础。万豪文化就是其员工以实际行动为顾客创造的服务体验。"变"是在某种经营环境、类型、市场以及创新等条件发生变化情况下的产物，"变"不一定是推翻原先已有的理念，可以是一种新的解释，可以是既有认知的延伸。这在企业并购组合的情况下较为明显。洲际酒店集团拥有很多世界知名品牌，如 InterContinental，Crowne Plaza，Holiday Inn Express 以及 Staybridge Suite by Holiday Inn。洲际旗下品牌每一个都有不同的发展历史，在不同发展背景下也形成了不同的文化哲学和经营理念，因此经营中又面临着文化理念整合的问题。所以从这种意义上说又为企业的发展扩张带来了新挑战。

二、文化的三维逻辑在酒店中的表现形态

文化在酒店的三维逻辑关系表现为：企业对顾客的承诺；企业对员工的承诺；员工对顾客的承诺。最后的经济模型表现为，企业为员工创造价值；员工为顾客创造价值；顾客为企业创造价值这样循环的价值链。通过这种价值的转换，酒店文化在运行过程中变得实体化。文化不再是一种空泛的概念，而是调节企业、顾客、员工关系和规范消费行为、管理行为和服务行为的指导性原则。

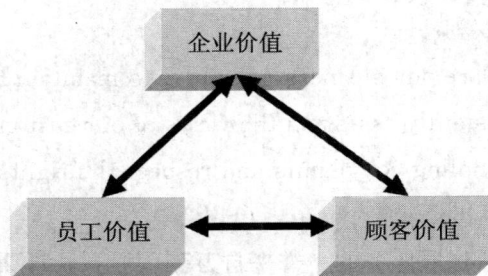

图 2—1 酒店文化价值链的经济模型

1. 企业对顾客的承诺 Commitment to Customers

企业存在的价值是为社会服务的。在竞争日趋激烈的市场环境中，企业如果不真心关心顾客的现实需求和潜在需求，这个企业就不可能有竞争能力。特别是在消费需求越来越个性化和多样化的情况下，酒店业的竞争性又为消费者提供了更多的消费选择，我们对顾客的价值承诺是决定我们竞争力的关键。顾客购买的不再是简单的一个床位或一碟菜肴，而是一种综合的物有所值或物超所值的消费体验。酒店经营行为应该自觉地转化为对顾客的一种承诺。在成功的酒店集团中我们都可以找到这种理性判断在实践中的运用。

四季酒店：我们的物业，都会因非凡的设计和完善的设备而更具价值。我们恪守严谨的道德操守，提供殷勤的个人化服务，必能满足宾客的严格要求，迎合他们的品味，以维持我们在全球高级豪华酒店机构中的崇高地位。

We create properties of enduring value using superior design and finishes, and support them with a deeply instilled ethic of personal service. Doing so allows Four Seasons to satisfy the needs and tastes of our discriminating customers, and to maintain our position as the world's premier luxury hospitality company. (Four Seasons)

希尔顿：顾客是企业的生命，为了保持顾客高水平的满意度，我们不断地听取顾客的评估意见，在我们所在的各个国家实行公平的制度来处理顾客投诉并尊重消费者权利。

Our customers are our business. In order to maintain high levels of satisfaction we are constantly assessing the views of our customers. We operate a fair system for handling complaints and respect the rights of the consumer in the countries in which we operate. (Hilton)

万豪：万豪酒店优质服务的声誉来自万豪创立并长期秉承的传统，酒店简单的服务目标"食物好，服务好，价格合理"。

Marriott's reputation for superior customer service rises out of a longtradition that started with J. Willard Marriott's simple goal for Hot-

Shoppes to provide "Good Food and Good Service at a Fair Price".

—不遗余力地为顾客着想 Do Whatever it Takes to Take Care of the Customer

—对顾客无微不至的关心 Pay extraordinary attention to detail

—以硬件环境为荣 Take pride in their physical surroundings（Marriott）

温德姆：温德姆客户方针，我们酒店的效益来自我们客人的满意体制，这也是作为一个旅馆行业中最大的、最重要的体系。先进的数据、资料将会衡量出产品和服务的质量。同时也直接关系到客人对酒店的满意程度和是否会再次光临。

Wyndham Guest tracking our hotels benefits from our Guest Satisfaction Tracking System，the largest such system in the lodging industry. This advanced database will measure and track key product and service attributes directly related to guest satisfaction and guest retention at your hotel.（Wyndham）

香格里拉：我们要把赢得客人忠实感作为事业发展的主要驱动力，体现在：

—始终如一地为客人提供优质服务。

—在每一次同客人接触时，令客人喜出望外。

—行政管理人员与客人保持直接接触。

We will make customer loyalty a key driver of our business through

—consistency in delivery of service.

—delighting our customers in every customer contact.

—executives having a customer contact role.

我们的使命宣言：为客人提供物有所值的特色服务和创新产品，令客人喜出望外。

Our Mission：Delighting customers by providing quality and value through distinctive service and innovative products（Shangri—la）.

雷迪森：雷迪森的目标是100％的顾客满意率，如果你对某项服务不满意，请让我们知道，我们将对其进行纠正否则你可以不付款。

Our goal at Radisson is 100% guest satisfaction，if you aren't satisfied with something，please let us know and we'll make it right or you won't pay.（Radisson）

最佳西方：把客人当亲人，视客人为家人，客人永远是对的。

凯宾斯基：全心全意为客人提供完美体验，为顾客打造丰富而有意义的生活体验。

费尔蒙莱佛士：为我们的顾客把时间变成美好的回忆。

Turning moments into memories for our guests.

卡尔森：始终把顾客的需要放在首位，提供优质服务。

2. 企业对员工的承诺 Commitment to Associates

酒店对顾客的承诺是要通过员工个体表现得以实现，这正是服务业的一种特性：产品质量直接决定于服务者向服务对象提供的产品。因此酒店业流行的一种观念应该视为合理的假定：没有满意的员工就没有满意的顾客。员工创造力如何有效地被激发出来，从而为顾客创造价值是酒店管理永恒的主题，因为时代的进步、消费需求的个性化和竞争的加剧都从客观上对员工素质提出了与时俱进的要求。与此同时，员工作为劳动者和消费者的要求也在不断增加，他们不再是简单的"经济人"而是复杂的"社会人"。[①] 他们追求的不只是合理的薪水，而更多的需要寻找实现自我价值的环境。马斯洛也把"自我实现"的需要界定为人的最高需求层次。企业有权力挑选员工，员工也有权力挑选合适的企业。企业伦理（ETHICS）应该成为成就个人成功的环境保障。从一定意义上讲，管理者需要解决的是一种企业与员工复杂的博弈关系。在企业对员工的承诺方面既包括企业对员工的基本价值假定，也包括对待员工的方式。

对员工在企业中的基本价值假定：

对待员工的基本价值假定，意味着将员工在企业中的地位和作用设定一个基调，并在这个基调上选择对待员工的方式方法，这种理论设定对于员工

---

① 古典管理理论将人假定为"经济人"，而行为科学后来将人假定为具有感情和追求的"社会人"。

价值、顾客价值和企业价值都是至关重要的。在对员工价值重要性的表述中许多酒店集团都将员工视为企业具有价值的资产：

四季酒店：我们最大的财富和赖以成功的决定因素就是我们公司的全体员工。

Our greatest asset, and the key to our success, is our people. (Four Seasons)

万豪：以人为本，这是万豪75年成功的基础。万豪长期以来一直坚信员工是最大的资产。万豪文化就是万豪的员工以实际行动为顾客所创造的服务体验。其宗旨在于人服务于人。

People first—the foundation of Marriott's success for 75 years. Marriott's enduring belief is that our associates are our greatest assets. Marriott Culture is the experience we create for our customers which is demonstrated by the behavior of our associates. It is people serving people. (Marriott)

凯悦：我们的哲学观点是，正是凯悦集团的人员使凯悦拥有了卓越的阅历。在集团价值观的引导下，我们努力帮助员工发展职业生涯，而不仅仅是工作。

It is our philosophy that it is the people of Hyatt International Hotels & Resorts who make the Hyatt experience an exceptional one. Guided by our Corporate Values, we strive to equip and empower our people to develop careers, not jobs, with Hyatt International Hotels & Resorts. (Hyatt)

希尔顿：我们仰赖员工来提供给顾客所期望的优质服务，反过来我们也努力为员工谋福利，我们的目标是最大限度地开发员工技能，给他们提供个人发展机会，达到最高满意度。

Our People Philosophy: We rely on our employees to provide the high quality of service our customers expect. In return we work hard to look after our people. Our aim is to maximise and develop the skills of our staff, provide opportunities for personal development and achieve high rates of employee satisfaction. (Hilton)

香格里拉：成为客人、员工和经营伙伴的首选。The preferred choice for customers, employees and business partners. (Shangri－La)

凯宾斯基：诚信、公开沟通、尊重、文化缤纷、热情、追求卓越、团队领导、创新、创意、人力发展和授权。

Integrity, open communication, respect, cultural diversity, passion, striving for excellence, team orientation, innovation, creativity talent development and empowerment. (Kempinski)

卡尔森：在工作中对员工进行互相尊重和团队精神的培训，发扬公司多元文化的精神，人才机会的相等。

悦榕庄：为同事提供公平、有尊严的工作平台，提高其为公司发展作出长期贡献的能力，拓展职业前景。

对待员工的方式：

对待员工的方式体现了一个企业的价值观及在处理企业与员工关系方面的价值取向。这些方式既包括对待员工的福利，也包括员工在企业中的成长和职业生涯。从一些著名酒店集团的对员工所享有权利的具体规定上，我们可以看出，员工利益不是可以随便放弃的制度。这种制度应该保证不能以牺牲员工利益来追求企业利益。员工的利益应该是和顾客、企业利益形成一种利益共同体。只有当三者的利益都得到最大化的时候，企业的竞争力和生命力就是最强的时候。

四季酒店：我们相信，无论所做何事，每个人都需要拥有尊严、自豪及满足感。若要满足客人的需要，必须携手同心。我们的信念就是上下一心，重视每个人的贡献和重要性，彼此互相尊重，达至最大的效益。在四季，我们期望员工对待顾客的方式来对待员工——热情、彬彬有礼和尊重。我们知道只有员工的高效和满意，顾客才能满意和不断光临。作为对待员工责任的一部分，四季以提供补偿和利益计划而感到自豪，包括竞争性的收入和奖励。

We believe that each of us needs a sense of dignity, pride and satisfaction in what we do. Because satisfying our guests depends on the united efforts of many, we are most effective when we work together cooperatively, respecting each other's contribution and importance. At Four Seasons, we treat our employees the same way that we expect them to treat our guests, with warmth, courtesy and respect. We know that if our employees are productive and content, our guests will be happy and want to return. As part of our commitment to our people, Four Seasons is proud to offer a Compensation and Benefit Plan, including: competitive pay and benefits.

四季酒店对员工的待遇和职业发展都进行了细微的规制:

一得体的制服 well-tailored uniforms

一员工辅助计划 employee assistance plan

一职业发展计划 career development programs

一职业培训 job training

一教育辅助计划 educational assistance programs

一免费工作餐 complimentary meals

一内部提升 promotion from within

我们非常自豪地说我们的员工希望和我们长久共处,我们的高级行政人员和总经理平均工作年限超过 12 年。他们中许多人都是从基层开始工作,并在个人职业生涯计划、发展系统和管理培训项目中受益,从而获得提高和发展。我们认为我们有一些特殊的东西,事实上,《财富》杂志近来已经将我们提名为美国 100 家最适宜工作的公司,这已是连续第 5 年获得这项荣誉。

We're happy to say that our employees tend to stay with us for a long time. Our Senior Executives and General Managers average over 12 years of service. Starting at relatively junior levels, many of them have since progressed by benefiting from our individual career planning and development system and management training programs. We think we have something special here. In fact, Fortune Magazine has recently named us one of the Top 100 Companies to Work For in America — for a fifth year in a row. (Four Seasons)

希尔顿：我们承诺为我们的员工、客人提供健康安全的环境。在所有的管理经营中我们采用最完备的健康安全体系，采取风险式管理以使事故发生率合理有效地降到最低。

Health and Safety We are committed to providing a healthy and safe environment for our staff，guests to our premises．We aim for best—practice in health and safety throughout all our operations．We support a proactive culture of risk management to ensure accidents and incidents remain as low as is reasonably practicable．（Hilton）

万豪：服务于员工的坚定不移的信念是"员工是最重要的资产"，为员工提供个人成长发展的环境。

The Spirit to Serve our associates：The unshakeable conviction that "our people are our most important asset" An environment that supports associate growth and personal development.

—拥有聘用有爱心、道德品质优良、诚实可靠员工的好声誉

—A reputation for employing caring，dependable associates who are ethical and trustworthy

—家一般的气氛及友好的工作关系

—A home—like atmosphere and friendly workplace relationships

—激励机制奖励钟点工及管理层员工所作出的贡献

—A performance reward system that recognizes the important contributions of both hourly and management associate

—以万豪的名字和业绩为荣

—Pride in the Marriott name，accomplishments and record of success（Marriott）

凯悦：改革创新和创业精神是我们经营的基础。我们的目标是吸引并保留一支提供优质服务的生力军，他们富于创新精神，以顾客为中心并能充分反映当地文化。我们相信信息灵通的工作，充满激情的员工是我们实现目标的有利保证。公司努力在世界各地给员工提供一个公正合乎道德标准的工作

环境。我们的员工是我们的基本资产，他们对凯悦集团价值观的认可使我们与众不同。

Innovation and an entrepreneurial spirit are the foundation for the way we conduct business. Our goal is to attract and retain a workforce that is motivated to provide a level of service，which is excellent，innovative and customer—driven，and reflects the local cultures where we do business. We believe we can accomplish this by being a "listening" company of well—informed，impassioned people. Hyatt International Hotels & Resorts strives to provide a fair and ethical work environment for all its employees of all Hyatt International Hotels & Resortsworld wide. Our people are our principle asset and it is their commitment to the Values of Hyatt International Hotels & Resorts that sets us apart from our competitors. (Hyatt)

香格里拉：我们要努力创造一个既有利于员工事业发展，又有助于实现他们个人生活目标的环境。

We will create an environment where our associates may achieve their personal and career goals. (Shangri—La)

洲际：集团在所有酒店的品牌服务、产品质量、设计、构造以及经营方面都要求有一个严格的标准。怎样去做到呢？完全依靠我们基层受过培训并具有高标准的全体工作人员。我们对员工的培训包括：发展必需的管理经营方法，提高服务水平和及时对员工进行一些额外知识的培训。

Quality & Training：Six Continents Hotels，Inc. requires a strict adherence to standards that encompasses service，product quality，design，construction and operation—across ALL brands. HOW? One way to achieve such high standards relies on the underlying support of our training staff. We provide training for hotel staff，including the management tools necessary to provide your staff with additional knowledge of the skills necessary to generate continuous improvement in revenue management，service delivery，and operating skills. (InterContinental)

最佳西方：相互尊重，相互理解，相互关心，相互协作，相互监督。

卡尔森：卡尔森不仅为员工提供工作，而且还为他们提供专业和个人的发展机会，为员工开创令人满意的职业生涯提供所需的工具。

3. 员工对顾客的承诺 Employees commitment to Customers

员工对顾客的承诺决定了服务质量和顾客满意度，顾客能否获得身心愉悦的消费经历取决于员工的集体价值观、服务态度、服务技能和服务效率。在确立员工与顾客的关系方面，每个酒店集团都有自己的理论假定，有的将顾客认定为上帝，有的假定顾客永远是对的，这两类假定都是把顾客与员工的关系建立在不平等的基础上。而笔者更愿意将员工与顾客定位在平等的基础上，共同构建和谐的消费环境。这种理论假定的先进性体现在与现代文明社会更加合拍，同时在酒店业注重顾客过程参与的趋势下，角色平等假定更易于将服务者和被服务者的尊严同时得到关照，双方也更容易建立一种和谐的人际关系。丽嘉酒店的服务理念是笔者较为欣赏的。

丽嘉酒店：我们是绅士淑女给绅士淑女服务。

We are ladies and gentlemen serving ladies and gentlemen. （Ritz－Carlton）

四季酒店：每一个工作日，因为优秀的服务文化和创造性的员工对顾客的服务都会不同。正是这种文化使我们远远超过我们的竞争对手。这种无形的特性使我们重要的客人再次光临我们，并促使我们在同行业中提供最好的服务。

Every working day, Four Seasons employees make the difference for our guests by creatively maintaining our culture of service excellence. It is this service culture that sets us apart from our competitors. An intangible quality that keeps our valued guests returning again and again, and which drives us to deliver the best service in the industry. （Four Seasons）

希尔顿：我们不断地努力来提高我们的产品和服务质量，尽一切可能来减少对公司的负面影响。我们将记录所有关于产品的开发与服务方面的顾客意见。

We continually strive to improve the quality of our products and services and their delivery to our customers. We will work to minimize, as far as possible，any negative impacts associated with our business activities. We will take account of the views of our stakeholders on all aspects of our product development and service delivery. （Hilton）

万豪：服务于顾客的精神 The Spirit to Serve our customers

—"顾客永远是对的"的箴言显而易见

—Evident in the adage，"the customer is always right"

—可操作性很强的管理方式，即"四处走动的管理方式"

—A hands—on management style，i. e.，"management by walking around"

—对顾客无微不至的关心

—Attention to detail

—不断改革、创新的服务意识

—Openness to innovation and creativity in serving customers

—以顾客信赖于万豪独特的个性化服务品质为荣，以顾客在世界各地旅行中能识别或选择万豪品牌为荣

—Pride in the knowledge that our customers can count on Marriott's unique blend of quality，consistency，personalized service and recognition almost anywhere they travel in the world or whichever Marriott brand they choose（Marriott）

温德姆：顾客是第一位的，我们对他们的需求负责，努力解决他们的业务问题，急他们之所急。我们预期顾客的需求，创造超过他们期望的产品和服务，我们看到的是机会而不是障碍，奖励那些发现和补充新的有价值观念的人。我们以尊重和真诚来对待每一个顾客，尊重个人价值和不同的文化和工作方法，我们通过团队工作来达到我们的目标。

We place our customer first. We respond to their needs and work hard to solve their business issues. We share their sense of urgency. We anticipate customer needs and create products and services that exceed their expectations. We see opportunities，not barriers，and reward those who lead in the discovery and implementation of new and valuable ideas. We treat each other and our customers with respect and dignity, valuing individual and cultural differences and approaches to work. We reach our goals by working together. (Wyndham)

喜达屋：集团的各类酒店应为顾客提供更多的娱乐和服务项目。

Hotels or brands would enable the Company to provide a wider range of amenities and services to customers. (Starwood)

香格里拉：我们要把赢得客人忠实感作为事业发展的主要驱动力，体现在：
—始终如一地为客人提供优质服务。
—在每一次同客人接触时，令客人喜出望外。
—行政管理人员与客人保持直接接触。
—我们要使员工能够在为客人服务的现场及时做出果断决定。

We will make customer loyalty a key driver of our business through
—consistency in delivery of service.
—delighting our customers in every customer contact.
—executives having a customer contact role.
—We will enable decision making at customer contact point. (Shangri—La)

最佳西方：热情对待你的顾客，想在你在顾客之前
　　　　　设法满足顾客需求，让顾客有一个惊喜

三、文化的光芒

如上对世界酒店集团文化的研究并没有包括这些酒店所具有文化的全部方面，而主要集中在对这些酒店集团实施自身文化战略时所使用的设计理念。没有一种酒店文化是万能的，但是作为一个企业，没有一种适合自身特点的文化理念和文化指导下的操作行为是万万不行的。没有文化的企业就犹如没有灵魂的人一样。通过对世界著名酒店集团文化的研究，我们不难得出结论，酒店三位一体的文化结构模式是一种形而上学的文化框架，在这种架构下使每个利益主体获得价值的同时，求得一种利益均衡，从而使该结构表现出一种运动中的稳定。文化的稳定和发展都是现代企业的特质，稳定意味

着对传统的继承，没有传统的文化是幼稚的文化；文化的发展是企业创新能力的再现，没有发展的文化是迂腐的文化。企业再造也包括企业文化的再造。在不同的企业中每个利益主体获得价值的方式和途径可能呈现出差异性，这种差异性正是不同酒店文化特色的外现。企业文化是在太阳下转动的钻石，① 不同的文化会折射出不同的光芒。

　　企业文化从经济的角度看所呈现出的三维价值链，实际上是维持企业稳定运行和保证企业竞争能力和生命力的逻辑架构。企业的利益、顾客的利益和员工的利益如何在特定的时期同时最大化，是业主和管理者治理与管理艺术的一种境界。只有当文化成为一种企业制度表现出来的时候，企业才显示出其成熟性。酒店业作为服务业的特性更是要求三位一体的利益统一的文化制度。

　　文化对于企业来说不是空洞的概念和教条，而是活生生的管理实践。只有当企业的经营思想、经营作风、价值标准、行为规范、规章制度等被广泛地遵循的时候，企业文化才有价值。企业文化与经营业绩的正相关关系在约翰·科特的《企业文化与经营业绩》一书中已经得到完整的论述。企业文化从内容结构上通常被界定为三个层次：精神文化、制度文化和物质文化。三个层次的要素相互影响，相互融合，使企业文化呈现出一个完整的体系。

物质文化

制度文化

精神文化

制度文化

物质文化

图2—2　企业文化图示

----

① 菲利普·哈里斯.《跨文化管理教程》. 关世杰译. 新华出版社，2002 年

企业文化涵盖企业的精神、制度和物质的每个方面。这些文化要素在指导着企业的价值观、发展方向、对待利益相关者的态度、怎样崇拜和塑造环境中的英雄人物、如何承担社会责任，等等。优秀的企业文化可以让员工感到工作的意义，可以使一个普通人变成企业里的英雄，并在充分授权的基础上调动员工的积极性，依靠员工的自觉性来控制产品质量，培育创新的精神，让管理者与顾客建立起真挚的感情。企业文化无论作为一种文化现象还是作为一种管理思想，以人为本的思想是企业文化的实质，因为企业化的人是"精神人"、"思想人"、"理智人"和"完全人"。① 约翰·科特认为在 21世纪能够使公司获得成功的新型企业文化应该具有的两个基本特征是：管理团队能够真正地关注企业的利益相关者，如顾客、供应商、员工以及股东；组织内的各个层级都高度重视并鼓励自发性及领导性。② 这些企业文化理论体系对于世界酒店业的发展与进步同样起到了推波助澜的作用，酒店的管理者无须在黑暗中去摸索建立企业文化的道路，愿世界酒店文化的智慧之光为中国酒店业照亮前行的路。

① 陈亭楠. 现代企业文化. 企业管理出版社，2003 年
② 罗恩·吉布森主编. 现代管理大师思想精粹. 扬世伟译. 经济管理出版社，2002 年

第三章

[世界酒店集团化演进研究]

Chapter III　Evolution of Hotel Groups

Comparative Studies
on International Hotels

人类社会从产品经济发展到今天的知识经济阶段是一种质的飞跃，知识经济的重要表现是，在知识创新中以信息化为载体的产品创新成为经济发展中重要的推动因素。现代意义上的酒店集团诞生于 20 世纪 40 年代末的欧美国家，到现在已有 70 多年的历史，其发展大体经历了区域集团化发展、洲际集团化发展和全球集团化发展三个阶段。

进入 21 世纪，中国饭店业的发展必然与之有着密不可分的关系。可以说，自 80 年代初改革开放开始，在经历了 30 年的发展后，中国饭店业正进入一个新的历史阶段，国外酒店集团不断进入中国大陆，同时中国的酒店集团也不断涌现并发展壮大。到 20 世纪末，中国饭店业在标准化、规范化上实现了与国际酒店管理的对接，而在 21 世纪，时代赋予饭店业的任务则是变革和创新，充分运用知识满足以及创造顾客需求的新的方式途径，实现顾客价值的提升。饭店业在现阶段来说是一个相对分散的行业，集团化的发展体现了当今饭店业的走向。集团化实质上是一种集约化，从时空以及经营要素意义上的分散走向集约是企业发展的必经之路。

第一节　酒店集团化经营模式及演进的趋势性特征

一、经营模式

酒店集团的经营模式在不同发展阶段有不同的特点，伴随着集团化的发展，酒店集团在扩张方式、经营模式上具有明显的阶段性特征。酒店集团经营模式有以下几种主要方式：全资酒店是早期酒店集团扩张的主要模式，优点在于保证集团所提供产品的同质性和稳定性，不足在于酒店产品高固定投资导致集团拓展的速度受到限制；特许经营是近些年来发展较为迅速的集团化经营模式，世界著名的特许酒店经营公司的众多特许品牌多是独资经营的酒店品牌，通过加入特许联盟体系的方式，获得单体酒店或单一品牌酒店所不具备的网络优势和营销推广优势。经营模式的发展和创新，反映了饭店业发展的走向和演进规律，因此，通过对酒店集团化经营模式的研究，可以从形式上把握酒店集团经营演进的一般规律。

（一）全资酒店（Proprietor/Ownership）

全资酒店是酒店集团通过独资或者收购途径来拥有一家全资的子公司，从而达到跨国经营的战略目标。在大多数情况下，投资主体会直接控制海外子公司。这种形式的长处在于公司拥有全部产权和对子公司的控制权。跨国酒店集团在选择这一进入模式时的主要考虑是东道国政治和经济局面的长期稳定。对这些因素的评估需要具有跨国环境评估的丰富经验，并有能力识别在不断变化的环境中有可能带来产权风险的潜在因素。

（二）特许经营（Franchise）

特许经营是指特许权拥有者授予特许权经营者一种获得许可的特权从事经营的行为，这种获得许可的特权可以包括品牌、操作系统和管理服务等（杜江，2001）。特许经营制的酒店最早出现在美国，自 20 世纪 50 年代，特许经营机制被引入酒店以来，国际酒店管理集团纷纷采取特许经营的方式进行扩张，即便是发明了酒店管理合同的希尔顿集团内也有 80％以上的饭店采取特许经营。特许经营意指销售"品牌"及"品牌知名度"给客户，并以固定模式经营，授权人与被许可经营者保持信任。20 世纪 50 年代的美国，由于其特定的文化背景和经济环境，此经营思想悄然兴起，特许经营酒店应运而生。近几十年来的发展更加迅速，大批单兵作战的酒店为了避免或减少经营风险，纷纷加入特许经营的行列。

特许经营权转让可分为：单一特许经营权转让（single franchise）指受让方只经营一个企业，多单元特许经营权转让（multi-unit franchise）指出让方给予受让方某一地区的发展权利，总体特许经营权转让（master franchise）是特许经营出让方与受让方公司签订一份特许经营的总合同，允许其在一定地区发展特许经营业务，这一形式有助于特许经营理念的迅速扩展，但是可能导致管理层对质量失去控制，甚至承担特许权拥有者与受让者之间的冲突。这些冲突可能来自对势力范围、合同期限、质量保证、广告与酬金等的界定。特许经营模式与其他进入模式组合使用，可在一定程度上弥补这一缺陷。

特许经营是 21 世纪主流的商业经营模式，由于特许经营在低端市场比例和其营利性都最高，所以特许经营权转让（Franchising）是国际酒店集团最重要的拓展方式。特许经营之所以能如此迅速发展，是因为特许经营是以特许权向市场辐射。对总部而言，企业无须投入大量资金和人力，将成熟的和规范化管理方式以及独具特色的经营技术与经营理念通过受让与转让，使已经品牌化的产品占领新的市场，是一种安全而迅速地提高知名度、拓展市场份额的经营方式。对于加盟者而言，业主无须具备一定的技术和经验，只要支付一定的加盟费就可以直接套用他人成功的经验和技术，得到总部长期的指导和服务，使自身的学习曲线大为改变，省却了探索学习时间，降低了投资风险。这一其他连锁经营形式所无法比拟的优越性使其成为国际上最为流行的连锁经营方式。

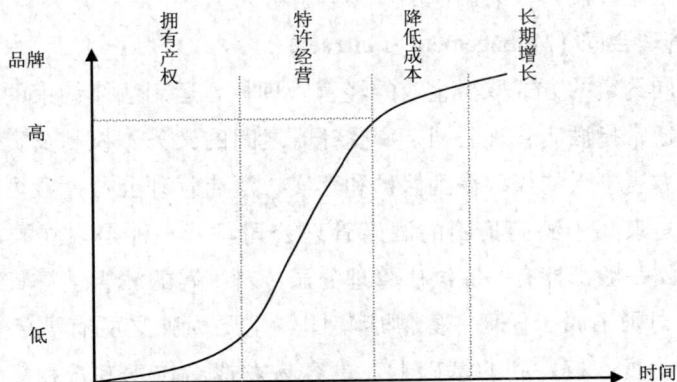

图 3—1　品牌与特许经营

资料来源：《中国旅游饭店》

实施特许经营所需具备的条件：首先，拥有较高知名度的品牌。其次，形成自己的经营特色，拥有自己的特殊经营技能，才能吸引加盟者。再次，维持总部良好的经营业绩是特许经营成功的根本。最后，对酒店经营而言，建立一套高效率的信息物流系统，形成良好的预订、采购集团培训体系，从而真正实现连续的规模经营，才是特许经营的优势所在。

当然，是否使用特许经营的酒店拓展方式，当地旅游及酒店环境的支撑也是必不可少的，这涉及该地区的政治经济联系，市场经济的成熟程度，资本市场的完善程度以及管理机制的健全程度，等等。一般而言，市场经济发达的地区更适合特许经营，面向对服务更敏感的高端市场，则管理合同将更为可行。从全球范围来看，特许经营方式则是主流扩张模式。

以洲际集团的业务为例，其美洲的特许经营比重超过97％，在欧洲的业务比重只有60％左右，而在亚洲的特许经营比例还不到30％。其在亚太地区仍然是管理合同占有主导地位；而欧洲的自有和租赁比例是最高的。洲际进军中国酒店业的初期全部采用管理合同方式。这是因为，从历史背景来看，当初的中国酒店业软硬件基础都很薄弱，而特许经营既不拥有也不管理成员酒店，只提供权益品牌、标准与要求、营销网络、采购网络等服务，国内酒店不具备加盟条件；另外，国际管理集团对酒店的服务质量、卫生及定价标准等也很难控制，极易影响品牌声誉。

（三）管理合同（Management Contract）

通过合同约定的方式取得企业的经营管理权，运用法律约束的手段，明确委托人（通常指酒店管理公司）和受托人之间的义务、权利及责任，使合同约定的双方当事人的权益得到保护和落实。酒店管理公司一般可分为两种形式：一种是隶属于酒店集团的酒店管理公司，另一种是独立酒店管理公司。酒店集团一般都拥有一家酒店管理公司，对下属的酒店进行管理。独立酒店管理公司则不属于任何一家酒店集团，主要为独立所有酒店，在委托管理方面明确责、权、利的基础上，更容易发挥出技术专长和集约组合的影响力，更有助于追求和实现最优化的管理效益和经济效益。喜达屋集团利用这种方式垄断了很多酒店，并把其收到旗下。此外，万豪国际（Marriott）、雅高（Accor）、凯悦（Hyatt）等集团也都有部分酒店属于此种管理合同方式。

（四）租赁经营（Lease Management）

酒店集团从所有者手中将酒店租赁过来，对酒店进行经营。联号酒店向酒店的所有者交付一定的租金即可取得经营权。但酒店在相当一个时期内要承担财务责任和对物业的控制，长期租赁在国际饭店业中通常被视为全资拥有形式的变形。跨国酒店公司通常利用这种方式在东道国的最佳地点选择酒店。例如，万豪（Marriott）和希尔顿国际（Hilton）的一些酒店就是长期租赁而拥有的。这类租赁在大多数情况下要求做出长期的财务承诺，因此只有在仔细考虑选址、市场的长期赢利能力以及东道国保持稳定的能力之后才能做出抉择。

根据 2008 年度上市公司年报、《HOTELS》官方网站的数据，从发展速度来看，特许经营＞委托管理＞租赁经营＞收购＞自建。排在 300 强靠前的酒店管理公司，都是以委托管理和特许经营为主要拓展方式的。

表 3—1　世界酒店前 10 强拓展方式分布情况（以酒店数）

公司	特许	托管	租赁	自有	其他
洲际	85.90%	13.65%	0.46%		—
温德姆	100%	—	—	—	—
万豪	64.09%	32.08%	3.83%		—
希尔顿	82.10%	11.53%	6.37%		—
雅高	28.13%	13.82%	36.04%	22.01%	—
精选国际	100%	—	—	—	—
最佳西方	酒店联合体				
喜达屋	45.48%	54.52%	—	—	—
卡尔森	95.87%	4.13%			—
凯悦	57.84%	23.86%	18.31%		—

除了上述四种经营模式，酒店集团之间还常常通过战略联盟，甚至是互相兼并收购的方式以求双赢或者多赢。而各著名酒店集团在经营模式上的差异与其采取的具体方式，我们在第四章还会做更加直观的比较。

二、酒店集团化发展的趋势性特征

"世界经济环境在过去的 20 年中发生了剧烈的变化……地理和文化差异的缩小，使企业能够大大拓宽地理市场的覆盖面以及采购和制造范围。"[1] 酒店集团发展深刻地受到当前市场状况的影响，而在世界酒店市场的分布格局中，亚太地区、欧洲和北美酒店市场在世界饭店业中占有举足轻重的地位，并且在酒店增长中占有重要的地位。

美国城市饭店业豪华型酒店扩张速度较快，可以说进入了一种高速增长的阶段。如圣地亚哥在该档次酒店的增长率达到了 50.2％的水平，成为增长最快的城市之一。欧洲亚洲酒店则继续保持一种增长的势头。"进行全球性竞争的企业为了达到必要的经济效应可能要在特定的主要市场上竞争"，[2] 而各国主要城市对酒店集团具有重要的战略意义，酒店集团选择主要城市展开竞争成为一种趋势。

当今酒店集团化发展进入了一个前所未有的新阶段。主要表现在，在扩张速度上，酒店集团的发展极为迅速，如洲际酒店集团 2007 年的酒店总数为 3600 多家，到 2008 年增长到 3741 家；2007 年客房拥有量达 539000 间，到 2008 年高达 556247 间，分布在全球 100 多个国家和地区。在发展规模上，集团化经营的直接结果是酒店经营实现了规模化，这在各大酒店集团客房总数以及酒店数量上得到反映，如排名世界前五位的酒店集团的客房数量都达到了 46 万间以上；经营方式上，目前各酒店集团除了采取上述经营方式外，还有其他形式，这将在第四章集中介绍。

（一）发展细分市场，实行多品牌战略

当前，各大酒店集团大多数实行多品牌战略。根据不同的细分市场采用不同品牌的多品牌战略，以使不同类别的酒店都有自己独特的品牌和标识，从而与其他酒店品牌区分开来。实行多品牌战略的意义在于：一是保证自身的品牌安全策略，避免出现一荣俱荣、一损俱损的局面；二是在不同细分市

---

① 菲利普·科特勒.《营销学导论》. 华夏出版社，1998 年
② 迈克尔·波特.《竞争战略》. 华夏出版社，1997 年

场上形成明确的品牌认知，形成固定的顾客群体。例如，雅高（Accor）就分为几种不同的品牌系列：豪华型（Upscale）的索菲特（Sofitel）；中档型（Midscale）的诺富特（Novotel）、套房酒店（Suitehotel）、美居（Mercure）；经济型（Economy）的宜必思（Ibis）、伊塔普 Etap Hotel），等等。除此之外，还有万豪（Marriott）、精选国际（Choice Hotels International）等众多集团也都有着自己不同的品牌划分。

表3—2　2008年部分世界酒店百强公司的酒店档次分布（以酒店数）

酒店集团	高档	中档	经济型	其他
洲际	11.34%	80.75%		7.9%
温德姆	21.76%	—	77.92%	0.32%
万豪	26%		72%	2%
希尔顿	61.05%		37.89%	1.05%
雅高	17%		83%	—
精选国际	3.8%		96.2%	—
喜达屋	100%			—

注："其他"类型主要是"分时度假产品"

资料来源：公司年报

（二）全球化经营的战略联盟越来越受瞩目

进入21世纪的国际酒店集团将会在世界酒店市场被基本瓜分完毕的情况下进行重新排列组合。饭店业全球化虽然起步较晚，第二次世界大战结束后，才开始其全球化的脚步。但是，发展速度之快是惊人的。如洲际酒店集团（InterContinental）、温德姆（Wyndham）等全球化经营涉及的国家极其广泛。其中洲际集团（InterContinental）已有百余多地区。21世纪的全球化趋势已不再是以往简单的零和博弈，你死我活的竞争，而是一种竞合的态势，在竞争中合作的战略联盟。争取在世界一体化的大圈子里，共同寻求更多的资源和财富。在全球化经营中，集团已没有国籍之分，总部有可能设在任何一个国家。集团内的员工将有可能是不同国家和民族的成员。能融洽地整合各类不同文化价值观的差异，形成全球化组织文化的集团酒店，将会在竞争中取得领先地位。当前在世界范围内展开的新一轮集团化，主要表现在酒店集团之间的兼并收购与优胜劣汰和酒店集团与其他相关企业集团之间的强强联合与优势互补。在此基础上产生的超级酒店集团将具有国界淡漠化、行业互补化、规模全球化、品牌交叉化、经营多元化、商务网络化等特征。这种酒店集团不断向大而全方向发展的趋势也是世界经济一体化发展的必然结果。

（三）通过兼并收购进行扩张已渐成主流

兼并收购在当今社会很流行的一种说法是并购，其形式是多样的。温德姆（Wyndham）酒店集团就是通过一系列兼并收购活动得到不断发展壮大的，这样一来使以各种形式属于温德姆（Wyndham）系统的酒店可以同时开展旅游服务业务；而法国的雅高（Accor）也是不断进行兼并收购，不仅在饭店业中具有重要的地位，还涉足旅行社业务、餐馆经营、娱乐业等接待业（Hospitality Industry）。这样一来，企业就可以在饭店业和其相关产业中展开经营活动，以获取其他单一经营的饭店业的公司所不能获得的竞争优势。现在世界上通过并购来扩张的趋势特征主要表现为金额越来越大（有的达到百亿美元）；跨国或地区的增加；投资银行和不动产信托投资机构直接参与饭店业中的并购。新一轮的兼并收购展现了一种管理技术、企业销售资源网络的优势互补。酒店集团的扩张不仅仅局限于一城一池的得失，而将精力集中于更广阔市场上的经营战略的布局中。

（四）中国酒店特许经营市场期待新发展

特许经营在美国的成功，促使这一经营思想自20世纪90年代起，开始跨越国界，迅速发展到五大洲。从当前国际酒店业特许经营发展来看，其不仅在低端市场占据了决定性优势地位，在中高档市场上，特许经营业已超过了管理合同和租赁经营的数量。因此，特许经营高端化将成为酒店行业未来发展的一个趋势。

自1996年起，特许经营在我国的发展已经有10多年的时间，2000年以来，我国特许经营总体呈稳定快速的发展趋势。国际特许经营协会主席Michael M. Isakson认为，现在的中国，高速公路、轨道交通等发展十分迅速，这与当年美国公路发达后带动了汽车旅馆业的发展状况很类似。所以其预计，未来几年内，中国的酒店业将是特许经营连锁发展的重点行业之一，洲际酒店集团开放麾下中端商务酒店快捷假日的特许经营权，就是一个很好的例子。

依据特许经营在中国的短短十多年时间内就已取得的惊人表现来看，特许经营在中国的增长势头是有增无减的。随着中外特许经营企业的共同努力和相互促进，中国优秀特许经营企业在管理和品牌经营上将逐步成熟，再加上我国特许经营法律法规、体系的逐步建立和完善，完全可以想象，今后几年，我国的特许经营酒店模式将会有实质性的飞跃和发展。

第二节　中国饭店业集团化进程

世界范围内商业与产业的联合在 20 世纪经历了三个阶段。世纪之初是重工业的合并，是由大规模生产带来的最明显益处——规模经济效应所引发的，其特征是第一产业得到较大发展。20 世纪中叶，需求的推动引发了第二次联合，特征是管理与金融的融合，规模性可以说是附带的收获，这一阶段饭店业获得了较大发展，产生了一些酒店集团，其中最知名的集团是美国国际电话电报公司（ITT Corp.），它最终在第三次联合浪潮到来时将喜来登酒店（Sheraton）的牌子与后来的联合企业喜达屋（Starwood）合并。饭店业集团化扩张经营的速度随之跟上了脚步，饭店业巨头不断通过连锁经营、特许经营、管理合同、战略联盟等方式壮大自己。

可以看出，集团化的发展往往伴随着世界经济发展的大背景，而集团化经营拓展模式则为酒店集团的发展提供了管理上的创新。当今世界上各大酒店集团还在不断地根据全球经济和环境的变化，调整自己的战略，以期在未来的饭店业市场上占据更大的份额，更好地发展自己。饭店业集团化发展已经在饭店业的发展中处于主流趋势，世界上许多著名酒店集团经营饭店业的目的正是如此，有的则是由于内部体制规模的扩张膨胀，促使其走向集团化的道路。

中国饭店业的集团化发展则是在近些年才兴起的。全球化发展进程的加速背景使中国饭店业也正逐步迈进集团化时代。

一、中国市场集团化现状

（一）中国饭店业市场层面划分

中国饭店业大致可分为三个市场空间层。[①] 第一层为旅游饭店业，这一层的规模正在呈快速扩张的状态。到 2008 年年末，在这一市场空间层面上我国已经拥有符合星级标准的酒店 14099 家，拥有客房 159.14 万间，近年来接待量均已超过 1.5 亿人次。第二层为住宿接待业，即所有以商业利益为目的，主要向旅游者提供住宿服务的企业和相关机构。当然，所有隶属于第一层的厂商也是构成第二层的组成部分。目前这一市场的规模也有几万家。第三层在第二层的基础上加上写字楼、公寓等物业市场。这一市场空间层也可以称为广义住宿业。上述关于中国酒店市场层面的划分，从产业的层面揭示了当前我国饭店业构成分布的现状，实际上，在上述产业划分的基础上，酒店集团化发展主要集中于第一层或者说第一层为集团化发展的核心层，以此向外推广，实现一体化基础上的相关多元化。它们之间的逻辑关系如下：

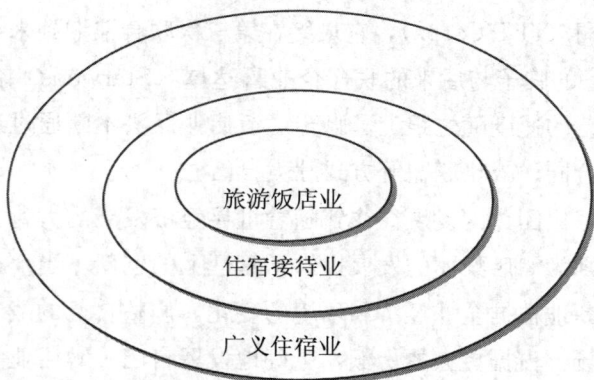

旅游饭店业

住宿接待业

广义住宿业

图 3—2　市场层面的逻辑关系

（二）中国市场集团化发展历程

---

① 转引自戴斌.《展望新 21 世纪的中国酒店集团》

中国饭店业的集团化管理起步于 20 世纪 70 年代末 80 年代初，是在中国经济体制由计划经济向市场经济转轨的背景下，伴随着中国旅游业、旅游酒店企业不断发展的基础上逐步建立起来的。在此之前，无论是古代的官方驿站或民间客栈，还是现代的中式宾馆或西式酒店，还没有一家中国的酒店采取现代意义上的集团化管理。在 20 多年前，"酒店集团化"这一概念，对旅游酒店的业内人士都是十分陌生的。直到 1978 年党的十一届三中全会通过了"对外开放，对内搞活"的战略方针之后，中国的旅游饭店业才开始步入集团化管理的轨道。1982 年中国第一家中外合资饭店——建国饭店开业并首家引进了境外酒店管理公司（香港半岛管理集团），标志着中国酒店集团化管理的开始。半岛酒店集团（Penisula）进入大陆，从思想观念、管理方式、用工制度、促销手段等方面给中国的饭店业带来了全新的变化，并且在经营上获得巨大成功，开业当年前 7 个月就赢利 110 万元。随后，万豪（Marriott）、香格里拉（Shangri－La）、喜达屋（Starwood）、希尔顿（Hilton）、凯悦（Hyatt）等其他国际知名酒店管理公司纷纷在中国抢滩登陆。自改革开放至今，近 40 家国际酒店管理集团陆续进入中国大陆，有计划地引入品牌、扩大规模，并以其科学的经营管理模式赢得市场，对国内的酒店产生巨大的冲击。

这些酒店集团所管理酒店多数集中在旅游热点城市和大都市，并且逐步向旅游温点城市和地区性中心城市扩张。国际酒店集团凭借统一的国际知名品牌，借助全球统一的广告宣传和预订网络，采用统一的管理模式，无论是在客房出租率、营业收入，还是在利润方面，都在高等级住宿产品市场上占有绝对的优势，并对国内相同目标市场定位的单体酒店形成一定的压力。《2008 中国饭店业务统计》数据显示：五星级酒店中，平均每间客房收益指标位居前 20％的酒店中，有 86％是国际管理酒店；四星级酒店中，这一比例降至 50％，但国际管理酒店仍占主导比例。

不过，境外酒店管理公司在为中国饭店业带来规范的管理方式的同时，也为我们培养了一大批酒店管理人才，一些开业较早的酒店也由此积累了完整的管理经验和制度，这为创造中国自己的酒店管理公司打下了良好的基础。我国饭店业集团化诞生初期，由于在一个从计划经济向市场经济转型的社会里，市场机制发挥作用的领域还相对较小，要素市场、资本市场、人才资源、运作经验还相对欠缺，我国酒店集团化进程相对发展缓慢。过去的二三十年间，在政府宏观政策的扶持下，中国的酒店集团成功地跨越了开放引进阶段和吸收模仿阶段，并从 20 世纪 90 年代末开始步入推陈出新阶段。21 世纪的中国饭店业是一个产业集中度不断加强，企业集团化为主导，单体酒店专业化和细分化为补充的世纪，这是产业演进的趋势。

从全国酒店市场的总体情况来看，酒店产业集中度相对较低，按 C4 法计算的产业集中度来衡量，酒店产业还远远低于垄断竞争的标准，尚处于较为充分的竞争态势，或者说市场静态壁垒较弱。但是从一些细分市场如高星级酒店市场来看，产业集中度已经开始构成壁垒。另外，主体需求层次的升级规律也进一步推动饭店业高度化的演进过程。伴随消费群体的成熟以及规模趋势的壮大，中国酒店市场也处于一种新秩序的形成演进过程中。

（三）本土酒店集团现状

中国酒店集团化发展论坛公布的统计数据显示，中国本土酒店集团分为三个等级，呈金字塔形排列，如图 3—3 所示。最高级为房间数在 1800 间以上的酒店管理公司，数量仅占酒店集团总数的 17.85％，但管理房间数却占全国酒店集团管理房间总数的 60.49％；中间级为房间数在 500—1800 间的酒店集团，占集团酒店总数的 40.19％，管理房间数占全国集团管理房间总数的 31.6％；第三级为房间数 500 间以下的酒店集团占集团酒店总数的 41.96％，管理房间数 12002 间，占连锁化管理房间总数的 7.9％。

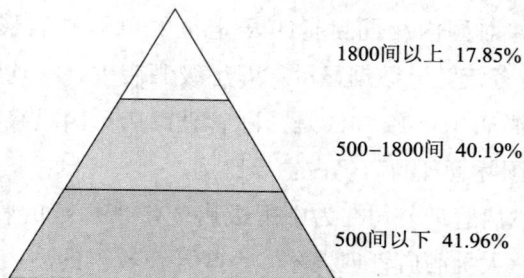

1800间以上 17.85%

500—1800间 40.19%

500间以下 41.96%

图 3—3　中国酒店集团分布

2008 年年底，中国旅游饭店业协会对最具规模的 29 家中国本土酒店管理公司（集团）① 进行了深度调查。数据指标体系主要以集团规模、管理稳定性、集团成长力、地域扩张力、品牌影响力、集团运营数据、业主方、企业制度、股权结构及业务性质、管理控制系统、人力资源系统、企业家素质及社会评价等，以及酒店集团所属企业相关经营数据，如房价及出租率、营销数据、部门收支、人事统计、费用统计等。

表 3—3　中国 29 家酒店集团酒店、客房基本数量

29 家集团	酒店总数	客房总数	占 2007 年星级酒店总量百分比	平均拥有酒店数	平均拥有客房数
	973	233537	7.16％	33.55	8053

表 3—4　中国 29 家酒店集团所占酒店数量及比例

各集团拥有酒店数量	数量	所占比例
60 家以上	3	10.3％
50—59 家	3	10.3％
40—49 家	4	13.8％
30—39 家	4	13.8％
20—29 家	7	24.1％
20 家以下	8	27.6％

此次调查显示：本土集团规模进一步扩大，但发展水平不均衡；集团软实力在成长中作用增强，但集团间水平差异明显；本土酒店集团发展呈现出显著的成长性，转型期市场特征明显。如表 3—3、3—4 所示，29 家酒店集团占 2007 年全国星级酒店总量的 7.16％。② 其中，超过 50 家酒店的集团有 5 家，超过 10000 间（套）客房的酒店集团有 7 家，其中，锦江国际和首旅

① 29 家酒店集团分别是：锦江国际、南京金陵、首旅建国、粤海国际、港中旅维景、中州国际、东航国际、海航酒店、阳光酒店集团、湖南华天、宁波南苑、北京国宾友谊、陕西旅游酒店、雷迪森旅业、开元集团、世贸君澜、天伦国际、岭南花园酒店、山东蓝海、北京银座、浙江香溢旅业、凯莱集团、衡山集团、陕西君悦、东方嘉柏、四川锦江、青岛海天、北京九华以及华侨城国际。

② 全国星级酒店数量 13583 家（2008 年中国旅游统计年鉴：全国星级酒店综合资料）。

建国的客房数均超过 2 万间，与其他集团拉开距离。

地域分布上，由发展初期的大都分布在以公司总部为核心的周边辐射地区，主要集中分布在华北、华东、长三角和珠三角及中部区域；发展成为总体特征东密西疏，北京、上海地区占近 3/4，此外，长三角地区的一线城市酒店分布较为集中。各集团在华东地区的竞争最为激烈，近 70% 的集团都已在华东地区布局；而华中、西南和西北地区，由于经济相对落后，还未进入集团大规模挺进的阶段，随着西部大开发的深入以及一线地区酒店供给市场的饱和，这些地区将成为酒店集团下一阶段地域扩张的热点。

表 3—5　2007/2008 年本土酒店集团管理酒店统计

2007 年排名	2008 年排名	企 业 名 称	2007 年管理酒店总数	2007 年客房总数	2008 年管理酒店总数	2008 年客房总数
1	1	首旅酒店	410	67788	598	91253
2	2	锦江国际酒店管理有限公司	375	66476	457	76096
4	3	港中旅酒店有限公司	50	15192	58	19268
3	4	南京金陵酒店管理有限公司	64	15839	75	18237
6	5	海航国际酒店管理有限公司	41	11079	45	11771
12	6	广州岭南花园企业集团有限公司	16	5926	51	10682
5	7	粤海（国际）酒店管理集团有限公司	48	13280	36	10623
14	8	北京国宾友谊酒店管理有限公司	22	5801	27	10507
7	10	湖南华天国际酒店管理有限公司	38	9428	42	9317

上述数据显示，我国本土酒店集团规模有升有降，非均衡发展特征显著；总体水平总量继续增长，但部分集团出现市场萎缩；酒店数与客房数有升有降；个体差异显著，整体仍有较大提升空间。

目前，我国本土酒店集团正处于产业发展的成长期，呈现出成长性、转型期的市场特征。在全面开放的市场格局中，我国一方面要与跨国酒店集团展开更为激烈的竞争，另一方面要在转型与变革的体制中继续前进。与跨国旅游企业相比，我们的酒店企业无论是从运作理念上、经营管理水平上，还是从数量规模上、从竞争力上，都与跨国企业存在较大的差距。

　　2009年，洲际酒店集团稳居世界酒店集团排行榜之首，酒店客房数量全球近62万间；名列中国第1位，全球第13位的锦江国际酒店管理（股份）有限公司拥有酒店465家，为洲际集团的1/10，客房80164间，为洲际集团的13％。美国温德姆集团（Wyndham）所属的豪生（Howard Johnson）国际酒店管理集团对中国饭店业的观点是：拥有自身的独立品牌，有根据经验汇集的服务程序，但是没有全球认知度和全球销售网，凭借自身的能力难以实现酒店所在地以外的价值。在以西方客人为重心的中高端国际旅游市场上，准确的市场定位、强有力的分销系统和酒店企业的品牌知名度在酒店整体性的价值体系中的作用是巨大的。从对客服务和内部管理层面来讲，就单体酒店而言，中国的高星级酒店是不逊于世界上任何一家酒店的。广州白天鹅、南京金陵、北京饭店等一大批民族酒店在全球酒店市场上都取得了巨大的声誉与地位。但是从经营和发展系统来看，从中国饭店业的整体来看，中国的饭店业还无法从市场推广、集团战略、资本运作等层面上与跨国旅游企业展开有效的竞争。

　　正是基于上述判断，我们可以做出这样的推论：在中国酒店集团的进程中，短期内将是跨国企业居于主导地位，民族酒店集团居于从属地位。中长期则可能是"你中有我，我中有你"的混合局面，即一方面是跨国酒店集团的本土化，另一方面则是伴随着中国公民出境旅游，市场发育与成长的民族酒店集团的国际化。伴随着中国加入世界贸易组织，2008年北京奥运会成功举办，宏观经济的持续增长，旅游市场的不断扩大等变数，中国酒店产业仍然是向着有利于跨国酒店企业的扩张方向演进的。在短期内，它们必将携其固有优势加快在中国酒店市场的发展，并进一步挤压民族酒店集团的生长与发育空间，给民族酒店企业以融合、学习和发展的机会。从中长期来看，中外酒店企业和酒店集团必然是一个互动成长的局面。

　　2009年12月20日，上海锦江国际酒店（集团）股份有限公司宣布，拟3.07亿美元吞并美国洲际集团，加速海外扩张计划。锦江将与美国房地产投资企业Thayer Lodging Group（简称Thayer）旗下投资基金共同设立的合营企业 Hotel Acquisition Company，LLC（简称 HAC），已与 Interstate Hotels & Resorts Inc. 和 Interstate Operating Company，L. P.（统称州际集团）达成协议，以合并美国州际集团，并使其成为 HAC 的全资拥有企业。业内人士称，如收购成功，这将是国内饭店业最大规模的一次海外并购。交易已获中国相关部门批准。合并事项完成后，锦江酒店将通过 HAC 间接持有州际集团 50％的股权。据介绍，州际集团为美国最大的独立酒店管理公司和领先的酒店资产投资者，在美国 37 个州、哥伦比亚特区、俄罗斯等管理 232 家酒店物业，客房总数超过 46000 间。该公司于其中 56 项物业拥有权益，包括 6 个全资拥有的资产。锦江酒店董事长俞敏亮表示，洲际集团是一家世界知名的独立酒店运营商，这次收购显著加速了锦江国际扩张的能力，为公司进入国际市场创造了有利的平台。①

二、展望中国酒店集团化发展

"社会制度之所以按一定的方式进化发展，是因为这些制度所保障的那部分行动之间达成的协调性，证明了比与之竞争的其他制度更有效力，因而取代了那些低效的制度。"② 集团化的动因正在于其制度的高效性，从而获得相关利益群体之间的和谐。中国酒店集团化发展的道路，也必将从政府主导型发展模式过渡到市场主导型发展模式，市场的力量在集团化进程中发挥着重要的作用；并将根据发挥规模与范围经济"双管齐下"的原则，按照酒店管理市场的自然运营规律来完成"二次集团化"进程，最终做到在全球范围内同外国的酒店管理集团展开全方位的公平竞争。在此过程中，中国酒店集团的发展将逐步实现酒店管理市场向国际化、网络化和个性化发展的三个过程。可以预见，在此基础上发展起来的中国酒店集团必将会给中国旅游饭店业带来另一个春天。20 世纪 70 年代末 80 年代初，中国的旅游饭店业曾借助党的十一届三中全会的东风成功地抓住了改革开放的机遇，并坦然迎接了来自三资酒店和外国酒店集团的挑战，为中国旅游业发展成为中国经济的新增

---

①　引自《世界酒店》第 19 期
②　冯·哈耶克著.《哈耶克论文集》

长点作出了历史性的贡献。进入 21 世纪，我国饭店业在"9·11"、"非典"、"金融危机"、"流感疫情"等一系列挑战中顽强地生存下来，随着中国经济的飞速发展和后奥运时代的到来又将迎来一个春天。目前，我国本土酒店集团正处于产业发展的成长期，呈现出成长性、转型期的市场特征，具体体现在：

第一，已经形成一定规模，并处于高速成长期。

占全国星级酒店总数约 8% 的酒店属于规模较大的几十家酒店集团拥有或管理，酒店产业集中度正在形成。2007 年到 2008 年，各个集团规模虽然有增有减，变化速度不同，但整体规模实现了增长。尽管面临金融危机的严峻挑战，但我国本土酒店集团仍有巨大的发展潜力，正处于高速成长期。

第二，发展一致性与差异性并存。

分析显示，中国规模较大的本土酒店集团发展呈现了一致性的发展趋势。首先，系统、管理和资本要素已经成为推动中国本土酒店集团快速增长的三大驱动力。其次，发展的各个要素呈现一致性，包括：受托管理为目前的主要运作模式；集团的区域布局逐渐向全国网络化发展；对高星级，尤其是五、四星级市场相当关注；品牌支撑体系普遍薄弱；成本控制乏力；管理体系的科技含量增加；人力资源体系中的培训等要素不断完善以及企业社会责任实践得到加强等。

同时，数据显示，中国本土酒店集团在其发展过程中，从扩张规模、发展速度、稳定性、成长力以及品牌影响力等各个方面都体现了明显的差异，集团发展模式也各不相同。此外，整个产业呈现结构大变动特征，民营资本及高星级力量逐渐上升，需要对这两部分投资主体与市场加大关注。

第三，本土酒店集团软实力有待进一步提升。

通过数据分析可以发现，中国本土酒店集团虽然在稳步发展，也达到了一定规模，但集团的成长力、区域扩张布局战略、品牌影响力及人力资源状况等仍然很不完善，尤其是品牌竞争力的建设，如品牌系统建设和品牌评估，与国际水平有很大差距，仍需不断提升。另外，本土酒店集团经营扩张模式的特征显示，中国酒店集团的集团化方式与国际酒店集团仍存在较大差距，其综合性和资产整合能力需进一步提高。

（一）实现国有酒店治理结构的转换是中国饭店业融入国际化竞争的关键

国有酒店是指国有独资的企业和事业性质的旅游涉外酒店，不包括改制后的有限责任公司、中外合资合作企业、股份制企业等含有国有资产酒店企业。但是国有酒店在全国旅游涉外酒店的存量中的地位和比重仍然是相当巨大的，其中，国有酒店企业和国有旅游涉外酒店客房一直占到 6 成以上，国有酒店的固定资产占全部旅游涉外酒店也接近 5 成。如果从住宿业的范围来计算，则这一比例还会加大。尽管国有酒店在全国饭店业规模较大，但是从经营绩效来看，则一直不尽如人意。特别是连年增加的亏损给国有酒店带来了沉重的经营负担。由此可见，国有酒店对中国酒店集团化发展可能产生两个方面的影响：积极的影响是穷则思变，国有资产管理部门、政府接待事业管理部门和体制改革管理部门可能会通过产权改革、租赁经营、委托管理等方式使国有酒店进入酒店集团的范围；消极的影响则来自于国有酒店相关的既得利益者阶层以及政府部门的"寻租"阶层，大多数国有酒店宁愿维持现状，也不愿意让酒店集团进入自己的势力范围，最终的结果则取决于双方博弈的结果。但是这样分析并不意味着中国酒店集团，特别是民族酒店就只能等待，而是需要对国有酒店的直接产权代理人和经营管理阶层的行为动机与未来心理预期进行科学把握，来减少酒店集团成长与发育过程中供需双方的价值背离，并通过制度、市场、管理、技术等方面的创新来寻求政府、国有酒店和酒店集团之间的"三赢"结果。

（二）中国酒店集团化发展战略探讨

1. **全球化进程下的战略管理**

战略观念在当前酒店管理中已经起到了非常重要的作用。在旅游产业发展和旅游企业成长的不同阶段，管理的重心是不同的。在发展和成长初期，管理者只需做好内部的服务和功能层面的管理，如接待服务、质量控制、财务计划、组织激励等相对于企业的长远规划，这些管理工作还是属于策略的范畴。然而，在饭店业的市场环境和制度环境快速变化的今天，酒店的管理者必须考虑超越现在和企业之外的问题：客源市场的消费模式是否变动；政府的产业政策对我们是否有利；替代型和互补型厂商的发展战略和市场策略是什么；在以后的时期我们企业的发展目标是什么；还需要什么资源，等等。对上述问题的思考和解答将导致中国酒店管理的重心从"策略"到"战略"的转移。策略层面的管理行为正在成为常识和常规，而战略层面的管理行为则成为"企业家"和"管理工作者"的分水岭。没有战略层面的管理，中国的酒店企业也可能有一时的红火，但是不能保证其长期稳定的成长，也不能保证其人力资源、营销网络等成长维度的良性运作。

酒店市场环境和制度环境的变化要求我们的管理者不能仅仅局限于做好来客的接待工作，还要做好市场份额的提高工作，让更多的潜在顾客成为酒店产品的消费者。除此之外，更要做好酒店资产包括有形资产和无形资产的经营工作。从更高层面上来看，一个优秀的酒店管理者必须把酒店企业本身也当做"产品"来经营。这就要求现有的酒店管理理论与实践工作者必须熟悉现代市场经济和企业运作制度，并把思考的触角延展到企业外部的旅游市场、物业市场、金融与证券市场，通过资本运营、品牌发育、营销网络构建、人力资源培育等市场创新和管理创新等手段来"经营"酒店，努力使自己所管理的酒店成为满足业主利益最大化需要的公众型公司。可以说，业主导向、全球化视角和战略管理是从内部推动酒店集团化发展的最重要的三种力量。

2. 中国饭店业跨国经营的可持续发展道路

随着中国公民出境旅游市场发育和壮大，中国饭店业采取更高级形式的跨国经营，在酒店产业全球化的进程占有一席之地是完全有可能的事情。公民自费出国旅游是我国国民经济发展和对外开放政策的具体体现。1983年11月，广东作为试点率先开放本省居民赴香港特区旅游探亲；1984年，国务院批准开放内地居民赴港澳地区探亲旅游，拉开了中国公民出境旅游的序幕。1990年，经国务院批准，国家旅游局发布实施了《关于组织我国公民赴东南亚三国旅游的暂行规定》，中国公民自费出境旅游由此进入健康发展阶段。根据目前可以获得的数字统计，自1993年以来，中国公民出境人数平均每年递增8.26%。早在1999年、2000年的因私出境人数（其中大多数是旅游者）就分别达到429.4万人次和497万人次。这已经是一个相当大的市场存量了。1997 年国家旅游局和公安部联合发布《中国公民自费出国旅游管理暂行办法》，它的出台标志着国家正式全面开办中国公民自费出国旅游，也标志着中国出境旅游市场的形成，并由此确定了我国旅行社入境旅游、国内旅游和出境旅游三大业务并重的经营格局。

我国政府允许中国公民自费出国探亲和旅游，这是我国旅游业发展中的一个重大突破。从现在出境旅游目的地不断开放，旅游人次持续增长的情况来看，在一个可以预见的将来，中国公民出境旅游市场必将对包括饭店业在内的中国旅游企业发展战略产生至关重要和极其深远的影响。据世界旅游组织的预测，到 2020 年，中国将成为第一大旅游目的地和第四大客源产生地，年接待国际过夜旅游者 1.37 亿人次，占世界旅游市场的 8.6%；年输出国际旅游者 1 亿人次，占世界旅游市场的 6.2%。

从国际酒店集团的发展进程来看，集团化与国际化是高度相关的，而国际化又是与客源流向相关的。中国饭店业对于酒店集团的认知就是从 20 世纪 80 年代初期率先进入中国的境外酒店管理公司开始的。目前，中国酒店集团的问题已不再是单单搞跨国经营，关键是如何将其可持续地发展下去。主要是融入、学习和创新。融入就是融入跨国旅游企业集团的国际分工体系中去，充分发挥自己的比较优势；学习就是模仿、移植那些成功的国际酒店集团的商业运作和内部管理模式；创新则是充分发挥中国民族的传统文化智慧，结合国内旅游市场和出境旅游市场的变化进行持续的制度创新和技术创新。

3. 复合型酒店集团将在产业互动中呈现

复合型酒店集团也称环状制约型酒店集团，在市场中具体表现为酒店集团与其他酒店集团或非饭店业企业集团通过资产融合、法人持股、人员派遣、市场契约等方式构成的集团有机体。其中各集团之间不存在支配与被支配关系，而是相互配合、相互支援的关系。对中国酒店集团来说，在一个新的世纪里，要设法通过证券、基金、金融等市场平台，寻求与民用航空业、交通运输业、房地产业之间的产业互动，或者相互持股，或者战略联盟，或者共用网络等方式形成产业群组，从而在产业互动过程中加速酒店集团的成长。

第四章

［世界著名酒店集团经营战略研究］

Chapter IV　International Hotel Groups Operational Strategies

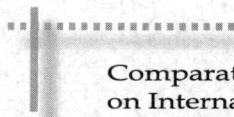

Comparative Studies
on International Hotels

　　1959 年，潘罗斯发表《企业成长论》，20 世纪 80 年代，伯格·沃纳菲尔特发表最具影响力的有关企业能力的《企业资源基础论》一文，普拉哈拉德与哈默先后在 1990 年和 1994 年发表《公司核心能力》和《企业能力基础竞争论》引发了关于核心能力研究的高潮。可以认为，酒店集团国际化发展的动力来自于过剩的资本、人力资源、信息技术、营销能力等，而酒店集团扩展的方向在于旅游的空间异地性，随着客源地与目的地之间距离的加大，旅游者的效应也会加大（杜江，2001），这样实际上使酒店集团的剩余能力与旅游目的地的优势资源得以优化组合，从客源地到旅游目的地，由需求所产生的拉动效应进一步推动酒店供给的发展，为酒店集团化的发展提供了市场的前提，更有利于集团经营发挥其特有的竞争优势。

　　根据产业经济学理论，企业集团化的动机主要由节约交易费用引起。企业扩张的动力来自企业内部成本和市场交易费用的比较，只要市场的交易费用大于企业内部的管理费用，企业的规模扩张就是有利可图的，反之，企业就会选择由市场交换实现组织的目标。新制度学派所引入的交易费用理论的主要作用在于便于说明企业和市场的边界关系。由科斯的交易费用理论可知，对于酒店集团的比较研究有两条途径，即集团内部管理与集团外部经营。本书则主要着眼于酒店集团跨国经营层面，其中涉及的著名酒店集团，无疑是当今酒店业中的佼佼者。通过比较各酒店集团跨国经营扩张中所采取的经营策略，在一定程度上可以求证和构建企业跨国经营的趋势和规律。

表 4—1　部分著名酒店集团世界排名

名次 2008/2007 年	酒店集团名称	公司总部	酒店数	客房数
1 1	洲际酒店集团 IHG（InterContinetal Hotels Group）	英国	4186 3949	619851 585094
2 2	温德姆酒店集团 Wyndham Hotel Group	美国	7043 6544	592880 550576
3 3	万豪国际 Marriott International	美国	3178 2999	560681 537249
4 4	希尔顿 Hilton Hotels Corp.	美国	3265 3000	545725 502116
5 5	雅高 Accor	法国	3982 3871	478975 461698
6 6	精选国际 Choice Hotels International	美国	5827 5570	472526 452027
7 7	最佳西方国际酒店管理有限公司 Best Western International	美国	4000 4035	305000 308636
8 8	喜达屋 Starwood Hotels & Resorts Worldwide	美国	942 897	284800 274535
9 9	卡尔森国际饭店集团 Carlson Hotels Worldwide	美国	1013 969	151077 146600
10 10	凯悦 Hyatt Hotels Corporation	美国	375 721	114332 135001
31 30	费尔蒙莱佛士国际控股集团 Fairmont Raffles Hotels International	加拿大	91 85	34712 33017
34 35	香格里拉 Shangri—La Hotels and Resorts	香港	58 55	27987 26434
44 43	四季 Four Seasons Hotels and Resorts	加拿大	82 74	19184 17741
56 60	凯宾斯基饭店集团 Kempinski Hotels	瑞士	57 55	14573 12713
262 271	悦榕庄酒店及度假村 Banyan Tree Hotels & Resorts	新加坡	25 23	2856 2330

资料来源：引自《酒店现代化》2009 年 8 月

第一节　经营类型比较

　　酒店企业是以密集资金投入形式形成的建筑实体为主体，通过管理和服务的全方位运作，提供综合型产品的企业（魏小安，1999），通过细分市场以及产品定位，酒店企业的经营也就分为不同的类型。酒店集团经营类型按不同的标准有不同的分类方法，最通常的是按酒店的区位分类，以及按价格的高低分为不同的经营档次，还有按房间的结构配置分为：全套间酒店（All－Suites）、延长停留型/公寓型（Extended－Stay/Residential）、老年/青年旅馆等，以及会议型酒店、健身/健康俱乐部等新型的住宿设施等。

现代酒店之父斯塔特勒认为酒店成功的三个关键要素：区位（Location）、区位（Location）、区位（Location），这也反映了在斯塔特勒经营酒店的年代，区位选择的重要性。时至今日，由于信息技术的发展和交通运输业的进步，整个世界都变成地球村，对于区位条件的要求也随之下降，当今酒店经营成功的关键因素是服务质量和宾客关系（邹统钎、吴正平，2000），当然，这并不意味着区位条件失去其重要性。对于酒店区位类型的划分，在某种程度上反映了酒店集团的经营布局战略，即酒店集团通过在一定地区的进入选择，区位布局策略，选择确定本酒店的细分市场，根据主要细分消费群体的特征，确定酒店的类型、档次、设施以及所提供的服务类型、水平，如提供有限服务、无微不至的服务等，确立在不同市场中的定位。

一、经营档次比较

酒店产品作为一种旅游产品，为客人提供的是一种经历（Travel Experience）与回忆（邹统钎，2002），而顾客由于受其个人因素如收入水平、生活环境、兴趣、爱好等因素的影响，所购买的产品在价格质量方面存在着差异，随着旅游者的消费经验和经历不断丰富，消费者的需求层次必然产生异化，市场自然分化为大小不同、档次各异的细分市场，不同需求的旅游者在不同的细分市场上追逐不同的产品。作为为旅游者提供产品的酒店企业，形象定位与企业战略制定只能建立在针对旅游者的不同细分上，通过推出受某一细分市场欢迎的产品，确立在这一细分市场的品牌形象。作为酒店产品的提供者，酒店集团在不同档次类型的经营上表现出不同的战略重点。

（一）豪华型/高档酒店（Luxury/Up scale）

高档酒店在一定意义上也就是豪华型酒店，一般不作进一步区分，该等级的酒店经营水平及其品牌声誉直接反映了集团顶层品牌的整体实力。同时，该档次酒店也是跨国酒店竞争的焦点所在，本书所列举的酒店集团，无不在该档次精心打造自身的竞争力。

表4—2　世界部分豪华酒店品牌列表

品牌名称	所属酒店集团	酒店数	客房数	品牌叙述
Clarion Hotel	精选国际	288	44917	顶级的提供全面服务的酒店
康拉德酒店 双树 使馆套房酒店	希尔顿	19 217 200	1472 54714 48392	为商务和休闲旅客提供一流服务和豪华的设施 为满足商务和休闲需要而特别设计的酒店 比你想要的还多
四季 丽晶	四季	(82)		重新诠释豪华
香格里拉	香格里拉	58	27987	殷勤好客香格里拉情
喜来登 威斯汀 圣·瑞吉斯/ 至尊精选 W 酒店	喜达屋	405 162 76 28	142995 64813 13771 8600	如果你不满意，我们同样不满意 宁静与高效的结合 至尊精选正为豪华旅游者提供无与伦比的住宿经历，为商务旅游者提供可靠的、全面的商务服务
丽兹·卡尔顿 JW 万豪	万豪	91 64		世界最佳住宿、餐饮和服务的标志 最优雅豪华的万豪品牌
君悦 柏悦	凯悦			提供豪华的设施和一流的服务 为追求个性服务和享受情调的旅行者精心设计
索菲特	雅高	126	30907	雅高的豪华酒店品牌

资料来源：自各酒店集团网站（2008）

各大酒店集团之所以倾力打造在高档层次的酒店品牌，有以下几个方面的因素：

1. 高档酒店代表着酒店的经营水平和形象，同时也是展现酒店独特的有别于竞争对手的重要竞争层面

例如雅高的索菲特品牌定位于国际豪华阶层，依凭雅高独一无二的休闲与旅游产品线，形成自己独特的产品线，如别致的标识、高雅的内部设计、热情周到的服务、精美的餐饮，无不反映了雅高的高雅与极致。索菲特实现了世界著名目的地与法国高雅生活的完美链接，在高度竞争的豪华酒店业建立了顶级的定位，雅高和全球著名的专家、建筑师、内部设计师和获奖厨师合作，基于艺术、文化和豪华倾向，在全球主要商务和休闲目的地关注国际旅行者，索菲特的品质总是能满足他们的期望。索菲特酒店分布在全球领先

商务和度假目的地，这些设施的声誉构成了索菲特服务最好品质的国际象征，用一个故事启迪目的地的灵魂，提供顾客新的和难以忘怀的经历。索菲特内部设计的典雅、欢迎的温暖、服务的多样和特别的烹饪艺术体现了索菲特在法国的精益求精。

2. 高档次的酒店由于具有一定的品牌知名度，在进入特定区域时具有某种放射效应

喜达屋集团的酒店业务重点放在豪华高档细分市场，喜达屋的豪华高档酒店度假村资产在世界范围内有着很好的布局。这些布局良好的酒店为以后进入的旗下品牌带来先动优势，同时也具有范围经济，进一步扩大在该市场的影响力。如喜达屋的资产主要坐落在领导层认为极度需要豪华高档酒店和度假村的大城市和旅游胜地，这些地方一般适合酒店经营的地段较少且相对昂贵。在对这部分市场中的资产进行认真考察的基础上，从中寻求利润。截止到 2009 年 9 月 30 日，喜达屋集团的资产在其分布的 95 个国家中总共拥有 968 家酒店，292000 间客房。其中包括纽约州纽约市的圣·瑞吉斯酒店，亚利桑那州 Scottsdale 市的凤凰人酒店，意大利威尼斯的 Hotel Gritti Palace，中国北京的圣·瑞吉斯酒店和西班牙马德里的寰鼎宫酒店。这些都是在业内赫赫有名且在优质服务排行榜上名列前茅的酒店。

以丽兹·卡尔顿为例：

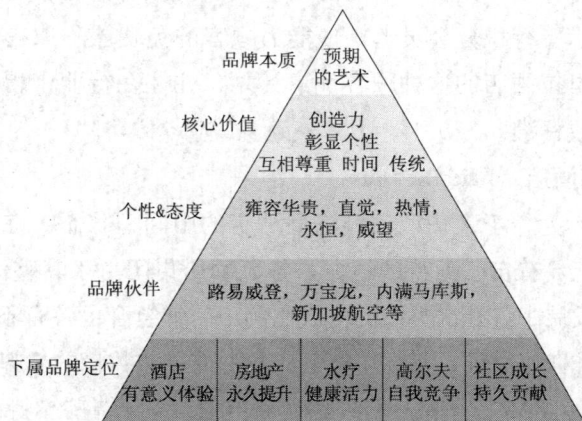

品牌本质　预期的艺术

核心价值　创造力　彰显个性　互相尊重　时间　传统

个性&态度　雍容华贵，直觉，热情，永恒，威望

品牌伙伴　路易威登，万宝龙，内满马库斯，新加坡航空等

下属品牌定位　酒店　有意义体验｜房地产　永久提升｜水疗　健康活力｜高尔夫　自我竞争｜社区成长　持久贡献

图 4—1

3. 引领统率企业经营战略的主要方向

企业经营战略的制定，离不开企业的核心能力的形成。围绕自身的优势资源，将注意力集中于企业的核心产业，作为企业发展的统帅，同时也是酒店集团市场战略形成的重要依据。四季集团第一份产业只是位于多伦多商业区的一个普通的汽车旅馆，就是这样一家公司是如何成长为世界一流豪华酒店的呢？1961年，四季集团第一家酒店开业，从此不断革新，一心一意追求最高标准，堪称传奇。半个世纪以来，集团把良好的态度和高效的工作与国际酒店最好的传统相结合，改变了接待业的原貌。四季在选择新市场的过程中，对进入的时序、速度以及进入的规模比例进行了全面的规划，在这一过程中，四季为当代游客重新诠释了豪华酒店的定义。作为世界酒店及度假村一流的经营者，目前，四季集团总共经营了82份产业，分布在34个国家，这些产业大都在四季和丽晶两个品牌名下。

4. 酒店行业创新的主要发生地

高档酒店提供全方位的精致化服务，将客人的需求作为自身创新的原动力，如香格里拉酒店集团精心设计的常客优惠计划——贵宾金环会，旨在让每一次下榻酒店的客人更感舒适、更加方便、更觉惬意。作为贵宾金环会的会员，可以享受一系列特别的优惠和贵宾级的待遇。无论参加任何一家航空公司的飞行积分计划，只要以公司协议价或非折扣价格住宿香格里拉，并在登记入住时展示飞行积分会员卡，便能为顾客的免费旅程取得更多点数或里数。类似香格里拉酒店的这种顾客优惠计划，往往在行业中得以推广，从而成为行业惯例或标准。

（二）中档酒店（Middle scale）

中档酒店作为介于豪华型和经济型酒店的中间型状态，在经营战略、目标市场的制定上具有自己独特的地方，各大酒店集团由于其整体战略的差异，在中档酒店的发展中各档次类型的构成比例、品牌组合也各有不同，各大酒店集团除了凯悦和四季之外，都在中档酒店中拥有一定数量的品牌酒店。

1. 中档酒店在市场细分中注重顾客特征，选择有针对性的顾客群体，便于做出酒店的经营特色。万豪的 Exec stay 是一个综合性的品牌，专门为海内外商务客人提供全天候的服务并且为旅游者提供无差异的服务。面向商务客人提供商务娱乐设施、会议和宴会场所。在雅高，诺富特关注儿童客人，给他们提供礼物，特定的游戏区域，量身定做的游戏等，也考虑他们的父母，和他们的父母或祖父同住。年龄在 16 岁以下的孩童可以免费住宿和享用早餐等。

2. 中档酒店品牌扩张在当前国际市场中具有较大的扩展空间。当前，经济型酒店国际竞争日渐加剧，豪华型酒店由于在市场份额、投资规模、管理水平和人员素质等方面要求较高，造成了中档酒店成为国际品牌扩张和企业购并发生的主战场。假日酒店的 Holiday Inn Express 品牌于 1991 年成立。其品牌迅速地建立了包括食物和酒水的中级市场，现在全世界范围内拥有1319 家。对亚洲的旅客来说，假日酒店是非常现代化的。干净、简单、整洁，无论是旅游休闲客人还是商务旅行客人，在酒店都能享受到具有竞争力的合理价格。酒店对客人提供免费的早餐（包括新鲜的水果和由各种谷类制成的糕点），免费的本地电话。假日酒店的品牌继续扩张并飞快发展，几乎每个星期都有两家新店开业。雅高的美居以其新型酒店所有权的融合——每个酒店在保持提供满意服务的特点外，拥有自身的独特优势，美居通过并购已有的连锁酒店得以发展，包括：巴西的 libertel，parthenenon；波兰的 or-bis 和澳大利亚的四季 SuiteHotel。

表 4－3　中档酒店品牌列表

品牌名称	所属酒店集团	酒店数	客房数	品牌叙述
MainStay Suites	精选国际	37	6837	适宜长久居住的中档酒店
Quality Inns		1299	132826	提供全面服务的中档酒店及套房
Sleep Inn		394	39504	有限设施服务的中档酒店
Comfort Inn		2001	166014	适中服务的酒店
汉普顿客栈	希尔顿	1700 多家	168000	为追求价值的旅游者提供舒适设备完善的住宿条件
希尔顿花园客栈		350	38000	一切就在你需要的地方得到
Ramada	温德姆	近 900 家		满足旅游者的特定需求
福朋	喜达屋	135		以适中的价格为你提供一个全方位酒店的所有服务

续表

品牌名称	所属酒店集团	酒店数	客房数	品牌叙述
Coutyard Residence Inn	万豪	800 590		价位适中的品牌下榻地 长期居住的品牌酒店
诺富特 美居	雅高	392 671	70893 83439	方便商务与休闲的现代酒店概念 感受大连锁酒店的舒适和服务、特别的 魅力和个性
Holiday Inn	洲际	1319	241406	干净、简单、整洁使客人享受到具有竞 争力的合理价格

资料来源：各酒店集团网站（2008）

（三）经济型酒店（Budget/Economy）

经济型酒店也称为有限服务型酒店，酒店在建造时就遵循这种有限服务的原则。近几年来，经济型酒店供给较快，使该细分市场竞争日益加剧。经济型酒店的有限服务理念以及相对简单的管理模式，导致扩张中的相对优势，经济型酒店一般采取自有方式和特许经营，很少采取管理合同模式，然而越来越多的酒店集团更多地采取特许经营方式。雅高集团的红屋顶客栈（Red roof Inns）和公寓6（Studio 6）曾长期坚持自有经营方式，1996年放弃原有的经营理念而加入特许经营的行列。

面对经济紧缩或不景气可能对酒店经营造成的影响，该档次的酒店集团在经营中采取的普遍策略是强化品牌、整合资源和管理技巧、保持技术和管理上的优势、协调好相关者的关系，以求取得竞争中的优势。精选国际在购买了经济旅馆（Econo Lodge）和友谊酒店（Friendship Inn）后，通过这些举措使精选国际的规模扩大了45％。而公司投资500万美元建立的Sunburst 2001预订系统是酒店业中最先进的系统，其功能包括预订、市场营销和资产管理，系统的使用使其每间客房的预订销售额远远超过竞争对手。公司开发了可视性极强的"手提箱里的名人"等系列广告，这些名人包括奥尼尔、怀特等，他们从房间的手提箱里突然跳出来，称赞房间的与众不同。这种精心设计的电视广告引起了巨大的反响。

经济型酒店在经营中尽管提供有限服务，然而并不是低质量服务，如雅高集团的经济型酒店的基本理念：为您提供简便和基本的舒适。

表 4—4　经济型酒店品牌列表

品牌名称	所属酒店集团	酒店数	客房数	品牌叙述
Econo Lodge Rodway Inn	精选国际	842 366	54768 23792	以大众可接受价格提供整洁、经济服务 面向国内旅游市场，提供中等价位服务
Days Inn Super 8 Motels	温德姆	2000 多家		世界最大的经济型酒店联号 承诺给予顾客他们所需要的舒适
宜必思 伊塔普 弗幕勒 1 汽车旅馆 6 公寓 6	雅高	831 399 361 968 52	97846 33551 29350 96773 6179	全天候的服务和经济的价格 在法国和欧洲提供基本服务的经济型酒店 提供简便和基本舒适的服务 在美国和加拿大的北美经济型连锁汽车旅馆 经济型延长逗留酒店

资料来源：各酒店集团网站（2008）

二、区位类型比较

按各集团酒店主要的经营区位类型，本文将酒店类型分为商务会议酒店、休闲度假酒店、汽车酒店（Highway Hotels/Motels）和机场酒店（Airport Hotels）四个类型，当然按区位类型还可分出不同的种类，如城市中心酒店、城市郊区酒店等，上述四个类型是作为各大酒店集团经营比较的参考维度而设置。

（一）商务会议酒店

商务会议酒店的发展是伴随商业活动的发展而兴起和建立的面向商务会议客人的酒店类型。凯悦专门经营具有会议设施和特别接待商务客人的豪华酒店，经营的酒店主要分布于世界上的大、中城市，机场所在地和主要旅游胜地。在很多城市，凯悦对繁荣地区经济、刺激商贸发展作出了重大的贡献。洲际的 Crowne Plaza 酒店是假日酒店的延伸品牌，作为一个独立的品牌，以更好的市场形象以吸引商务客人，专门为旅游者的需求而设计的会议设施，由专业的人员提供完善的服务。另外还有健康设施和高雅的餐厅及各种各样的休闲娱乐设施。

（二）休闲度假酒店

度假休闲酒店主要是为满足旅游者的休闲和度假需求建立的。MainStay Suites 是精选国际的最新住宿概念：它在住宿业中第一次引入了适合休闲度假者长期居住的中档设施，并提供大量家居生活的必需品。房间有单卧室套房和皇室套房，每一间客房都有厨房，并配备大容量的冰箱、制冰机、微波炉、双火燃气灶、洗涤槽、器皿、洗碗机、咖啡机、烤面包机等各种用具。客房内有直拨电话、有数字接口和语音邮件的双线扬声器电话、自动转椅、大面积的工作区、明亮的工作灯、遥控电视、沙发、熨斗及熨衣板。

休闲度假酒店主要坐落于著名旅游区以及 3S（Sea/Sun/Sands）等旅游度假地。自 20 世纪 90 年代，四季集团第一个度假村——四季茂伊岛度假村开业，为集团开辟了一条新的扩张渠道，使集团的经营范围扩展到了休闲度假领域。在茂伊岛度假村以及目前集团在全世界范围内的 13 个度假村，主要的革新内容包括特大的浴室和建筑设计。这种设计对自然环境的视野、幽静和欣赏都达到了最大化。在游泳池和高尔夫球场都为客人准备了凉毛巾，伊万喷雾水，还有独特的餐饮选择和适合各年龄段客人的各种富有创意的活动，这些就是直觉和预期服务在这些地方的具体体现，这一切使豪华度假村具有了新意。

各集团在经营度假酒店的同时，加入全球分时度假交换系统。温德姆集团的 Fairfield Resorts 以拥有超过 145 个产权度假村，而成为美国最大的产权度假公司之一，在 12 个州的 33 个地区都有它的市场和销售中心。在美国的大多数风景区，从加州桂沙滩，南卡罗来纳到阿纳海姆，加利福尼亚州，从波士顿，密苏里州到科罗拉多州，Fairfield 都有自己的度假酒店。Fairfield Resorts 为不同年龄、不同兴趣的人提供高尔夫球、网球、钓鱼、划船、游泳、徒步旅行、饮食、观光活动和娱乐表演。而雅高则通过 coralia 推出了"度假专家"，使人们更好地分配消遣、体育和文化活动以及当地乡村环游的花费，以获得最大的价值。

（三）汽车酒店（Highway Hotels/Motels）

汽车酒店是私人汽车拥有量的增加和高速公路网络发展的产物。时至今日，原先带有汽车旅馆标志的酒店接待功能发生了变化，接待的范围也得到扩大。同时酒店的区位也由高速公路旁发展到城郊乡村以及城市中心，在经营档次上则仍以经济型、中档型为主。在全球的最大市场——美国酒店市场，雅高于 1990 年并购美国汽车旅馆 6（Motel 6）。Studio 6，Motel 6 的品牌组合，使雅高在美国管理 1020 座酒店，从而获得了在美国发展经济型酒店的基础和实力。第一家速 8 汽车旅馆（Super 8 motel）于 1974 年 10 月在亚伯丁开业，每晚收费 8.8 美元，速 8 汽车旅馆是世界上最大的特许经营经济型酒店，每家速 8 汽车旅馆的平均规模为 61 间客房。从 1993 年起，系统每年平均增长率为 101%，1993 年起，速 8 汽车旅馆被温德姆拥有，速 8 汽车旅馆是在北美发展最快、最大的经济型住宿联号酒店之一。雅高于 2007 年出售了旗下红屋顶客栈品牌，通过资本的有效运作达到在该市场的利益最大化。精选国际的前身品质国际第一家欧洲汽车旅馆 1974 年在德国 RATI-GEN 开业。1977 年，Bainum 加入品质国际的董事会，公司拥有 45 家汽车旅馆，7000 余间客房。公司通过合办国内计划，支持地区酒店开展促销和广告，来积极开拓市场。

（四）机场酒店（Airport Hotels）

20 世纪 60 年代初，大型客机的出现使得大规模、远距离的航空运输成为可能，机场酒店才得到较快的发展。1995 年旧金山希尔顿机场大酒店的开业开创了机场酒店之先河，公司领导层高瞻远瞩，积极拓展机场酒店，目前在美国主要市场上占据了 40 个机场酒店。90 年代以来，大多数机场酒店配置了完善的会议设施，由于优越的地理位置，使得机场酒店成为召开会议的首选。

第二节　经营模式比较

关于酒店集团的经营模式，比较有代表性的研究是 Hill 的建立在股份参与上的连续体理论。在这个连续体中有三个关键点，一端是酒店业中最常见的非股份参与式的特许经营和管理合同模式（控制权与资源投入程度低），另一端是完全拥有的子公司以及长期租赁形式（控制权与资源投入程度较高），中间则是股份参与的合资和战略联盟形式，Hill 的连续体理论将实践中出现的各种具体形式纳入了一种理论的分析框架，从而使我们可以整体把握酒店集团的经营模式。波特认为一国参与国际竞争的过程大致分为四个递进的阶段：要素驱动（factor－driven）、投资驱动（investment－driven）、创新驱动（innovation－driven）和财富驱动（wealth－driven）。当前各大酒店集团竞争中主要是投资驱动和创新驱动（如品牌、管理创新、预订系统技术等），波特指出企业同时能够影响产业结构，各大酒店集团的经营战略行为在影响竞争对手的同时，也对酒店产业结构产生了重大影响。各大酒店集团实现经营战略的主要方式有以下几种。

一、特许经营

最早在酒店业使用特许经营的是恺撒·丽兹，早在 1907 年，他就开始向纽约、波士顿、里斯本和巴塞罗那等地的酒店发展使用他所拥有的品牌。当今，精选国际酒店集团是世界上最大的特许经营公司，在美国和世界上其他 30 多个国家和地区拥有已开业和在建中的酒店、旅馆、全套房酒店和度假酒店 5910 多家，这些酒店分属于 11 个品牌：Comfort Inn 、Comfort Suites、Quality、Clarion、Sleep Inn、Rodeway Inn、Econo、Lodge、Cambria Suites、Suburban Extended Suites、MainStay Suites 和 Ascend Collection。目前，精选国际所经营的酒店都采取特许经营模式。

表 4—5 精选国际集团历年特许经营酒店情况

	2008 年	2007 年	2006 年	2005 年	2004 年
特许经营酒店	5827	5570	5376	5210	4977
正在发展的特许经营酒店	1108	1093	930	687	569
总房间数	472526	452027	437385	427056	403806

资料来源：http://www.hotelchoice.com

温德姆集团是全球排名第一的特许经营酒店集团，其发展策略是通过销售特许经营权来扩大的。温德姆旗下拥有 Amerihost 特许经营系统公司、骑士特许经营系统公司（Knights Franchise Systems Inc.）、华美达特许经营系统公司（Ramada Franchise Systems Inc.）、乡村特许经营系统公司（Villager Franchise Systems Inc.），由各特许经营公司负责全球特许经营业务。温德姆酒店品牌是行业中最广为人知的品牌，品牌的成功也是建立在成功的特许经营基础上的。"向我们特许经营商传递价值,以及帮助我们的顾客达到他们的财政目标",温德姆建立特许经营关系的优势包括全国战略营销和广告项目、即时的培训、技术支持、预订网络系统等。

希尔顿中档品牌的特许比例超过了 97%;在高端品牌上,特许经营的份量也已经超过了 60%,而且,呈现了增长的态势。1996 年,希尔顿客栈公司酒店组建,用以创建使用希尔顿名称的特许经营酒店网络。这项措施已成为目前的行业标准。希尔顿拥有大约 1352 个加盟店,其对特许经营的加盟者实行有效的特许经营的审查程序,淘汰那些达不到公司标准的加盟店。

喜达屋的酒店业务重点放在豪华高档市场,在对这部分市场中资产进行认真考察的基础上,利用特许经营权寻求利润。截止到 2009 年 6 月 30 日,喜达屋集团在 95 个国家拥有 966 家酒店,其中特许经营酒店为 453 家。

表 4—6 喜达屋集团经营类型

资产类型	集团 自有酒店	酒店经营和管理 的合资酒店	特许经营 的酒店	度假村	总计
酒店数量	65	435	453	13	966
房间数量	22312	151305	113593	6840	294050

资料来源:http://www.starwood.com

二、管理合同

管理合同是酒店所有者与酒店经营者之间签订的书面合同。管理合同产生的最初原因是要将所有权与经营权分离,作为一种契约安排的形式,也使企业的剩余索取权与控制权分离。酒店管理的知识专用性使酒店业存在所有者与经营者分离的趋势,当然与特许经营方式一样,管理合同也越来越要求一定的资本投入,通过管理方资本的投入来限制其经营行为,防止由于信息不对称所带来的侵害所有者的"败德行为",在创造更多价值的同时承担更多的责任。管理合同的雏形是 20 世纪 60 年代希尔顿集团同波多黎各合作 Carribe Hilton 时使用的利润共享租赁(Profit—sharing Lease)。后来这种租赁方式逐渐转变为现在的管理合同。

比如,截至 2009 年 6 月 30 日,雅高集团采取管理合同方式经营的酒店数为 559 家，占集团所经营酒店总数的 13.87%。

表 4—7　雅高集团管理合同方式经营的酒店分布

	法国	欧洲（除法国）	北美	拉丁美洲和加勒比地区	非洲和中东	亚太	合计
数量	53	74	12	91	92	237	559
比例	9.48%	13.24%	2.14%	16.28%	16.46%	42.40%	100%

资料来源：http://www.accor.com

目前，各大酒店集团都在采取管理合同这一扩张方式，但是，市场的进一步成熟和透明以及业主方的成长等，酒店集团在扩张的经营实践中呈现新的动向和趋势。酒店集团更倾向于提出一些防止提前终止合同行为的举措，扩大管理公司附属机构获利的能力等，而业主方更加强调把主要精力放在缩小利润差额，强调达到业主方总收入的底线，关注酒店，加强绩效底线的审查等。基本做法如降低基本管理费用，更加强调奖励管理费用；进一步缩短管理合同期限；业主对酒店的运营拥有更多的控制力，参与管理决策，权利和义务灵活性加大；管理公司股权参与；减少续约选择权和强调业绩条款等。

三、战略联盟

战略联盟，也称动态联盟或网络组织，近年来已经越来越得到理论界与企业界的关注。横向的、纵向的甚至是非关联的旅游企业之间缔结战略联盟在国际旅游市场上是一种新型的竞争形势，在一定程度上已经改变了旅游市场的竞争格局（杜江，2001）。战略联盟是由两个或两个以上共同战略利益的企业（或特定事业或职业部门），为共同开发或拥有市场、共同使用资源等目的，从而实现加强竞争优势的战略目标，通过各种协议、契约而结成的优势互补或优势相长、风险共担、生产要素水平式双向或多向流动的一种合作模式。从本质上讲，战略联盟是一种介于市场与企业之间的特殊组织治理结构，而把其划分为股权式和契约式两种类型正是依据联盟成员之间的参与程度与结合的紧密度，即该种治理结构的严密度是由高到低进行的。它往往是合作伙伴为了达到更大的竞争优势，自愿达成协议而建立的一种组织形式。战略联盟的不断增加导致了竞争内在本质发生了变化，企业在加强竞争的同时开始实现越来越多的合作，合作能力成为竞争的重要内容之一，企业的个体竞争逐渐转变为联盟网络的竞争。1997年，希尔顿酒店公司（HHC）和英国希尔顿集团公司正式结成一个全球市场营销联盟，是30多年来第一次把希尔顿的名字又一次与全球希尔顿的名字联系起来。希尔顿国际公司（现已完全为希尔顿集团所拥有的子公司）在1964年脱离了HHC。希尔顿酒店公司继续在美国经营酒店，而康拉德国际酒店公司（希尔顿酒店公司的子公司）经营美国之外的酒店。在50多个国家有2000多个希尔顿、康拉德国际公司和美景酒店，而品牌重组进一步提高了希尔顿在世界增长最快行业之一酒店业的领导地位。

酒店集团战略联盟的形式较多，而且保持着一种较为灵活的反应机制。如酒店公司之间所建立的市场营销和预订系统，以获得一定地区的市场份额；同银行联合使用信用卡进行分销和交叉营销；同航空公司签订协议合作等。当前战略联盟的范围主要包括以下几个方面：建立营销联合体，这也是当前采用最为广泛的联合形式；共同研发（R&D）；平衡投资，通过技术研究的方式可以采取少量股权参与的合作形式。

1995年9月，希尔顿酒店公司率先与美国捷运公司联合发行一种无费用、品牌联合的信用卡，这一特点是经常旅行的人最重视的。美国捷运公司的希尔顿信用卡给持卡一族以最丰厚的回报，是其他种类旅行卡所不能比拟的，它无须缴纳年费，所开立的信用卡利率低。香格里拉与航空公司联合推出飞行积分计划，只要以公司协议价或非折扣价格住宿香格里拉，并在登记入住时展示飞行积分会员卡，就可以免费取得更多旅程点数或公里数等。

四、全资公司

全资公司是酒店通过独资设立或者收购途径来拥有一家全资的子公司，这种经营战略的优势在于公司拥有全部产权和对子公司的控制权，采取这种方式进行投资经营时，一个非常重要的考虑因素是政治经济局面的长期稳定。当然，对比特许经营以及管理合同方式，受资本以及特定地区的限定性政策制约，由集团直接投资的方式不可避免地带有一定的局限，影响扩张战略的实施速度。因此各酒店集团所经营的全资公司，往往是精致化程度比较高的酒店，通过自有经营的形式提升品牌价值，从这种意义上说，这也成为酒店集团实施其他扩张战略的基础所在。酒店服务作为一种特殊的终端消费商品，实行名牌战略会吸引消费者的注意力，缩短消费决策过程，同时也为各酒店带来了高于行业平均利润的收益，并为品牌的扩展和延伸提供了前提条件。名牌意味着向消费者长期提供一组特色鲜明的利益、文化和优质服务，名牌酒店在实行连锁经营时，利用消费者对品牌的认可和忠诚来克服地域差异方面的不足。如喜达屋集团凭借世界范围的对自己膳宿品牌的广泛认同，使其品牌在世界各大主要市场中都有着强烈的领导色彩。利用集团的这些膳宿知名品牌，喜达屋集团所实施的豪华高档品牌策略使其无论在吸引新客户或稳定老客户中都显得游刃有余，而集团从中也受益匪浅。喜达屋集团在高档市场上有着深远的影响力，集团的豪华高档酒店度假村资产在世界范围内有着很好的布局，这些资产主要坐落在领导层认为极度需要豪华高档酒店和度假村的大城市和旅游胜地。

经营全资公司有两条途径：一是独资设立，这种方式下，品牌形成的时间较长；二是通过收购获得，通过战略性的收购行动，实现进入某些区域市场，这种方式便于在较短时间里形成一定的品牌优势和规模优势。目前国际酒店集团之间的兼并收购活动异常活跃，在兼并和收购一节有所论述。

五、长期租赁

采取长期租赁形式的公司在相当长的一段时间里要承担财务责任和对所租赁物业的控制，在酒店集团中通常被视为全资酒店的变形，并且在酒店统计中往往列为一栏统计。各酒店集团在经营中采取这种方式选取最佳地点经营酒店。雅高集团到 2009 年 6 月 30 日为止，采取租赁形式的酒店总数为 1355 家，占集团经营酒店总数的 33.61％。万豪和希尔顿的一些酒店也是长期租赁来的。采取租赁形式需要向业主做出长期租赁承诺，因此必须综合考虑选址、赢利能力以及租赁地区稳定性。

六、兼并和收购

并购包括横向并购和纵向并购与联合两种方式。其中横向并购是指在酒店及其替代产品之间实现跨地区、跨所有制或同地区酒店之间的并购,可以实现规模经营,增强酒店集团的市场竞争力。横向并购可以提高市场集中度、规范市场秩序、实现规模经济,并为酒店的所有者退出产业提供了一个机制,有利于资源的优化组合。此外,并购企业通过向被并购企业转移管理优势或市场优势产生一种协同效应,创造出新价值。纵向并购与联合是指通过纵向并购与联合,优势企业将与自己产品或服务有直接关系的上下游企业结成联盟,形成纵向生产服务的一体化,有利于相互沟通与融合,加强各个环节的相互配合,提高工作效率与服务质量,节约各相关环节的费用,提高经济效益。故纵向并购与联合可以增强酒店集团的产品组合能力和综合配套服务功能,获得共享和互补效应。

2003 年洲际集团(前六洲集团)收购兼并了美国蜡木酒店式公寓集团(Candlewood Suite),2005 年 9 月 14 日,升达特(现温德姆)以 1 亿美元收购温德姆酒店品牌以及特许经营系统;2005 年 10 月,升达特(现温德姆)又购买了万豪在全球范围的内华美达品牌。2006 年全球酒店不动产交易进入活跃期,1997 年至 1998 年酒店交易量达到了峰值,经过 1999 年的低迷期后这一数值在 2006 年又恢复到了相似水平。Lightstone 以 80 亿美元购得 Extended Stay Hotels;Morgan Stanley Real Estate 以 24 亿美元购得 ANA 酒店集团;Morgan Stanley 还决定以 66 亿美元收购 CHL Hotels & Resorts;希尔顿 2007 年年初以 8.33 亿欧元将 Scandic Hotels 转售给 EQT;雅高 2007年 4 月以 13 亿美元销售其在美国的品牌红屋顶;而最受瞩目的兼并案例当属黑石兼并希尔顿,美国时间 2007 年 7 月 3 日,黑石集团宣布出资 260 亿美元现金收购全球酒店巨头希尔顿酒店集团,260 亿美元的出价是世界上目前为止最大的酒店业并购,相当于希尔顿酒店每股出价 47.50 美元。

接受黑石集团的竞购要求,并非因为希尔顿酒店公司的运营出现了问题。事实上,自 2004 年以来,希尔顿酒店公司的业绩一直相当不错,酒店客房入住率一直很高。分析人士认为，黑石集团入主该公司，将有助于希尔顿酒店公司进一步提高赢利能力。近年来，国际业务已经成为希尔顿酒店公司的一个扩展重心。2006 年，希尔顿曾宣布，将在印度和中国新建上百家酒店，并把旗下各个品牌引入欧洲。

黑石集团是世界最大的独立资产管理机构之一，业务包括企业私募股权基金、房地产基金、夹层基金、高级债券基金、私人对冲基金和封闭式基金等。黑石集团还提供各种金融咨询服务。目前，黑石集团在美国和欧洲已经拥有包括 LaQuintaInns、LXR 豪华度假酒店等品牌在内的酒店资产，客房超过 10 万间。通过收购希尔顿，双方有望形成巨大的协同效应。酒店投资顾问公司分析师亨尼斯指出，尽管黑石集团已经拥有大量的酒店业资产，但从行业角度看，它还是酒店业新手。黑石虽然拥有了像 LXR 这样的豪华酒店品牌，但并没有在业内获得类似希尔顿酒店公司的高端品牌形象和良好口碑。亨尼斯说，黑石集团若将其原有的酒店类资产与希尔顿酒店整合，可能会考虑剥离某些既有资产。目前，黑石集团已同意将旗下的 ExtendedStay 酒店公司以 80 亿美元的价格出售给另一家私募股权机构。

根据单体酒店平均房价的酒店交易量前 10 位、酒店集团交易总价格前 10 位、并购酒店数量前 5 位、美元成交数量买方前 5 位分别如下：

表 4—8　平均房价的酒店交易量前 10 位

排名	酒店名称、地点	房间数	平均每间房价格	买方
1	Hualalai 四季酒店及度假村、夏威夷	243	$ 2069959	MSD Capital, LP Rockpoint Group, LLC
2	W 联合广场酒店、纽约	270	$ 1055556	Istithmar
3	马克酒店、纽约	177	$ 847458	Izak Serbahar & Simon Elas
4	丽兹·卡尔顿、加拿大	393	$ 839695	战略酒店集团公司
5	查塔姆旅馆、马萨诸塞州	205	$ 809756	Capital Properties
6	四季酒店、华盛顿	211	$ 800474	战略酒店
7	假日 IsLe 度假村、佛罗里达	151	$ 650662	Ceebrail Sigal
8	四季 Las Colinas 酒店、得克萨斯	397	$ 579345	Benthey Forbes
9	希尔顿时代广场酒店、纽约	444	$ 546171	太阳石酒店投资公司
10	瑞士德雷克酒店、纽约	495	$ 545624	个体投资者

表 4—9 酒店集团交易总价格前 10 位

排名	酒店名称、地点	房间数	价格	买方
1	Hualalai 四季酒店及度假村、夏威夷	243	$503000000	MSD Capital，LP Rockpoint Group，LLC
2	JW 万豪、奥兰多	998	$475028040	CNL 酒店及度假村
3	Westin Saint Francis、旧金山	1195	$440000000	战略酒店集团公司
4	Westin kenland res ort & Spa、亚利桑那	827	$393000000	主人酒店及度假村
5	皇冠假日时代广场、纽约	770	$362000000	城市投资基金公司
6	Faimont Princess、亚利桑那	651	$345000000	战略酒店集团公司
7	丽兹·卡尔顿、加利福尼亚	393	$330000000	战略酒店集团公司
8	芝加哥万豪城市酒店、芝加哥	1192	$306000000	钻石酒店集团公司
9	W 联合广场酒店、纽约	270	$285000000	Istithmar
10	丽兹·卡尔顿、奥兰多	584	$277972320	CNL 酒店及度假村

表 4—10 并购酒店数量前 5 位公司

公司	酒店数量	房间数	总成交额	平均房价
金字塔酒店顾问公司	12	3931	$568000000	$144492
赫莎酒店管理公司	11	1412	$201000000	$142351
苹果酒店管理公司	11	1646	$273000000	$165857
Ashford 酒店管理公司	10	3564	$594000000	$166667
酒店资产管理公司	10	3052	$293000000	$96003

表 4—11 美元成交数量买方前 5 位

公司	酒店数量	房间数	总成交额	平均房价
Fel Lodging 酒店管理公司	11	3642	$328000000	$90060
洲际酒店及度假村	8	2512	$488000000	$194268
喜达屋酒店管理公司	8	2474	$404000000	$163298
HEI 酒店管理公司	7	2356	$276000000	$117148
Ashford 酒店管理公司	7	973	$93000000	$95581

各大酒店集团所采取的扩张方式，基本上是他们在本国比较喜欢的模式，如精选国际采取特许经营协议的方式，而万豪和希尔顿则比较喜欢管理合同的方式。同时由于世界上不同地区的政治经济环境差异，使集团公司更愿意采取非股权经营的形式。

第三节　经营策略比较

各大酒店集团在世界各地的经营中，根据所在国的环境、文化、价值观以及生活习俗的不同，采取的经营策略也有差异。比较具有代表意义的是各大酒店集团所承担的社会责任以及跨国经营中的多元化策略。当然，就企业所承担的社会责任，斯蒂芬·P. 罗宾斯曾做过评述，认为企业承担一定的社会责任并不仅仅是利润最大化行为，尽管承担社会责任的公司的确从长久来说获得了更好的社会形象以及员工的支持。而多元化或者多样性（Diversity）则源于世界文化的多样性。

一、社会责任

"企业社会责任"概念最早由西方发达国家提出，近些年来这一思想广为流行，从国际经验来看，企业社会责任的提出，主要是为了解决资本与公众的矛盾问题，解决企业与消费者之间存在的矛盾。没有正确的理念，资本就会过度地偏向少数人。像《财富》和《福布斯》这样的商业杂志在企业排名评比时都加上了"社会责任"标准，可见西方社会对企业社会责任的重视。联合国也是推动企业发挥社会责任的重要机构，早从联合国前秘书长安南上台后，联合国的工作重点就发生了较大的变化，即从国家主权的维护更多地转向公民权利的维护。鉴于全球化的脆弱性和国际越拉越大的差距，鉴于国家内部的差距也在拉大以及财富的分配不公和不平等，特别是鉴于某些企业不合理的发展对世界安全和生态环境带来巨大威胁，联合国向国际商界领袖提出挑战，那就是呼吁企业约束自己自私的牟利行为，并担负起更多的社会责任。

这样的趋势打破了我们习惯的思考模式：增加工人的福利必然降低企业的竞争力。按照英国、澳洲的退休金投资模式来看，只有增加工人福利的公司，他们才愿意投资，这时候公司的价值才会浮现，反之，那些违反社会责任的公司，将来会逐渐被摒弃在投资范围外，而且因为违反社会责任而流失更多订单。当社会责任投资变成越来越重要的投资标准时，所谓的福利降低竞争力的说法也只能从短期上寻找理由了。对于企业所承担的社会责任问题，需要有一种评价标准，这种标准的实际意义在于一种导向作用，而不在于从强制力的层面上推进。1999 年 1 月，在瑞士达沃斯世界经济论坛上，联合国秘书长安南提出了"全球协议"，并于 2000 年 7 月在联合国总部正式启动。该协议号召公司遵守在人权、劳工标准和环境方面的九项基本原则，其内容是：

（1）企业应支持并尊重国际公认的各项人权；

（2）绝不参与任何漠视和践踏人权的行为；

（3）企业应支持结社自由，承认劳资双方就工资等问题谈判的权利；

（4）消除各种形式的强制性劳动；

（5）有效禁止童工；

（6）杜绝任何在用工和行业方面的歧视行为；

（7）企业应对环境挑战未雨绸缪；

（8）主动增加对环保所承担的责任；

（9）鼓励无害环境科技的发展与推广。

这九项原则，从企业内部来看，就是要体现和保障员工的尊严和福利待遇，从外部来看，就是要发挥企业在社会环境系统中的作用。总的来说，企业的社会责任可分为经济责任、文化责任、教育责任、环境责任等几方面。

宣扬企业的社会责任，也是解决当前企业经营中利润最大化导向，以唯利是图作为经营目标的良药。实现企业的经济角色、社会角色和环境角色的动态平衡。例如，企业如果搞假冒伪劣，就会不正当地攫取消费者的利益，如果生产优质产品，不欺骗顾客，就要减少利润。如果要搞清洁生产、减少污染、保护环境，就更要减少利润。这是一对矛盾，一个社会如果没有清晰的商业伦理和经营理念，便可能陷入自私自利、互相诈骗的泥沼之中。企业如何展开竞争，如何与消费者争利？不仅需要法律保障，更需要一定的社会规范来保障。企业在社会中担负起越来越大的责任，说到底也是"小政府大社会"的结果，企业的社会作用不仅表现在社会捐助等方面，还表现在员工的培养上。企业有义务教育职工在社会上见义勇为，助老爱幼，企业不仅是个职工劳动的地方，也是一个受教育、长知识和获得生活经验的地方。如何将企业变成一个育人育知的大学校，这也是企业承担社会责任的表现。

香格里拉于 2008 年发起"企业社会责任（CSR）先锋"培训计划，这是一个旨在把集团的企业社会责任目标传播到旗下各个酒店和所在社区的创新项目。"企业社会责任先锋"培训的目标是使员工们具备必要的知识技能，在不同的文化和背景下认知、规划和执行企业的社会责任。香格里拉亚洲区所有酒店各部门的中层和高层管理者都要接受为期一天的"CSR 先锋"培训课程。该培训课程在香港、新加坡和北京举行，管理者在课程完成后回到各自酒店，担负起启动和管理企业社会责任方面各项活动的责任。

希尔顿集团建立社会责任部（Corporate Social Responsibility，CSR），将集团的社会责任纳入一种组织化的轨道上来。希尔顿集团提倡企业对社会、对环境的责任感，目标是实现高质量的服务、经济的增长、环境的维护、公益事业的参与，当然还有社会就业给当地社会积极的利益，远景目标是使集团的每位员工被视为良好的企业公民。为实现这一远景目标，集团在 CSR 项目上制定了一系列方针政策。这些政策使集团的各项活动得以巩固，并在两个大公司设立 CSR 框架。希尔顿国际公司和莱德布罗克斯两个公司以这个框架为准进行运作。

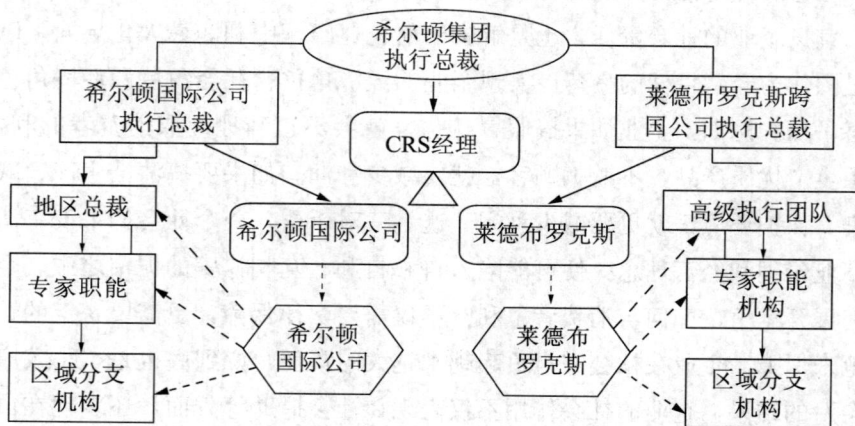

图 4—2　资料来源：http://www.hiltonworldwide.com

各分公司的执行总裁们对 CSR 的运行负责，每年向希尔顿集团董事会正式汇报 CSR 的情况。要把 CSR 的风险和机会与其他业务风险一起考虑，如今 CSR 的问题主要是集团的声誉和世界各地品牌质量的风险。集团要求在如下方面保持高标准：

酒店安全（Hotel safety）

顾客满意（Customer satisfaction）

"Neither of which could be achieved without the support and dedication of our employees,"（没有员工的支持与奉献，以上两点无法实现。）

万豪提供工作时间以外的儿童保育，是对许多员工的极大关心。方法是参与那些有创新的公立与私立的合伙企业中，这些企业提供全面的安排计划和支付得起的服务项目。

二、集团扩张与多样性

酒店集团在扩张中面对不同的国家文化背景，所组成的相关群体之间也存在不同价值观。各大酒店集团实施多元文化管理的实践，为不同文化背景的人们之间的理解和交流提供了学习的途径。酒店集团在国际化扩张的过程中，面临的一个重要挑战是标准化服务模式与跨文化差异的有机融合问题。当今酒店业竞争中差异化已成为一种必然的趋势。从本质上讲，服务差异战略强调每个顾客的个性体验。Mathand Perras 提出服务及质量标准的差异依赖于酒店所在地的文化差异。对此，管理者要根据所在地的文化组合调整服务设计。酒店服务设计要突出民族或地区文化特色，这是实施差异化战略的关键。20 世纪 50 年代希尔顿优秀管理七要点之首就是每个酒店必须有个性，要针对其所在地区或国家市场的需要。作为著名的酒店品牌，丽晶酒店在各地取得了成功，其重要因素是强调地区文化特色，如在建筑风格上，丽晶集团十分注重地方个性。

万豪的核心价值观是其文化发展的动力。这种文化影响着万豪对待员工、顾客以及社会的方式，这种方式对万豪的成功起到了重要的作用。用 J. W. 万豪的话来说，就是"文化是生命线和黏合剂，连接着我们的过去、现在和未来"。万豪国际集团对于多样性的承诺是绝对不含糊的。这是吸引、发展和保留最佳人才的唯一方式；是建立发展必要的商务关系唯一的方法。万豪对于全球多样性的承诺遍布其世界上的每一家酒店，为那些日益多样化的供应商、顾客、业主和特许经营商等提供更多的发展机会，这也使万豪继续保持酒店业的领导地位。

喜达屋是建立在多样性基础上的全球化组织，在 95 个国家，拥有 9 个独特的品牌。如同世界人口的多样性，喜达屋以多样性为基础保持与顾客和合作者的关系。每个品牌的独特性，以及在全球市场上拥有独特的地位，能够满足不同背景、不同文化旅游者的需求。基于此，喜达屋与合作者、顾客和供应商所创造的一种相互兼容的环境也就显得意义重大。关注全球 11000 个合作伙伴的融合和智慧开发，照顾好频繁光顾全球 968 家酒店的顾客，不仅是高层领导的责任，也是每个合作伙伴应分担的责任。通过与合作者建立合作关系来关注服务的需求和涉及不同种类的可见和不可见的差异，如人种、性别、性取向等。在公司成立的第 5 年就建立了多样性委员会（Diversity Council），由喜达屋的高层领导者组成，它的作用是同公司的其他领导者一起，在多样性和兼容性部门中，通过动态的、热诚的全体代理的支持，来推动战略的实施。如同处理其他重要的业务活动一样，公司多样性委员会已经为加速的变化建立了战略和长期计划，特别是在代理领域。

温德姆公司把拥有多样性作为生存方式，这是一项关键性的创造，也是其 2000 年及以后的个人业务目标。这对公司的持续成功和竞争优势起到客观的重要作用。

凯悦酒店集团注意到了协会所取得的成绩，包括建立多样性计划，指导会员和其他员工解决多样性方面的争议。多样性活动所包括的内容有协会成员定期参加社团活动以及带回信息和集团一起分享。

三、细分市场下的个性化服务及特色品牌塑造

当今酒店业在创新方面的一个重要体现就是越来越向个性化和专业化的方向发展。个性化就是突出酒店与众不同之处。在国际酒店业激烈竞争的环

境下，各酒店业业主和管理者们都在力求把自己的酒店做得既舒适，又有特色。如在客房设计上，希尔顿现在推出了"睡得香客房"、"健身客房"、"精神放松客房"等；雅高推出了"高科技好客"概念客房；喜达屋则拥有"天堂之床"的梦幻客房。所有这些都更好地满足了消费者要求舒适且不断变化的需求。

近年来，随着对客人需求的不断深入研究，酒店集团越来越会根据市场细分而提供不同类型的酒店模式。那种建造全能型酒店的做法正在被取代。越来越激烈的市场竞争和不断变化的顾客要求，使酒店难以满足所有市场的需求。所以，成功的酒店集团都把大量的资金投入对市场细分的研究和营销中。

对于商务旅游目标市场，研究人员认为，商务旅游者是离开常住地旅行或工作的游客，需要酒店住宿，房费一般由公司支付或报销。所以酒店会向他们提供有保证的预订，快捷的登记和结账手续，商务服务如国际直拨电话，电报和传真，秘书与翻译服务，学习型卧室等；对于休闲旅游市场，人们是非工作目的的旅游者，自付房费。有时是空闲时的商务旅游者，常常有配偶陪伴。酒店会向他们提供休闲设施，物有所值的餐饮服务，当地信息与预订服务，娱乐等；团队旅游者是有组织的度假客人团体。酒店着重向他们提供团队登记和结账服务，休闲设施，集合区旅游，旅行服务员等；会议旅游者是由于参加会议或研讨会而住宿于酒店的有组织的团体客人。酒店向他们提供团队登记与结账，会议室与相关设施，独立就餐区域等；航空机组市场是指班和机组人员在抵达时需要在机场或附近的酒店的服务，通常酒店会与某一特定航空公司签订低价格但高数量的合同。这就要求酒店提供24小时营业服务，休闲设施和客房锁定等。

一些市场分析专家认为，随着市场全球化进程的加快，用来划分国际市场的一些传统变量，如地理变量和国家界限等，将会逐渐被心理细分变量所取代，因为后者能够更加准确地反映顾客之间的文化差异，以利于更加准确地确定目标市场。新出现的一些常见细分市场有老年人市场，年轻人市场，文化探索者，冒险者市场，以及其他特殊爱好者市场。

品牌是每个成熟的企业集团必须着重考虑和投入大量资金打造的。重品牌、多品牌是当今世界酒店集团发展的一个重要战略。由于市场的不断细分化以及顾客识别酒店的需要，国际酒店业正不断地涌现出大量的酒店品牌。利用品牌化战略，从而在特定的细分市场上显示酒店的独特个性，已成为各个酒店集团的共识。其原因主要有：第一，实行品牌化战略是对酒店集团实行市场细分的重要支持；第二，酒店业集团不断通过兼并进行扩张，必然发现自己的下属酒店差异如此之大，以至于不适宜进行统一的营销活动，对下属酒店进行分类是兼并收购的必然结果；第三，由于各国在酒店分类和定级体系上存在差异，使消费者无法清楚地了解酒店的质量和服务档次，而品牌化则为消费者提供了直观的识别信号。①

四、高科技，信息化与酒店管理的契合

目前，各酒店不断加大资金投入，购买各种具有高科技含量的硬件设施，以使酒店的服务更加出色，满足客人的需求。很多技术设备的应用，都使酒店的环境居于社会的前列，如多媒体技术、电子邮件、通信卫星、国际网络、信息高速公路、3G 可视技术、同步翻译等。隶属于喜达屋集团的"W 饭店"品牌就是这样一款以全新的个性化、独立化、处处体现高科技元素风格的酒店品牌。W 来源于英文温暖、奇妙、机智、兴奋的首字母，W 代表欢迎。其通过空间设计、顾客设计、创新、充满别致情趣的休息室、原创艺术、精练的服务和员工、最新功能的健身设施等体现酒店新技术应用，博得了众多年轻人的青睐。

世界著名酒店集团都创立了自己庞大的信息网络系统，而且在不断地投入大量的人力和财力对原有的网络进行更新换代，使自己在市场营销、客房预订、财务管理、服务改进等方面保持强大的竞争力。早在 1965 年，当时的假日旅馆集团就推出了自己的电脑预订系统 Holidex，后来不断改进。据说当时这个电脑网络系统是世界上最大的民用电脑网络系统，仅次于美国政

---

① International Hotel Management，Chuck Y. Gee.

府的通信网络，并被美国国防部确定为国家处于紧急状态时国防部通信的后备系统。

全球分销系统（Global Distribution System，GDS）是 20 世纪 90 年代以来获得迅速发展的大型旅游管理网络，由国际性航空公司分别联合组建，连接酒店、度假村、汽车租赁公司、铁路公司、旅游公司等其他旅游企业，提供航班订位、订房等预订和市场营销综合服务。通过国际航空电讯协会（SITA）的通信专网，将加入 GDS 的"卖方"（航空公司、酒店、汽车租赁公司等产品、服务提供者）和"代理方"（分布在全球的旅行代理人）连成一个旅游专业网络系统，并通过"代理方"实现对"最终用户"（商务旅行者）的销售。

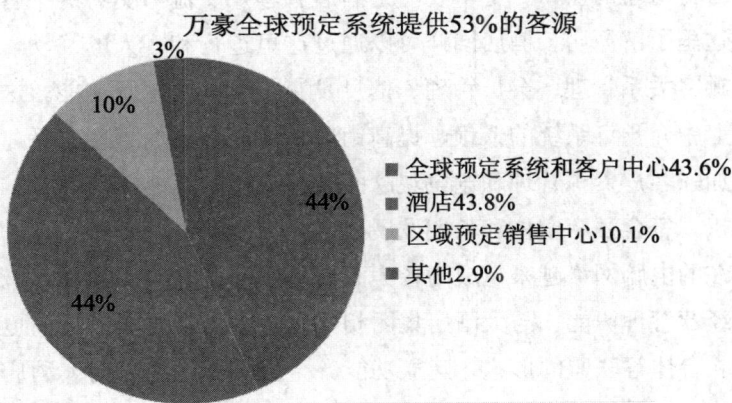

万豪全球预定系统提供53%的客源

- 全球预定系统和客户中心43.6%
- 酒店43.8%
- 区域预定销售中心10.1%
- 其他2.9%

图 4—3　企业文化图示

进入 21 世纪，随着技术革命的不断深入和网络的普及，网络对酒店业的支持会转化为服务，现代科技在酒店中的应用既表现为一种硬件投入，更表现为一种服务模式和营销模式的更新。所以，除了网络预订，网上直销也成为当今世界酒店业热捧的销售模式。所谓网上直销，就是酒店通过自己网站进行网络营销活动。作为业务外包的一种办法，把网上销售交给中介商并非不可，但是酒店将付出形成对中介的依赖性、增加开支、减少收入、降低品牌影响力的沉重代价，而对酒店集团来说更是不可思议的。酒店网络直销模式的优势主要集中在：去掉中间环节，免除酒店高额佣金，减少旅客额外花费；顾客由于互动参与，可取得满意价位和个性服务，酒店也可及时更新信息并免费试用；另外，网络直销还可节省人力成本，酒店直销网还可利用广泛的覆盖范围，迎合旅客多样化、个性化需求，并且有助于酒店直接掌握顾客资料，便于以后营销工作。据统计，万豪、希尔顿通过自有网站的直接销售收入与通过网上中介的间接销售收入之比已经高达 75：25。而从消费者来说，他们也不愿意在中间商那里多花钱，Forrester 调查公司发现 69％的美国休闲旅客喜欢直接订房，而只有 27％的旅客愿意从中间商那里订房。因为他们认为高质量的服务只能来自酒店本身。

酒店业抛开网上中介开展网上直销将是一个大趋势。酒店网站不仅是酒店展示自身形象的窗口，更重要的是酒店和客户交流与交易的平台。客人可以通过这里了解酒店，酒店同样可以通过这里进行和客人的互动，实现网上销售、顾客关系管理、会员管理、信息发布、形象展示等功能。这不仅是降低对网上中介预订系统的依赖，提高销售和市场营销的管理水平，建立品牌意识、加强客户资源管理和竞争观念的需要，同时也能提高酒店的自主定价和控制权，符合酒店定位和长期发展战略。

现在的电脑网络越来越成为各大酒店集团经营管理的命脉，承担着越来越多的经营管理职能。与大酒店集团相比，众多的独立酒店目前也正逐步通过销售联合体等联盟的形式，建立功能齐全的国际网络，与大酒店集团共分市场。

五、绿色环保已经深入酒店投资理念

通过绿色管理和绿色服务来创建绿色酒店，已是当今酒店业的一种自觉行为。所谓绿色酒店，是指运用环保健康理念，坚持绿色管理，倡导绿色消费，保护生态和合理使用资源的酒店。其核心是在为顾客提供符合环保、健康要求的绿色客房和绿色餐饮的基础上，在经营过程中减少对环境的污染，节能降耗，实现资源利用的最大化。酒店经营过程中所涉及的三个方面，构成了绿色管理的三个视角。第一，从社会视角来看，保护环境，减少污染是人类生存之必需。酒店在为住店客人提供舒适食宿条件的同时，不能以牺牲和破坏环境为代价。因住店的舒适而让社会大多数人的环境利益受损是行不通的。第二，从酒店自身的视角来看，酒店是企业，就必须讲效益，在激烈的竞争中，低成本策略已经成为每家酒店企业必须采用的手段。酒店利润的来源之一就是节能降耗。绿色酒店的内涵也就是环境效益型的酒店。第三，从顾客的视角来看，酒店要为顾客提供一个美好的环境。这里的"美好"，不仅指自然环境和高雅环境，还应该理解为酒店要成为人性化的家居场所。所以，绿色酒店又被称为环境友好型酒店。[①]

许多旅游组织和酒店业协会已经开发出了指导世界酒店进行环境保护的规章和准则。而不同的酒店集团也越来越具备了环保意识，一起开发出自我约束的环保手册，如国际环境倡议（IHEI）等。[②] 世界大型国际酒店集团都在绿色经营上下工夫，重大的节能技术、减污措施在广泛地普及，从而使自己处于国际竞争的优势地位。如华美达国际酒店，就将自己的形象定位在"与环境融为一体的酒店"。绿色酒店的创建和推广一方面提高了酒店的市场形象，另一方面降低了酒店的营运成本。

香格里拉酒店集团除了坚持不懈地为顾客提供最优质的服务外，对环保使命的承担也不遗余力。香格里拉旗下 35 家酒店已获得国际环境管理 ISO 14001 的认可证书。它们致力于在经济效益和保护环境管理上取得平衡，为该地区环境生态做出即时的回应和长期的努力。其中包括安装节约电灯泡，使用环保的清洁工具及原料，安装水源控制系统，妥善处理污水及避免造成水资源污染。香格里拉是亚太酒店环保协会的创办成员之一，根据集团的环保政策，所有香格里拉和商贸酒店均实行"绿色环保计划"。

环境保护需要全球参与，基于此，雅高发起了"地球客人项目"。其所属的近 900 家北美 Motel 6 经济型连锁旅馆正发起一项全美废电池和日光灯

---

① 绿色管理理论借鉴于《中国旅游酒店》。

② IHEI，由威尔士亲王商界领袖论坛支持，11 个主要国际酒店集团组成委员会创立。宗旨是促进全球范围内酒店业的环保意识，并呼吁采取行动。

管回收活动。而 Motel 6 也从 2007 年开始将装有污染环境的传统日光灯管换成了环保型灯管。其余的环保措施还包括：提供有机食物、使用冷水和少量清洁剂的环保洗衣机等。其位于英国伯明翰的伊泰普酒店自 2006 年起就开始回收雨水再利用，每年节水 780 吨。另外，雅高集团还在 2008 年携旗下 4000 家酒店共同参与"植树造林，造福地球：10 亿棵树活动"，这项活动是由联合国环境规划署（UNEP）在全世界范围内发起的，一项由酒店经营者和宾客共同参与的，创造性的全球森林再造计划，旨在资助植树造林项目。该计划将在雅高集团旗下的 4000 家酒店中进行推广，而其中已经有 52 家开展了试点项目。为了将此计划全面铺开，雅高集团正对其酒店楼层工作人员和清洁工人提供特殊培训。雅高集团将倡导其酒店经营者和宾客贡献自己的一份力量，保持使用酒店浴巾多于一晚以上，并将因减少清洗工作而节省下来的 50% 的开支直接捐献给该项计划。酒店通过在浴室中设置提示信息——"保持浴巾清洁，造福一片森林"，以鼓励客人投身到此项计划中来。到 2012 年，雅高将在全球 7 个林区种植 300 万棵树木。雅高集团的这一举措再次有力地证明了其对可持续发展的长期承诺。

全球最大、拥有客房数量最多的洲际酒店集团正在测试一个被称作"绿色节能"的新型网络系统，以帮助管理层更加有效地管理能耗。初期测试结果表明使用该系统最多可节能 25%。据估计，如果集团旗下 4000 多家酒店都使用该系统，可为酒店业主节省高达两亿美元的资金。该系统由洲际酒店集团开发，将用于旗下包括洲际酒店及度假村、HotelIndigo、皇冠假日酒店及度假村、假日酒店及度假村、快捷假日酒店、Staybridge Suites 和 Candle-wood Suites 在内的 7 个品牌所有酒店。2009 年 1 月末在首批 650 家酒店进行了最后一轮系统测试，2009 年中期，集团下属 4000 多家酒店都已实现使用该系统。洲际酒店集团的各家酒店可以通过"绿色节能"软件系统直接输入数据，系统将自动对比全球同类酒店情况，并为各酒店制定出一系列节能减排、节水降耗的适用措施。"绿色节能"软件系统将使酒店第一次可以通过在线系统进行：

测量——能源与水的消耗量、产生的废物量和碳的排放量。酒店可以将此数据与其他酒店进行比较，并设立较高但切实可行的节能减排目标。

管理——酒店内部对环境影响最大的因素。具体措施包括：对酒店热水管道进行保温处理、制订循环利用计划、使用有机清洁材料以及在员工中评选"环保之星"等。

报告——向集团内部、客人及公司客户报告最新的节能进展情况。

2008 年，洲际酒店集团推出了"创新酒店"，利用网络虚拟技术向大家展示了一个使用新型绿色科技的未来酒店。客人们就他们认为重要的地方提出建议，洲际酒店集团根据这些建议进一步完善了"绿色节能"项目。

万豪集团除了致力于把人作为改善社区环境的目标以外，还开发了一项全面的公司政策，旨在保护环境的商业活动，为所有下属酒店提供了指南和方针。集团的目标是"减少，再用，回收"。鼓励员工在种树、清理海滩和其他维护自然资源的活动中发挥作用。每个人都应该积极行动起来为现在和未来保护环境。2008 年万豪集团与巴西亚马孙州就一项环保决议达成了合作，该决议将有助于减少温室气体排放和森林采伐。该决议包括由万豪酒店出资 200 万美元以资助由亚马孙可持续发展基金会实施的一项环保管理规划，而且还将允许客户为他们的碳排放活动做出补偿，向基金会捐资。

喜达屋集团 2009 年发布了公司最新的环保酒店品牌，这家叫做"元素"（Element）的酒店坐落在美国麻省莱克星顿市。酒店的环保措施包括：大瓶装洗浴用品，低挥发性有机涂料等；驾驶混合燃料轿车前来的顾客可以优先获得停车位。酒店正在申请获得"节能环保设计证书"。

第五章

［世界著名酒店集团财务研究］

Chapter V　Finance of International Hotel Groups

Comparative Studies
on International Hotels

回顾世界酒店业的历史和发展，从当初罗马帝国在路边建立供商人休息的小客栈开始，到今天遍布世界各地的酒店集团巨头，酒店业走过了一段自己的发展历程。特别是"二战"后，酒店业的发展让人注目。先是一些美国酒店，如希尔顿国际和泛美洲际扩张海外市场，然后随着交通工具等的大大改善，在欧洲和拉丁美洲的美国酒店联号得到迅速扩展。20 世纪 80 年代期间，欧洲、加拿大、亚洲和其他地区的跨国联号酒店已经迎头赶上美国。80年代后期，由于全球经济的不稳定性、市场饱和以及实力雄厚企业的杠杆作用，并购成为酒店业发展的新标志。伴随着酒店业的不断扩张庞大，酒店业国际融资、酒店资本在世界范围流动以及由此对应酒店业的内部财务结构和管理都越来越受到重视和特别关注，它关系到一个酒店、一个酒店集团的生存和不断发展。

90 年代以来，酒店业集团化扩张经营的速度更是加快。酒店业巨头不断通过连锁经营，特许经营，管理合同，战略联盟等方式壮大自己。截至目前，世界上最大的酒店集团是美国的洲际酒店集团，其拥有 4186 家酒店和近 62 万间客房。当今世界上各大酒店集团还在不断地根据全球经济和环境的变化，调整自己的战略，以使其在未来的酒店业市场上占据更大的份额，更好地发展自己。我们将从财务状况和财务投资角度进一步认识世界著名的酒店集团。

第一节 从财务状况看世界酒店业

当今世界上各个国家分布着为数众多的酒店，他们有的是单体酒店，有的则是酒店集团。近年来，随着全球社会和经济的继续发展，以及全球环境的不断变化，旅游业和酒店业也呈现出新的特点和发展趋势。经济发展全球化、一体化，各国之间关系更加密切、交流更加频繁，使世界酒店业迅速发展；而近年来越来越严重的恐怖主义活动、世界局部战争、全球金融危机、流感疫情扩散等，又使酒店业的经营受到不同程度的影响。

一、财务结构与财务管理

我们首先研究一下国际性酒店融资以及其反映的酒店集团财务结构变化。前面已经提到，投资和运营酒店业需要承担很高的风险，酒店业非常容易受到市场变化的影响。随着社会的发展，投资于酒店业项目的资金急剧增长。因为社会发展过程中房地产价格和建设费用会逐步上升，而且现在酒店的项目建设又有一种倾向性，由小型的酒店向大型酒店建筑群发展。

于是与此相对应的，现在一个酒店的所有者经常地变为一个大的公司、一个机构等。当然更大一点，也有可能会是一个大的财团，包括涉及制造业、金融业、通信业等多种行业的公司和企业。可以看出，全球房地产市场及其投资市场的出现，以及在这些领域的全球竞争，都改变了酒店业项目融资的方式。近年来，酒店业投资中相当大比重的资金来源于国外。酒店发展项目的财务构成形式同其他类型的房地产项目比较近似，尽管实际的资金来源可能不同。通过研究酒店业当前的财务结构，发现其融资方式有以下几种：

首先，酒店传统的融资中有70％到80％的项目总投资来源于抵押贷款，也就是酒店的债务融资方式。酒店项目债务融资的传统来源，一般是商业银行、储蓄和借贷机构、保险公司、养老基金、投资信托公司等。但是由于20世纪七八十年代酒店项目很容易获得融资，结果导致了世界各个不同地区的酒店市场的过度建设。在一些市场中，酒店资产的价值急剧跌落，借款人不能偿还债务。现在从全球范围来看，酒店贷款也不容易获得。

除了债务融资方式，酒店业还采用权益融资。虽然带有高风险，但是在国际金融市场上，酒店投资还是被逐渐接受，被看做投资组合中一个合适的部分。同其他类型的房地产投资一样，酒店投资提供了抵抗通货膨胀的长期防御手段。房价可以被提高，加速折旧和抵押利息减免能够将酒店投资的收益率提高几个百分点，使这些投资从财务方面看是值得的。此外，豪华酒店特别是世界酒店集团的声望也有利于吸引权益投资者。

其次，公共部门和私人部门投资也是酒店业获得资金的来源之一。私人投资者往往寻求可获利性；公共部门的投资者则寻求经济发展，就业，外汇收入和增加财政收入等。但是当前环境下，大多数国家政府推动经济朝私有化方向发展，越发减少了政府在酒店所有权中的直接参与。

研究世界各大酒店集团财务结构发现，作为大型企业集团一部分的国际性酒店集团，它们更有可能从集团内部获得融资，这样就使其在扩展酒店营运业务时处于更加有利的地位。这也是世界各大酒店集团在融资方面的优势。

财务管理在酒店管理中的地位举足轻重。研究各大酒店集团，财务工作在其发展和运作中，通过反复的磨合和运转，已经形成了一套完整、严谨、合理的体系，并在实践中切合实际，行之有效。

国际酒店集团的财务报表门类齐全，详细明了，更加科学和具体。其酒店财务部设成本总监，他直属财务总监领导，对于整个酒店的成本控制，毛利率的调整，成本核算，合理库存量的调整等能起到决定性的作用。而且成本总监又监管食品控制员，饮料、烟酒控制员，物料用品控制员，使他们对自己分管的项目，各司其职，各负其责。形成层层把关，有利于酒店总成本的控制。各大酒店集团的采购部一般直属财务部，这样做的好处是有利于酒店成本控制，有利于调控成本率，避免部门分散以及互相推诿责任情况发生。另外，酒店集团还设稽核员和夜间审核员，以强化调控管理。总之，国际酒店集团强调财务工作的重点不在会计的核算，而是会计的调控方面。以下将侧重从酒店集团财务投资加大的方向分析一些未来酒店集团发展的新走向。

二、全球酒店业的运营现状

考察当今世界酒店业，各个国家的酒店为了不断壮大自己的力量和赢得更多的经营利润，正一步步走向联合，即酒店集团化发展已经成为酒店业发展的必然趋势。目前全球连锁酒店集团客房的 60％集中在北美，24％集中在欧洲，其他几个地区的拥有量分别为：南美 3％，亚太 10％，中东和非洲3％（图 5－1）。从连锁酒店的市场占有率来看，北美地区的市场拥有众多的著名酒店品牌和消费群体，因此连锁酒店所占的比重较大，高达 70％，欧洲也有 30％，其他地区亦超过 15％。

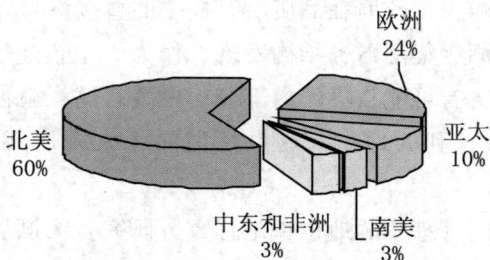

欧洲
24%

北美
60%

亚太
10%

中东和非洲
3%

南美
3%

图 5－1

世界酒店业发展的主要市场，也是其在全球占重要地位的三个区域：北美地区、欧洲地区和亚太地区。近年来亚太地区表现出的经济活力令人注目，相应地，亚太地区在旅游业和酒店业上的发展也是非常迅速的。根据世界旅游组织统计，次贷危机前的 2007 年，亚洲旅游业增长率为 10％，高于6％的世界平均水平。在全球经济增长、气候变化以及对旅游业能促进当地经济的意识越来越强等因素的推动下，大多数亚洲国家旅游也都达到了两位数的增长：日本 14％、马来西亚 20％、柬埔寨 19％、越南 16％、印尼15％、印度 13％、中国 10％。

连锁经营的酒店集团，其经营形式有四种。第一种，特许权经营。这种经营模式对资本的依赖程度比较低，其收入来自特许权使用费，投资回报率比较高。第二种，委托管理。这种经营模式对资本的依赖程度也比较低，经营过程中产生的支出都是由酒店所有者承担，其收入按酒店销售额的某个百分比来计算，投资回报率也比较高。第三种，租赁经营。与委托管理相比，这种经营模式在经营过程中产生的支出都由租赁者承担，而不是由酒店所有者承担。第四种，自营。这种经营模式对资本的依赖程度比较高，投资回报率一般比较低。目前，全球连锁酒店中有54％采取特许权经营的方式，18％采取委托管理的方式，25％采取自营或租赁的方式，其他占3％。（图5-2）

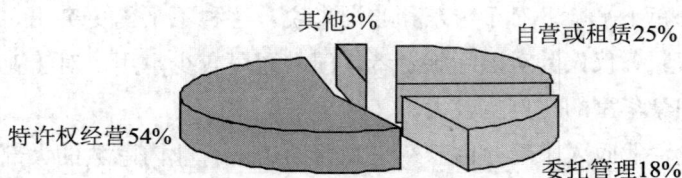

图5-2　全球集团化酒店经营形式分布

根据法国CDC证券公司调查结果显示，目前全球各类连锁酒店所占的比重分别为：豪华型5％，高档30％，中档37％，经济型20％，适用型8％（图5-3）。随着全民旅游时代的到来，酒店不再是豪华奢侈的代名词，而是更多地以简洁、舒适、节能、环保为发展模式，而且在世界经济低迷的大背景下，人们越来越注重酒店的功能性与实用性，使经济适用型酒店在全球酒店业中的地位日益凸显，并成为全球酒店业发展的主力之一。现在经济型和适用型的酒店仅占全球连锁酒店的28％，二者的发展潜力较大。

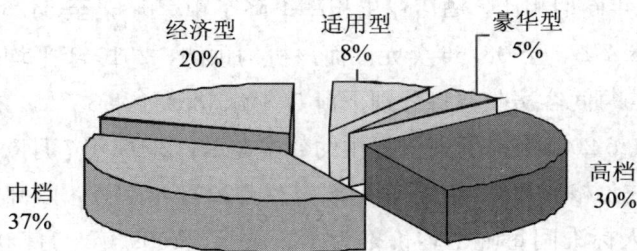

图5-3　全球各类连锁酒店类型分布

从全球各地区的酒店数量分布来看，北美的各类酒店分布最均衡，经济适用型酒店占到 41%，代表酒店业的发展方向。对于南美来说，其酒店业很不成熟，豪华和高档酒店所占比重过大，经济适用型酒店仅有 6%。对于欧洲来说，豪华高档酒店所占的比重也较大，但比南美要好，经济适用型酒店的发展潜力也大。值得注意的是，东欧的大部分酒店都是高档和豪华型的，酒店档次分布不平衡。对于中东和非洲来说，这种不平衡更突出，尤其是非洲，其酒店服务仅仅针对国际旅游者，国内居民较少享用。对于亚太地区来说，高档和豪华型的比例也较大。

从行业营业收入来看，由于豪华高档酒店占行业内总数的大部分，且获利丰富，因此仍占全行业营业收入的大半。到 2007 年，全球连锁酒店一年的营业收入是 2000 亿美元，其中一半以上来自豪华高档型酒店，经济适用型酒店的营业收入仅占 14%。全球连锁酒店的客房出租率超过 70%，尤其是豪华酒店的出租率高达 75%。这说明，酒店服务的需求量较大，有点供不应求。其中，尤以欧洲的阿姆斯特丹最为突出，那里的客房出租率高达 90%。由于不能新建酒店，只能扩建，即在原有酒店基础上增加楼层，即使这样，也不能满足当地市场的需求。但是随着美国次贷危机逐渐演变成全球金融风暴，世界酒店业遭受了前所未有的打击，史密斯旅行研究机构 2009 年下半年发布的数据显示，由于受金融危机的持续影响，2009 年上半年，美国酒店平均每间客房收益（RevPAR）比去年同期下降 18.7%，至 53.87 美元，与 2008 年同期相比，酒店业出租率下降了 10.9%，至 54.6%，每日平均房价下降 8.7%，至 98.66 美元。而该机构预测，2010 年平均出租率、平均房价和平均每间客房收益将分别下滑 0.3%、3.4% 和 3.7%。旅游市场调查机构 Trivago 2009 年 7 月 6 日提供的数据显示，2009 年 7 月欧洲主要旅游城市酒店入住价格比 2008 年同期下降 14%。2008 年 7 月，欧洲旅游城市酒店的一个双人标准间每晚平均价格为 122 欧元，2009 年 7 月降将为 105 欧元。其中，降幅最大的是马德里，为 35%。其他降幅较大的城市还有：巴塞罗那 33%、瓦伦西亚 28%、意大利的博洛尼亚 25%、布鲁塞尔 24%、西班牙的拉纳达 24%。而亚太市场的现状也不容乐观：根据德勤咨询公司发布的数据显示，2009 年 1—8 月，亚太区单间客房平均收益下降达 28.4％，至 68 美元。平均房价下降 27 美元，酒店出租率较去年同期下降 12％。中国市场方面，受北京奥运会后旅游市场下滑影响，连续 12 个月单间客房平均收益双位数字下降，是亚太地区降幅最大的市场，2009 年 1—8 月下降达 56.2％。2009 年 9 月 15 日，全球酒店预订网站 Hotels.com 以全球 13000 个地点的 78000 家酒店顾客的实际支付价格为依据发布，2009 年上半年全球酒店平均房价下跌 17％，仅比 2004 年 1 月高 1％。其中拉丁美洲房价跌幅最大，同比下跌 18％，北美房价下跌 17％，欧洲下跌 16％，加勒比地区下跌 2％，亚太地区下跌 17％。

三、中国在世界酒店业中的位置

当前中外酒店业的运营情况，以及中国酒店业在其中的位置是怎样的呢，我们通过下面几组数据可以大体了解。

国际著名咨询公司德勤最新的"酒店行业评测调查"显示，2008 年前 8 个月，中国酒店业业绩持续增长，平均房间收入比去年上升了 67％。在全球大多数酒店业市场的平均房间收入仍然低于 2000 年水平的今天，中国酒店业的表现却比 2000 年同期增长 20％，中国毫无疑问成了众多国际酒店集团的重点投资地区。2008 年，进入全球酒店 50 强的中国酒店管理公司有 6 家，分别是锦江国际酒店管理有限公司、如家酒店集团、香格里拉酒店集团、首旅建国酒店管理公司、港中旅酒店有限公司、金陵酒店管理有限公司。

表 5—1　全球酒店 50 强的中国酒店管理公司情况（2008 年）

	锦江	如家	香格里拉	首旅建国	港中旅	金陵
排名	13	21	34	38	43	48
酒店数	465	471	58	68	58	73
客房数	80164	55578	27987	20583	19268	18321

在看到成绩的同时，我国酒店业民族品牌与国际酒店集团的差距仍不能忽视。2008 年 7 月，世界酒店业权威刊物《HOTELS》公布了 2007 年全球

酒店集团规模 300 排名,位于前 10 名的酒店集团拥有酒店总数达到了 32555 家,客房总数为 3953532 间,平均每家酒店集团拥有客房 395353 间;位于首位的洲际酒店集团拥有的酒店数量和客房数量分别是 3949 家和 585094 间,客房数量是目前国内排名首位的锦江国际酒店管理有限公司的 7 倍。由此可见,虽然 30 年来本土酒店集团规模扩张迅速,增速迅猛,但在规模存量上与国际酒店集团相比还有巨大差距。因此还需要保持较大的增速,才会在规模存量上有质的飞跃。近年来,跨国酒店又以"联合舰队"的态势进驻我国,给我国本土酒店业造成了巨大冲击,我们在积极应对新一轮价格竞争、服务竞争的同时也应该思考如何在品牌、无形资产、文化氛围的竞争中脱颖而出。因为现代酒店业不仅要为客人提供高舒适度的服务设施,而且需要树立自身品牌,并营造一种与品牌相辅相成的文化氛围,以满足宾客的精神需求和审美愉悦。但是现在我国本土酒店普遍存在品牌维护意识不强、缺乏品牌个性、个性化细微化服务不能满足高端客户需求的问题。这就要求我们从注重文化内涵出发,努力追求服务创新和服务信息网络化,培养自己的忠诚顾客,形成自己的服务特色,拥有自身的品牌内涵。

第二节 世界著名酒店集团的财务经营状况

表 5-2 给出了当今世界上排名靠前的著名酒店集团在总资产、拥有客房数量、收入等方面的具体数据。通过对国际酒店集团 2008 年度各项指标比照分析,按规模、酒店数量来排列,分别是洲际酒店集团(InterContinentional Hotels Group),温德姆集团(Whyndam Hotel Group),万豪国际集团(Marriott International),希尔顿集团(Hilton Hotels Corapration),雅高国际集团(Accor),精选国际集团(Choice Hotels International Inc.),最佳西方集团(Best Western International),喜达屋酒店集团(Starwood Hotels & Resorts Worldwide Inc.),香格里拉酒店集团(Shangri-la Hotels and Resorts)和四季酒店集团(Four Seasons)。

表 5－2　酒店集团业绩对照表（2008 年）　　　单位：百万美元

	万豪国际集团	温德姆集团	喜达屋酒店集团	洲际酒店集团	香格里拉酒店集团	希尔顿家族	雅高集团	精选国际酒店
酒店数量（家）	3178	7043	968	4186	58	3265	3982	5827
可供出租客房（间）	560681	592880	292000	619851	27987	545725	478975	472526
平均入住率	69.2%	51.4%	71.1%	—	62%		66.93%	—
平均房价（美元）	326.63	106.55	237.45	74.2	171	69.33	104	—
客房日平均收入（美元）	225.87	35.74	168.93	—	106	86.61	69	34.48
收入（百万美元）	12879	4281	5907	1854	1353.27	3847	11608.5	641.7
净收入（百万美元）	362	1074	329	611	802.02	198	919.5	100.2
每股摊薄收益（亏损）（百万美元）	0.99	(6.05)	1.77	0.838	0.576	0.53	3.89	1.60
EBITDA（百万美元）	896	635	330	434	489	990	1387	107
总资产（百万美元）	8903	9573	9703	3118	3648	8348	11413	1792

注：EBITDA－Earning Before Income Tax, Depreciation and Amortization

资料来源：八大酒店集团官方网站公布数据整理

一、实力状况

截至 2008 年，法国的雅高集团通过发展，其总资产达到了 114.13 亿美元，成了当今世界上最大的酒店集团。排在其后的是喜达屋酒店集团，总资产 97.03 亿美元；温德姆集团总资产也达到 95.73 亿美元。

房间数量方面，洲际集团无疑是世界酒店业的巨无霸，集团总共拥有 619851 间可出租客房，排世界第一；其次是温德姆集团，拥有 592880 间客房；万豪 560681 间；希尔顿 545725；雅高 478975 间；精选国际 472526

间等。

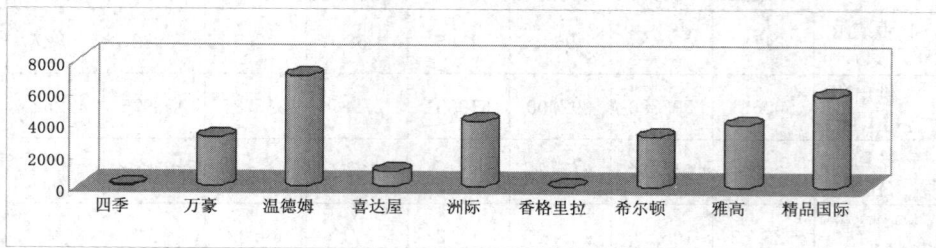

图5—4　酒店集团酒店数量对照

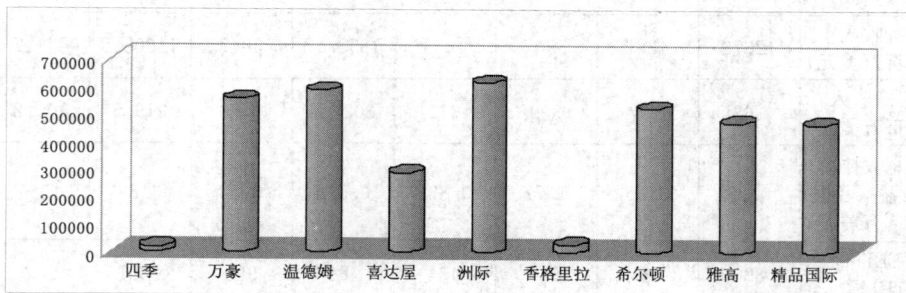

图5—5　酒店集团可供出租客房数量对照

　　以下是一些具有代表性的国际酒店集团在总资产、拥有酒店数量和可供客房数量等方面近期的发展变化情况。

　　喜达屋集团的收入主要来自酒店经营，包括集团自身所拥有酒店的经营、集团依照合同向其管理酒店收取的管理和其他费用以及收取特许经营费等。喜达屋集团的酒店业务重点放在全球住宿业中的豪华高档市场。集团通过拥有股份、管理权或特许经营权而拥有这部分市场的资产。截至2009年9月30日，喜达屋集团在其分布的95个国家中拥有968家酒店，292000间客房。其中喜达屋集团拥有的或通过租赁、控股经营的酒店69家，为第三产权集团代理经营的酒店436家，另有437家酒店喜达屋集团从中收取特许经营费。集团的收益还来自度假村的开发、产权所有权、经营以及销售度假村

产权股份（VOI），还有为购买股份客户提供贷款的收益等。截至 2009 年 9
月 30 日，喜达屋集团拥有分布在美国和巴拿马的 26 家度假村。

表 5－3　喜达屋集团资产类型分布

	集团拥有	合资酒店	特许经营	度假村	总计
酒店数量	69	436	437	26	968
房间数量	23600	149900	111300	7200	292000

资料来源：http://www.starwood.com

　　雅高集团经过 42 年的发展，建立了 3800 多家酒店的独特网络系统。雅
高集团在成长阶段和艰难时刻都发展了一系列品牌，它们都有其细分的目标
市场，满足全球需求的国际连锁和直接参与管理。这种均衡投资组合是集团
的主要资产和财富。集团规模根据房间数量分类，其管理和特许经营的数量
占 43.32％，租赁合同的有 33.61％，自己拥有的占 23.07％。雅高酒店集团
网络扩张的最显著特点是其创新和创造新酒店概念的能力。作为酒店基础的
诺富特在 1967 年把连锁酒店的概念引进了法国，宜必思和弗幕勒 1（分别建
于 1974 年和 1985 年）也使欧洲酒店业发生了彻底的变化。雅高通过适当管
理，有机发展和有目的的收购成功地发展了酒店资产。

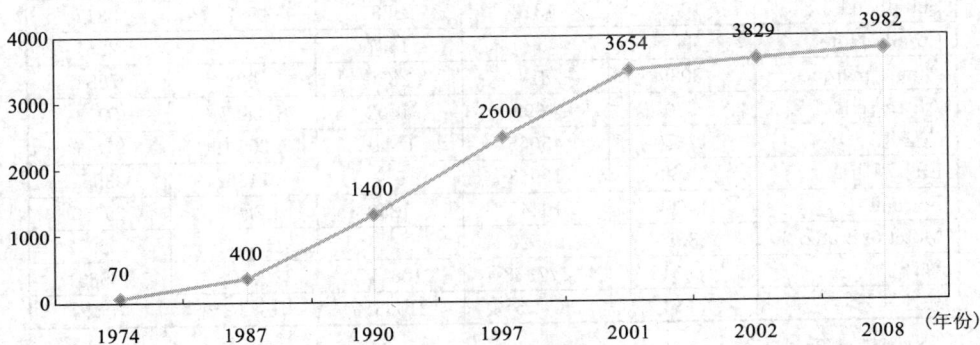

图 5－6　雅高集团历年发展酒店数

表 5—4　雅高集团酒店数量以商标和类型分类表（2009 年）

	所有权	租赁	管理	特许	总计
索菲特	17	16	87	6	126
Pullman	10	14	13	3	40
诺富特	68	175	103	46	392
美居	68	183	206	240	697
ADAGIO	1	3	19	1	24
Suite hotel	8	9	3	6	26
Coralia Hotel	1	0	7		8
Auters marques	18	6	17	6	47
All seasons	3	13	9	35	60
宜必思	128	348	79	276	831
Etap 酒店	66	134	5	194	399
Formule 1	201	104	11	45	361
Motel 6/Studio 6	341	350		329	1020
总计	930	1355	559	1187	4031

资料来源：http/ww. accor. com

表 5—5　雅高集团客房数量以商标和类型分类表（2009 年）

	所有权	租赁	管理	特许	总计
索菲特	2779	2678	23035	1965	30907
Pullman	2687	3388	4190	623	10888
诺富特	11615	30549	22766	5963	70893
美居	7961	27895	30568	20121	86545
ADAGIO	96	313	2744	111	3264
Suite hotel	1085	1312	378	542	3317
Coralia Hotel	444		1837		2281
Auters marques	3089	813	2860	822	7584
All seasons	330	1399	1402	2822	5953
宜必思	17270	45665	14410	20501	97846
Etap 酒店	5569	12943	677	14362	33551
Formule 1	14765	10445	1250	2890	29350
Motel 6/Studio 6	38623	39528		24801	102952
总计	106313	177378	106117	95523	485331
总计（%）	21. 91%	36. 55%	21086%	19. 68%	100%

资料来源：http：//www. accor. com

希尔顿集团 1967 年在伦敦股票市场上市的最初市值不足 100 万英镑，而如今公司已经是伦敦股票市场中最大的公司之一，也是 FTSE100 指数的股票之一。公司目前的市值约 25 亿英镑，营业额约 55 亿英镑。集团在世界各地拥有员工 77000 多人。希尔顿集团最大的分公司是希尔顿国际公司，它在世界上 70 多个国家拥有 380 多家酒店。1987 年希尔顿国际公司被集团以 10.7 亿美元的价格收购时，拥有和管理着 92 家酒店。1997 年集团品牌第一次重组。1999 年集团完成了对思达克斯公司的收购。2001 年集团宣布出价收购斯堪地克 AB 酒店，这宗交易的完成使希尔顿集团经营的酒店达到了 379 家。这次收购表明希尔顿集团在欧洲全职服务酒店中取得主导地位的战略上又迈出重要一步。希尔顿集团目前在全球各个地区所拥有、管理以及特许加盟的酒店、度假村等将近 3400 个，横跨全球 79 个国家和地区。公司 2008 年的总资产为 368156 万英镑，总收入为 1833301 万英镑。2009 年，全球领先的希尔顿集团（Hilton Hotels Corapration）正式启用新的名称和标识（Hilton Worldwide），Worldwide 代表公司的全球影响力。

二、市场定位

一提起世界著名酒店集团，给人的感觉总是富丽堂皇，高贵典雅，大多属于五星级的豪华酒店，但实际情况并不完全是这样，这涉及一个酒店集团在市场营销上的认识和定位问题。

在当今世界酒店业竞争日益激烈的环境下，每个酒店集团不会只盯着酒店业高档市场份额的争夺。它们会在具体考察的基础上，针对自己集团面临的形势，分别在高中低档消费市场做出营销策略，以与其他酒店集团共同瓜分酒店业消费市场，最终使自己酒店集团的利润最大化。

比如，雅高酒店集团在高、中、低档市场上，酒店数量的比例如图所示，其所有 90 个国家的 48 万多间客房中，高档酒店占 9%，中档酒店占 36%，低档酒店的份额为 55%。喜达屋集团是注重提供豪华高档酒店服务的品牌酒店，从其资产组合图可以看出，集团的低档酒店极少，其中高档酒店占绝大部分，达到了 89%，中档酒店份额为 11%。

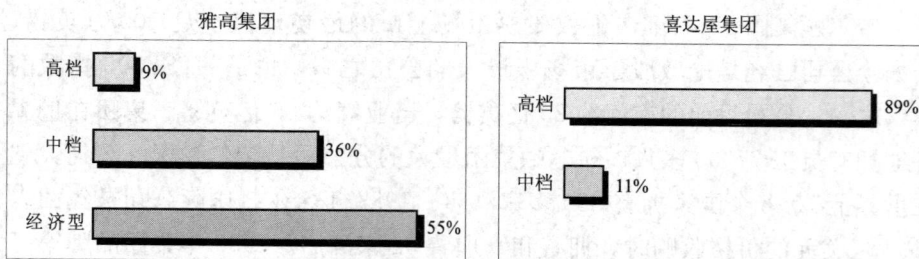

雅高集团　　　　　　　　　　　喜达屋集团

资料来源：http：//www.accor.com　　　　资料来源：http：//www.starwood.com

图5-8　雅高集团和喜达屋集团的酒店分布比较

三、主要指标

指标统计对于及时了解本酒店集团财务状况和经营情况有很好的帮助。选择合适的统计指标，能使管理者更加清晰、准确、及时地了解当前的经营情况，方便其做出决策。这里列举几个比较简单而重要的酒店经营统计指标分析，包括酒店集团的平均房价（ADR），平均入住率，平均每间可供出租客房的收入（RevPAR）等。

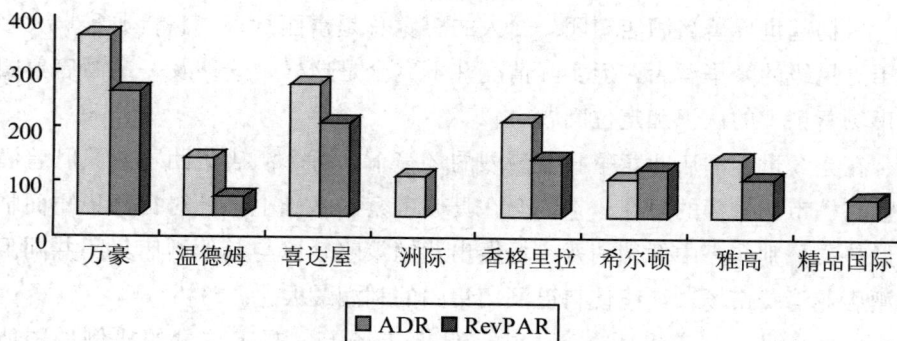

图5-9　2008年各酒店集团平均房价及收益比较（美元）

一个酒店集团的平均房价指标（ADR）反映了酒店的经营质量。通过各大酒店集团平均房价对比（图5-9），排在第一位的是万豪酒店集团，其平均房价达到326.63美元。喜达屋集团的平均房价也达到了237.45美元，排在后面的依次是香格里拉、雅高和温德姆。

　　分析以上数据，我们发现，虽然美国的温德姆集团拥有庞大的资产和客房数，但其平均房价卖得却不高。而如万豪集团，虽然集团规模相对温德姆较小，但房价却不低。这能反映出其一定的经营质量，但是我们还应该考虑到这里面可能存在的其他因素，这就牵扯到我们上面所提到的酒店集团市场定位问题。也就是说，并不是所有的国际酒店集团都侧重在高档消费市场上竞争，它们会各有侧重，共同瓜分各个层次的消费市场。所以不一样的经营策略也会在平均房价上有所反映。温德姆集团的房价显示其主攻方向有可能是中低档消费市场，而跟其市场经营策略相近的还有雅高。与之相对应的几个酒店集团则有可能把主要精力放在了中高档市场。所以看出，平均房价这个指标在反映酒店经营质量上还是有一定偏差的。

　　与平均房价相对应的一个统计指标是平均入住率，它也能很直观地显示酒店集团经营活动的情况。图5—10列出了部分酒店集团的平均入住率对比。

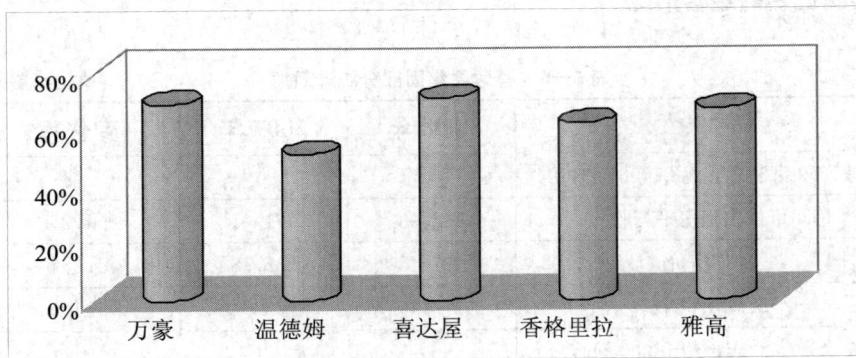

图5—10　2008年部分酒店集团平均入住率对比

　　分析数据发现，大多数酒店集团的平均入住率都保持在60%—70%。它们是喜达屋71.1%，万豪集团69.2%，雅高集团66.93%，香格里拉62%。我们也可以看到，在平均入住率方面，温德姆集团做得并不是很出色，其平均入住率不高，仅为51.4%。这就说明其很多客房在平时都处于闲置状态，而未能出售的客房无法存储留待以后销售，使其集团经营风险加大。

　　平均每间可供出租客房的收入（RevPAR）指标，是管理者和决策者经常使用的一个指标，因为它把前面两个指标即平均房价和平均入住率指标联合起来使用，使其数据更能真实地反映实际情况，以利于做出决策。平均每间可供出租客房的收入指标的计算方法：

RevPAR＝客房收入／可供出租客房数＝平均房价×平均入住率

万豪平均每间可供出租客房的收入达到了 225.87 美元，这归功于其高达 326.63 美元的平均房价和 69.2％的平均入住率；平均每间可供出租客房收入较高的有喜达屋集团的 168.93 美元和香格里拉的 106 美元。由于平均房价不高，加之相对较低的平均入住率，使温德姆的平均每间可供出租客房收入仅为 64.37 美元。

以酒店集团为例，表 5—6 反映了喜达屋集团在 2007－2008 年自营、租赁和合资酒店的 RevPAR、平均房价、平均出租率变化情况。其他表格分别从酒店集团品牌分类和集团地域分类等对各个指标进行了比照，从而反映出各集团近期的经营情况。

表 5—6　喜达屋集团部分统计数据　　　　　　　　（单位：美元）

	2008 年	2007 年	变化率
全球（59 家酒店，约 21000 间客房）			
每间可供出租房平均收入	168.93	171.01	−1.2％
平均房价	237.45	235.18	1.0％
年均出租率	71.1％	72.7％	−1.6
北美（31 家酒店，约 13000 间客房）			
每间可供出租房平均收入	178.14	181.68	−1.9％
平均房价	241.26	242.07	−0.3％
年均出租率	73.8％	75.1％	−1.3
其他（28 家酒店，约 8000 间客房）			
每间可供出租房平均收入	154.62	154.40	0.1％
平均房价	230.91	223.54	3.3％
年均出租率	67.0％	69.1％	−2.1

资料来源：http：//www.starwood.com 2008 annual report

表 5－7　万豪各酒店品牌北美经营数据比照　　　　（单位：美元）

	2008 年	较 2007 年变化率
万豪酒店及度假村		
入住率	68.0%	−2.5%
平均房价	163.37	1.4%
RevPAR	111.02	−2.2%
丽兹·卡尔顿酒店及度假村		
入住率	68.6%	−2.3%
平均房价	335.52	−0.4%
RevPAR	230.13	−4.7%
住宅客栈酒店及度假村		
入住率	75.4%	−2.0%
平均房价	125.62	1.5%
RevPAR	94.70	1.1%
庭院酒店		
入住率	68.3%	−2.7%
平均房价	126.01	0.4%
RevPAR	86.07	−3.4%
春山套房		
入住率	68.8%	−3.2%
平均房价	108.78	0.9%
RevPAR	74.85	−3.6%
住宅客栈		
入住率	75.4%	−2.0%
平均房价	125.62	1.5%
RevPAR	94.71	−1.1%
城镇套房		
入住率	69.4%	−3.4%
平均房价	89.22	1.3%
RevPAR	61.88	−3.4%

资料来源：http://www.marriott.com

四、经营业绩

综合各酒店集团规模，平均房价，平均入住率，以及每间可供出租客房收入等指标数据，就可以反映出其在一定时期的经营业绩。

从图 5—11 和图 5—12 可以看出，总收入方面，依据从高到低的顺序依次为万豪集团、雅高集团、喜达屋集团、温德姆集团、洲际酒店集团、香格里拉集团、精选国际酒店集团等。而在净收入上，温德姆集团高达 10.74 亿美元，排在第一位；雅高集团净收入也达到了 9.195 亿美元；然后是香格里拉集团的 8.02 亿美元；洲际集团的 6.11 亿美元等。

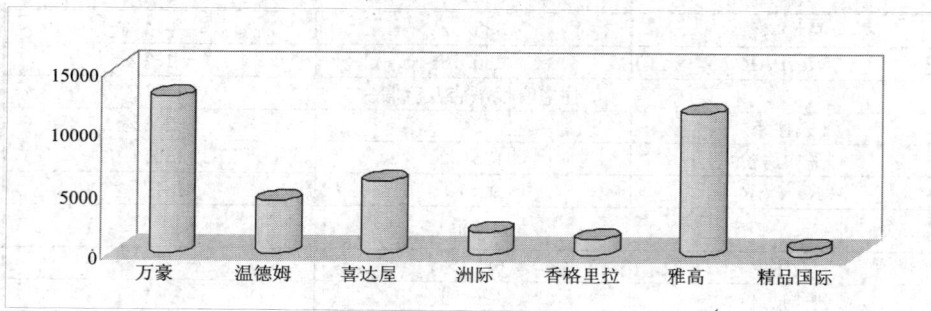

图 5—11　2008 年部分酒店集团总收入对照（百万美元）

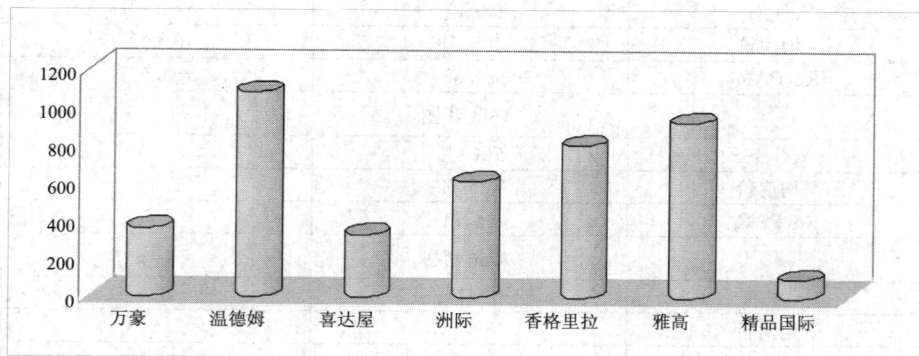

图 5—12　2008 年部分酒店集团净收入对照（百万美元）

在金融风暴的影响下，全球十大酒店集团如果按市值排名，呈现在我们眼前的又是另一番景象。2009 年 4 月 21 日巴黎股市收盘后，各大酒店集团的市值排名为雅高、万豪、喜达屋、洲际。传统排名第四的法国雅高集团为

63.76 亿欧元（折合 82.87 亿美元）；美国万豪酒店集团 66 亿美元；传统排名第一的洲际酒店市值仅 26.25 亿美元，排名在喜达屋酒店之后。万豪酒店集团市值缩水超过 60%；洲际股价 9.19 美元，较 2007 年股价最高时跌了 64.2%；温德姆酒店集团市值从 2007 年的 67.7 亿美元缩至目前的 14.7 亿美元，缩水 78%。由此可见，受世界经济波动的影响，酒店业将面临重新洗牌，原有的经营方式、投资模式在新的经济环境下显得格格不入。我们不禁问道：为何以拥有大批超五星、白金五星级酒店的洲际、万豪、喜达屋等国际知名高端酒店集团敌不过以经济型酒店为主打的雅高。

　　首先从区域来说，受金融危机影响最大的是美国，美国酒店受影响程度自然最大。十大酒店集团中，除雅高，其余全是美国的酒店集团。在美国经济衰退的背景下，美国酒店的前景自然不容乐观。暗淡的前景令美国酒店成为市值缩水最惨重的地区。按照传统酒店规模排名第一位的洲际酒店集团，如今股价仅为 9.19 美元，较前年股价最高时跌了 64.2%。2008 年排名第二名的温德姆酒店集团贬值最惨，市值从前年的 67.7 亿美元缩至目前的 14.7 亿美元，缩水幅度高达 78%。万豪酒店集团略微好些，但市值缩水也超过了 60%。

　　第二个原因是市场定位。希尔顿、万豪和喜达屋是国际公认的高端酒店集团，旗下白金五星级酒店比比皆是，而雅高最高端的索菲特酒店在法国也就相当于国内的四星级评级，数量在集团内还特别少。自从次贷危机后，全球酒店市场商务客源需求下滑，特别是五星级酒店受到的冲击最为明显。而雅高则将主营业务集中在欧洲经济型酒店业务上，因此雅高形成了以经济酒店见长，覆盖各个酒店层级的集团模式。恰恰是这种比较合理的酒店结构，得以让雅高避免了直接感受金融危机带来的刺骨寒风。

　　另外，稳妥的经营方式也使雅高在金融风暴中得到保全。雅高集团的酒店经营多以租赁管理和带资管理为主，两者比重分别为 21.8% 和 46.5%，而委托管理和特许经营的比例合计仅为 31.7%。而在万豪与洲际酒店，情况恰恰相反。委托管理和特许经营是两家酒店集团最重要的经营方式，所占比重均高达 95% 以上，而租赁管理与带资管理则不足 5%。如此结构在市场景气度高时，万豪和洲际都能扩张得很快，业绩也很好，但是一旦市场不景气，业绩的下挫也是最快的。雅高的不动产比较多，且多集中在欧洲、亚太等地，不动产相对保值，因此它们受冲击相对较小，境况比万豪等好。

五、财务细分

通过各酒店集团营业总收入和营业净收入等的横向比较，大体了解了它们的经营业绩和相互对比。下面是其中一些代表性酒店集团的具体财务状况分析。

对于温德姆酒店集团财务状况，这里主要介绍集团总的经营情况。温德姆集团是目前世界上资产最多的酒店集团之一，除了经营酒店业，在房地产，交通租赁，金融服务等方面也有介入。温德姆集团 2008 年年报显示，集团当年营业收入、净收入、每股摊薄收益均出现历年来罕见的亏损。的确，作为金融风暴发源地美国本土规模最大，最具代表性的酒店和度假村集团，温德姆遭受的冲击不容小觑。如何使集团走出困境并扭亏为盈必将成为其今后的关注焦点。

表 5—8 温德姆集团普通股股价变化情况

	第一季度		第二季度		第三季度		第四季度	
	高	低	高	低	高	低	高	低
2008 年	24.94	19.25	24.21	17.91	20.55	14.88	15.29	2.98
2007 年	35.48	29.95	38.04	34.40	38.69	28.32	33.46	23.56

表 5—9 温德姆集团部分财务状况明细

	2008 年	2007 年	2006 年	2005 年	2004 年
总收入	4281	4360	3842	3471	3014
营业收入（亏损）	(830)	710	577	620	600
净收入（亏损）	(1074)	403	352	431	349
每股摊薄收益（亏损）	(6.05)	2.20	1.44	2.15	1.74
总资产	9573	10459	9520	9167	8343
客房日平均收入（美元）	35.74	36.48	34.95	31.00	27.55

表 5—10 借助雅高集团区域和业务分类，对 2008 年各项数据进行了整理，并且把相关数据与前两年进行了对比。截至 2008 年 12 月 31 日，集团联合销售收入合计为 77.39 亿欧元，相比 2007 年 12 月 31 日的 8121 百万欧元下降了 3.82 亿欧元（－4.7%）。具体明细为：集团抵债增加 0.66 亿欧元，上升了 4.8%；业务发展增加 0.88 亿欧元，上升了 6.3%；现金影响

减少 0. 37 亿百万欧元，下降了 2.7% 等。表 5—11 和表 5—12 具体比较了近两年区域和业务销售变化。

表 5—10　雅高集团借助区域及活动联合销售明细表

	法国	欧洲（除去法国）	北美	拉丁美洲及加勒比	其他国家	世界范围机构	2008年	2007年	2006年
酒店	2006	2348	669	228	488	28	5767	5827	5410
商业娱乐	1296	1567	69	129	359	28	3448	3323	2927
经济型	710	781		99	129		1719	1663	1492
经济型 US			600				600	841	991
服务	200	346	14	367	49	2	978	885	760
其他活动	582	240		68	96	8	994	1409	1437
俱乐部	330				16		346	346	336
餐馆	115			68	4		187	574	575
车船服务	137	169					306	273	265
持有股份及其他		71			76	8	155	216	261
2008 总计	2788	2934	683	663	633	38	7739		
2007 总计	2754	3013	928	791	596	39		8121	
2006 总计	2591	2604	1162	718	486	46			7607

资料来源：http://www.accor.com 2008 Annual

表 5—11　雅高集团业务总收入变化表

	形式收入	抵债	百万欧元
酒店	(60)	+122	+2.1%
商业及娱乐	125	85	2. 60%
经济型	56	54	3. 20%
经济型 US	−241	−17	−2. 10%
服务	93	114	12. 90%
其他业务	−415	−8	−0. 60%
娱乐场		−15	−4. 30%
餐馆	−387	6	1. 00%
火车餐饮服务	33	9	3. 30%
持有股份及其他	−61	−8	−3. 60%
总计	(382)	+228	+2.8%

资料来源：http://www.accor.com 2008 Annual

表5-12 雅高集团区域总收入变化表

	形式收入	抵债	百万欧元
法国	+34	+63	+2.3%
欧洲（除法国）	(79)	+33	+1.1%
北美	(245)	(14)	(1.5)%
拉丁美洲	(128)	+94	+11.8%
其他国家	+37	+53	+8.9%
世界范围机构	(1)	(1)	(2.6)%
集团总计	(382)	+228	+2.8%

资料来源：http://www.accor.com 2008 Annual

雅高集团的 EBITDA 数据变化从区域和业务上分类的情况如下：2008年，EBITDA 额为 13.87 亿欧元，前一年为 13.9 亿百万欧元。与上年同期相比下降 300 万欧元，降低了 0.2%。详情如下：

抵债	+4.8%	+66
业务发展	+6.3%	+88
货币影响	-2.7%	-37
资产处置	-8.6%	-120
2008 年 EBITDA	-1.8%	-3（百万欧元）

表5-13 雅高集团借助区域及活动 EBITDA 明细表

	法国	欧洲（除去法国）	北美	拉丁美洲及加勒比海	其他国家	世界范围机构	2008年	2007年	2006年
酒店	384	341	150	16	58	-18	931	941	847
商务及休闲	228	170	20	3	26	-20	427	389	319
经济型酒店	156	171		13	32	2	374	370	332
经济型 US			130				130	182	196
服务	62	178	3	178	13	-24	410	364	297
其他活动	40	19		-5	8	-16	46	85	104
娱乐场	37				8		45	46	45
餐馆	7			3			10	33	34
火车餐饮服务	-4	13					9	15	17
持有股份及其他	—	6		-8		-16	-18	-9	8
2008 年总计	486	538	153	189	79	(58)	1387		
2007 年总计	488	538	205	172	59	(72)		1390	
2006 年总计	427	416	225	153	59	(32)			1248

资料来源：http://www.accor.com 2008 Annual

表5—14　雅高集团业务 EBITDA 详情　　　　（单位：百万欧元）

	形式上	抵债
酒店	(10)	+15
商务与休闲	+38	+10
经济型酒店	+4	+20
经济型 US	(52)	(15)
服务	+46	+61
其他业务	(39)	(10)
娱乐场	(1)	(2)
餐馆	(23)	
火车餐饮服务	(6)	(5)
持有股份及其他	(9)	(3)
集团总计	(3)	+66

资料来源：http：//www.accor.com 2008 Annual

表5—15　雅高集团地区 EBITDA 详情　　　　（单位：百万欧元）

	形式上	抵债
法国	(2)	0
欧洲（法国除外）	0	+12
北美	(52)	(12)
拉丁美洲、加勒比	+17	+31
其他国家	+20	+20
世界范围机构	+14	+15
集团总计	(3)	+66

资料来源：http：//www.accor.com 2008 Annual

对于洲际集团近两年的财务经营状况，我们从固定资产、收入和年度赢利等方面进行了比较。集团 2008 年的固定资产为 23.64 亿美元，比 2007 年的 27.92 亿美元减少了 4.28 亿美元；2008 年收入为 18.54 亿美元，比 2007 年的 17.71 亿美元增加了 7300 万美元。受经济危机影响，2008 年赢利 2.62 亿美元比 2007 年的 4.63 亿美元大幅下降，经营业绩欠佳。

表 5-16　洲际集团损益表　　　　　　　　（单位：百万美元）

	2008 年	2007 年
收入	1854	1771
销售成本	(823)	(825)
行政开支	(59)	(39)
折旧和摊销	112	116
营业利润	403	534
财政收入	12	18
财政支出	(113)	(108)
税前利润	302	444
税	(54)	(24)
年度持续经营利润	248	420
年度持续经营的亏损	14	43
年度股东应占利益	262	463

表 5-17　洲际集团现金流量表　　　　　　（单位：百万美元）

	2008 年	2007 年
年度赢利	262	463
净财务费用	101	90
所得税费用	59	30
其他特殊项目	34	56
折旧和摊销	112	116
国际收支净额	31	48
营运现金流量变动前的营业资金	693	649
运营现金流	740	605
净现金经营活动	641	465
净现金融资活动	591	663

表 5-18　洲际集团平衡表　　　　　　　　（单位：百万美元）

	2008 年	2007 年
固定资产	2364	2792
流动资产	544	710
流动负债	(1141)	(1126)
非流动性负债	(1972)	(2287)
留存收益	2624	2649
外币汇兑储备	172	233

资料来源：http：//www.ihgplc.com

喜达屋集团财务明细。下面是 2004 年至 2008 年集团财务报表的部分数据，集团总资产在近几年内有所减少，2004 年集团总资产是 122.98 亿美元，流动性较强资产净额为 38.23 亿美元；到了 2008 年，集团总资产降至 97.03 亿美元，流动资产净额为 35.02 亿美元。经营收入方面，集团在 2007 年的业绩达到近年的最高水平，为 8.58 亿美元，2008 年受经济危机影响为 6.19 亿美元，比 2004 年的 6.53 亿美元还少了 0.34 亿美元。

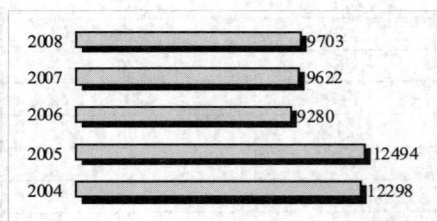

图 5—13 集团总资产变化（百万美元）

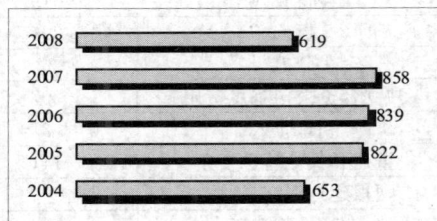

图 5—14 集团经营收入（百万美元）

资料来源：http://www.starwood.com

表 5—19 喜达屋集团经营数据财务报表 （单位：百万美元）

	2008 年	2007 年	2006 年	2005 年	2004 年
收入	5907	6153	5979	5977	5368
经营收入	619	858	839	822	653
连续经营收入（损失）	254	543	1115	423	369
每股摊薄收益	1.37	2.57	5.01	1.88	1.72
连续经营现金	646	884	500	764	578
投资现金	(172)	(215)	1402	85	(415)
财务活动现金	(243)	(712)	(2635)	(253)	(273)
分配现金总计	172	90	276	176	172
公告的每股分配现金	0.90	0.90	0.84	0.84	0.84
不包括其他管理和财务资产的收益。					

资料来源：htttp://www.starwood.com 2008Annud

表5-20　喜达屋集团资产负债表　　　　　　　（单位：百万美元）

	2008 年	2007 年	2006 年	2005 年	2004 年
总资产	9703	9622	9280	12494	12298
长期负债、活期票据、可转换票据和 B 级优先股的净额	3502	3590	1827	2926	3823

以下表格陈述系统内收入和针对 EBITDA 的经营性收入的调整			
	2008 年	2007 年	2006 年
总收入（系统内）	5907	6153	5979
经营收入	619	858	839
折旧	291	280	280
分摊	32	26	26
独立合资公司利息费用	207	147	215
利息收入	3	21	29
重建和其他特殊费用	141	53	20
阿根廷外汇交易收益	—	—	—
在建补救费用	—	—	—
EBITDA	330	733	682

（1）系统内收入包括来自于自有、租赁、联合合资和管理酒店的收入。
（2）包括独立合资公司折旧费用的公司股份。
（3）EBITDA 可以定义为利息费用、所得税费用、折旧、分摊等之前的收入。

资料来源：http：//www. starwood. com 2008Annual

万豪集团近两年内财务重点如表 5-21。另外我们从系统销售额、住宿收入、每股收入等方面比较集团近年来的数据变化。

表5-21　万豪集团财务重点

	2008 年	2007 年	2006 年	2005 年	2004 年
全系统总收入	12879	12990	11995	11129	9778
营业收入	785	1188	1087	699	575
连续经营收入，除净税额	359	697	712	543	487
摊薄每股收入	0.99	1.75	1.41	1.45	1.24

资料来源：http：//www. marriott. com 2008 annual

万豪集团系统总收入近年内呈上升态势，由 2004 年的 97.78 亿美元到 2008 年的 128.79 亿美元，尽管 2008 年较之前年没有增长，但要客观考虑到经济危机的行业环境，也保持了相当水平，降幅不大，总体来说比较平稳。从营业收入上看，2004 年为 5.75 亿美元，到了 2007 年集团的营业收入达到了 11.88 亿美元，为历史最高。2008 年来营业收入有所减少，为 7.85 亿美元。摊薄每股收入方面，2007 年达到了 1.75 美元，2008 年大幅减少，为 0.99 美元。

表 5—22　集团近年股价变化　（单位：美元）

	2004. 01. 02	2004. 12. 31	2005. 12. 30	2006. 12. 29	2007. 12. 28	2009. 01. 02
Marriott International，Inc.	100.0	137.4	147.0	210.8	151.7	90.4
S&P 500 Hotels Index	100.0	145.7	147.9	169.6	148.4	82.3
S&P 500 Index	100.0	111.2	116.7	135.1	143.5	92.6

资料来源：http：//www.marriott.com 2008 Annual

精选国际酒店集团 2004 年至 2008 年的财务数据如下。通过图表数据统计可以看出：集团总收入方面，从 2004 年到 2008 年逐年上升，达到了 6.417 亿美元。2007 年、2008 年的净收入出现波动，降为 1.113 亿美元和 1.002 亿美元。但是 2008 年集团每股摊薄收益停止下滑，继续在原基础上发展达到每股 1.60 美元。这在竞争日益加剧和金融危机的大背景下是很可贵的。

表 5—23　精选国际集团近年财务情况

截至 2008 年 12 月 31 日　（单位：百万美元，除每股收益）

	2008 年	2007 年	2006 年	2005 年	2004 年
总收入	641.7	615.5	539.9	472.1	432.4
净收入	100.2	111.3	112.8	87.6	74.3
每股稀释盈余	1.60	1.07	1.68	1.32	1.08
国内					
特许经营酒店	4716	4445	4211	4048	3834
正在发展的特许经营酒店	987	1004	860	603	460
特许经营房间	373884	354139	339441	329353	309586
合计（国内和国际）					
特许经营酒店	5827	5570	5376	5210	4977
正在发展的特许经营酒店	1108	1093	930	687	569
特许经营房间	472526	452027	437385	427056	403806

资料来源：http：//www.hotelchoice.com 2008 review

香格里拉酒店集团过去五年的财务重点数据如表5－24所示。比较近两年的数据变化发现，2008年和2007年集团在营业额和股东资金方面基本保持稳定，分别维持在12亿美元和39亿美元左右。增长比例最大的为营业额。其中，股东应占利益从2007年的3.41亿美元下降到2008年年末的1.66亿美元，跌幅达51％；每股赢利由2007年的12.76美元下降到2008年的5.76美元，下降了55％。

表5－24　香格里拉集团财务重点

	2008年	2007年	变化率	2006年	2005年	2004年
营业额	1353	1219	11％	1003	842	726
股东应占利益	166	341	－51％	202	151	114
股息	89	100	－11％	76	65	58
股东资金	3953	3882	2％	2699	2381	1978
借款净额与股东资金比率	34.5％	20.5％	－68％	41.0％	33.0％	40.2％
每股赢利（美元）	5.76	12.76	－55％	7.97	6.14	4.85
每股股息（美元）	24.00	27.00	－11％	23.00	20.00	19.00
每股资产净值（美元）	1.47	1.45	1％	1.16	1.04	0.90

资料来源：http://www.shangri—la.com 2008Annual

另外，从下面集团营业额、股东资产、每股收益曲线图分析，集团在2007年左右的业绩比较好，各方面数据如营业收入、股东拥有资金等都达到新的水平。如集团在2007年的营业收入达到12.19亿美元，比近两年的营业额还要高出不少；股东拥有资金在2007年也有38.82亿美元。2008年由于金融风暴席卷全球，酒店虽然在营业额方面有小幅增长，但股东资金、每股赢利、每股股息等均有下降，总体水平呈现疲软态势。

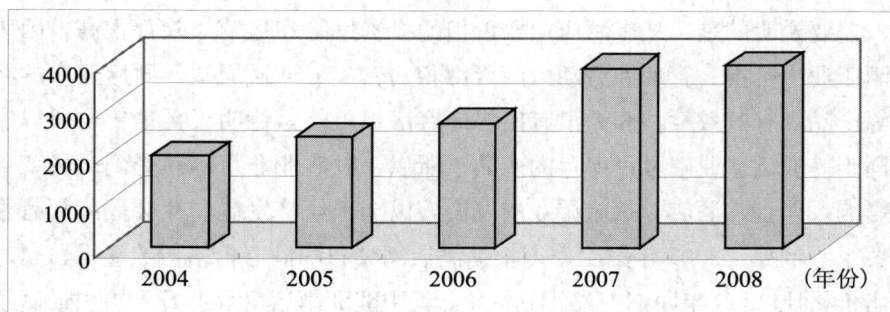

图 5—15　香格里拉酒店集团股东资产变化（百万美元）

资料来源：http：//www. shangri—La. com

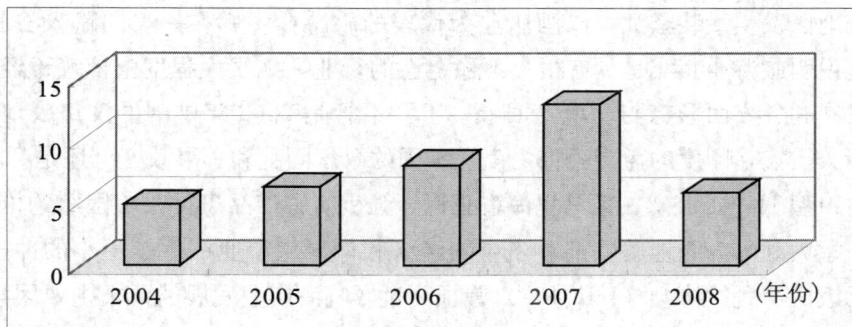

图 5—16　香格里拉酒店集团每股赢利（美元）

资料来源：http：//www. shangri—la. com

　　我们已经通过收集各大酒店集团的统计数据，侧重从财务角度认识它们的现状和近几年的发展情况。各大酒店集团都在努力抓住市场信息和顾客需求，不断地向外扩展和不停地发展自己。在 2008 年前后，无论从集团的系统销售额，经营收入，还是从集团股价市值，每股收益等方面，各大集团大都达到了效益的最高水平。但随着 2008 年美国次贷危机所引发的金融风暴席卷全球，世界旅游业进入了前所未有的萧条时期，2009 年爆发的甲型H1N1 流感疫情，又使世界经济特别是旅游业雪上加霜。作为旅游行业支柱产业的酒店业，在金融危机的冲击下可以说是损失惨重。

　　需要说明的是，从事酒店业要承担的投资风险和运营风险都很高，因为在酒店业中资本、管理和劳动力因素都相对密集。众所周知，酒店业中的客房等产品具有时效性，今天没有出售的客房不可能留待明天再销售，所以它不同于一般制造业中可以库存的产品。所以，酒店业非常容易受到市场变化的影响。而且，酒店业跟旅游业的发展，以至于经济发展和社会环境都有很大关系。例如，2007年第二季度根据酒店网公布的酒店价格指数显示，全球酒店价格比2006年同期上涨了0.8％，其中欧洲酒店房价上升到历史最高水平，当时全世界、全行业一致认为，在世界经济高速增长的大背景下，酒店业的未来发展前景一片光明。但自进入2008年以来，全球经济的泡沫式增长趋于停滞，美国次贷危机逐渐演变成全球金融风暴，世界局势动荡不安，多处地区发生武装骚乱，以酒店业为代表的旅游业仿佛在一瞬间跌入谷底。由此说明旅游业其实是具有很大不稳定性的行业，在很大程度上依赖于经济的发展和各方面形势与环境。回顾一下，不管是2008年中国的汶川大地震和特大雪灾，印度的孟买恐怖之夜，泰国的政坛骚乱和军事政变，还是2009年的甲型H1N1流感，索马里海盗猖獗，强生有毒产品事件，美国纽约枪击案，意大利6.3级地震，都对当今的经济和世界旅游业产生了不小的冲击。国际饭店与餐饮协会（IH&RA）曾预测过影响酒店业发展的几个主要因素：技术，资产，安全保障，新的管理，能力控制，社会责任，可持续发展。2008年其调查显示，安全保障被列为第一重要因素。而在2008年3月12日，Amadeus发布了一份名为《酒店业未来发展蓝图》（A blueprint for the future of the hospitality industry）的新报告，其确定了推动酒店业发展的三大主要因素：全球化、新类型的消费者以及新技术。可以看出，酒店业短期内的表现，在诸多方面存在不确定因素。但是我们也看到，随着经济全球化、一体化的发展，结合当今世界发展的大环境和主题，通过对酒店业发展的历程和现状的研究，也是可以预测出一些未来酒店业发展趋势的。

第六章

[世界著名酒店集团进入中国市场情况]

Chapter VI   International Hotel Groups Entering China

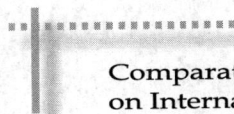

Comparative Studies
on International Hotels

　　1982 年改革开放初期，香港半岛酒店集团开始管理北京建国酒店，标志着国际酒店集团进入中国市场。20 世纪 80 年代先后进入中国酒店市场的还有喜来登、希尔顿、雅高、香格里拉、半岛、新世纪、日航、华美达、美丽华、太平洋、马里拉等酒店集团。至 1988 年，已有 26 家国际酒店集团进入中国市场，管理酒店达 62 家。其中假日 12 家，喜来登 5 家，新世纪 4 家。80 年代进入中国市场的国际酒店集团对中国大陆饭店业经营环境和赢利能力缺乏足够了解，在经营上大多带有尝试的特点，所以这一时期又被称作"试水期"。90 年代随着中国改革开放的不断深入和投资、经营环境的改善，许多国际著名酒店集团纷纷看好中国市场、积极投资或合作抢占市场份额，国际酒店集团加快了拓展中国市场的步伐。这期间万豪、凯宾斯基、喜达屋、豪生、雷迪森、海逸、文华等国际酒店集团也开始涉足中国市场，出现了"国内市场国际化"的局面。中国成为国际著名酒店集团的聚集之地。至 2002 年 3 月北京凯富酒店开业，标志着精选国际开始在中国落户，至此国际跨国酒店集团十巨头已全部登陆中国市场。自 2008 年起，世界前十位知名酒店集团在华管理酒店数量均已超过两位数。

表 6—1　2008 年国际酒店集团在华管理酒店统计

企业名称	2007 年管理饭店总数	2007 年客房总数	2008 年管理饭店总数	2008 年客房总数	客房增长率
洲际酒店集团	86	30267	117	41156	26.5%
上海豪生国际酒店集团（中国）	76	24120	91	28374	15%
喜达屋酒店与度假村国际集团	66	23831	44	17851	−33.5%
法国雅高酒店集团	61	17743	79	22439	20.9%

续表

企业名称	2007 年管理饭店总数	2007 年客房总数	2008 年管理饭店总数	2008 年客房总数	客房增长率
香格里拉股份有限公司	36	16500	39	19043	13.4%
万豪国际集团所属酒店及公寓（中国区）	34	13201	39	15325	13.9%
戴斯酒店集团	50	12312	59	12737	3.3%
贝斯特韦斯特（北京）酒店管理公司	41	10002	47	11357	11.9%
康年国际酒店集团	21	7917	23	8322	4.9%
凯悦国际酒店（北京）有限责任公司	9	6081	11	5005	−21.5%

世界著名酒店集团大都拥有强大的市场调研与开发队伍，并且积累了丰富的市场预测经验，之所以一致青睐中国大陆市场，具体分析有几点：

一、中国经济的持续高速增长给饭店业带来巨大的商机。目前，中国已经成为全球商务旅游消费的重要市场之一。早在 2002 年，中国接待的国际游客及商务人士已超过亚洲其他国家的总和。

二、中国加入 WTO 标志着国际化水平的提高，这样更有利于与国际集团合作。

三、2008 年北京举办举世瞩目的第 29 届奥运会、2010 年上海举办世博会都给旅游业带来巨大的商机。

四、中国将在 2020 年前成为世界第一大旅游目的地国家，显示了巨大的市场潜力。

五、中国政治稳定，社会安定，人民币汇率稳定，企业经营环境日趋完善。

六、中国劳动力成本相对较低，素质不断提高。

旅游业关联我国国民经济的 109 个产业、行业和 39 个部门，相关产业的发展对旅游业都有不同程度的促进作用，同时，这些产业的发展在很大程度上都得益于旅游业的发展。据世界旅游组织测算，旅游收入每增加 1 元，可带动相关行业增收 4.3 元，应该说旅游行业是拉动内需的重要环节。因此，与旅游相关的酒店行业也必将迎来更佳的发展契机。

　　金融风暴对世界和中国经济，特别是国民消费能力具有重大影响。但中国作为亚洲乃至世界上规模最大、发展势头最强劲的新兴经济体，似乎并没有像欧美国家一样被危机"一棍子打死"。相反地，中国的经济由于劳动密集型产业的支撑和新体制、新技术更深层次的普及，在世界经济的严冬中顽强地生存下来并得到发展。而社会的进步、中产小康阶层的发展壮大、居民消费观念的改变以及福利制度的实施将全民旅游时代由梦想逐渐变为现实。世界旅游组织预测 2009 年世界旅游总需求疲软，而中国在 2009 年第一季度国内旅游收入就增长 9.4%，出境游同比增长 4.9%。相对于欧美旅游业、酒店业在金融危机打击下的一蹶不振，中国潜在市场的巨大诱惑让外资酒店集团将眼光纷纷投向中国。值得注意的是，除了东部沿海及华南等相对发达的地区，国际酒店管理巨头们还把触角伸向了拥有巨大发展潜力的内陆城市。

　　面对当前这种形势，中国自己的酒店业又该如何应对和接受挑战，将是我们需要好好研究的问题。世界著名酒店集团的进入对中国本土酒店在经营上形成了一定的冲击，但在客观上却加快了我国酒店经营管理水平的提高，缩短了我国饭店业与国际水平的差距，使我国饭店业发生了质的飞跃，成为开放最早、市场化程度最高、最先与国际接轨的行业之一。正如中国旅游饭店业协会前会长倪海岩所说："外国管理公司的介入，使中国酒店行业迅速从原来招待所概念的管理上升到国际酒店管理模式上去。"世界著名酒店集团进入中国大陆并不仅仅是一个资本的渗透与扩张，更重要的是管理方法、经营理念、企业文化的传播，这些酒店集团大都有着几十年的经营历史。积累了许多成功的经验和失败的教训。中国持续快速的经济增长、旅游业的不断发展以及巨大的市场潜力吸引了这些著名酒店集团的目光，纷纷抢滩中国大陆。著名酒店集团进入中国大陆也是两种文化与理念的结合，就如同国内的酒店集团具有自身特有的优势一样，著名酒店集团在这一过程中有其优势同时也有其薄弱之处。以下对世界著名酒店集团进入中国大陆情况的介绍与比较希望能给大家一些启示。

第一节　抢滩中国大陆

1978年，党的十一届三中全会通过了"对外开放，对内搞活"的战略方针。伴随着改革的春风，外国酒店集团开始进入中国大陆，1982年4月28日，北京建国饭店开业，并聘请香港半岛管理集团进行管理，标志着国际酒店集团开始进入中国市场。在北京建国酒店成功经营两年后，为进一步改变我国饭店业当时落后的酒店管理状态，推动我国饭店业的改革开放，1984年7月国家旅游局向国务院提交了《关于推广北京建国酒店经营管理方法有关事项的请示》报告。当月国务院就批转了国家旅游局的报告，同意在全国选择50家酒店作为试点，推广北京建国酒店的现代化管理方法，并指出：这是我国酒店管理的一项重大改革。从此，中国开始抛弃原有的酒店宾馆计划经济的成本中心事业型传统运作模式，转向市场经济的利润中心的企业型运作。这一局面为进一步引进外国先进的现代酒店管理制度创造了良好的政策环境。随着饭店业的对外放开，已经有着几十年甚至上百年发展历程的外国酒店集团开始进入中国，给这个有着五千年历史文明的东方国度带来了世界上最先进的服务理念和"集团化"这一先进的战略组织模式。

时至今日，外资酒店已经从当年的"雨后春笋"变成了今天的"百花齐放，百家争鸣"，从1984年起，国际酒店管理集团在中国管理酒店的增长速度有快有慢，但整体发展的趋势是逐年稳步增长。到2008年，酒店数量和客房间数的年平均增长率分别为20%和17%，高于亚洲13%的增长速度。

抚今追昔，外资酒店集团当年进入中国的每一步也是充满艰辛和彷徨的。让我们再一次翻开历史的记忆，去看一下这些世界著名酒店集团在初入中国时的每一步，以便从中有所借鉴。

一、进入中国大陆的旗舰酒店

1983年12月：北京长城饭店开业。（1985年3月委托美国喜来登酒店管理集团管理）

1984 年 2 月：由假日酒店管理集团管理的北京丽都假日酒店（1986 年正式命名为北京丽都假日酒店）开业，标志着国际酒店集团开始进入中国市场。

1984 年：香格里拉酒店集团带资改建杭州酒店。

1985 年：雅高国际通过管理北京松鹤酒店开始进入中国大陆市场。

1985 年：喜来登开始管理北京的长城饭店。

1986 年：凯悦酒店管理集团首先在天津经营管理拥有 452 间客房的豪华酒店——天津凯悦。

1988 年：静安希尔顿酒店由香港信谊和希尔顿酒店集团共同在沪投资兴建，是上海首家五星级外资酒店，香港信谊持股 90％，希尔顿集团持股 10％，信谊委托希尔顿集团全权管理该酒店。

1990 年：北京凯宾斯基饭店开业，是其步入中国的第一站。

1992 年：卡尔森在北京建立了丽笙 SAS 酒店，宣布正式涉足中国市场。

1997 年：万豪国际酒店集团通过兼并新世界酒店集团正式进入中国市场。

2002 年：中国大陆第一家四季酒店——上海四季酒店试营业。

2002 年：美国精选国际集团正式进入中国，北京凯富酒店是其在中国设立的第一家连锁酒店。

2005 年：悦榕庄酒店及度假村进入中国市场，在云南成立丽江悦榕庄。

二、著名酒店集团的试水期

截至 1990 年，国际酒店集团在中国大陆的布局已见雏形。中国有句俗话"万事开头难"，综观这些世界著名酒店集团踏入中国的脚步，其间不乏成功的喜悦和受挫的艰辛。这些酒店中，20 世纪 80 年代中后期进入中国的酒店集团占绝大部分。我们可以看到，在当时的世界饭店业，各大集团在拓展新的利润增长点和开发中国这一饭店业"处女地"的驱使下开始争夺中国大陆市场。在进入中国市场的初期，各大集团并没有盲目强进，而是待中国政策稳定、经济发展有所成效之后才开始小规模的"试水"，表明它们对中国大陆的市场还是保持"谨慎乐观"的态度。虽然各酒店集团在进入中国之前无不经过了细致的市场考察和分析，但进入初期还是遇到了很多困难。

1993 年之前，外资酒店还是处于对新市场环境的适应和培育阶段，主要表现在三个方面：

1. 对中国当时的经济制度和企业内部体制认识不清，当时的中国刚从计划经济转变为社会主义市场经济，在思想意识方面，对西方资本主义制度下产生的管理模式持怀疑的态度不敢主动接受。而社会主义市场经济这一新生事物对于外方也是充满了神秘感。在这种情况下也就很难做到"将相和"。

2. 以上的酒店集团大多采用委托管理的方式进入中国大陆，试图让中国大陆成为其低成本扩张的又一市场。从其自身利益考虑主要是为了回避风险，尽早占据大陆的饭店业市场份额。但以这种形式，在当时的市场上运作就很容易因所有权归属以及思想意识和行为方式上的差异给管理带来困难。

3. 对中国大陆当时的市场消费能力的预期与现实有所偏差。当时中国饭店业市场的消费主体是在华的外籍投资者和企业招待。这些顾客对于酒店的档次要求较高，所以高端酒店市场在资源相对匮乏的情况下经营比较顺利。而 80 年代中期中国的人均国民生产总值较低，国内旅游根本无法开展，虽然人口众多但是真正有中档酒店消费能力的人数却寥寥无几。这种情况就造成了中国饭店业在高端和低端市场之间形成断档，而这一市场又是酒店投资者的"鸡肋"。

（一）万豪对中国市场的考察

综观世界著名酒店集团在进入中国时的历程，无不经历了细致的考察并为此花费了相当的精力和财力，为其进入后的投资经营打下了良好的基础。万豪国际集团在 1994 年至 1995 年，组成由多数华裔参加的中国市场调查小组，历经广泛、详细、周密的调查分析与推断，形成了上百页的中国市场对策报告，并形成了进入中国市场的初步计划。他们发现中国饭店业存在的普遍现象，即虽然有着良好的基础，但发展到一定阶段后，就很难进一步拓展，有的甚至出现了滞后的状况。虽然在 20 世纪 80 年代初期，不断有国际化的酒店管理公司进驻中国市场，但大量地聘用外籍人员却给企业带来了沉重的经济负担。

（二）凯悦和雅高的尝试与探索

首先，改革开放之初，中国人刚与外国人接触，在信任感上有所缺乏。凯悦集团经历的两次短暂的试探，最终因为和业主的沟通不畅，而变得非常尴尬。委托专业酒店管理集团经营这种方式，国内的业主也有些不习惯。往往提出"我出钱，你来管，赚我的钱还不能干涉你算怎么回事"的疑问。

其次，当时中国饭店业刚刚起步，所以当时的业主代表大多也不专业，从而造成许多误解。凯悦集团在考察中还遇到"要求总经理一定要派外国人，因为没有一个外国人在那里充场面，就不像一个国际酒店"的情况。

最后，对中国当时消费能力的考虑有所局限。例如，雅高集团首先将其国际三星级商务品牌"诺富特"原版"拷贝"进中国 2 家（相当于国内的四星级）。那时有消费能力的人会首选五星级的酒店，而国际三星级酒店离大部分中国人的生活还是太遥远。虽然 20 世纪 90 年代初，雅高将其五星级品牌"索菲特"引入中国市场，但先入为主的"诺富特"三星级形象却对其形成一定的局限。

（三）香格里拉独特的进入方式

在世界著名酒店集团进入中国市场的方式上，大多选择合同管理或委托经营的方式，以减少风险。但是在投资学上公认的"风险收益正相关"规律认为，只有敢于冒风险才会有较大收益。香格里拉集团就是第一个在国内吃"带资管理"这只螃蟹的酒店集团。这一经营形式的确定，为香格里拉集团今后在大陆的迅速发展奠定了良好的基础。香格里拉酒店集团拥有杭州香格里拉 45％的股权，也正式开始了在大陆的带资管理。

各集团在投资项目的选择上也是颇费苦心的。其中香格里拉酒店集团的投资选择较有特色，香格里拉酒店集团 1984 年改建的杭州酒店是 1956 年建成的老酒店，曾经是当年毛泽东主席到访杭州时下榻的酒店。他们选择的合作伙伴是浙江省旅游局（现在的浙江旅游集团公司）。在进入中国市场时香格里拉在地区的选择上选择了杭州这一毗邻上海的旅游胜地，先占尽了天时地利又避免了在北京、上海等大城市"群雄逐鹿"的竞争局面。然后，在选择了当地较有名气的杭州酒店并改建，这样酒店集团在对该酒店的管理上就掌握了较大的主动权，而且借助酒店曾经有国家领袖居住的独特背景，为以后酒店在国内的经营建立了很好的本地环境。并将大陆市场单独设立为中国区，负责投资酒店运营及管理、写字楼与酒店式公寓物业租赁等。

三、对中国酒店集团的启示

中国改革开放初期，饭店业中合资酒店的建设，不仅在于引进了外资，更重要的是在当时的历史条件下，引进了市场经济的观念，促进了我国饭店业在管理模式上与国际接轨，推动了我国旅游酒店的改革。经过多年的发展，中国酒店经过与外国酒店的竞争自身也不断发展壮大，也形成了许多自己的酒店集团并且也走上了集团化发展的道路，也有了资本的扩张和联合，通过对这些酒店集团的介绍我们可以总结出以下几点：

1. 市场考察和分析是投资决策的基础。以上的酒店集团在进入中国时都进行了细致的市场调查和分析，这些酒店集团的品牌在国外大多享有盛名但在进入中国市场时仍是十分慎重的，目的就是要树立起良好的品牌形象。

2. 采取多样化的合作与经营方式。这些酒店集团除香格里拉外，在进入中国市场初期大多采取管理合同、品牌输出的经营模式，这些模式的确定也是建立在对中国市场的调查基础之上的。

3. 对所要投资的企业所处的环境作细致的分析，这其中包括：

（1）政治及法律法规环境。包括政治制度、体制、政治形式、方针政策、法律法规等方面。在以上世界著名酒店集团进入中国的过程中，绝大多数集团是在我国作出大力引进中外合资酒店先进管理模式的决定之后才顺势进入中国大陆市场的。

（2）经济环境。这也是企业在经营和发展中所面临的最基本、最重要的因素。这其中包括，整个国民经济的发展情况；产业结构的构成与发展情况；国民生产总值（GNP）与国内生产总值（GDP）的情况；以及经济基础设施情况。

（3）文化环境。包括所处国家的教育水平、风俗、传统、民族特征等。

第二节　世界著名酒店集团中国市场经营战略

美国哈佛商学院教授安德鲁斯（K. Andrews）认为，企业总体战略是一种决策模式，决定和揭示企业经营的目标和目的，提出实现其目的的重大方针与计划，确定企业应该从事的经营业务，明确企业的经济类型与人文组织类型，以及决定企业应对员工、顾客和社会作出的经济与非经济的贡献。美国著名战略学家安索夫（H. I. Ansoff）将企业战略分为企业总体战略与企业经营战略。世界著名酒店集团对中国大陆市场进入以及今后的规划就涉及企业的发展战略，这其中包括企业对其所处的环境分析和企业内部条件分析，以及在此基础上对企业的主要目标、经营方向、经营对策所作出的长远的、系统的和全局的谋划。

20 世纪 80 年代初，国际酒店集团初涉中国开拓市场，使香格里拉能够以"高投入，高回报"树立品牌；90 年代，各路国际酒店集团龙争虎斗，万豪正是通过"细分市场，各个击破"的多品牌战略迅速提高市场份额；2000年以后，中国不同档次饭店业市场的成熟，让雅高敢于引入"高品质、低利润"的国际经济型酒店模式，决心以"薄利多销"笑到最后。被称作国际酒店集团联手在中国谱写的"三部曲"。

一、近年来中国旅游经济运行情况

2002 年以来，全球旅游业继续快速增长。从总人数来看，2007 年，全年接待的国际过夜游客首次突破 9 亿人次，达到 9.03 亿人次，比 2006 年增长 6.6%，增速比上一年提高 1.1 个百分点。从收入来看，根据各个国家和地区的汇总数据，全年实现国际旅游收入 8560 亿美元，比 2006 年增加 1140亿美元，同比增长 15.4%。

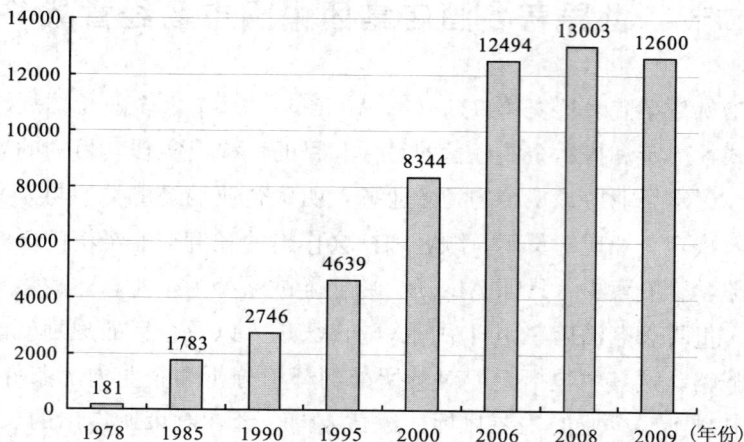

图 6—1 1978—2009 年我国入境旅游人数（万人次）

资料来源：国家旅游局

2008 年，中国接待外国游客的情况见表 6—2，主要表现出四个特征：

其一，主要客源市场下滑面扩大，下降速度加快。上半年，中国入境旅游的 16 大客源市场中，只有两国出现下降；前 7 个月，有 7 个国家出现了下降；到 8 月，下降客源国到了 12 个，而截止到年底，除两个国家以外，其余 14 国全部出现下降。此外，主要客源市场的下降速度也随着金融危机的不断加深而普遍加快。

其二，韩国、日本两大领头市场深度下滑。韩国、日本两大客源市场约占外国客源市场的三分之一，其波动变化对中国的入境旅游举足轻重。进入 3 月以来，这两大市场一路下滑，直接导致了外国客源市场的整体低迷。

其三，远程客源市场全线下滑。最近几年，欧美等远程客源市场基本保持着两位数以上的增长幅度，充分体现了中国在国际旅游市场上的吸引力在不断增强，但进入下半年以来，这些远程市场持续走低，进一步加剧了外国客源市场的严峻形势。

其四，令人稍感欣慰的是，在极端不利的环境中，由于有边境购物游等因素的支持，俄罗斯和蒙古两大近邻市场全年依然保持了小幅增长，这为整体低迷的外国人市场补充了难能可贵的增长能量。但令人担心的是，两大市场在 12 月也出现了大幅下滑，这为今后的发展蒙上了一层阴影。

表 6—2 2008 年入境游客主要客源市场情况

按 1—12 月入境旅游人数排序	国家名称	12 月份		1—12 月累计	
		入境人数（万人）	同比增长（%）	入境人数（万人）	同比增长（%）
1	韩　国	21.80	−39.13	396.04	−17.09
2	日　本	26.75	−15.86	344.61	−13.36
3	俄罗斯	18.31	−29.03	312.34	3.98
4	美　国	11.88	−12.52	178.64	−6.04
5	马来西亚	12.51	−6.07	104.05	−2.02
6	新加坡	10.26	−6.70	87.58	−5.01
7	菲律宾	5.75	−27.34	79.53	−4.53
8	蒙　古	4.76	−20.30	70.53	3.42
9	澳大利亚	5.11	−13.60	57.15	−5.90
10	泰　国	4.97	−17.75	55.43	−9.38
11	英　国	3.49	−15.91	55.15	−8.85
12	加拿大	4.22	−18.67	53.47	−7.36
13	德　国	3.21	−5.68	52.89	−4.99
14	印　度	2.98	−20.18	43.66	−5.58
15	法　国	2.67	−12.23	43.00	−7.21
16	印度尼西亚	3.74	−26.50	42.63	−10.66

根据国家旅游局发布的旅游经济运行报告，2009 年中国旅游形势如下：

全年旅游总收入约为 1.26 万亿元，比 2008 年增长 9%。

全年全球入境旅游者人数比 2008 年下跌 5% 左右。

全年国内旅游人数方面，约为 19 亿人次，比上年同期增长 11%，国内旅游收入有望突破 1 万亿元，增幅超过 15%。

城镇居民出游率和过夜游人均花费，2009 年前三季度出游率分别为 56.8%、50.6% 和 49.9%，比上年分别高出 14.6、11.2 和 8.6 个百分点。过夜游人均花费分别为 1445 元、1539 元和 1677 元，低于上年同期的 1642 元、1651 元和 1690 元。一日游人均花费分别为 306 元、279 元和 283 元。

全年入境旅游人数和外汇收入方面，人数约为 1.26 亿人次，同比下降 3%，其中过夜旅游人数约为 5050 万人次，下降 5%，外汇收入约为 390 亿美元，下降 4.5%；2009 年 1—11 月，我国入境旅游人数为 1.15 亿人次，同比下降 3%，入境过夜人数 4645 万人次，下降 4.8%，旅游外汇收入 362.3 亿美元，下降 3.9%。

全年出境旅游人数约为 4750 万人次，同比增长 3.6%，2009 年 1—11 月，我国公民出境人数 4341 万人次，同比增长 3.3%。

2009 年 1—11 月，全国住宿和餐饮业销售收入同比增长 16.9%，批发和零售业零售额增长 15.3%。

2009 年 1—11 月，民用航空旅客运输量增长 19.6%。

全年外国人入境市场降幅在 12% 左右，16 个主要客源市场中，俄罗斯、韩国、蒙古下降幅度达到两位数，其中，俄罗斯下降超过 40%，韩国下降 20% 左右，印度尼西亚、加拿大和马来西亚有望实现正增长，新加坡、印度有望持平，其余主要客源市场降幅收窄至 5% 左右。

全年香港同胞入境人数约为 7730 万人次，比上年下降 1.3%；澳门同胞入境人数约为 2270 万人次，同比下降 1%；台湾同胞入境人数超过 445 万人次，同比增长 1.5%。

全年内地居民赴港旅游人次数预计超过 1750 万人次，同比增长 3.8%；"个人游" 旅客升幅预计超过 8%，赴澳旅游人次数预计超过 1090 万人次，同比下降 6%；另据台湾方面统计，2009 年大陆居民赴台旅游 60.6 万人次（不包括因公考察交流团人数）。

二、国际酒店集团在中国市场的战略布局

（一）国际酒店集团持续关注中国市场

如果说，20 世纪 80 年代进入我国的国际酒店集团对酒店的经营环境和赢利能力缺乏了解，属于试探性拓展的话，90 年代尝到了甜头的国际酒店集团登陆中国市场的步伐明显加快，这一时期是我国旅游业蓬勃发展的阶段，同时也是国际酒店集团看好中国市场，积极提高市场份额的时期，这期间又

有万豪、最佳西方国际、天天、凯宾斯基、喜达屋、豪生、瑞迪森、海逸、罗顿、文华等数十家国际酒店集团涉足中国市场。出现了群雄逐鹿的局面，万豪集团作为世界500强跨国集团之一，是国际酒店集团中的巨无霸，虽然其1997年才进入中国市场，但他们通过实施以丽兹·卡尔顿、万豪、万丽品牌为主的全品牌发展战略，在"你如能使员工树立工作自豪感，他们就会为顾客提供出色的服务"的核心经营理念指导下，很快就打开了中国市场。截至2009年年初，该集团在中国现已开业的酒店就有39家。中国最富活力的国际酒店集团之一法国雅高酒店集团2007年一举签下62家新酒店，此外，雅高集团升级其在中国的扩张战略，向中国市场推出旗下另一高端酒店品牌铂尔曼，计划在2010年时开业或进行建造的酒店数目提升至180家以上（40000间客房）。这一目标的实现将建立在雅高集团目前在中国已经拥有的79家酒店共计22439间客房的基础上。中国已成为著名国际酒店集团的集聚地。

表6—3　2008年国际酒店集团在华管理酒店统计

企 业 名 称	2007年管理饭店总数	2007年客房总数	2008年管理饭店总数	2008年客房总数	客房增长率
洲际酒店集团	86	30267	117	41156	26.5%
上海豪生国际酒店集团（中国）	76	24120	91	28374	15%
喜达屋酒店与度假村国际集团	66	23831	44	17851	−33.5%
法国雅高酒店集团	61	17743	79	22439	20.9%
香格里拉股份有限公司	36	16500	39	19043	13.4%
万豪国际集团所属酒店及公寓（中国区）	34	13201	39	15325	13.9%
戴斯酒店集团	50	12312	59	12737	3.3%
贝斯特韦斯特（北京）酒店管理公司	41	10002	47	11357	11.9%
康年国际酒店集团	21	7917	23	8322	4.9%
凯悦国际酒店（北京）有限责任公司	9	6081	11	5005	−21.5%

（二）凯悦集团——布局高档酒店市场

1. 在品牌的引进上，凯悦集团对中国大陆的高端酒店市场充满信心，其最高级别的超五星酒店——柏悦酒店进驻中国大陆。北京柏悦酒店选址于CBD 中心，2008 年开业，上海柏悦酒店相继开业。

2. 在地区的选择上，凯悦集团在中国大陆开设的柏悦酒店地址先期考虑北京和上海等少数一线城市，主要是因为中国目前真正能够消费这么高的地区主要集中在长江三角洲、珠江三角洲、环渤海湾经济圈。凯悦只是普遍意义上的五星级酒店，从操作的标准上，凯悦与超五星级的君悦和顶级的柏悦有一定的差距。柏悦的床位只有 200 多个，比君悦一般的 450 到 600 个床位要少几百个，但柏悦的价格较高。由于柏悦酒店的品牌、消费水平等都在君悦、凯悦之上，所以更利于满足目标市场的实际需求。

（三）万豪集团——多品牌，全方位战略

1. 在沪实施全面品牌战略，引导商务酒店进军京城。万豪酒店在中国大陆的地区分布还是以北京、上海为龙头，而上海又是其进军中国大陆的主要"根据地"，已经成为万豪唯一在美国本土以外拥有万豪全部国际品牌的城市。万豪、JW 万豪、丽嘉、万丽、万怡、华美达国际已齐聚上海。万豪在北京的发展战略是以商务酒店市场为主。从中国 2001 年年底加入 WTO后，外商对华直接投资迅速增加，外资的流入同时带动了商务旅游市场的迅猛发展。作为中国的首都，北京成为商务旅游的热点。万豪正是抓住这一机遇开始占领北京的商务旅游市场。其中包括对北京金域万豪酒店进行了全面装修、位于崇文区（与东城区合并，现称为东城区）的北京新世界万怡酒店、北京万丽酒店也于 2003 年年底开业。北京华贸中心还引进万豪两大品牌——超豪华酒店丽兹·卡尔顿（2006 年 10 月落户北京）和国际五星级酒店万豪（2008 年 9 月开业）。万豪国际酒店集团致力在北京乃至中国各地扩展其酒店网络。

2. 抓住机遇进军中西部。由于对中国大陆饭店业的市场潜力预测不够，世界著名酒店集团很少涉足。万豪在 1997 年开发长江三峡之际得知重庆一家民营企业投巨资建起一家大酒店，急需专业管理。考察发现其硬件设施比上海许多一流酒店都要好，而更重要的是，万豪还预先得知重庆将变为直辖市。虽然当时中国大陆百业低迷，但万豪却看好远景，与重庆方面合作，酒店命名为重庆万豪大酒店。一年后重庆万豪酒店通过了国家旅游局五星级评定，成为重庆市首家五星级酒店。同时，还获得了美国饭店业评定的最高荣誉五星钻石奖。自此，万豪正式进军中国大陆。随后，大连万豪开张，之后是上海、武汉、南京、广州等地，万豪旗下的万豪、万怡、万丽、华美达、新世界等品牌在中国大陆迅速蔓延。目前，北京、上海、广州、三亚、重庆、沈阳、顺德、天津、无锡等地拥有万豪酒店品牌。

（四）喜达屋集团——抓住世博商机，开拓上海市场，布局二、三线商务城市

1. 从喜达屋集团在中国大陆的地区分布上看，上海市场成为该集团的投资重点。主要原因是 2010 年世博会带来的旅游资源和酒店机遇是千载难逢的；世博会为上海经济带来持续的助推，源源不断的观光客和商务客成为上海饭店业发展的两大好消息。2002 年开业的上海威斯汀大酒店，以及早期开业的瑞吉红塔大酒店，虹桥喜来登上海太平洋大酒店，上海世茂皇家艾美酒店；2006 年的上海世茂佘山艾美酒店；2007 年在上海同日开业喜达屋旗下两家新酒店——上海浦东喜来登由酒店及公寓、上海大宁富朋喜来登酒店；2008 年新建上海外滩 W 酒店等。

2. 布局"二、三线"商务城市、区域中心城市，多品牌运作挤占市场。过去 30 年中，喜达屋旗下的喜来登品牌在中国取得了长足的发展，且具有相当的规模与知名度。随着中国一线城市的逐渐饱和，接下来在中国的二、三线甚至一些四线城市将迎来新一轮发展高峰。除了北京、上海这样的一线商务城市，国内目前有相当数量经济发达、商务需求活跃的区域中心城市，如广东的中山、佛山以及浙江的温州、宁波。这些城市未来上升的空间非常大，喜达屋在二、三线城市新开酒店的发展速度更为迅速。因此，对于未来的中国市场，喜达屋表示，对于中高档品牌——富朋和精选服务品牌——雅乐轩的发展后劲比较看好。喜达屋酒店及度假村全球发展总裁西蒙·特纳（SimonTurner）表示："由于国内需求强劲，国际性酒店品牌的亲和力与日俱增，加之入境海外游客呈上升态势，我们在中国面临的商机是世界其他任何地方都难以企及的。"

（五）雅高集团——经济型酒店的推行者

　　雅高集团是中国的跨国集团中为数不多的推行经济型酒店的集团。从1985 年进入中国市场，截至 2009 年 8 月，雅高在中国已经拥有 82 家酒店，品牌覆盖高端酒店和经济型酒店，而在 2002 年时，雅高集团在中国还仅管理 20 家酒店。当年，集团将其经济品牌"宜必思"引进中国大陆，并采用自主投资方式。划定每家"宜必思"的投资额在 500 万美元左右。该品牌在中国的第一家酒店于 2003 年落户天津。"宜必思"这一品牌，在国际经济型酒店领域处于领导地位。它们在欧美澳新等地的连锁店客房平均出租率在当时维持在 85％左右。而当时中国大陆市场上没有一个国际连锁的经济型酒店。雅高正是看准了这一中国经济型酒店市场的空缺。而且入住经济型酒店的99％都是国内及地区性客源，相比之下更具弹性和灵活性。在遇到类似 1997年的金融风暴、2003 年的 SARS 疾病危机等事件时可以尽可能地减少损失。

　　雅高经过对中国国民的消费市场和消费能力、旅游能力的充分研究与分析，对中国国内目前消费能力表现出相当的信心，而且认为中国国内旅游类消费市场将整体向更好的方向发展。雅高的进入可以看做一种独特的投资选择，2002 年前后，在中国旅游市场已经建成的酒店结构来看，明显呈"两头大，中间小"，即质好价高的高星级酒店和质次价低的社会旅馆数量大，质量与价格较适中的少。这一消费断层，也给经济型酒店的发展提供了大好机遇。

　　近几年，雅高在中国的发展进入快速发展阶段，据统计，2008 年，雅高中国有 23 家酒店开业。进入 2009 年，截至 8 月，雅高新开酒店达到 11 家，其中经济型宜必思酒店 7 家。雅高集团今年计划在中国开出 28 家酒店。其中经济型品牌宜必思将是雅高在华扩张的重点，今年将有 22 家宜必思酒店建成开业。在 2009 年 1 月，10 天之内，雅高已相继有 5 家宜必思酒店开业，分别分布在齐齐哈尔、海拉尔、凉山西昌、大连和哈尔滨。而未来两年其在中国的布局，将涉及北到满洲里、海拉尔，南到惠州、江门的 37 个城市。另外新推出的高端商务品牌铂尔曼也将进行一场雄心勃勃的网络扩张。除已正式开业的上海斯格威铂尔曼大酒店及广州白云机场铂尔曼酒店外，未来还将在中国推进 9 家铂尔曼酒店。

雅高的发展战略的独特在于"品牌连锁"的最终目标，雅高在发展过程中，始终坚定地执行了"规模制胜"的竞争原则，迅速扩大规模，占领行业性战略资源（地段和客源），以压迫竞争者的生存空间。

雅高酒店建设时，从选址到酒店容量设计，建筑成本的控制和运营管理都有一套标准化体系，具有强大的可复制能力，这是推动雅高酒店业务快速发展的内在动力。雅高通过获得酒店行业的战略性资源，如地段和客源，构建了一个竞争优势。地段与交通、客源、景点等资源密切联系。

雅高在中国适时推出了宜必思经济型酒店品牌，形成了一个从低档到高档酒店的品牌系列，尤其在金融危机的影响下，高端酒店受影响较大的情况下，经济型酒店的快速发展保证了雅高业务的快速增长。

雅高集团酒店的成长实际也是投资房地产业的发展与收获。大多是自己或者邀请其他投资者，包括战略合作伙伴买地，建造酒店，然后由雅高管理运作酒店，是酒店与地产的一体开发运作流程。缔造者没有死咬着必须保住公司的财务控制权，如果有必要，毫不犹豫地把资本向合作者敞开。但确立了一条严格的规定：在集团的任何一个公司里，任何一名股东均不得持有10％以上的股份。缔造者知道永远不能靠个人的资金满足集团的发展壮大，首先是企业管理家，其次才是资本家。

（六）洲际酒店集团——"多方位发展战略"到"一家开发商＋一个集团＋多个酒店品牌"

2003 年 4 月 15 日，洲际集团香港更名发布会上，洲际集团同时确定了"五个增加收入"的战略目标：进一步提高品牌价值并确立皇冠和洲际在豪华酒店品牌的市场定位；利用"假日"成长中的国际地位来发展中档市场；提高客房赢利和调整集团内部管理。洲际、皇冠、假日将是重点开店目标，洲际酒店将采用集中的发展策略以拓展其业务，其中包括在各主要市场，如北京、上海、香港采用中心辐射的方式发展。中国已经成为洲际酒店集团全球最重要的发展市场之一。在当时，洲际集团首先将目标锁定在中国经济型宾馆（budget hotel）市场和国内分时度假市场。

目前，洲际集团在中国的在建酒店数量仅次于美国，位居世界第二。截至 2008 年年底，中国地区已发展 110 多家酒店，占中国所有在建酒店的 1/4。与众多以输出管理方式为主的酒店集团不一样，全球客房数最多的酒店集团——洲际酒店集团正加大力度实行与大业主的签约模式，以实现旗下品牌在中国的进一步扩张。2008 年年初，将其下最顶级品牌洲际引入中国二线城市。与成都会展旅游集团合作的第五家酒店——成都世纪城天堂洲际大酒店正式开业。在 2007 年 2 月签订的打包管理合同中，双方共合作了六家酒店，分布在四川九寨沟和成都市境内，使用了洲际酒店集团旗下的洲际、假日及快捷假日酒店品牌。洲际酒店集团率先在中国、二三线城市以"一家开发商＋一个集团＋多个酒店品牌"的发展模式也成为交易亮点。

2007 年洲际酒店集团连续 4 年排名世界酒店集团第 1 位，在中国也是客房数拥有最多的。洲际酒店集团 2006 年的主要赢利来自三种业务模式：其中 50％－60％集中在特许授权管理，直接拥有或带资酒店管理的收入占 20％左右，而管理输出则占剩下的比例。洲际酒店集团全球 CEO 高蓄来先生（Andrew Cosslett）强调："中国市场还缺乏真正拥有管理经验的物业，因此，洲际目前在中国所有的项目都是通过管理输出的方式，没有采用带资管理或特许加盟方式。"

此前，洲际酒店集团已在中国大陆地区总共已引进四个酒店品牌，包括洲际酒店及度假村（InterContinental）、皇冠假日酒店及度假村（Crowne Plaza）、假日酒店及度假村（Holiday Inn）和快捷假日酒店（Holiday Inn Express）。区别于世茂与喜达屋、凯悦酒店集团多方合作的方式，洲际酒店集团更倾向于"一家开发商＋一个集团＋多个酒店品牌"的发展模式。而洲际从后种交易模式中获得了较低的交易成本和时间成本，并与物业形成长期的战略联盟，同时也逐步获得更强的市场话语权地位。

从目前洲际酒店集团在中国已公布的签约酒店项目来看，其除了善于与业主方签订一揽子协议外，更善于在中国二、三线城市拔得头筹。2007 年 12 月，洲际酒店集团通过与中国保利房地产（集团）股份有限公司的全资子公司签订一项类似的战略合作协议，不仅成了进入广东佛山的第一个超五星级酒店品牌，也同时获得了保利地产位于广州、重庆、成都等地的多家酒店管理合同。

高蓄来还计划将中国业务增长的更关键一步棋压在快捷假日品牌上。"在中国，我们还将继续沿用与大业主的签约模式，以实现快捷假日品牌在中国的快速扩张。"高蓄来同时称，快捷假日将和其他品牌的策略有所不同，将会率先从中国一线城市如北京、上海等中心城市开始扩张。

（七）香格里拉集团

1. 在北京地区的发展

1985 年，郭鹤年在北京进行的首项投资就是与国家经贸委合作，斥资3.8 亿美元，兴建北京国际贸易中心。1989 年国贸酒店开业，第二年中国大酒店开业，香格里拉拥有两家酒店 50％的股份。国贸中心是包括酒店、写字楼、商场、高档国际公寓在内的综合建筑群，至今仍是北京 CBD 的代表性建筑。而这两家酒店也是北京 CBD 的重要组成部分。

1987 年北京香格里拉酒店落成，香格里拉集团占有 49％的股份，是当时京城最高档、最豪华的五星级酒店。1995 年嘉里酒店开业，至此香格里拉在北京拥有了四家酒店。20 世纪 90 年代，香格里拉加快了其在中国内地市场扩张的步伐，尤其是从 1996 年到 1999 年短短 4 年内共开设了 9 家酒店。

2. 实施投资与合同管理并举的策略

香格里拉酒店集团的成长历程、发展模式大致经历了三个阶段：第一个阶段是自己兴建五星级酒店并委托国际酒店管理公司进行管理，以逐渐积累高档酒店的管理经验和技巧；第二个阶段是在积累了足够的经营管理经验以后，开始走上了自行建造、自行管理的阶段；第三个阶段是开始走上合作建造、带资管理；管理合同输出、租赁经营等扩张阶段。2000 年以前香格里拉酒店集团主要通过带资管理和自行建造的方式进行品牌扩张，2000 年后开始实施管理合同的方式进行扩张，从其未来发展计划来看，通过管理合同建造的酒店数量达计划开业酒店数量的 50％。2000 年后，香格里拉在国内开始了新一轮的酒店拓展计划，实施投资和管理酒店同时进行的策略。2001年，香格里拉接管了南京丁山酒店，改名为南京丁山香格里拉大酒店，以纯输入管理的方式介入。香格里拉公布了 8 家正在新建中的酒店，其中有一半是输出管理，另一半仍是自己投资兴建。这也代表了 2000 年以后，国际酒店管理集团从策略性投资转向战略性投资，并加大了资本的投入量的新形式。

香格里拉酒店集团凭借先进的管理经验和品牌优势，深受内地志在饭店业发展的企业家的青睐，很多业主主动找到香格里拉为其管理酒店。在对这些酒店项目进行评估之后，如果从硬件到软件，以及酒店所处的地理位置符合香格里拉品牌要求的标准，将会考虑为其管理酒店，这一做法与香格里拉在中国自己投资建酒店并不矛盾，相反会加快在国内拓展的步伐。近几年，国际酒店集团在国内已展开大规模扩张，世界著名豪华品牌的酒店都会在北京和上海占位，高档品牌以内地省会城市为主要发展目标，而大众品牌则以二线城市为主要发展目标，中国酒店市场会很快趋向成熟。今后香格里拉集团在华扩张的主要手段将是投资建造与输出管理齐头并进。香格里拉酒店集团自 1984 年进入中国内地市场以来，除南京丁山香格里拉酒店外，其他酒店多数为带资管理，由于当时国内缺少建设资金，所以带资管理深得各地尤其是北京、上海等城市的欢迎，香格里拉酒店集团也因此成为在中国内地最具影响力的酒店管理集团之一。近几年，香格里拉集团一改过去带资管理的手段，开始了输出管理为主的快速扩张计划。其中 2003 年至 2005 年开业的酒店中半数以上均为不带资的管理合同。此举使集团大量减少了酒店建设资本投入，并节省了大量谈判、选址、建设等时间。目前在内地有 25 家开业酒店，在建酒店 27 家。香格里拉酒店中有 39 家是参与投资的，有 13 家属于单纯输出管理。

3. 加快在中国的战略布局

目前，国际排名前 10 位的酒店管理集团已全部进入中国，如喜达屋、雅高、万豪、凯悦等，而由"亚洲糖王"、华人郭鹤年打造的香格里拉则数量最多，并且保持着顶级品牌的高占有率。2001 年，香格里拉（中国）已占该集团总营业额的 27％。可以看出，香格里拉酒店集团的中国布局已见雏形，并向更深的层次发展。1984 年进入中国的香格里拉集团计划在不长的时间里将其所辖酒店扩张到 30 家，香格里拉品牌酒店在国内主要城市和景点的广泛分布；香格里拉酒店旗下四星级品牌商贸酒店也蓬勃发展。

　　从 1984 年到 2004 年的 20 年内，香格里拉酒店集团在中国内地共管理酒店 17 家，其中自建 15 家，委托管理 2 家，总投资超过 10 亿美元。2004年，21％的业务来自中国内地市场。酒店集团 58％的"金环会"会员客户群位于亚洲，其中 18％的会员客户在中国内地注册。香格里拉集团在 2006 年到 2010 年将在全球新开 31 家酒店，中国占 14 家，其中开设在一线城市的 3家，分别位于深圳、广州和上海，其余均位于成都、西安、温州等发达的二线城市。目前，香格里拉全球在建酒店项目共 26 个，其中 20 个在中国，所占比例为 77％。香格里拉在中国内地的酒店已经占集团总数的近 40％。2010 年，香格里拉计划在整个中国的酒店数量增加到 59 家、占全球总数的一半，其中长江三角洲将成为香格里拉酒店覆盖最为集中的地区。在东部省会、旅游城市布局初具规模的基础上，集团开始向中国的二线城市、西部地区进行布局，如在宁波、苏州、昆山、新疆、内蒙古等地已经在建或计划建设酒店。

三、经济型酒店集团在中国市场获得前所未有的发展机遇

　　20 世纪 90 年代后期，我国饭店业界开始关注经济型酒店的发展问题，有人甚至把它提高到"关系到中国民族饭店业今后的成败兴衰"的战略高度。据《2008 年中国星级酒店统计公报》，到 2008 年年末，全国共有星级酒店 14099 家，其中，五星级酒店 432 座，四星级酒店 1821 座，三星级酒店5712 座，二星级酒店 5616 座，一星级酒店 518 座。三星级及以下酒店约占67％。至 2008 年年底，国内经济型酒店数量达到 2805 家，客房数为 312930间，分别为 2000 年的 122 倍和 96.7 倍。2009 年，汉庭将在全国开设新店100 家。如家连锁酒店计划在今明两年各开 200 家左右酒店，到 2010 年年底在全国范围达到 1000 家。7 天连锁酒店则预计新开店将达到 150—180 家，虽然开店增长速度放缓，但仍保持一倍以上的增长。中国经济型酒店发展的前景是乐观的，而且仍会延续相当长的一段时间，目前，全国共有酒店及旅游住宿单位超过 30 万家，其中 6 万家达到经济型酒店转型标准，属潜在

资源。

实际上，在任何一个产业中，满足最大多数人需要的产品和生产该档次产品的企业，都是市场的常态，也是消费模式多样化和供应商市场定位的结果。经济型酒店的意义正在于此，如在国际饭店业中，既有豪华酒店品牌，也有大量的经济型酒店，后者大约可以占到70％的市场份额。从市场运作的角度来说，经济型酒店也完全可以运作成知名的服务品牌并通过规模经济取得良好的效益，如国际品牌美国的天天酒店（Days Inns）、洲际的"快捷假日"（Holiday Express）、雅高的宜必思（Ibis）等。根据产业波动理论，结合中国旅游市场与酒店产业的现实，我们完全可以认为，一个以经济型业态为主的中国酒店产业时代已经来临。从近十年的统计数据来看，入境旅游和国内旅游均有较大增长。随着黄金周假期的增加，国内旅游者已经逐渐居于市场主体地位。这与20世纪80－90年代，客源市场主要是入境旅游者相比，已经发生了很大变化。处于消费模式成长初期的国内旅游者，特别是中小型企业商务人员和中档消费者，对住宿的消费主要是有齐备的基础设施，方便、舒适的服务和适合的价格。目前居于旅游酒店主体的星级酒店，多数在价格上无法满足这一要求。另外，大量中小型的旅馆、招待所的服务质量、卫生条件、安全措施还不够完善。整个市场结构失衡，并呈现出竞争过度和竞争不足并存的局面，能够被大众消费群体所接受的经济型酒店在中国有着广阔而深厚的市场基础。现在随着国民经济体系和产业结构的优化，客观上保证了一些分布在城市商业区域的经济型酒店充分借用周边丰富的配套资源，可以有效降低酒店产品的供给成本，是推动经济型酒店集团在中国推行的有效基础。

如同高档酒店在中国发展进程中发挥的作用一样，跨国酒店集团在经济型酒店的发展格局中也必将扮演着重要角色。从品牌来看，那些在全球饭店业300强排名榜上比较靠前的酒店集团和管理公司都拥有自己的经济型酒店品牌，有的还不止一个。中国的入世，举办奥运会、世博会，使旅游市场开放的深度和广度越来越大，跨国酒店集团在中国的竞争也从区域性、单品牌的策略性竞争转向全方位的竞争。跨国酒店集团从大都市到区域中心城市、从旅游热点地区向旅游温点地区的区域转移；从高端产品向中低端产品的品牌转移；从现有消费者向潜在消费者的客源转移等。一些大型跨国旅游企业集团在中国市场有数十家乃至上百家经济型酒店的发展计划，有的已经开始了旗舰店的试点建设。一旦这些计划得以实施，必然会对国内业界产生相应的示范作用，并从战略上推动经济型酒店在中国的发展。

表6-4 我国主要经济型品牌酒店市场增长情况

	企业 Operslors	已开业饭店数		已开业客房数		所有饭店数	所有客房数	覆盖区域	
		2007年底	增长率 %	2007年底	增长率 %	2007年底	2007年底	省	市
1	如家 Homeinns	266	99%	32718	102%	381	46863	29	81
2	锦江之星 Jinjiang Inn	181	53%	26098	55%	282	39349	29	83
3	莫泰 Motel	120	131%	23278	107%	—	—	19	41
4	7天连锁酒店集团 7 Days Inn	121	384%	12800	354%	213	22024	24	31
5	汉庭 Hanting Hotels	96	—	11520	—	249	29880	15	26
6	格林豪泰 Green Tree Inn	72	243%	9427	228%	202	26000	24	65
7	中州快捷 Hotel Home	40	43%	6280	42%	62	9811	13	28
8	速8 Super 8	65	55%	6240	47%	117	11731	21	35
9	万里路 Utels（Youth）	106	38%	4842	53%	23	37	23	37
10	雅高 Ibis	13	—	2693	—	—	—	10	11

资料来源：中国饭店协会，搜狐旅游

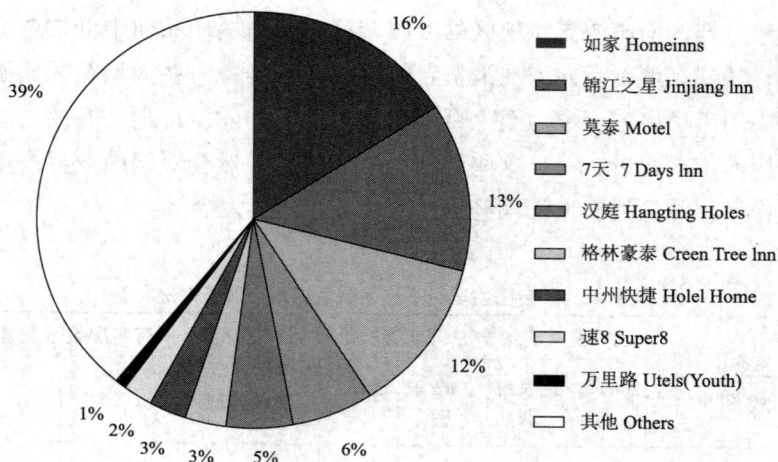

图6-2　中国主要经济型酒店市场份额
资料来源：中国饭店协会，搜狐旅游

　　中国酒店集团的经济型酒店也已初露水面，2008年，如家以470家经济型连锁酒店位居我国首位，并以99％的速度高速增长，占有最大的国内经济型酒店的市场份额。2008年，由上海锦江酒店集团首创的"锦江之星"连锁经济型宾馆门店总数达到360家，规模位列全国第二位。平均来看，公司保持每年发展80-100家门店的速度，未来发展速度还会增快，到2010年，锦江之星签约酒店将达到600家。还计划在3-5年中发展另一品牌"百时快捷"400家店。经济型酒店将成为中国饭店业的"重头戏"，在借鉴国际知名经济型酒店集团的同时逐渐创造出自己的品牌，推出适应中国环境和具有新颖特色的新经济型酒店集团。

第三节　各酒店集团在中国大陆发展过程中的本土化

随着世界经济一体化进程的加快，饭店业这一旅游产业中基础性行业的国际化水平也越来越高。中国作为世界新的经济增长点被国际著名酒店集团视为投资发展的热土。这些酒店集团大多是欧美国家的老牌酒店集团，他们将自己多年积累的酒店管理模式带进了中国，但是中国毕竟是一个有着五千年历史文化积淀的国度，一种全新的经营和管理模式的引进肯定会与原有的文化产生冲突，孰优孰劣很难定论，但是中国原有的历史文化经过这么多年的发展，已经作为一种客观规律而存在，也已经成为民族精神与意识的主要组成部分。世界著名酒店集团在开拓中国市场时必然要遵循客观规律走本土化发展的道路，正所谓："民族的才是国际的"。

一、管理人才本土化

随着经济的发展和管理人性化在全球的兴起使人才成为饭店业竞争的主要方面。尤其在世界著名酒店集团在经营管理时多采用合同管理方式，所以其竞争的实质也是管理人才的竞争。由于大多数酒店管理集团都是跨国管理，这一特点使本土化成为企业参与竞争所必备的条件之一。

1. 管理人才的本土化，有利于促进本土化人才的培养。一项研究表明：对于挑选外派人士的标准，亚洲的经理列为前5项的是：技能胜任、适应能力、人际关系技能、配偶或家庭适应力、懂得派驻国的文化。但是，由于欧美人士对于亚洲文化的认识局限，国际派遣人才的高额费用（为本土人才的5—10倍），加上跨国"空降派"面对跨区域的文化融合的难题，容易"水土不服"。另外，本土越来越多的职业经理人出现后，他们在语言、文化和地域的优势明显。从我国的人才整体水平上来看，2000年，中国饭店业固定资产投资占旅游业的83.96%，饭店业从业人员占旅游业的83.06%，但是中国大专以上的旅游学院（系）与酒店管理专业学院（系）的设置比例却是倒过来。旅游院校对酒店职业经理人深造培训的工作尚未担当起应有的责任。

2. "利润最大化"的经营宗旨使国际酒店管理公司实施人才本土化成为必然。1985 年美国在其快速发展时期所作的一项统计表明，美国公司因为外派人员失败而导致的每年直接成本损失达 20 亿美元。时至今日越来越多的企业已经意识到本土化对于企业经营成本的控制起着至关重要的作用。

例如，豪生国际酒店集团在进入中国时所具备的管理优势，其中人才和管理的本土化占很大比重：不是简单的照搬照抄国外的操作程序，而是在引进国外饭店业的先进经验与国内酒店管理优势相结合，将酒店推向国际市场，纳入国际销售网络。在合作方式上更加灵活，因地制宜；发挥国内优秀管理人员的能力，扬长避短，充分地保留中国的传统理念和文化，满足国内日益高涨的消费需求（如减少聘用外籍人员，减轻企业的经济负担）；2001 年 10 月，豪生公司与上海旅游高等专科学校签订了共同建设上海旅专豪生人才基地的协议，为拓展中国市场，提供了人才准备。

推行人才本土化战略 20 世纪 80 年代初，国内几家主要酒店集团的外方人数曾最高达 150 多人，占总员工数的 10％。进入 90 年代，随着中方管理人才的成熟，许多外方管理酒店已经顺利实现了人才本土化，成为外方管理酒店维持其竞争力的核心战略。

二、经营管理本土化

各大世界著名酒店集团都有自身特有的管理模式与制度，在进入中国市场时面对中国原有的酒店管理体制下的模式会产生一些碰撞与冲击。这一过程不是简单的取代，而是两者的融合。融合过程的实质是达到两种制度的优势互补，从而创造一种更适合中国国情的管理制度。

雅高集团在与北京和平宾馆合作时，由于雅高属于带资管理，既是合资企业的股东之一，又是受聘于董事会的管理方。合资双方首先经历的是一个思想融合与贯通的过程。合资带来的最大变化，是客源结构的改变。随着欧洲客人的与日俱增，与之相适应的管理和服务配套水平出现了落差。中外方管理者从贯彻法国雅高管理观念和模式入手，强化系统培训力度，一方面帮助员工们理解品牌的文化内涵，另一方面运用科学的手段促使其不断提高管理水平和服务技巧。同时，通过总经理与员工对话制度、为员工举办生日聚会、为守卫在高温岗位的员工送饮料等举措，使员工们感受到雅高理念的人文关怀。此外，宾馆还通过组织员工联谊、娱乐等形式丰富确立企业文化内容，营造企业温情的氛围，激发了员工的士气。经过完成"游船美食赏中秋"对客服务、为"第六届世界大城市首脑会议"供餐服务和接待法国总统访华记者团等重要服务，大家进一步明确了只有将客户、员工、股东这三者形成合力，才能使良性循环的这一链条，构成互动关系。

雅高管理宾馆不久，外方管理者针对前台服务员在夜间工作的间隙，坐下来休息一事与中方产生了分歧。当时，不仅员工甚至有些中方管理人员都觉得这是多少年来约定俗成的人之常情，更何况晚间客人并不多。对此，外方作出了理性的分析：前台是酒店的门面，因此员工只要上了岗就必须严格执行站立服务。坐下来休息，容易出现懈怠情绪，由此会影响服务质量。始终保持最佳的精神状态，是本行业必须具备的职业素质，"永远追求最佳"是雅高企业文化的体现。在理性分析面前，宾馆的所有人员折服了。经过几次"碰撞"，大家对雅高精神内涵的理解登上了新台阶，对雅高管理理念和管理机制逐渐达成了共识。新的经营机制、管理规则及运作形式为北京和平宾馆换来了骄人的成绩。此后，宾馆在营业收入、房价、出租率等项目与上年同期相比有所提高，特别是外国宾客和商务散客的入住率大幅度提升。宾馆营业收入、客房收入、餐饮收入均完成预算并超过去年同期。宾馆的各项经营已进入良性发展及稳步上升阶段，体现出合资与变革的成效。

三、设计装潢本土化

酒店的装潢设计是给客人留下第一印象的主要方面。在设计时既要考虑当地的文化，又要分析客源市场的情况。国际化的酒店客源多数来自外地或国外，他们十分渴望了解异域文化。如果在设计中融进当地的文化特色一定会赢得他们的喜爱。而在以当地客人为主要客源的酒店，可以根据当地环境特点进行酒店的室内外设计，如在热带或亚热带地区可以采用清凉色，室内装饰也可采用简约明快的风格。香格里拉人觉得好东西都是有本地特色的东西，每座香格里拉酒店的设计都不相同，而又尽量融合当地的文化。在大连香格里拉，精美的贝类装饰在大堂凸显海滨城市的风情，而在北京中国大酒店（属香格里拉品牌），大堂里则是大幅中国山水画，中间 4 根大红柱，一派皇家气派。每个香格里拉酒店的中餐厅都叫"香宫"，而即使同一道"辣子银鳕鱼"都会根据当地的口味加以调整。

在装潢设计时，还要充分考虑对经营成本的影响。例如，万豪酒店集团在委托管理时，就充分考虑了业主的成本控制，向业主推荐既有国际性概念，又对中国国情了解的设计师，这样既节约了成本又可以更大限度地展现当地风情。

四、与当地社区的关系

这些世界著名酒店集团在中国的发展过程中，大多十分重视与当地社区的关系，这也是这些著名酒店集团的一贯做法。也是他们之所以能够将集团的文化和产业发展到世界各地的主要原因之一。

喜达屋关爱延伸计划。喜达屋酒店及度假村集团推行的喜达屋关爱计划是集团最重要的服务文化，其核心内容是"关爱客人，关注生意，关心同事"，喜达屋关爱意味着一种对顾客高度的关爱，它是我们卓越服务的再现。喜达屋集团管理的上海瑞吉红塔大酒店在当地积极参与各种社会公益活动——关爱的延伸计划，出资赞助上海儿童福利院的 8 名孤儿全程教育，并协助上海"初升的太阳"慈善机构举办募捐义演活动。喜达屋关爱计划在天津喜来登大酒店实施以来，这种关爱已进一步延伸成为"关爱社区，关爱弱势群体，关爱全社会"。2002 年 3 月 28 日，天津喜来登大酒店会同国际奥委会委员吴经国先生、天津市体育局、天津市残疾人联合会等单位共同举办了"以奥运精神鼓舞残疾青少年及孤残儿童"的特别活动。天津喜来登大酒店总经理巴特·戴克斯先生鼓励到会的残疾学生代表及福利院的孩子们学习奥运拼搏精神，奋发向上，创造美好人生，充分体现了喜达屋集团的企业理念。

　　同呼吸共命运，洲际集团关心"抗非"英雄。2003 年春夏之交，大陆遭受 SARS 肆虐，洲际集团在饭店业极度低迷的情况下捐赠人民币 100 万元以及 100 间免费房间给奋斗在抗非最前线的小汤山医院的医生和护士们。以此表达集团全体员工的敬意。同时洲际酒店集团在英国伦敦和美国纽约上市，虽在"非典"时期遭遇重创，但集团不忘有养育之恩的中国。世界卫生组织刚刚解除对北京的旅行警告并将北京从疫区名单中删除，洲际酒店集团地区总经理、北京中环假日酒店总经理胡民康就来到市政府向北京市"双解除"表示祝贺，并联合该集团在京的 7 家皇冠和假日酒店向首都一线医护人员提供 700 间豪华套房的入住券。2008 年汶川遭遇特大地震自然灾害，国际连锁酒店如喜来登、雅高、万豪等酒店集团也以不同方式纷纷献出爱心。

第七章

[当今世界著名酒店集团概览]

Chapter VII　Introduction to International Hotel Groups

Comparative Studies
on International Hotels

第一节　洲际酒店集团
InterContinental Hotels Group（IHG）

集团总部：

英国白金汉郡德纳姆市，布罗德沃特公园

Broadwater Park，Denham，Buckinghamshire

知名品牌：

洲际酒店及度假村 InterContinental Hotels & Resorts

皇冠假日 Crowne Plaza

英迪格酒店 Hotel Indigo

假日 Holiday Inn

快捷假日 Holiday Inn Express

Staybridge Suites

腊木酒店 Candlewood Suites

一、集团历史概况

洲际酒店集团（InterContinental Hotels Group）成立于 1946 年，是目前全球最大及网络分布最广的专业酒店管理集团，拥有近 60 年的国际酒店管理经验。其目标是打造顾客喜爱的大酒店（We're an international hotel company whose goal is to create Great Hotels Guests Love），在全球 100 多个国家和地区共有 4400 多家不同类型的酒店，超过 645000 套间客房。"洲际"共有 7 个酒店品牌，分别是：洲际酒店及度假村（InterContinental Hotels & Resorts）、皇冠假日（Crowne Plaza Hotels & Resorts）、假日酒店（Holiday Inn）、快捷假日（Holiday Inn Express）、英迪格酒店（Indigo）、腊木酒店（Candlewood Suites）和 Staybridge 公寓式酒店。

洲际集团以员工为业务的核心：

"Our People lie at the heart of our business — the ones who make a difference—the ones who care, learn and work ensuring our guests receive outstanding service and memorable experiences."

"我们的员工是业务的核心——他们所做的改变——他们的关心、他们的学习和他们的工作确保了顾客获得杰出的服务和拥有难忘的经历。"

集团历史

洲际酒店集团前身是英国巴斯酒店集团。

从第一家巴斯酿造厂到今天的酒店公司，洲际酒店集团的历史是开拓的历史和新观念的历史。1777 年，英国巴斯（BASS）集团成立，成为英国第一家独立注册商标的集团。威廉姆·巴斯在 Burton－on－Trent 成立了一家酿造厂，生意红火，成为英国主要的酿造厂之一。1876 年，巴斯红三角成为英国的第一个注册商标。成立之初，巴斯集团主要以饮料和啤酒的生产和销售为主。至 20 世纪 80 年代末，转入酒店行业。

1946 年：洲际酒店集团（InterContinental）成立。

1952 年：假日酒店集团（Holiday Inn）成立。

美国著名企业家凯蒙·维尔逊（Kernmons Wilson）在一次家庭度假旅游途中，对那种不是以"营造家庭氛围"为价值取向的酒店服务深感失望。1952 年，孟斐斯开了第一家假日酒店，儿童可以免费入住，同时酒店还提供游泳池、空调餐厅、电话、餐饮和免费停车场。虽然这些现在显得很平常，但在当时却是一种进步，并且为以后假日酒店的发展提供了一个基本的标准。

20 世纪 60 年代，巴斯收购了几家著名的酿造公司，包括中部地区的 Mitchells & Butlers 公司（1961 年），之后在伦敦与 Charringtons 合并。

1981 年：大都会（Grand Metropolitan）兼并洲际酒店集团。

1988 年：巴斯集团收购假日集团，开始进军酒店业。1989 年，巴斯进入国际酒店业务。

Wilson 是连锁经营的先驱者，他迅速扩展假日酒店体制，沿着美国洲际高速公路向全国发展。在美国国内的成功使这一酒店品牌在欧洲和亚洲找到了投资商，从而成为全世界最大的酒店品牌之一。到 20 世纪 80 年代，"假日酒店"这个品牌已经遍布世界的每个角落。

Six Continents PLC（也就是不久之后的 Bass PLC）于 1991 年夏季将假

日酒店的总部从孟斐斯搬到亚特兰大。虽然孟斐斯作为集团的总部已经长达40年，但是亚特兰大为集团所提供的基础设施建设（包括国际范围的交通网络等）在洲际集团成功成为国际性企业中是必不可少的。

1990年：巴斯收购了北美假日酒店，假日向全球发展。

1991年：巴斯成立了快捷假日酒店，是有限服务酒店的补充。

1994年：巴斯成立了皇冠假日酒店，进入高档酒店市场。

1997年：由于酒店业更重视品牌效应，巴斯出售了北美酒店的建筑，但通过特许经营合同控制这些酒店的品牌。巴斯创建了一个新酒店品牌：Staybridge Suites by Holiday Inn，开始进入北美效益好的高档延时逗留酒店市场。Staybridge Suites by Holiday Inn 是北美高档延时逗留酒店市场发展最快的品牌，达到50家。

1998年：巴斯集团收购洲际集团，在其酒店组合当中增加了高档品牌，收购使其降低了成本，带来可观的效益。

2001年7月：巴斯酒店集团更名为六洲酒店集团（Six Continents）。

2002年10月：六洲酒店集团正式更名，组建洲际酒店集团。

2003年：洲际酒店集团收购美国蜡木酒店式公寓集团（Candlewood Suite）。

2003年7月：洲际集团出售16家Staybridge Suites酒店给Hospitality房地产信托公司（HPT）并签订20年的管理协议。

2004年4月：洲际集团推出新品牌Hotel Indigo。同时，集团通过在线旅游公司和酒店销售客房。集团率先开通简体中文预订网站，客户可以通过网络浏览洲际在全球的促销资讯和最新的房价及客房信息；在线预订客房或更改信息；确定在线支付或离线付款方式如现金、汇票或支票等；洲际酒店集团中文网站与环球预订系统全面整合，这意味着客户奖励计划可以在100多个国家和地区使用。

2005年：继长驻品牌Staybridge Suites酒店在北美取得了喜人成绩，4月，集团在英国也推出了Staybridge Suites品牌。9月开始，集团开始新一轮全球品牌推广活动，以"您是否在享受跨洲际生活"为宣传口号，向顾客展示洲际酒店为顾客带来难忘且独特的经历；开展了一系列的宣传推广活动。这极大地扩大了洲际酒店集团的品牌知名度，取得了良好的市场效果。

2006 年：洲际集团与全日航空公司共同经营合作，由此产生合资公司——洲际全日空酒店集团。

2007 年：洲际酒店集团宣布在全球重新启动假日酒店品牌家族，包括假日酒店，快捷假日酒店。

2008 年：洲际集团完成了详细的碳排放量分析，衡量水资源浪费以及降低酒店的管理成本，集团在酒店节能与环保方面积极采用新模式和理念，不断创新和提升新兴产业，为酒店行业的环境保护工作作出了重要的贡献。同时集团继续支持社区工作，完成消费者市场的洞察研究，这也充分体现了洲际集团深入了解客人和践行企业责任的态度。

二、集团旗下品牌介绍

假日（Holiday Inn）

假日酒店能够为商务及旅游休闲客人提供优越的服务和极具吸引力的设施。在世界上每一个角落，无论小城镇还是大城市，寂静的高速公路旁还是喧嚣的机场，都有假日酒店品牌。提供全方位服务的假日酒店所处的地理位置都是很灵活便利的。目前，假日饭店在全球已开设了 1600 多间饭店，其不仅保持着全球最具规模的单一饭店品牌的地位，同时也是世界上最广为人知的饭店品牌之一。现代化的飞速发展，给全方位服务的假日酒店提供了又一次发展的契机。

快捷假日（Holiday Inn Express）

快捷假日酒店的品牌是 1991 年建成的，这一举动成为饭店业史上最成功的事件之一。该集团通过创造这一品牌，迅速地划分出一类中档饭店市场，这类饭店只提供有限的饭店服务而不包含餐饮设施。现在，全世界范围内有 1932 家快捷假日酒店，酒店是非常现代化、干净、简单、整洁的。无论是旅游休闲客人，还是商旅型客人，在酒店都能享受到合理的价格。酒店对客人提供免费早餐（包括新鲜水果和由各种谷类制成的糕点），免费本地电话服务，假日酒店的品牌继续扩张并飞速发展，几乎每个星期都有两家新店开业。

皇冠假日（Crowne Plaza）

Crowne Plaza 酒店于 1994 年建立，是 1983 年假日酒店的延伸品牌。作为一个独立的品牌，它能够更好地影射其市场形象以吸引商务客人。皇冠假日以合理的价格提供高档的饭店住宿设施。它专为满足今日精明的旅客的需求而设，并以提供更优质的服务及设施来迎合那些追求物有所值的商务旅客。目前，超过 140 家的皇冠饭店分布于全球 40 多个国家，每家皇冠饭店均提供先进的会议设施、专职负责会议的专业员工及完善的商业服务；同时，还配备有设备齐全的健美中心、餐饮设施和多样化的休闲活动。

Staybridge Suites

1997 年，随着公司对市场的努力开发，Staybridge 品牌应运而生，于 1998 年在 GA. Alpharetta 建立了第一家酒店，而现今在美国和加拿大地区共有 50 多家酒店。Staybridge 的经营理念有别于其他酒店，是专门为那些住宿超过 5 天以上的客人设计的。Staybridge 为客人提供音像设施、沙发、互动电视、宽敞明亮的工作空间、全套的厨房用具、大容量的冰箱和微波炉，还有许多其他适宜居住的特色设计。酒店还提供单人间和双人间，并且在套房内设有双人床或单人床供客人选择。

英迪格（Hotel Indigo）

英迪格酒店是洲际集团于 2004 年推出的高档精品酒店，该品牌酒店强调灵感，以及与周围的环境相和谐，每一处 Indigo 酒店都旨在反映当地的文化特色，给客人提供一个亲密的平易近人的氛围，同时酒店致力于自身优雅的设计，季节性的变化等（包括酒店公共区域音乐、植物、壁画和方向指示）。无论第一次去，还是因为公务繁忙而多次光临，Indigo 酒店都会给客人带来新鲜感。Indigo 酒店的客房也是极具功能性和舒适性的，豪华的羽绒被及床上用品，具有古典奥斯曼土耳其风格的家具，具有艺术气息的地板和地毯、著名画家签名的壁画、有氧器材健身工作室、轻松的迷你酒吧等。

2004 年洲际集团的 Hotel Indigo 酒店在亚特兰大的市中心开业，2008

年 Indigo 酒店在亚太地区第一家酒店在上海的外滩筹备，于 2010 年正式开业；2009 年，洲际集团宣布在圣地亚哥开设 Indigo 的旗舰酒店。目前，北美洲有 27 家 Indigo 酒店，中东及非洲地区有 3 家 Indigo 酒店，亚太地区有 2 家 Indigo 酒店正在筹备当中。

洲际酒店度假村（InterContinental Hotels and Resorts）

1998 年 3 月，洲际集团接手了属于日本 Saiaon 集团的 InterContinental 酒店（这个机构价值 29 亿美元），增加的 187 家酒店机构使洲际增加了高端酒店市场的占有率，满足了国际商务客人和休闲旅游者的需要。作为一个家喻户晓的品牌，InterContinental 将国际化的服务与当地特色有机结合起来，在行业圈里保持良好的信誉长达 60 年。另外，InterContinental 酒店独特的文化和遍及全球的市场给他们带来了更高的利润。

腊木酒店（Candlewood suites）

1995 年，"长住酒店"概念创始人杰克德波尔建立了腊木酒店，2003 年，洲际酒店集团以 1500 万美元的价格从腊木酒店集团收购腊木酒店品牌。腊木酒店着重舒适、空间和价值追求，是一个提供方便和良好价值的中档扩展酒店品牌。在遍及北美的 200 多家店中，宾客可以得到宽敞的公寓和单人套房，房间配有设备齐全的厨房、宽敞的工作空间、舒适的躺椅、免费高速互联网、语音信箱和本地免费电话等超值服务。2004 年，腊木启动国家"腊木关爱"项目，免费为因灾害失去家园的人们提供住宿。2006 年，推出其专利床上用品系列"舒适的家"；2007 年，在加拿大的蒙特利尔、魁北克开设首家美国国土以外的酒店；2008 年，第 200 家腊木酒店在北加利福尼亚的落基山建成。

截至 2009 年，洲际酒店集团各品牌在世界范围内的分布情况：

表 7—1—1　洲际集团的全球酒店

	美洲		欧洲、中东、非洲		亚太地区		全球	
	酒店	客房	酒店	客房	酒店	客房	酒店	客房
洲际	55	18502	64	20836	40	15398	159	54736
皇冠假日	187	51124	89	20836	66	21529	342	93382
假日	920	168777	332	53039	101	27875	1353	249691
快捷假日	1722	146024	186	21564	24	6206	1932	173794
Staybridge Suite	150	16372	2	272	—	—	152	16644
Candlewood Suite	204	20641	—	—	—	—	204	20641
Indigo Hotel	21	2638	1	64	—	—	22	2702
假日度假俱乐部	1	2412	—	—	—	—	1	2412
其他	—	—	1	203	20	5646		
总计	3260	426490	675	116707	251	76654	4186	619851

表 7—1—2　洲际集团全球正在筹备的酒店

	美洲		欧洲、中东、非洲		亚太地区		全球	
	酒店	客房	酒店	客房	酒店	客房	酒店	客房
洲际	7	2293	28	7062	36	12529	71	21884
皇冠假日	43	9647	25	7287	65	24535	133	41469
假日	263	32852	50	10204	74	21205	387	64261
快捷假日	639	56465	57	7790	23	6015	719	70270
Staybridge Suite	154	16678	12	1431			166	18109
Candlewood Suite	242	21790	—	—			242	21790
Indigo Hotel	55	7032	—	—	1	180	56	7212
其他	—	—	1	90			—	—
总计	1403	146757	173	33864	199	64464	693	98886

三、集团市场营销

　　洲际酒店集团制定了一个非常宏伟的战略目标来推动其在当地、整个地区、国家乃至全球所有品牌的发展。每一个品牌都有一支特有的市场推销队伍。他们在各种不同品牌的竞争中，重点增加对客人的关注。集团还有吸引客人常来的 Priority Club，并且与顶尖的网络公司、主要新闻媒体、供货商以及航空公司建立联盟。另外公司提供网上预订服务，洲际的网站中包括很多关于酒店的情况，每个月约有 200 万人访问该网站。这一网络专业队伍还在继续和一些深受大众喜欢的旅游景点建立联盟。虽然不是第一家拥有预订服务的企业，但是洲际坚信它的预订服务系统是全球最先进的，功能完善的 HOLIDEX 预订系统和假日酒店高效率的预订服务系统使其能够应付各种竞争和变化。洲际酒店集团已经和世界 50 个航空公司建立联盟，这些联盟会帮助集团从更多的渠道、以更大的效率获得市场利润。Priority Club 全球 1200 万的会员在增加酒店品牌市场占有率上起了很大的推动作用。

洲际集团在世界各地拥有 90 多个专业的办公场所，以便于他们和客人进行"亲密接触"，每年可以产生 16 亿美元的收入。洲际酒店集团在不同的地区针对不同的品牌设有专门的销售中心，这就是企业的"地方销售推销计划"。

四、集团财务状况

对于洲际集团近两年的财务经营状况，我们从固定资产、收入和年度赢利等方面进行了比较。集团 2008 年的固定资产为 23.64 亿美元，比 2007 年的 27.92 亿美元减少了 4.28 亿美元；2008 年收入为 18.54 亿美元，比 2007 年的 17.71 亿美元增加了 7300 美元。受经济危机影响，2008 年赢利 2.62 亿美元比 2007 年的 4.63 亿美元大幅下降，经营业绩欠佳。

高蓄来（Andrew Cosslett）表示，经营环境非常艰难，在 2008 年 11 月所报告情况的剧烈恶化已经延续至 2009 年，目前没有改善的迹象。2008 财年税前利润为 3.02 亿英镑，2007 财年为 4.44 亿英镑。2009 年将是具有挑战性的一年，公司已采取措施进行准备。

集团持续经营的营收年增 4.7%，特别项目之前的持续经营利润年增 12.9%。营收的增长受到亚太以及欧洲、中东和非洲地区每间客房平均实际营业收入增长的支持，以及在中国和中东的持续扩张等。2008 财年前三个季度均实现了增长，全球金融危机在第四季度对结果带来明显影响。第四季度每间客房平均实际营业收入剧烈下降。强劲的营收变化使持续经营利润率增加 2.1 个百分点至 28.9%。

表 7-1-3 洲际集团损益表 （百万美元）

	2008 年	2007 年
收入	1854	1771
销售成本	(823)	(825)
行政开支	(59)	(39)
折旧和摊销	112	116
营业利润	403	534
财政收入	12	18
财政支出	(113)	(108)
税前利润	302	444
税	(54)	(24)
年度持续经营利润	248	420
年度持续经营的亏损	14	43
年度股东应占利益	262	463

表 7-1-4 洲际集团现金流量表 （百万美元）

	2008 年	2007 年
年度赢利	262	463
净财务费用	101	90
所得税费用	59	30
其他特殊项目	34	56
折旧和摊销	112	116
国际收支净额	31	48
营运现金流量变动前的营业资金	693	649
运营现金流	605	
净现金经营活动	641	465
净现金融资活动	591	663

表 7-1-5 洲际集团平衡表 （百万美元）

	2008 年	2007 年
固定资产	2364	2792
流动资产	544	710
持作出售的非流动性资产	210	115
流动负债	(1141)	(1126)
非流动性负债	(1972)	(2287)
留存收益	2624	2649
外币汇兑储备	172	233

资料来源：http://www.ihgplc.com/

五、集团在中国的发展

1984 年，洲际酒店集团开始进入中国市场，丽都酒店是其第一家管理的酒店，1986 年正式更名为北京丽都假日酒店。目前集团分别在中国 20 多个城市及特别行政区经营、管理着 117 家假日、皇冠及洲际酒店，共计 41156 间客房。

2004 年，洲际酒店集团率先开通简体中文网站，网站中的客户奖赏计划可以在 100 多个国家、地区使用。洲际酒店集团为这件事准备了将近一年，仅仅在人员培训和市场宣传方面就投入 35 万美元。根据洲际酒店集团的统计，客户网上订房的比例由 2005 年的 2%—3%，到 2008 年已经上升到了 8%，5% 的增长成了洲际集团客源增长的新亮点。

2006 年年底和 2007 年年初，两家洲际假日酒店在上海开业，分别位于普陀区和闵行区。洲际酒店集团还有 4 家快捷假日已经签约，分别在西安、深圳、常熟和九寨沟。集团于 2008 年将旗下各种品牌在华的数量扩张到 100 家以上，中国成为洲际在全球的第三大市场，仅次于美国和英国。

2008 年 11 月 17 日，IHG 与上海申江集团签约，确定将亚太区内的第一家 Hotel Indigo 品牌酒店落户上海。从房费水平来看，该酒店与皇冠假日相似，但洲际希望这个品牌能吸引新一代的个人旅行者，这部分市场对于皇冠假日的商务酒店定位并不冲突。Hotel Indigo 均通过对原有建筑和酒店的翻新，以较低成本开设拥有全球预订网络支持的精品酒店。洲际方面表示，之所以选择亚洲第一家 Hotel Indigo 落户上海，也是看好在特别经济环境下，中国内需市场的潜力。Hotel Indigo 与以往国际酒店品牌策略不同的是，其很注重中国本土客源，其认为虽然现在消费市场多少都会有些走低，但从长远来看，中国内需市场会提升，尤其是商旅板块，在上海和香港等经济发达城市依然有长期潜力，洲际尤其看好的是未来 5—10 年间中国的 GDP 和基础建设的提升。

洲际集团还是第一家涉足国内分时度假的酒店集团，与北京中安达分时度假服务有限公司正式达成战略合作协议，中安达将旗下的 40 个度假村全部交给洲际集团管理，实行连锁委托管理。集团还积极寻求与国内航空公司合作机会，如 2008 年与中国南方航空公司签订联盟伙伴关系协议。洲际与中国航空公司的合作极大地拓展了其市场网络。

　　近年来，集团在亚太地区的业绩十分突出，而中国已经成为洲际酒店集团亚太地区发展增长最快的地区。洲际酒店集团目前在华签约酒店数占整个中国国际酒店业市场签约数量的 47%。洲际酒店集团亚太区首席执行官 Peter Gowers 说："能在中国这样竞争日益激烈的市场取得这样的业绩是十分令人欣慰的。这体现了洲际酒店集团的品牌、订房中心、网站、优悦会忠诚客户计划的强大优势。"

第二节　温德姆酒店集团
Wyndham Hotel Group

集团总部：

美国新泽西州，帕瑟伯尼市西尔万未来路 22 号

22 Sylvan Way，Parsippany，New Jersey

知名品牌：

温德姆酒店和度假村 Wyndham Hotels and Resorts

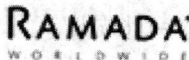

华美达 Ramada

 天天客栈 Days Inn

 速 8 Super 8

 赢门 Wingate

 贝忙特客栈与套房 Baymont Inn & Suites

 微泰尔客栈与套房 Microtel Inns and Suites

 山楂套房 Hawthorn Suites

 豪生 Howard Johnson

旅宿酒店 Travelodge

骑士客栈 Knights Inn

一、集团历史概况

温德姆国际公司是为商务和个体消费者提供旅游相关产品的世界一流多元化公司,拥有酒店特许经营、度假所有权、假期出租和假期交换等一流品牌。温德姆酒店集团是温德姆国际公司的三大业务之一,截至 2008 年,其在六大洲的 66 个国家拥有 7043 家酒店,592880 间客房。温德姆奖励忠诚活动是酒店业以参加酒店数量为基础最大的活动。

温德姆集团酒店、度假交换、出租及度假所有权的每一项业务都有很长的经营历史。酒店经营始于兼并豪生和华美达品牌之后的 1990 年,两个品牌的第一家酒店都是于 1990 年开业。度假和出租业务的最佳品牌 RCI 始建于 35 年前;度假所有权品牌、温德姆度假村和温德姆度假村开发公司分别于 1980 年和 1989 年开始度假所有权经营,它们都是作为温德姆世界标志经营的。

1997 年,通过合并 CUC 国际公司和 HFS 公司,建立了升达特公司。合并之前,HFS 是一家酒店、房地产和汽车租赁特许经营商,合并时,HFS 在全球特许经营酒店的品牌有华美达、天天客栈、速 8、豪生和旅宿酒店等,之后又兼并了一家度假交换公司——度假村共管国际公司(Resort Condominiums International,Inc.)。

为了发展酒店和分时共享度假村(度假所有权)业务,升达特采取了一系列措施,完成了若干交易。包括:

2001 年和 2002 年分别并购了温德姆度假村(以前的公平地度假村 Fairfield Resorts)和温德姆世界标志(以前的淳德西度假村 Trendwest Resorts),进入了度假所有权行业。

2001 年、2002 年和 2004 年通过并购不同品牌进入假期出租行业。

2003 年开始了温德姆奖励忠诚活动。

2004 年从万豪集团购得华美达在全球所剩的全部所有权。

2005 年 10 月兼并温德姆酒店和度假村的全部品牌、相关的度假开发权和选择酒店管理合同。

2006 年 4 月兼并 Baymont 品牌。

2006 年 7 月 31 日前,升达特把其酒店(包括分时共享度假村)所有的资产和债务都转让给温德姆国际公司,升达特把温德姆所有的普通股划拨给了持有升达特普通股的股东。拆分于 2006 年 7 月 31 日生效。

2006 年 8 月 1 日,集团以"WYN"的公司缩写名称在纽约证券市场上正常交易。

2006 年 10 月,温德姆收购 CHI 有限公司 30% 的产权(CHI 有限公司是一家在欧洲、中东和亚洲为豪华和高档酒店提供管理服务的合资公司)。

2008 年 7 月,温德姆收购微泰尔和山楂品牌,发展经济品牌和进入延时逗留业务,继续扩大全球酒店业务。

二、集团旗下品牌介绍

温德姆酒店和度假村

温德姆酒店和度假村创建于 1981 年,公司于 2005 年收购了这一品牌。温德姆酒店和度假村在美国、加勒比海、墨西哥、英国、捷克共和国、匈牙利、马耳他、葡萄牙、俄罗斯、利比亚和加拿大等国拥有 82 家酒店,21724 间客房。在墨西哥还有隶属温德姆酒店和度假村品牌的酒店 9 家,客房 3145 间。温德姆酒店和度假村推出招牌式活动,包括温德姆请求;一个顾客赞誉活动;为回头客提供个性化的住宿和会议请求;为团体安排会议的活动,具有 24 小时服务的特点,团体会议安排人员与温德姆会议经理、互联网和餐饮选择之间保持不停顿的联系。

温德姆酒店和度假村是以商务和度假为目的的、优质、休闲、全职服务型酒店,其特点是智能设计的客房和周全的设施设备。度假村有高尔夫、水上和雪上运动、娱乐场、温泉疗养,等等。

华美达

华美达品牌在 1954 年成立于亚利桑那州的弗莱格斯达夫。在 2002 年获得华美达品牌的商标权之前,温德姆在美国和加拿大已经授权使用该商标;在 2004 年获得世界范围的拥有权。华美达在美国、德国、英国、加拿大和中国等超过 45 个国家和地区当中特许经营着 897 家酒店，均属中高档酒店，拥有客房 114986 间。在北美，华美达中档酒店的品牌有华美达、华美达酒店、华美达广场和华美达有限公司；在世界其他国家和地区，华美达中高档品牌有华美达度假村、华美达酒店和度假村、华美达酒店和套房、华美达广场和华美达安可。

天天客栈

天天客栈品牌是由 Cecil B. Day 于 1970 年创立的，温德姆 1992 年收购了这一品牌。天天客栈在美国、加拿大、英国、中国与世界其他国家和地区都是经济型偏上的酒店，有 1880 家，客房 152971 间。这种经济型偏上的酒店在世界各地可分为天天客栈、天天酒店和天天套房。许多天天客栈都有现场制作的餐厅、休息室、会议室、宴会厅、健身中心，以及每天早晨的免费大陆早餐和报纸。在每个天天套房的房间里，客厅和卧室都是分开的，都有电话和电视。在每个天天客栈商务酒店里目前都有高强度灯、大写字台、微波炉/冰箱、咖啡壶、熨斗和熨衣板、小点心和饮料等。

速 8

第一家速 8 汽车旅馆于 1974 年 10 月在南达科他州的亚伯丁开业。温德姆于 1993 年收购了这一品牌。速 8 属经济型酒店，在美国、加拿大和中国特许经营着 2110 家酒店，拥有 130920 间客房，提供免费大陆早餐。速 8 汽车旅馆允许客人带宠物，拨打本地电话免费，提供传真和复印、微波炉、套房、洗衣、健身、婴儿床、加床和游泳池等服务设施。

赢门酒店

温德姆于 1995 年创建了赢门客栈，在 1996 年 7 月正式开了第一家店，2007 年赢门客栈更名为温德姆赢门酒店。所有新建的温德姆赢门酒店都属中高档的酒店，在美国、加拿大和墨西哥有 164 家特许经营酒店，客房 15051 间。温德姆赢门酒店采取的是全包式价格策略，其中涵盖了房价、免费有线和无线高速上网、传真和复印、丰盛的大陆早餐、本地和长途电话、24 小时自助商务中心。商务中心配有电脑，可以高速上网，有传真机、复印机和打印机。赢门的每家酒店都有可以高速上网的董事会会议室和其他会议室，配有旋涡浴的健身房；多数酒店有游泳池。目前，温德姆赢门酒店不提供餐饮服务。

贝忙特客栈与套房

贝忙特特许经营系统始建于 1976 年，当时称济酒店客栈（Budgetel Inns），1999 年改为贝忙特客栈与套房，温德姆于 2006 年 4 月收购了这一品牌。贝忙特特许经营系统主要是中档酒店，在美国拥有 227 家酒店，19090 间客房。贝忙特客栈与套房的特点是有老板桌、人体工程学椅子和台灯、语音信箱、免费本地电话、咖啡机、熨斗和熨衣板、电风扇和洗发液、主流频道的电视、付费电影和卫星电影，以及电子游戏。多数贝忙特客栈与套房拥有高速互联网、游泳池、接机服务和健身中心等设施设备，但目前不提供餐饮服务。

微泰尔客栈与套房

第一家微泰尔客栈与套房于 1996 年开业，温德姆于 2008 年 7 月收购了这一品牌。微泰尔客栈与套房在 J. D. Power and Associates 2008 North America Hotel Guest Satisfaction Index StudySM 指数中是经济型连锁酒店对客满意度评级最高的，微泰尔是酒店行业中唯一一家经济型酒店连续 7 次获此殊荣的。微泰尔在美国和世界其他国家和地区，包括菲律宾，拥有 308 家酒店，22106 套客房。微泰尔客栈与套房提供美国国内免费的本地和长途电话、高速有线和无线互联网、有线电视、室内咖啡机和大陆早餐。

山楂套房

山楂套房连锁酒店成立于 1983 年。温德姆于 2008 年收购了这一品牌。山楂套房提供免费自助早餐、厨房用具和免费的高速无线互联网，它的卧室和客厅是分开的。所有山楂套房都有固定数量的残疾人客房。山楂套房属中档酒店，在美国和世界其他国家和地区，包括阿联酋，有 90 家酒店，8423 套客房。

豪生

豪生品牌是由企业家霍华德·D. 约翰逊于 1925 年创建的，当时是一家药店里的一个冰激凌摊铺。第一家此品牌的酒店于 1954 年开业。温德姆于

1990 年收购了这个品牌。豪生有中档酒店，旗下是豪生广场和豪生酒店；还有经济型酒店，包括豪生客栈和豪生快捷酒店（Howard Johnson Express）。集团在美国、中国、墨西哥和其他国家和地区拥有 482 家酒店，47177 套客房。酒店提供标准的商务设施、25 英寸电视和长途电话。

旅宿酒店

1935 年，创始人斯科特·金建立了第一家此品牌的汽车旅馆。温德姆于 1996 年在北美收购了这一品牌。旅宿酒店在美国、加拿大和墨西哥拥有 479 家酒店，36154 套客房。旅宿酒店属经济型酒店，旗下有旅宿酒店、旅宿套房和节宿酒店（Thriftlodge hotels）。

骑士客栈

骑士客栈创建于 1972 年。温德姆于 1995 年收购了这个品牌。骑士客栈在美国和加拿大有 301 家酒店，19542 套客房，属经济型偏下的酒店。

国际度假村共管公寓 RCI（Resort Condominiums International）

集团的国际度假村共管公寓由 30 多个品牌组成，每年为四百多万休闲旅游的家庭提供梦幻般的度假体验。公司为顾客在全世界提供的住所达几万家，包括度假权共管公寓、传统的酒店、别墅、避暑房、平房、宿营场所、城市公寓、度假房、少数所有权度假村、私宅俱乐部、共管酒店和游艇，在为顾客创造难忘的度假体验的同时，能够让顾客享受别样的经历和探寻新的旅游目的地。公司的业务分为以下三类：

- 度假交换
- 假期出租
- 咨询服务

1. 度假交换的全球领袖

自从 1974 年，国际度假村共管公寓就成为度假所有权行业的先锋，那时，公司与具有远见卓识的开发商引进了度假所有权交换的概念。通过提供重要的弹性制，国际度假村共管公寓帮助改变了度假村和业主的度假所有权经验。现在，国际度假村共管公寓在度假交换方面与世界最大的分时共享交换网络成为全球的领袖。公司隶属的度假村投资组合在近 100 多个国家超过

4000 多家——是最大竞争对手的近两倍。通过国际度假村共管公寓周活动，公司传统的周对周交换系统和本行业第一个全球积分交换系统的 RCI Points，公司向三百多万申请会员和家庭提供灵活的假期选择，使他们能够享受和探寻新的旅游目的地，创造难忘的度假体验。

奢华无限的机会

注册收藏（*The Registry Collection*）是世界上最大的奢华交换项目，在世界主要旅游目的地为成员提供全球精华最佳度假网络，以及在某些地区提供每天 24 小时管家式服务。从共管酒店和高端所有权度假村到私宅俱乐部和游艇，注册收藏活动在世界上 160 多家奢华休闲住所中使交换方便了，也重新诠释豪华住所的业主和开发商的度假经验。

整个酒店业的豪华酒店，这种快速增长的项目已经成为独有、特权和最高质量的同义词。它为数以万计的成员提供了难忘的度假经历，成员的满意率平均为 95％；在为史无前例的业务增长打下基础的同时，它还使豪华地产开发商满足了具有慧眼和富裕顾客的独特需求。

2. 假期出租

作为欧洲假期出租行业的最大业主，集团的 RCI 通过集团著名的假期出租品牌，包括 Cuendet ®，Endless Vacation Rentals ®，Holiday Cottages Group，Landal GreenParks® and Novasol，为大约 45000 位独立的假期出租业主提供了出租他们住所的机会。集团的 CRI 出租的范围从平房和露营地到城堡、共管公寓和别墅，在近 100 个国家可供特殊时段出租的资产达 73000 多个——假期出租业可供出租资产最多的公司之一。

无尽假期出租

集团在 EVRentals.com 网站的无尽假期出租是温德姆国际公司直接对客的假期出租品牌，是本行业全球假期出租住宿产品最多的公司之一。在网上可以浏览 200000 多个非常令人渴望的假期出租住所，这些住所在令人渴望的旅游目的地，包括美国的奥兰多、莫桃海滩、威廉斯堡、亚利桑那和纽约；加拿大的魁北克和大不列颠哥伦比亚；墨西哥的里维埃拉玛雅、阿卡普尔科和洛卡巴斯；法国的巴黎和科特达祖尔；意大利的罗马、托斯卡和威尼斯等等。

欧洲出租品牌

帆布假日（Canvas Holidays）——旅游专营商，在欧洲 100 个最佳宿营地提供豪华欧洲宿营假日游，住宿的选择很广，包括宽敞的旅馆、舒适的活动房屋和独特的麦卡西帐篷，外加令人动心的儿童和家庭俱乐部。

关特（Cuendet）——成立于 1974 年，意大利的别墅出租专营商，提供意大利、法国、西班牙和克罗地亚的别墅出租，包括城堡、带游泳池的度假别墅、农舍、避暑房和公寓，这些城堡、度假别墅、农舍、避暑房和公寓都分布在欧洲南部最漂亮的地区和最受欢迎的旅游目的地。

假日避暑（房）集团（Holiday Cottages Group）——度假出租市场经营商，拥有一些公认品牌，在英国和欧洲拥有 15000 多个可出租的避暑房和别墅。

兰德尔绿色公园——欧洲大陆最大的假日公园公司，有 62 个假日公园，在荷兰、德国、比利时、奥地利、瑞士和捷克共和国拥有近 11000 个平房、别墅和公寓。每年，2 百多万顾客的兰德尔公园，许多兰德尔公园有餐饮、购物和健身/休闲等服务设施。

诺瓦舒尔——欧洲大陆最大的租赁公司，在欧洲 20 多个国家有可出租的小别墅，包括丹麦、挪威、瑞典、法国、意大利和克罗地亚的假日之家，有 26000 多栋可出租的高档别墅。诺瓦舒尔 40 年来始终如一坚持三项经营原则，即质量、服务和信赖。

3. 全球咨询服务

北考斯（NorthCourse）休闲资产方案在 60 多个国家拥有 30 多年的经验，是全球休闲资产业的一流专家，向全球开发商和投资人提供全面的咨询、调研和市场销售服务。北考斯与资深的和刚入门的开发商在度假村、分时共享、高端分摊、共管公寓酒店、私宅俱乐部和目的地俱乐部进行合作，为获得长期回报，提供投资多元化的帮助。

产品技术包括：

分时共享——完全是契约式购买，或度假住宿使用权。通常要用一周的时间交换或转成灵活使用的、按分值计算的货币。

分摊——有限数量的业主对每项资产采取不动产契约式购买，以价格分摊的方式提供第二个家的所有权，不承担维护的责任。

私宅俱乐部——这个产品在不动产框架方面与分摊相同，是典型的大资产（3 或 4 个卧室的房子），有豪华家具，还可以选择出售给全部产权的第二个家的业主。

混合使用开发——在同一个度假村的环境中，成功地把酒店和商务汽车旅馆融合，包括传统的酒店客房和套房、分时共享、分摊、买来用和出租的所有权、全部所有权和零售。

核心服务包括：

可行性研究——设计详细的市场驱动的开发项目，使利润最大化，寻找和获取利用率最高的地点。产品推荐包括住宅和酒店结合，定价策略，在分摊的情况下，提供详细的使用计划和预订系统。

经营调查——让顾客全面了解产品和需求的三部曲；向最合适的伙伴推荐产品；协助管理合同条款的谈判。

战略测试——为开发商制订战略计划，提供采取正确行动的路线图，还有退出战略、对市场信息的再审视和项目的竞争定位。

市场销售咨询服务——为顾客的项目提供最合适的市场销售策略。

三、集团企业文化

使命宣言

We will be the global leader in travel accommodations welcoming our guests to iconic brands and vacation destinations through our signature *Count On Me*! service.

我们将通过标志性的服务——服务，信赖我——成为全球酒店行业的领袖，欢迎顾客选择我们具有标志性的品牌和度假目的地。

核心价值观

• Act with integrity in all that we do: Without integrity, the foundations of business and life crumble.

· 我们的行为要有道德：没有道德，商业和生命的基石就会瓦解。

· Respect everyone, everywhere: Whether we are working with a customer, a hotel franchisee, a senior executive or a security guard — respect knows no boundaries.

· 在每一个地方，尊重每一个人：无论我们是与顾客、酒店特许经营人、高级行政人员还是与保安打交道——尊重无界限。

· Provide individual opportunity and accountability: As leaders, we need to actively include diversity in our thought process. Diversity or inclusion—here at Wyndham Worldwide, it is the same concept. Being inclusive expands our horizons and our society.

· 提供个体机会和责任：作为领导，我们需要在思想的过程中积极加入多样化。多样化或参与——在温德姆国际公司这里，是同一个概念。参与开阔了我们的视野和扩大了我们的社会范围。

· Improve our customers' lives: Whether we are helping our hotel franchisees or resort affiliates with their businesses or creating memorable experiences for the guests visiting our properties—we strive to improve their lives through their interaction with us.

· 改善我们顾客的生活：无论我们是帮助我们酒店的特许经营人还是度假村的隶属公司的业务，或者为我们酒店的客人创造难以忘怀的经历——通过他们与我们的互动，我们要努力改善他们的生活。

· Support our communities: As a large company, we provide employment that helps out the communities in which we operate. But the Wyndham philosophy is that is not enough. We need to give back to our communities to improve the world around us. We have created the Wishes by Wyndham program which embodies our philanthropic donations including the use of our time to help others.

· 支持我们的社区：作为一家大公司，我们要为我们经营范围内的社区提供就业机会，帮助他们。但温德姆的哲学是：那还不够。为了改善我们的周围世界，我们需要回报我们的社区。我们已经做出了温德姆愿望的计划安排，这个愿望的计划安排具体说明了我们的慈善捐助，其中包括利用我们的时间帮助他人。

四、集团社会责任

在温德姆国际公司，公司的社会责任不是一个要完成的项目，也不是一个要遵守的方针政策，而是一种生活、工作和娱乐的方式，这种方式诠释了集团的前景目标和价值观，展示了集团的多样化和维持了职业与个人需求的平衡。公司不仅对集团工作的社区有责任，而且对每一位客人、投资人、商业伙伴和同僚都有责任。

1. 环保责任

温德姆国际公司明白，集团的商业活动影响地球及其资源。集团将继续努力保护资源，保护自然栖息地，防止污染。集团将通过以下几个方面进行全球合作，并在各地区采取行动：

·在项目、产品和服务方面研发最佳环保方法，实施可持续发展实践方法

·设立环保目标，改善空气质量，减少水和能源使用，并重复利用，跟踪成效

·与集团的同僚、供应商、业主和当地社区合作，把环境影响降到最低点

·参与当地社区环保活动，遵守当地政府的环境法

2. 多样化

温德姆公司作为世界上最大的酒店集团之一，在正常经营的过程中，非常重视多样化。多样化丰富了集团的绩效和服务、丰富了集团生活和工作的社区，丰富了员工和顾客的生活。

集团努力培养全球的员工，虽然他们的背景不同、经历不同、观点不同，但都受到同样的重视。集团的文化丰富多样，在这种丰富多样的文化当

中，为了良好的工作表现，个人忠于职守、职业发展机会和赞誉都是日常的事情。

由于集团的工作人员反映出集团的社区和全球市场的多样化，理解、重视和容纳各种不同的努力变得越来越重要了。集团是机会平等的公司，不以种族、肤色、宗教、性别、性取向、公民身份、婚姻状况、资深状况、原籍、年龄和残疾为由，直接或间接歧视现在或未来的员工，尊重法律和规章制度规定的任何其他保护。

接受多样化是温德姆国际公司的正常课程，支持集团公司的人就像集团为休闲和商务客人提供的产品和服务一样也是多样化的。温德姆国际公司重视各级和所有业务单位的多元化。多样化激励分为四个方面：供应商多样化、劳动力多样化、多种文化市场和少数民族。

通过促进供应商之间的多样化，美国的公司对集团经济的全面发展具有深刻的影响。少数民族和妇女拥有的公司属于当今美国发展最快的企业之列。通过与他们合作，像温德姆这样有进取心的公司会帮助他们开发新的概念和创造新的机会，这不仅有助于他们自己的业务，也有助于美国经济的总体实力和活力。就在集团寻求改善集团盈亏底线、有成本效益的方法的时候，与少数民族和妇女拥有的企业领导合作是至关重要的，因为他们的风格更有创造性和创新性。

集团的使命就是要发展和实施供应商多样化的方法，这种方法成为集团完善自我和文化的一部分。只要合适，就使用有资质的、优秀的各种供应商，通过降低成本、提高质量和增加收入，最终取得增加价值的结果。温德姆国际公司业务单位和品牌实行全方位的供应商多样化奖励方法，为有资质的少数民族和妇女拥有的企业提供寻找潜在业务的机会。在温德姆公司，集团对多样化的供应商采取统一的方法，在培养员工和顾客更加忠诚的同时，更好地改善业务方法。

多元文化市场的目标就是要与目标顾客结成长期友好的关系，这种关系会增加新的业务收入和扩大市场份额。民族和多元文化的市场在美国人口和全球经济变化的认识方面已经引起了关注。

尊重他人是核心价值观，这种价值观诠释了集团的商业行为和经营哲学。在温德姆国际公司，集团努力想到包涵，尊重差别，为每位同僚提供最佳工作的机会。

3. 慈善事业

作为温德姆国际公司的核心价值观的一部分，集团强烈地感受到尽集团所能去改善集团周围的世界是集团的责任。就是这一核心价值开创了温德姆国际公司愿望。一队队志愿者的义工证明了集团支持慈善，反映了集团帮助妇女和儿童的兴趣。

温德姆国际公司是世界上最大的酒店集团之一，每年在一些世界上最漂亮的旅游目的地为数以百万计的顾客服务，给他们留下了难以忘怀的度假经历。温德姆的同僚、业主和特许经营人致力于提高集团所在社区的生活质量。在向集团生活和工作的社区提供服务的同时，温德姆的同僚在全世界合作是为了一个共同的使命。以下就是全公司支持的 4 家慈善机构：华尔宿营洞协会（Hole in Wall Camps）、克里斯泰尔房屋国际（Christel House International）、星光儿童基金（Starlight Children's Foundation）和超越月亮（Beyond the Moon）。

华尔宿营洞协会

温德姆愿望支持华尔宿营洞协会，并积极寻找捐赠人为其捐助。温德姆要把华尔宿营魔洞的经验推广到患有严重疾病和具有生命威胁的儿童那里，多多益善，这是集团捍卫的使命。这一目标与集团对改善世界儿童生活质量的关注相一致。长期以来集团始终支持这一组织，并与北卡罗莱纳的胜利连接队营（Victory Junction Gang Camp）保持着良好的关系。在 2007 年和 2008 年，公司以温德姆锦标赛的赞助商向该营提供了赞助。

公司员工也投身于资助华尔宿营洞的活动中。在最近的一项营地沼泽小溪活动中，公司为露营儿童捐赠了盛有冰棒的冰袋。在 2007 年的温德姆锦标赛上，成功地举办了迷你高尔夫球赛，公司向胜利连接队营捐赠了资金；在领袖峰会的员工为参加营地沼泽小溪活动的儿童做了摇椅。

克里斯泰尔房屋国际

温德姆捍卫克里斯泰尔房屋国际的使命：帮助世界儿童摆脱贫困，独立自主，成为为社会作出贡献的人。

克里斯泰尔房屋国际由克里斯泰尔·哈纳－温德姆拥有的 RCI 的共同创始人和作为他们的路（Their Way）董事会成员的一位妇女创办的。克里斯泰尔房屋国际将继续与温德姆愿望合作，承办像国际慈善高尔夫锦标赛这样特别活动。克里斯泰尔房屋国际在印度、墨西哥、南非、委内瑞拉和美国都有学习中心，在塞尔维亚还有奖学金项目。

克里斯泰尔房屋国际通过提供教育和工作机会、社区支持、医疗卫生、咨询等，改善贫困儿童的生活。

星光儿童基金

星光儿童基金通过娱乐、教育和家庭活动帮助重病儿童及其家属战胜痛苦、恐惧和孤独。星光儿童基金成立于 25 年前，总部设在洛杉矶。星光儿童基金帮助加拿大、日本、英国和美国的儿童实现他们的愿望。星光儿童基金与 1000 多家儿童医院有联系，在当地为星光儿童基金的家庭开展放松和娱乐等特别活动。这些特别活动为各个家庭提供了与其他家庭联系和交朋友的机会，也为家庭团聚提供了机会。

超越月亮

超越月亮为患有危及生命疾病的儿童及其家人提供机会，让他们共度珍贵的欢快时光，远离医院和日常治疗，在儿童友好的环境中，度过一个免费的、无忧无虑而又难忘的假期。

超越月亮与温德姆共同推出特别假期计划，这些计划完全是为了使每一个家庭——通常是第一个和最后一个一起——尽可能度过一个既舒适又无忧无虑的假期。在全球，为了支持温德姆所在国家的儿童，与温德姆奖励合作的伙伴允许其成员捐赠积分。这让集团的支持既实际、透明，又令人满意。超越月亮打算每周至少向一个家庭提供一个无忧无虑的假期。超越月亮接受的支持越多，受助的家庭就越多。

4. 集团愿景

温德姆在亚太地区的愿景

温德姆国际公司与亚太地区同僚齐心协力，共同为生活和工作的社区服务。温德姆愿景在这一地区最值得骄傲的成就之一就是于 2007 年在澳大利亚的昆士兰黄金海岸推出了梦幻世界的梦幻假期（Dream Day at Dreamworld）活动。集团为来自澳大利亚和新西兰的一批有特殊需要的儿童举办了使他们难以忘怀的活动。

温德姆在欧洲、中东和非洲的愿景

温德姆国际公司与其欧洲的特许经营企业都支持超越月亮，获得了一个奉献和捐助的银奖。这个奖项是奖励温德姆资助 20 多个患有重病儿童的家庭，与他们共同度过一个免费、无忧无虑的假期。

集团欧洲的酒店在前台摆放了超越月亮的为儿童捐零钱（Change for Children）的箱子，在每间客房放了捐款的信封。

除了与温德姆奖励合作向超越月亮捐赠捐献积分外，温德姆还通过当地团队建设、网络、市场和产品相关的活动延伸其资助，目的是多筹集一些资金。

温德姆在北美洲的愿景

在北美的温德姆国际公司致力于改善其周围的世界。北美的志愿团队与华尔宿营洞协会、克里斯泰尔房屋国际、星光儿童基金和超越月亮合作，为集团周围的社区服务。

自从 2007 年 RCI 克里斯泰尔房屋国际慈善高尔夫锦标赛举办以来，温德姆一直是其活动的赞助商。温德姆国际公司的 RCI 印第安纳波利斯（美国印第安纳州首府）办事处于 2008 年开展了 6 周的募捐活动，为克里斯泰尔房屋国际慈善机构募集了 100000 美元。

北美的员工还参加了许多华尔宿营洞协会的活动，为患有重病的儿童在营地开展了无忧无虑、教育、身体健康和医学等活动，让他们亲身体验营地的魔力。这些全国性的活动都在以下地区举办过：佛罗里达的欧斯特迪斯、纽约的卢塞恩湖、康涅狄克的纽海温、加州的圣·莫妮卡和北卡罗来纳的圆德曼等。

五、集团财务状况

对于温德姆公司近两年的财务经营状况，我们从资产、收入、经营和每股收益等方面进行了比较。公司 2008 年的总资产为 95.73 亿美元，比 2007 年的 104.59 亿美元减少了 8.86 亿美元；营业净收益为 42.8 亿美元，比 2007 年的 43.6 亿美元减少了 7900 万美元，降幅为 2%。受经济危机影响，公司 2008 年效益比 2007 年有所下降，经营业绩欠佳。

表 7-2-1 温德姆集团的财务状况

（百万美元）	2008 年	2007 年	变化
总资产	9573	10459	(886)
负债	7231	6943	288
股东权益	2342	3516	(1174)
营业收入净额	4281	4360	(79)
支出	5111	3650	1461
经营收入	(830)	710	(1540)
其他净收入	(11)	(7)	(4)
利息支出	80	73	7
利息收入	(12)	(11)	(1)
税前收入	(887)	655	(1542)
计提所得税	187	252	(65)
纯收入	(1074)	403	(1447)

表 7-2-2 温德姆集团经营统计表

	2008 年	2007 年	变化
酒店			
房间数量	592900	550600	8
每间可销售房收入	$5.74	$36.48	(2)
忠诚计划、市场营销及预订收入	$482709	$489041	(1)
度假交换与出租			
会员平均数	3670	3526	4
每位会员的年费和交换收入	$128.37	$135.85	(6)
假期出租交易	1347	1376	(2)
假期出租平均净价	$463.10	$422.83	10
度假所有权			
VOI 销售总额	$1987000	$1993000	——
旅游	$1143000	$1144000	——
顾客均量	$1602	$1606	——

公司股价方面，2008 年和 2007 年的普通股升降变化情况如下表所列。对照 2007 年和 2008 年的公司股价发现，2007 年集团普通股股价最高达到 38.69 美元，为两年的最高值；受金融危机的影响，2008 年公司股价大幅下降，最低至 2.98 美元。

表 7—2—3　温德姆集团股价变化

美元	最高股价	最低股价	每股分配现金
2008 年			
第四季度	15.29	2.98	
第三季度	20.55	14.88	
第二季度	24.21	17.91	
第一季度	24.94	19.25	
2007 年			
第四季度	33.46	23.56	
第三季度	38.69	28.32	
第二季度	38.04	34.40	
第一季度	35.48	29.95	

六、集团在中国的发展

温德姆酒店集团于 2007 年正式进入中国，2008 年 6 月 11 日，温德姆酒店集团（Wyndham Hotel Group）推出了一个中文版的多品牌酒店预订网站，旨在进一步推动其在中国的品牌：温德姆、华美达、天天客栈、豪生、速 8 的酒店预订业务，用户可以使用汉语在网站上（www. whghotels. cn）完成相关的预订流程。这个中文网站是对现有的品牌中英文网站的补充。新网址将出现在温德姆酒店集团在中国的所有品牌广告及推广中，为游客提供"一呼即应"的服务。目前在中国，温德姆旗下品牌的酒店近 200 余家。

豪生酒店集团（Howard Johnson International China）于 1999 年进入中国，并获得了国家认可的相关资质，一直以来，公司致力于中国大陆、香港、澳门与中国台湾地区引进当地的文化相结合的前瞻性酒店管理理念。进入中国的豪生，有六个层次的品牌，豪庭大酒店（白金五星）、豪生大酒店（五星级行政豪华酒店）、豪生商务会所酒店（商务客人的专属五星级酒店）、豪生酒店（四星级的时尚商务酒店）、豪生度假村（五星级度假及会议酒店）、豪生全套房酒店（全套家居式布置）。到 2009 年，豪生国际在中国遍及 16 个城市，经营 26 家酒店，豪生在中国的目标是成为领先中国市场的国际品牌，在 2010 年，豪生计划在中国开 100 家酒店。

速 8 于 2004 年 4 月 22 日正式登陆中国，截止到 2009 年，速 8 已经成功地在中国北京、上海、天津、杭州、厦门、深圳、苏州、南京、大连、沈阳、成都、武汉、长沙、西安、无锡、宜宾、呼和浩特、哈尔滨、乌鲁木齐、南昌、昆明、重庆、诸暨、兰州这 24 个城市，拥有 113 家速 8。速 8 在中国的发展不是"圈地式"的发展，速 8 在中国的发展，复制了其在美国的做法，一门心思地走着经济型品牌酒店授权管理的路子，全部采用特许加盟的模式快速"繁殖"，同时辅以国内区域代理的力量，再加之美国速 8 的成功经验，使其在中国的发展跳跃了一般经济型酒店品牌，也跳过了缓慢的启动期。用本土化的经营加上速 8 国际化标准的"双赢模式"，速 8 中国承袭了速 8 酒店全球一致的"干净，友好"的国际化标准服务，在未来的 9 年里，速 8 计划在中国 200 个城市登陆发展 1000 家加盟店及直营店。

2008 年 2 月 16 日在中国广州隆重举行的中国酒店业人力资本大会上，速 8 中国被授予"中国酒店业最佳雇主"的奖项，该大会是由中国酒店杂志社、中国旅游报社、中国酒店业人才网、中国酒店业名人俱乐部联合举办。另外，速 8 中国也被指定为 2008 年北京奥运会期间的奥运村服务高级管理团队成员之一。

戴斯酒店集团于 2004 年进入中国。在中国，旗下品牌包括三星、四星、五星、戴斯商务酒店、戴斯酒店公寓。作为国内发展速度最快的中高档酒店品牌，美国戴斯酒店集团（中国）总部设在北京，由辅特酒店管理集团（新加坡）管理。美国戴斯酒店集团（中国）致力于以适合的价格为当今的商务人士提供专业的设施和贴心的服务，目前在中国大陆旗下拥有 16 家五星级豪华酒店，27 家四星级酒店，4 家三星商务型酒店，1 家酒店式公寓以及 8 家三星级酒店。如今，美国戴斯酒店集团（中国）的 58 家酒店覆盖了中国大陆 18 个省，4 个自治区的 28 个城市。

华美达于 2004 年进入中国，进入中国的华美达品牌包括三个层次的酒店，华美达酒店、华美达安科技对岸、华美达广场酒店，截至 2009 年中国境内共有 34 家华美达品牌酒店，分布于北京、上海、东莞、厦门、大连、苏州、杭州、南京、武汉、无锡等一些大城市，该公司于 2009 年 4 月 6 日宣布，为了继续开拓中国市场将在中国新建两座酒店，全球最大的华美达酒店——拥有 1000 间客房的海南省博鳌华美达套房酒店，以及拥有 548 间客房的安徽省的黄山华美达酒店。

第三节　万豪国际集团
Marriott International

集团总部：
美国华盛顿特区马里兰州贝塞斯达市，费尔恩伍德路 10400 号
10400 Fernwood Road，Bethesda，MD 20817，301/380－3000
知名品牌：

万豪酒店及度假村 Marriott Hotels & Resorrs

JW 万豪酒店及度假村 JW Marriott Hotels & Resorts

万丽酒店及度假村 Renaissance Hotels & Resorts

万豪万怡酒店 Courtyard by Marriott

万豪公平地客栈 Fairfield Inn by Marriott

万豪居住客栈 Residence Inn by Marriott

万豪城镇套房 TownePlace Suites by Marriott

万豪春山套房 SpringHill Suites by Marriott

丽兹—卡尔顿酒店公司 The Ritz—Carlton Hotel Company, L. L. C.

万豪行政酒店 Marriott ExecuStay

万豪会议中心 Marriott Conference Centers

万豪国际度假俱乐部 Marriott Vacation Club International

丽兹—卡尔顿目的地俱乐部 The Ritz－Carlton Destination Club

万豪行政公寓 Marriott Executive Apartments

布尔伽利酒店及度假村 Bvlgari Hotels & Resorts

万丽运动俱乐部 Renaissance Club Sport

埃迪森酒店 Edition Hotels

尼克欧迪昂度假村 Nickelodeon Resorts

签名酒店 Autograph Collection

一、集团历史概况

当 1927 年 J. 维勒德·万豪和爱丽斯·S. 希茨在华盛顿特区开办起 A&W 沙士汽水摊时，他们并不知道自己的小生意将会发展为饭店业的"领头羊"。

在过去的 80 多年里，万豪经历了巨大的发展和成功，从最初拥有 9 个座位的汽水摊，到成为世界饭店业领先企业，纽约股票市场上市公司。2008 财政年度，万豪国际集团的销售额达 130 亿美元，集团拥有大约 146000 名员工，560681 间客房，3178 家酒店。目前万豪集团共有 18 个酒店品牌，其中 11 个是国际豪华和超豪华酒店品牌，是目前世界上拥有酒店品牌最多的酒店集团。万豪国际集团的目标是通过建立品牌和不断发展其业务，创造巨大的价值。公司致力于相关利益群体的共同发展，为顾客提供优质的服务，为员工提供良好的发展机会和为股东及企业所有人提供回报。

多年以来，许多事情发生了改变，但有一件事永不会变，那就是万豪的服务精神。对他人的奉献是集团成功的基础，它反映出集团真心地渴望顾客和员工的生活以及集团工作和生活的社区有所改善，其宗旨在于关怀他人，这就是万豪的服务传统。

万豪发展史

1927 年：J. 维勒德·万豪与爱丽斯. 希茨在美国犹他州盐湖城结婚，随后维勒德带着他的新娘迁往华盛顿特区。当年春天，维勒德与爱丽斯开办起拥有 9 个座位的 A&W 沙士汽水摊，后来他们称为"热店"（The Hot Shoppe）。

1927-1928 年冬：菜单中加入了墨西哥辣菜品。

1929 年：热店正式成立有限公司，发明了对路边乘客的餐饮服务。

1934 年：热店扩展到美国马里兰州巴尔的摩市。

1937 年：在胡佛地（现为美国五角大楼所在地）开办了航空餐饮服务业务。分店被命名为"航空餐饮服务公司"（In-Flite Catering），为首都航空公司、东部航空公司以及美国航空公司提供餐饮服务。

1939 年：万豪与美国财政部签订第一份饮食服务管理合同。

"二战"期间：热店为成千上万在首都国防工业工作的人员提供餐饮服务。

1945 年：第一家热店自助餐馆在华盛顿特区麦克林花园成立，热店与政府签订第一份餐饮服务合同；航空餐饮服务公司与迈阿密国际机场签订第一份机场餐饮服务合同。

1953 年：万豪股票以每股 10.25 美元上市发行并于 2 小时内售罄。

万豪餐饮服务公司与儿童医院和美国大学签订第一份机构和学校餐饮服务合同。万豪公路分店在美国新泽西州高速路开设了几家热店。

1957 年：万豪在美国弗吉尼亚州的阿灵顿市开设第一家酒店，拥有 365 间客房，名为双子桥汽车酒店。

1964 年：J. W. 小万豪被任命为总裁。

1965 年：万豪基金会成立。

1967 年：公司名字由热店改为万豪有限公司；公司在美国马里兰州的比夫海茨市开办了一家食品生产与采购公司：公平地农场炊具（Fairfield Farm Kitchens）；航空餐饮服务公司在委内瑞拉开办一家店；万豪购买的第一个度假村是驼背客栈（Camelback Inn）；购买了鲍勃大男孩餐馆（Bob's Big Boy Restaurants）。

1969 年：万豪第一家国际酒店在墨西哥阿卡普尔科市开业。

1972 年：J. W. 小万豪被任命为首席执行官。

1973 年：公司获得第一批酒店管理合同。

1975 年：万豪在荷兰阿姆斯特丹市开设第一家欧洲酒店。

1976 年：公司在美国加州圣克拉拉市和美国伊利诺伊州古密市开设两家主题公园，都叫"伟大的美国"（Great America）。

1977 年：公司庆祝成立 50 周年，销售额达到十亿美元。

1979 年：一家新的公司总部在美国马里兰州的白席思德成立。

1981 年：第 100 家酒店在美国夏威夷州开业。

1982 年：本公司购得豪斯特国际公司。

1982 年：万豪购得基诺公司，并将其改名为罗伊·罗杰斯（Roy Rogers）。

1983 年：第一家万怡酒店开业。

1984 年：万豪进入分时享用度假别墅以及高档住宅市场。

1985 年：J. 维勒德·老万豪逝世；万豪批发中心在美国马里兰州萨维奇成立。

1987 年：万豪购得住宅客栈公司，通过公平地客栈进入中低档酒店业。

1989 年：第 500 家酒店在波兰华沙开业。布里奇斯（Bridges）万豪残疾人基金会成立。

1990 年：走向独立之路：万豪福利工作计划建立。

1993 年：公司分为万豪国际公司和豪斯特万豪有限公司。

1995 年：万豪购得丽兹·卡尔顿酒店公司，L. L. C。

1997 年：万豪购得万丽酒店集团并引进城镇套房、公平地套房和万豪商务住宅品牌。

1998 年：第 1500 家酒店开业，销售额达到 80 亿美元；Sodexho 联盟获得万豪食品服务和设施管理业务。

1999 年：万豪购得商务公寓住房建筑公司。

2000 年：第 2000 家酒店在美国佛罗里达州坦帕市开业，名为坦帕水边酒店（the Tampa Waterside Hotel）。

2002 年：万豪庆祝成立 75 周年。公司拥有 2300 多家酒店；156 家高级生活服务社区；20 万名员工；在 63 个国家和地区开展了业务；年销售额达到 200 亿美元。

2002 年：万豪宣布出售和抽资脱离高级生活服务社区和配售服务中心。

2002 年：万豪开设第 500 家长住的酒店，相当于总数 400 家住宅客栈和 100 套城镇套房。

2002 年：公平地客栈在美国阿肯色州的罗杰斯开设第 500 家酒店。

2002 年：万豪在世界范围内开设第 2500 家酒店，在美国亚利桑那州凤凰城建成 JW 万豪沙漠屋脊度假和温泉酒店（JW Marriott Desert Ridge Resort & Spa）。

2002 年：万豪在北美市场的份额增加到 8%。

2003 年：在 1400 家酒店配备了高速互联网连接，远超竞争对手；还在

900多家酒店的大堂、会议室和公共区域安装了无线网络连接。网站预订收入达14亿美元，比2002年增加25%。

2004年：万豪国际度假俱乐部成立20周年。

万豪行政酒店达到30家特许经营的市场目标，扩大到南加州、圣路易斯和威斯康星州。收入总额为100亿美元，净收入5.94亿美元。增加了24000多间客房和分时共享单位，把全球万豪酒店和分时共享单位（484690间客房）增加到2632家。

华美达在阿姆斯特丹开了第200家酒店。

网站预订收入达18亿美元，比去年增加41%。

万豪把华美达出售给了升达特。

2005年：万豪与怀特布莱德公司组建了合资公司，购得怀特布莱德公司特许经营的46家万豪和万丽酒店及度假村，拥有8000多间客房，各占50%股权。作为合资公司的一部分，万豪接手管理这些酒店；根据万豪长期管理协议，合资公司有意向新业主出售这些酒店。

互联网销售总额达32亿美元，比2004年增加42%，接近85%的互联网销售是在万豪网站预订的。

2006年：一月，万豪在纽约市开了第500家住宅客栈，这是纽约市第一家住宅客栈；在华盛顿开了第700家万怡酒店；在欧洲揭开了新万怡酒店的原型：巴黎万怡；通过向客人推广一站式服务，万豪网站迎来了10周年的生日；为了开展保护自然环境和减少资源消耗活动，万豪把4月作为第一个年"环境意识月"；9月，在美国和加拿大的所有酒店都成为"无烟"酒店。

与怀特布莱德组建的合资公司出售给了RBS。

互联网销售总额达43亿美元，比2005年增加35%，接近87%的互联网销售是在万豪网站预订的。

万豪回购了1580000000千万公司普通股股票。

2007年：2007年万豪经过了历史上2个重要里程碑：庆祝万豪成立80周年和万豪进入酒店业50周年。继续我们创新和服务精神80年传统，比尔．万豪在一月开了博客：前进的万豪。1 月 8 日万豪网站一天就有 55109 个预订，创了纪录，总收入达 1700 万美元，从二月开始，在美国和加拿大，2300 多家万豪餐厅经过 8 年的努力，停止使用部分合成的氢化油。万豪获得美国环境保护署的 2007 年能源之星持续优秀奖。公司在 2010 年前将实现每间客房减少温室气体 6％的目标。

万豪宣布与 Nickelodeon and Miller Global Properties，LLC 合作，共同开发一种新的度假村品牌和让游客寻求快乐和冒险的概念，即 Nickelodeon by Marriott。

万豪宣布与时尚酒店先锋 Ian Schrager 合作，共同创建第一个真正意义上的全球时尚酒店品牌：Edition。

北京 JW 万豪酒店是万豪开业的第 3000 家酒店。

互联网销售总额达 54 亿美元，比 2006 年增加 26％，接近 87％的互联网销售是在万豪网站预订的。

万豪回购了 1780000000 千万公司普通股股票。

2008 年：旅游业受到金融危机的广泛影响。

万豪重组和其他收费总额为税前的 1.92 亿美元，纯利润 3.62 亿美元。

万豪奖励项目持续了 25 年。拥有成员 3 千万，在 65 个国家开设的酒店达 2900 家。

为了应对气候变化，公司宣布了五点环保计划。作为计划的一部分，万豪向亚马孙持续基金会（the Amazonas Sustainable Foundation）提供 2 千万美元的赞助，帮助保护 140 万英亩濒临灭绝的雨林。

万豪营业的客房超过 33000 间，几乎 25％在北美之外的国家和地区。

互联网销售总额达 62 亿美元，比 2007 年增加 15％，接近 87％的互联网销售是在万豪网站预订的。顾客采用万豪新移动预订引擎的预订超过 2 千万美元。

二、集团旗下品牌介绍

万豪集团在世界各地拥有 3178 家酒店、度假村和套房酒店。其中在美国 2748 家，世界其他地区 430 家。

丽兹—卡尔顿酒店公司 The Ritz—Carlton Hotel Company，L. L. C.

1898 年，恺撒—丽兹的巴黎里兹酒店在市中心旺多姆广场正式开业。同年，恺撒—丽兹（Cesar Ritz）在伦敦创建了丽兹酒店有限公司（The Ritz Hotel Limited），以经营巴黎丽兹酒店。1906 年，伦敦卡尔顿酒店开业。现在的丽兹—卡尔顿酒店名称是巴黎丽兹酒店和伦敦卡尔顿酒店名称合并而来的。1908 年，他在法国和伯尔尼将 Ritz 进行了商标注册。他的遗孀于 1920 年将商标权出让给了丽兹酒店有限公司，该公司至今仍是其商标的所有者，经其许可，丽兹—卡尔顿酒店公司拥有此商标的使用权（Ritz ® is a registered service mark of the Ritz Hotel，Limited，Paris and is used by The Ritz—Carlton Hotel Company under licence）。

近一个世纪以来，丽兹—卡尔顿已经成为奢华服务的代名词。丽兹—卡尔顿在世界范围内是最好的住宿条件、餐饮条件和服务的象征，两次获得 Malcolm Baldrige 国家奖。它把豪华酒店提升至奢华的境界，带给客人的奢华享受独一无二、贴心和回味无穷。现在全球 24 个国家有 70 余家丽兹—卡尔顿酒店和度假村以及 40 家丽兹—卡尔顿公寓。丽兹—卡尔顿分布在美国以外地区的酒店数量占其全球酒店数量的一半，与其他奢华酒店品牌相比，丽兹—卡尔顿在亚太地区的发展战略更为强劲，至 2015 年，亚太地区的酒店数量将从目前的 16 家增至 25 家。

• 公司总部

美国马里兰州赛维蔡斯威拉德大街 4445 号，邮编 20815（4445 WILLARD AVE. ，SUITE 800 CHEVY CHASE，MD 20815 USA）

• 公司历史

丽兹—卡尔顿的传奇始于曾被爱德华七世誉为"饭店业的国王和为国王服务的饭店经营者"的恺撒—丽兹。

1850 年：恺撒—丽兹出生于瑞士的尼德瓦尔德。

1898 年：恺撒—丽兹的巴黎丽兹酒店在市中心旺多姆广场正式开业。

1900 年：恺撒—丽兹计划建造并经营伦敦卡尔顿酒店，他还组织了一些酒店业主和特许经营商创立了丽兹—卡尔顿管理公司，其目的是对那些有意成立自己的酒店并遵守丽兹本人设立的服务和烹饪标准的人租赁丽兹—卡尔顿的冠名权和办公用品。

1906 年：伦敦卡尔顿酒店开业。

1910 年：丽兹—卡尔顿最著名的酒店之一在美国纽约开业。一个名为罗伯特—苟利特的商人花了 5000 美元买下了丽兹—卡尔顿的名称使用权。

1927 年：艾伯特—凯勒买下丽兹—卡尔顿在美国的冠名权及其特许经营权，成立了丽兹—卡尔顿投资公司。5 月 19 日，马萨诸塞州的波士顿丽兹—卡尔顿酒店开业，当时的房价是每晚 15 美元。从 1940 年到 1975 年，波士顿丽兹—卡尔顿酒店是当时唯一的丽兹—卡尔顿酒店。

20 世纪 60 年代：布莱克利获得丽兹—卡尔顿在北美的冠名权（除了蒙特利尔和纽约）。

1978 年：布莱克利获得了丽兹—卡尔顿在美国的商标权和美国服务商标注册权。

1983 年 8 月：威廉—约翰逊的约翰逊公司以 7550 万美元购得波士顿丽兹—卡尔顿酒店和其在美国的商标使用权，并成立了丽兹—卡尔顿酒店公司，着手开始扩张。这也被视作丽兹—卡尔顿历史上的又一个里程碑。

1984 年：巴克海特丽兹—卡尔顿酒店、亚特兰大丽兹—卡尔顿酒店、尼古湖丽兹—卡尔顿酒店（首个度假村）相继开业。

1988 年：威廉—约翰逊获得丽兹—卡尔顿在全球的独家冠名权（除了拥有 210 套客房的巴黎丽兹酒店、芝加哥丽兹—卡尔顿酒店和蒙特利尔丽兹—卡尔顿酒店）。

1989 年：丽兹—卡尔顿酒店公司被评为美国"最佳连锁酒店"。

1992 年：丽兹—卡尔顿酒店公司凭借卓越的服务质量赢得美国波多里奇国家质量奖。

1993 年：亚洲第一家丽兹—卡尔顿酒店在香港开业；加勒比地区第一家丽兹—卡尔顿酒店在坎昆开业。

1994 年：丽兹—卡尔顿杂志开始发行。

1995 年：万豪国际集团开始持有丽兹—卡尔顿酒店公司 49％ 的股份，丽兹—卡尔顿酒店集团公司成立。

1997 年：丽兹—卡尔顿俱乐部和水疗事业部创立。

1998 年：万豪国际集团增持了丽兹—卡尔顿酒店公司的股份，达到 99％，至此，万豪以 2.9 亿美元从约翰逊公司手中购得了丽兹—卡尔顿酒店公司和全球丽兹—卡尔顿的冠名权。万豪决定，继续沿用丽兹—卡尔顿的名字。同年，中东地区第一家丽兹—卡尔顿酒店在迪拜开业。

1999 年：丽兹—卡尔顿俱乐部事业部创立；欧洲第一家丽兹—卡尔顿酒店在巴塞罗那开业；丽兹—卡尔顿酒店公司凭借卓越的服务质量第二次赢得美国波多里奇国家质量奖。

2000 年：第一家丽兹—卡尔顿公寓在华盛顿特区开业。

2001 年：第一家丽兹—卡尔顿俱乐部在科罗拉多州（阿斯彭高地）开业；霍斯特·舒尔策不再负责运营，成为丽兹—卡尔顿酒店集团公司的副主席。西蒙—库珀担任领导职务，出任丽兹—卡尔顿酒店集团公司的总裁兼首席运营官。

2005 年：大开曼丽兹—卡尔顿酒店开业。

2006 年：丽兹—卡尔顿在中国的第三家酒店开业：北京金融街丽兹—卡尔顿酒店。

· 关于巴黎丽兹酒店

巴黎丽兹酒店（法语：Hôtel Ritz Paris）1898 年开始营业，也是世界上最早的丽兹酒店。位于巴黎市中心旺多姆广场，是世界最著名和最豪华的宾馆之一。

该建筑于 18 世纪初开始建造，最早用于私人住宅，建筑物的外观是由朱尔斯·阿杜安·芒萨尔（Jules Hardouin Mansart）设计，这位设计师也曾参与设计了著名的凡尔赛宫。1854 年佩雷兄弟（Péreire brothers）将其改建成他们的信贷和金融机构总部。恺撒·丽兹先生于 1898 年 6 月 1 日将其改造成酒店，和著名的烹饪专家奥古斯特·埃科菲（Auguste Escoffier）一起，让丽兹酒店成为美食与优质服务的代名词。酒店面对着著名的旺多姆广场，从客房中还可以俯瞰位于酒店后方的花园。酒店成为众多社会名流、富商聚集的场所。

海明威曾经这样评述："每当我梦见死后在天堂的生活时，梦中的场景总是发生在丽兹酒店。"当一个名叫 Cesar Ritz 的人和巴黎最美丽的广场相遇，便诞生了世界上独一无二的豪华酒店。丽兹酒店是巴黎最豪华的酒店之一，在 18 世纪时曾经是一处私人住处。1898 年，创始人恺撒·丽兹在巴黎的心脏地带建立了这个奢华的宫殿。在过去的 100 多年中，美国、瑞典、葡萄牙、西班牙等国王室，威尔士亲王，戴安娜王妃，COCO CHANEL，玛丽莲·梦露，奥黛丽·赫本，莎朗斯通，麦当娜，施瓦辛格等明星都曾经入住或在这里就餐。1997 年 8 月 30 日，英国王妃戴安娜在深夜离开酒店 10 分钟后发生车祸，与丽兹酒店老板的儿子多迪双双丧命，这也成了一代名妃与丽兹的最后约会。1934 年春，当法西斯企图攻占巴黎时，夏奈尔决定离开巴黎近郊的住所，带着女仆、家具住进了巴黎丽兹酒店，从此这里成为夏奈尔永远的家。大名鼎鼎的夏奈尔夫人在这里一住就是 30 年，还留下了"丽兹是我家"的名言。

· 黄金标准（Gold Standards）

黄金标准是丽思兹·尔顿酒店集团公司的基础。这些标准涵盖了丽兹—卡尔顿在经营中所奉行的价值观，其中包括：

1. 信条（The Credo）

The Ritz—Carlton Hotel is a place where the genuine care and comfort of our guests is our highest mission.

We pledge to provide the finest personal service and facilities for our guests who will always enjoy a warm, relaxed, yet refined ambience.

The Ritz—Carlton experience enlivens the senses, instills well—being, and fulfills even the unexpressed wishes and needs of our guests.

丽兹—卡尔顿以客人得到真诚关怀和舒适款待为最高使命。

我们承诺为宾客提供细致入微的个性化服务和齐全完善的设施，营造温暖、舒适、幽雅的环境。

丽兹—卡尔顿之行能使您愉悦身心、受益匪浅，我们甚至还能心照不宣地满足客人内心的愿望和需求。

2. 座右铭（Motto）

At The Ritz—Carlton Hotel Company，L. L. C.，"We are Ladies and Gentlemen serving Ladies and Gentlemen." This motto exemplifies the anticipatory service provided by all staff members.

丽兹·卡尔顿酒店集团公司的座右铭是"我们以绅士淑女的态度为绅士淑女服务"，而丽兹—卡尔顿全体工作人员服务先行的态度正是最好的佐证。

3. 优质服务三部曲（Three Steps of Service）

A. A warm and sincere greeting. Use the guest's name.

热情真诚地问候客人。亲切地称呼客人的姓名。

B. Anticipation and fulfillment of each guest's needs.

预期每位客人的需求并积极满足。

C. Fond farewell. Give a warm good—bye and use the guest's name.

亲切送别。亲切称呼客人姓名，热情地告别。

4. 服务准则：我对成为丽兹·卡尔顿的一员感到自豪（Service Values：I Am Proud To Be Ritz—Carlton）

I build strong relationships and create Ritz—Carlton guests for life.

建立良好的人际关系，长期为丽兹—卡尔顿吸引客人。

I am always responsive to the expressed and unexpressed wishes and needs of our guests.

敏锐察觉客人明示和内心的愿望及需求并迅速做出反应。

I am empowered to create unique，memorable and personal experiences for our guests.

能够为客人创造独特难忘的亲身体验。

I understand my role in achieving the Key Success Factors，embracing Community Footprints and creating The Ritz—Carlton Mystique.

了解在实现成功关键因素和创造丽兹—卡尔顿法宝过程中自己所起的

作用。

I continuously seek opportunities to innovate and improve The Ritz—Carlton experience.

不断寻求机会创新与改进丽兹—卡尔顿的服务。

I own and immediately resolve guest problems.

勇于面对并快速解决客人的问题。

I create a work environment of teamwork and lateral service so that the needs of our guests and each other are met.

创造团队合作和边缘服务的工作环境，从而满足客人及同事之间的需求。

I have the opportunity to continuously learn and grow.

有机会不断学习和成长。

I am involved in the planning of the work that affects me.

专心制订与自身相关的工作计划。

I am proud of my professional appearance, language and behavior.

对自己专业的仪表、语言和举止感到自豪。

I protect the privacy and security of our guests, my fellow employees and the company's confidential information and assets.

保护客人、同事的隐私和安全，并保护公司的机密信息和资产。

I am responsible for uncompromising levels of cleanliness and creating a safe and accident—free environment.

负责使清洁程度保持最高标准，创造安全无忧的环境。

5、丽兹—卡尔顿承诺（The Employee Promise）

At The Ritz—Carlton, our Ladies and Gentlemen are the most important resource in our service commitment to our guests.

By applying the principles of trust, honesty, respect, integrity and commitment, we nurture and maximize talent to the benefit of each individual and the company.

The Ritz—Carlton fosters a work environment where diversity is valued, quality of life is enhanced, individual aspirations are fulfilled, and The Ritz—Carlton Mystique is strengthened.

在丽兹—卡尔顿，我们的员工是我们向客人提供服务的最重要资源。

我们以信任、诚实、尊重、正直和献身精神为准则，培养并最大限度地发挥员工的才能，从而实现每位员工和公司的共赢。

丽兹—卡尔顿致力于打造一个重视多元化、能够提高生活品质、实现个人抱负、稳固丽兹—卡尔顿成功法宝的工作环境。

万丽酒店及度假村 Renaissance Hotels & Resorts

万丽酒店和度假村是一个高品质的品牌，给商人、休闲旅游者或集体的会议提供全方位服务的住宿条件。通过具有鲜明特征的内部设计反映周围的环境，如临街餐厅和经验丰富的服务。独一无二的风格，有着难以言喻的吸引力。万丽酒店及度假酒店，一般坐落于世界各大著名城市的中心位置，毗连旅游景点，加上各式各样美食的相伴，为宾客带来一次毕生难忘的旅游体验。

万怡酒店 Courtyard by Marriott

万怡是万豪的一个价格中等水平的公寓，是专门为商务旅客设计的。万怡酒店深切了解商务人士的需要，度身定设称心服务。酒店内的每项设施均经过细心的挑选，务求能迎合商务宾客的要求。部分酒店设有免费宽带上网服务，随时化身成为客人的流动办公室。酒店提供丰富自助早餐，让客人以最佳状态迎接新的一天。

居住客栈 Residence Inn

每当客人来到居住客栈的时候，无论是入住一个月、一星期甚或一晚，都可以领略到万豪国际享誉全球的专业服务。当中惬意舒怀的住宿环境，令宾客犹如置身家中，忘却一切工作压力。酒店内的每间客房增设宽带上网服务，同时备有独立厨房，想亲自烹调家乡美食，一样方便简易。酒店设有住客欢聚时间，每星期提供烧烤晚会，丰富的节目安排让宾客在家以外也可找到家的暖意。

公平地客栈 Fairfield Inn

公平地客栈是为那些想寻找可靠的、优质的且价格适中的旅客提供的。它的特色是宽敞的客房、免费早餐和游泳池。每间公平地客栈均代表着洁净环境加上光线充足的客房，而亲切友善的服务态度屡获国际多项殊荣，加上相宜房价，更赢尽住客的赞赏。

城镇套房 TownePlace Suites

经常长时间外出工作的人士挑选酒店的条件特别多，而且要求会特别高，正因如此，TownePlace Suites by Marriott 便能迎合大家的需要。欢愉的氛围，亲切的服务，齐全的设施，让每位住客于工作过后，亦可投进家的怀抱。城镇套房公寓始建于 1997 年，价格适中，提供 24 小时的商务设备，周围还有很多的酒店和商场商店。酒店房间里有独立的生活和工作空间，设备齐全的厨房并且有私人电话和数据传输接线。

春山套房 SpringHill Suite

远离烦嚣都市，投进宁静假期，SpringHill Suites 是客人的完美之选。春山套房寓所始建于 1998 年，价格适中，它的房间面积比普通的标准间大 25％。公寓的特点包括各大洲的特色早餐，自助商务中心、室内游泳池、旋流温水浴和健身房。

万豪国际度假俱乐部 Marriott Vacation Club International

万豪国际度假俱乐部在世界各旅游热点提供分时度假酒店，无论您在全球哪个地区旅游，都可以入住周全完善的万豪国际度假俱乐部，任何时候，都能享受毕生难忘的旅游体验，实现写意人生的梦想。

万豪会议中心 Marriott Conference Centers

要把商务会议办得有声有色，酒店的选址非常重要。Marriott Conference Centers 毗邻各大城市的机场，尽得交通优势。配合万豪国际一贯的亲切服务和专业经验，加上先进设施与器材，必定能够满足每位商务旅客的要求。

万豪行政酒店 Marriott ExecuStay

万豪行政酒店是万豪的一个综合性品牌，专门为海内外商务客人提供全天候的服务并且为旅游者提供无差异的服务。万豪行政酒店交通便利，运作灵活，一流的服务和合理的价格。万豪行政酒店的每一个部分都是一个独立的整体，装饰各有特色，以客人为中心，满足每一个客人的需求。

丽兹—卡尔顿目的地俱乐部 The Ritz—Carlton Destination Club

丽兹—卡尔顿目的地俱乐部于 2009 年 4 月引入，是一种以产权为基础的豪华旅游项目俱乐部。俱乐部成员可以是家庭俱乐部成员，这种成员可享受俱乐部中有名称的居所，每年回来度假。俱乐部成员还可以是组合俱乐部成员，这种成员可在世界广泛的领域和根据个人经历选择居所。

Edition 酒店

Edition 酒店为宾客提供时尚精美的全球顶级目的地住宿。屡获殊荣的设计师伊恩·施拉格（Ian Schrager）于设计中融入更多个人体验与视角，格调与活力成为各处顶级场所的标志性特征。

Autograph Collection

Autograph Collection 品牌系列由众多风格迥异、个性鲜明的独立酒店组成。新颖、独特、创新等缤纷体验尽在于此。如想通过 Marriott. com 预订客房，赢取并兑换万豪礼赏，该系列堪称客人的唯一之选。

万豪行政公寓 Marriott Executive Apartments

每逢外出公干一个月或以上，必须选择一家合适的酒店，才能迎合宾客日常需要。为了给住客营造家的感觉，位处世界各大名市的 13 家万豪行政公寓，着力于每个细微地方，如摆设时尚家具、设置独立厨房和提供先进的娱乐设施，另外专设工作间，让客人犹如在家一样，既可尽情享乐，亦可专心工作。

万豪高级服务 Marriott Senior Living Services

万豪高级服务提供饮食服务、社会活动和护理技术。分布在美国的 30 多个州的 100 多个社区。万豪设施还包括布来顿花园，包括独立的全方位服务设施和生活服务区。

万豪销售服务 Marriott Distribution Services

万豪销售服务是美国实物直销的一个先驱，它会为万豪的客人提供食物及与之相关的产品。销售中心巧妙地遍布于国家的每一个角落。

三、集团市场营销

万豪市场营销

万豪集团在全球主要国际中心城市设立 27 个全球销售机构，负责为 3200 家万豪酒店销售进行客户联络和客源组织。

万豪全球预订系统

万豪集团的 MARSHA 是全球迄今最大的预订系统。2008 年，通过 MARSHA 预订系统，集团完成了 7600 万次预订，实现了 270 亿美元的客房收入，每天实现 70 万间晚的预订量。在 2005 年 TravelClick 进行的跟踪调查中，MARSHA 预订系统被评为酒店业中预订成本最低，对出租率和营业收入贡献最大的预订系统。

万豪常客奖励计划

万豪集团是全球第一家推行常客奖励计划的酒店管理公司，2008 年在全球拥有 3000 万会员，连续 8 年荣获《国际商旅》评选的"全球最佳奖励计划"。其会员客人提供的客房消费额占万豪系统客房总销售额的 53%。

另外，万豪集团还与全球各大航空公司联合实行全球销售推广计划。

四、集团品牌战略

1. **万豪品牌持久领先**：传承品牌领导地位，不断改革创新

           真正了解客人

           品牌定位依据目标客人的需求变化而调整

           对酒店产品的服务精益求精

2. **万豪酒店品牌定位**：令你更加出色。在商务旅行中，24/7 全天候工作的成功人士会竭尽全力争取成功，从而在旅行结束后尽量减少对家庭生活的影响。万豪酒店是专为这些人士设计并使他们在差旅商务活动中有更加出色表现的高档酒店。在万豪酒店，24/7 全天候工作的成功人士可以享受到令人精神焕发的酒店设施和理解他们旅途辛苦的酒店员工的热情接待，使他们

真正地放松身心。

3. **品牌特色**

贴心关怀：酒店真正理解并减少商务旅行带给客人的不便、不确定性和孤单感。酒店员工高效解决客人问题，处处为客人着想。客人感觉备受关怀。

成功的动力：酒店服务的宗旨是使客人保持最佳状态。服务项目易于客人操作。酒店设施功能齐全，设计现代、舒适、便捷、高效。客人感觉可以完全投入工作。

恢复活力：酒店通过各种设施与服务，如就寝，休闲设施和可口的餐饮，使客人保持最佳状态。令客人感到精神焕发。

现代经典：酒店设计装饰风格将现代与传统完美融合，堪称经典。

4. **休闲/度假品牌战略**

对于 24/7 全天候工作的成功人士而言，**使你更加出色**意味着在他们追求成功的同时暂时放松身心，养精蓄锐，从而以更加饱满的精神重返职业岗位。万豪酒店是专为 24/7 全天候工作的成功人士设计的高档度假酒店。万豪酒店使你的假期同样非常精彩。

5. **休闲/度假品牌特色**

贴心服务：酒店使客人忘掉日常忙碌的工作，放松身心尽情享受。提供个性化的服务使客人感觉亲切，唯我独享。让客人掌握一切细节的决定权。

恢复活力：酒店通过各种方式帮助客人暂时放下工作，惬意享受轻松悠闲的时光。为客人提供多种休闲度假方案，使客人无须为如何安排假期时光而烦恼。

地方特色：酒店极富地方特色，向客人展示当地文化，更多了解身边的世界。感受地方文化的安全场所。酒店举办的丰富多彩的活动不仅使客人感到新奇有趣，更使他们难以忘怀。

6. **万豪酒店品牌之声**

极具人性化，坚定，乐观，直率，活力四射

五、集团企业文化

今天的万豪文化来自于集团 70 多年的成功经验的积淀。万豪企业文化折射在企业内部沟通、外部客户关系协调以及构成万豪系统的全局性理念认同中。包括以下几个方面：

万豪文化

万豪的核心价值观是其文化发展的动力。这种文化影响着万豪对待员工、顾客以及社会的方式，这种方式对万豪的成功起到了重要的作用。用小 J. W. 万豪的话来说，就是 "Culture is the life—thread and glue that links our past，present，and future"，即文化是生命线和黏合剂，连接着我们的过去，现在和未来。万豪承诺平等对待员工并为所有员工提供培训和晋升机会。万豪优质服务的声誉来自 J. 维勒德·万豪长期以来所创立的传统，即热店（Hot Shoppes）简单的服务目标：

食物好，服务好，价格合理

Good food and good service at a fair price

不遗余力地为顾客服务

Do whatever it takes to take care of the customer

特别关注细节

Pay extraordinary attention to detail

以硬件环境为荣

Take pride in their physical surroundings

用创新精神发现满足顾客需要的新方法

Use their creativity to find new ways to meet the needs of customers

另外，公司积极支持社会活动，鼓励员工通过各种组织参加志愿工作；在万豪，公司不朽的文化对财政方面所产生的积极影响已得以印证。

万豪的酒店、度假村和公寓酒店是公司的质量等级的标志。这些酒店品牌是通过向客人提供一致、可靠和真诚关怀的经历使他们产生"家外之家"的特殊感受。酒店展示出多种餐厅、休息室、设备完善的健身俱乐部、游泳池、礼品店、礼宾服务、商务中心和会议设施的特点。许多下属酒店设有高速互联网。

万豪的哲学

有 75 年之久的服务于社区的经营哲学被万豪人称为"服务精神"。其核心是真诚地希望他们的生活有所不同，不论他们是顾客、同事、商业伙伴，还是邻居。这个希望是全球众多的万豪集团组织活动的核心所在。

建立稳固的社区关系需要团队的努力。要解决复杂的、通常是长期存在的问题需要依赖大量的资源、才能和专业知识。单一的公司和个人是不可能找到所有答案的。为了充分利用资源，万豪关注那些与员工和社区紧密相连的核心问题。

随着业务不断地向美国本土之外扩张，通过安排一些精心准备和能够反映酒店所在国家的风俗和文化的活动，使这些国家的人们有更多的机会共享万豪的社区精神。

核心价值观

以人为本（People first），这是万豪 75 年成功的基础。万豪长期以来一直坚信员工是最大的资产。万豪文化就是万豪的员工以实际行动为顾客所创造的服务体验。其宗旨在于服务于人。核心价值观是在 75 年前由万豪家族建立起来的，在公司一直得以良好贯彻，并将继续指导公司将来的发展，其核心价值观最重要的一点就是坚持相信员工是最大的资产。

"万豪方式"基于服务于员工、顾客以及社会的基本理念。这些理念成为万豪员工实现"服务精神"的基础。

对员工的服务精神

承诺平等对待员工并为所有员工提供培训和晋升机会。

坚定不移的信念是"员工是最重要的资产"

The unshakeable conviction that "our people are our most important asset"

为员工提供成长和个人发展的环境

An environment that supports associate growth and personal development

拥有聘用道德品质优良、有爱心、诚实可靠员工的好声誉

A reputation for employing caring，dependable associates who are ethical and trustworthy

家一般的氛围和友好的工作关系

A home—like atmosphere and friendly workplace relationships

实施激励机制，奖励员工及管理人员所作出的贡献

A performance reward system that recognizes the important contributions of both hourly and management associate

以万豪的名字和成就为荣

Pride in the Marriott name，accomplishments and record of success

关注成长、管理的和特许经营的酒店、店主以及投资者

A focus on growth，managed and franchised properties，owners and investors

对客服务精神

万豪对客服务的格言是"顾客永远是对的"

Evident in the adage，the customer is always right

不遗余力地为顾客服务

Do Whatever it Takes to Take Care of the Customer

特别关注细节

Pay extraordinary attention to detail

以硬件环境为荣

Take pride in their physical surroundings

用创新精神发现满足顾客需要的新方法

Use their creativity to find new ways to meet the needs of customers.

实用的管理方式，即"走动管理"

A hands—on management style，i. e.，"management by walking around"

不断改革和创新的服务意识

Openness to innovation and creativity in serving customers

以顾客信赖万豪的优质、统一和个性化服务的独特结合为荣，以顾客在世界各地旅行中能识别或选择万豪品牌为荣

Pride in the knowledge that our customers can count on Marriott's unique blend of quality, consistency, personalized service and recognition almost anywhere they travel in the world or whichever Marriott brand they choose

服务社会的精神

这种精神反映在日常员工和集团对当地、国内以及国际的倡议和项目的支持中每天联系当地国家和国际活动进行倡导说明。

Demonstrated everyday by associate and corporate support of local, national and

international initiatives and programs

经营的重要组成部分是"万豪经营之路"

An important part of doing business the "Marriott Way"

六、集团财务状况

对于万豪集团近两年的财务经营状况，我们从全系统销售额，住宿部分利润，连续经营收入，每股收益等方面比较。集团 2008 年的收入为 128.79 亿美元，比 2007 年的 129.90 亿美元减少了 1.11 亿美元，降幅为 1%；连续经营收入方面，2008 年为 3.59 亿美元，2007 年的连续经营收入为 6.97 亿美元，同比下降了 51.5%；相应地，每股摊薄收入 2008 年为 0.99 美元，比 2007 年的 1.75 美元下降了 56.6%。可见集团 2008 年效益比 2007 年大幅下降，受经济危机影响，经营业绩不佳。下面是自 2005 年以来公司收入和连续经营收入的变化对照。

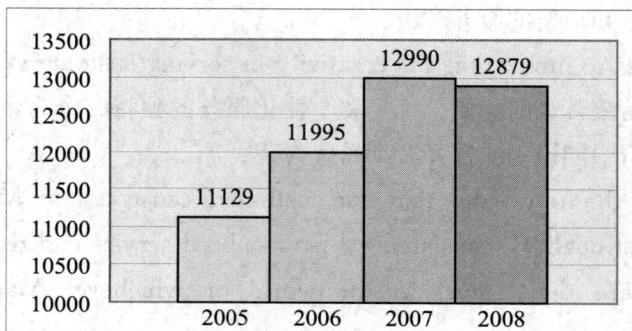

图 7—3—1　全系统销售额（按百万美元计算）

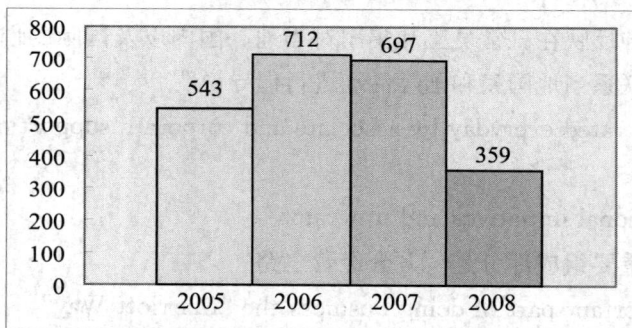

图 7—3—2　集团连续经营收入（按百万美元计算）

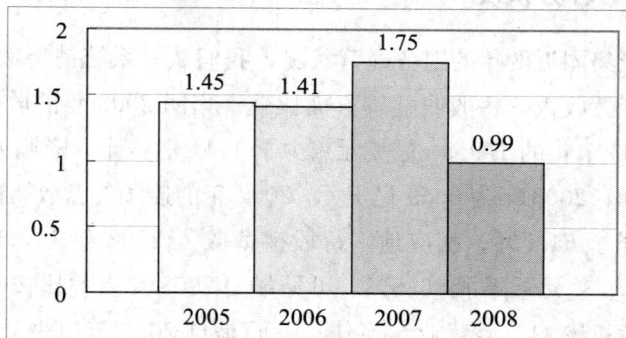

图 7—3—3　集团连续经营每股收入（按美元计算）

资料来源：http://www.marriott.com

集团股价方面，2008 年和 2007 年的普通股升降变化情况以及近两年来各季度每股分配现金数如下表所列。另外，对照自 2005 年以来的每年集团股价发现，2007 年集团普通股股价最高达到 52 美元，为近几年的最高值。之后集团股价有所下降，2008 年的股价降至最低 11.88 美元。

表 7—3—1

美元	最高股价	最低股价	每股分配现金
2008 年			
第四季度	30.24	11.88	0.0875
第三季度	30.27	22.12	0.0875
第二季度	37.89	28.33	0.0875
第一季度	37.59	31.17	0.0750
2007 年			
第四季度	45.10	31.34	0.0750
第三季度	48.85	39.70	0.0750
第二季度	52.00	43.90	0.0750
第一季度	51.50	44.79	0.0625

资料来源：http://www.marriott.com 2008Annual

七、集团在中国的发展

1994 年至 1995 年间，营业额居全球酒店行业首位的万豪国际集团组成由多数华裔参加的中国市场调查小组，历经广泛、详细、周密的调查分析推断，形成了上百页的中国市场对策报告，并形成了进入中国市场的初步计划。

由万豪国际酒店集团管理的北京金域万豪酒店经过重新装修后，2002 年 10 月 25 日以全新面貌正式开业迎宾。在建中的北京华贸中心也将引进万豪酒店集团下属两大顶级品牌——超豪华酒店丽兹·卡尔顿（The Ritz—Carlton）和国际五星级酒店万豪（Marriott）。

1997 年，开发长江三峡之际，与重庆方面合作，管理重庆万豪大酒店。一年后重庆万豪酒店通过了国家旅游局五星级评定，成为重庆市首家五星级酒店，同时，还获得了美国酒店业评定的最高荣誉五星钻石奖。自此，万豪正式进军内地。随后，大连万豪开张，然后是上海、武汉、南京、广州等地，万豪旗下的万豪、万怡、万丽、新世界等 12 个品牌在内地迅速蔓延，至 2002 年，内地加盟的酒店数已经达到了 24 家，平均一年新开业近 5 家。在 2002 年上海的财富论坛上，万豪公司董事长比尔·万豪先生重申了"展望未来，中国在本世纪将成为最大的酒店市场"，表现了其对中国市场的信心。

万豪国际酒店集团通过兼并新世界酒店集团正式进入中国市场，在中国已发展了 46 家已开业酒店和 30 家在建中酒店。丽兹·卡尔顿、万豪、JW 万豪、万丽、万怡、万豪行政公寓齐聚中国。

表7-3-2　万豪中国概况

品牌	现在分布		计划/在建中		共计	
	酒店	房间数	酒店	房间数	酒店	房间数
丽兹·卡尔顿	7	2341	3	854	10	3195
JW 万豪	5	2396	5	1794	10	4190
万豪	10	5026	9	4360	19	9386
万丽	12	5561	5	1608	17	7169
万怡	6	1754	7	2166	12	3655
万豪行政公寓	3	625	1	96	4	721
其他物业	3	978	—	—	3	978
共计	46	18681	30	10878	76	29559

第四节　希尔顿酒店集团
Hilton Hotels Corp.

集团总部：

美国加利福尼亚州，麦克莱恩市琼斯科道 7930，1100 室

7930 Jones Branch Drive，Suite 1100，McLean，Virginia 22102，USA

2009 年，希尔顿酒店集团（HLT）宣布，把公司总部迁往弗吉尼亚州的费尔法克斯县

FairfaxCounty

知名品牌：

华尔道夫酒店及度假村 Waldorf Astoria Hotels & Resorts

康拉德酒店及度假村 Conrad Hotels & Resorts

希尔顿 Hilton

逸林 Doubletree

使馆套房大酒店 Embassy Suites Hotels

希尔顿花园客栈 Hilton Garden Inn

汉普顿客栈及套房酒店 Hampton Inn & Suites

霍姆伍德套房酒店 Homewood Suites by Hilton

Home2 套房酒店 Home2 Suites by Hilton

希尔顿豪华度假公司 Hilton Grand Vacations

公司还管理世界级常客奖励计划——希尔顿荣誉客会（Hilton HHonors）。

一、集团历史概况

美国希尔顿酒店集团是一家全球领先的酒店管理公司，拥有豪华的全职服务酒店、度假村、公寓式酒店和中档酒店等不同层次的品牌。

1919 年：康拉德·希尔顿创立了第一家以自己名字命名的酒店——希尔顿酒店，随后于 1925 年成立希尔顿酒店公司，负责美国境内酒店运营管理。

为了海外发展的需要，后来成立了希尔顿国际公司，希尔顿国际公司起初是希尔顿酒店公司的附属机构，1949 年，希尔顿国际公司从希尔顿酒店公司中拆分出来，成为一家独立的子公司。

1954 年：康德拉·希尔顿以 1.1 亿美元的巨资收购了拥有 10 家世界一流酒店的斯塔特拉连锁酒店集团。希尔顿集团的此次兼并不仅是当时酒店历史上最大的一次，也是当时世界上耗资最大的一宗不动产交易。之后，希尔顿的目光开始转向欧洲，逐渐走向了更广阔的天地。

1964 年：希尔顿国际公司在纽约上市。

1967 年至 1987 年的 20 年中，希尔顿国际三次被收购，最后由前身为莱德布鲁克（ladbrok）集团的希尔顿集团买下，成为总部设于英国的希尔顿集团公司旗下分支，拥有除北美洲外全球范围内希尔顿商标使用权。

1973 年：集团把所有的希尔顿酒店连接起来，实行统一预订服务，开始致力于发展希尔顿预订网络。

1995 年：旧金山希尔顿机场大酒店的开业开创了机场酒店的先河。作为希尔顿顾客服务特色，公司是第一个把空调和直拨电话等设施放入客房作为标准的品牌酒店。同年 8 月，希尔顿网站（http：//www.hilton.com）首次发布，使希尔顿酒店公司成为同行业在信息高速公路方面的先锋。

1996 年：组建了希尔顿客栈公司酒店，来创建使用希尔顿名称的特许经营酒店网络，成为第一个发展特许权经营酒店概念的高档酒店公司。这项措施已成为目前的产业标准。

1996年10月：希尔顿酒店公司与美国国家睡眠基金会、睡眠产品制造商合作，引进安睡房间，积极进行旅行睡眠实验。

1999年：希尔顿花了三千万美元成功推出叫做"希尔星"的现代化中央预订系统（CRS），创建了全世界500多家酒店的网络。如今希尔顿预订系统达99％的畅通，在同行业界无人能敌。

1999年：普罗莫斯酒店公司的吸纳使希尔顿集团得以扩大，拥有了众多享有盛誉的名牌，如汉普顿客栈、逸林、使馆套房酒店、霍姆伍德套房酒店等，希尔顿已经能提供给客人最广泛多样的住宿条件，包括四星级市中心宾馆、集会场所、全套房酒店、长期寄住、中等价位服务的休养胜地、度假村、机场酒店以及会议中心。

2000年11月：希尔顿集团公司与希尔顿酒店公司共同组建一个合资公司，扩大了康拉德世界范围的豪华酒店品牌。这家新康拉德合资公司总部设在比利时的布鲁塞尔。

2004年：希尔顿开休闲先锋，创新了希尔顿休息间。这种新型房间营造了独特的环境，顾客可以在其中恢复体力和精神，可调光的照明设备或明或暗，空气中散发着新鲜的水果味道和花香，有助于顾客的放松和休息。连酒店工作人员的服装要求也大为放松，员工甚至可以穿着自己喜欢的衣服为客人服务。

2005年年底：酒店及博彩业公司希尔顿集团宣布以36亿英镑向美国希尔顿酒店公司出售其酒店业务，该交易将使这两家希尔顿公司在1964年分拆后重新走到一起，希尔顿酒店公司集中关注美国业务，而希尔顿集团则把主要精力放在国际市场上。

2007年：希尔顿酒店集团宣布，它同意被私募基金黑石集团以每股47.5美元，现金185亿美元的价格收购。包括债务在内，这项收购交易总额为260亿美元。黑石将希尔顿视作一次重要的战略投资，计划投资于希尔顿的资产与品牌，以促进公司的发展。

90年来：希尔顿酒店集团为商务和休闲客人提供了最优质的客房、服务、产品和价值。希尔顿酒店集团是国际公认服务一流的公司，其开发、拥有、管理以及特许加盟的酒店、度假村等将近 3400 个，横跨全球 79 个国家和地区，超过 135000 名员工。

黑石集团简介

黑石集团于 1985 年由彼得·彼得森和斯蒂芬·施瓦茨曼共同创建。业务范围：黑石集团是一家全球领先的另类资产管理公司及金融咨询服务提供商。其资产管理业务包括企业私募股权基金、房地产投资基金、对冲组合基金、夹层基金、高级债券基金、自营对冲基金和封闭式基金。黑石基金还提供各种金融咨询服务，包括并购咨询、重组和重建咨询以及基金募集服务。公司的财务顾问业务部门是一个全球性的业务部门，目前有 230 名专业人士分布在纽约、亚特兰大、芝加哥、达拉斯、旧金山、波士顿、洛杉矶、巴黎、孟买和香港。资产截止于 2009 年 9 月 30 日，黑石集团管理的资产达到 963 亿美元左右，远高于 2001 年 12 月 3 日的 141 亿美元。

黑石集团近几年的收购案例：

2004 年 11 月：黑石集团收购世界著名醋酸生产商 Acetex 公司。

2005 年 6 月：黑石集团统一以 32 亿美元现金加债务方式收购温德汉姆的赌博业，从而敲定全球酒店和赌博业最大的一桩收购交易。

2006 年 7 月 3 日：黑石集团以 43 亿美元收购了升达特旅游分销服务子公司 Travelport。

2006 年 9 月：黑石集团以 176 亿美元收购芯片公司飞思卡尔。

2006 年 11 月 20 日：黑石集团以 190 亿美元（不含债务）收购美国最大写字楼物业持有者 REIT－EOP（Equity Office PropertiesTrust）。

2007 年 2 月 7 日：黑石集团 395 亿美元收购美国最大商业物业集团——权益写字楼投资信托公司（EOP）。

2007 年 7 月：黑石集团出资 260 亿美元收购希尔顿酒店集团，成全球最大酒店集团。

2008 年 7 月：联合 NBC 环球和私募股权基金贝恩资本，共同收购兰德马克通信公司（Landmark Communications）旗下气象频道（Weather Channel）。

2009 年 9 月 23 日：全球领先的希尔顿集团（Hilton Hotels Corapra-tion）正式启用新的名称和标识（Hilton Worldwide），Hilton Worldwide 代表公司的全球影响力。新标识中加入"worldwide"全球字样，表示能团结全球各成员机构，实现共同的愿景。铂金和黄金制成的风格化"H"代表质量、高度和希尔顿丰富的历史传承。两部分是对称的，象征着公司的光辉历史和美好的未来。开放的曲线代表欢迎，通过地球的圆形边缘、桥拱和床柱，象征着环游世界。Hilton Worldwide 总裁兼首席执行官 Christopher J. Nassetta 说道："虽然我们的公司名称和标识已经变了，但我们公司的最优品质——热情、奉献和我们团队成员为顾客提供卓越服务的高标准仍然保持不变。"

二、集团旗下品牌介绍

康拉德酒店及度假村 Conrad Hotels & Resorts

康拉德希尔顿是在得克萨斯州开业的第一家酒店。60 多年后，希尔顿的儿子巴龙于 1982 年成立了康拉德酒店，这便翻开了希尔顿酒店公司改革史的新篇章。康拉德酒店把在世界主要商务和休闲地区建立起豪华酒店、度假村和赌场的网络当做目标。从那以后，康拉德便由其一流的服务和风格，顶级标准的建筑、设计、舒适以及烹饪赢得了良好的声誉。如此出色的表现使康拉德酒店不断在世界上有名望的休闲、商务旅行出版物上获得许多嘉奖。

康拉德酒店代表着希尔顿家族品牌中的豪华酒店，它采取高档酒店策略，专门开设在欧洲、亚洲、澳洲、南美和中东地区的国家首都和极具异国情调的旅游胜地的酒店。康拉德酒店为商务和休闲旅客提供一流的服务和豪华的环境，拥有最好的娱乐设施、获奖的餐厅、现代化的健康中心、丰富多彩的娱乐活动和最高级会议设施。游客可以享受世界范围的预订系统服务，还有极受欢迎的顾客忠诚计划——希尔顿荣耀。

希尔顿 Hilton

希尔顿是希尔顿饭店集团品牌家族中的国际豪华品牌，是集团旗帜性的子品牌，多少年来在全球的住宿业内享有盛名。它的目标市场主要是为商务和休闲旅游者提供一流的饭店产品、高档的服务和豪华的饭店设施设备。目前全球有超过 500 家希尔顿品牌饭店。

逸林酒店 Doubletree

逸林家族拥有为满足商务和休闲需要而特别设计的酒店。典型的酒店有：服务完善的餐厅休息室、房间用餐服务、游泳池、健身俱乐部、全套会议和宴会设施以及设施豪华的舒适客房。这一高档连锁酒店主要设在大都市和休闲旅游地区，每一家独特的酒店都反映当地或地区的环境情况。从署名巧克力块点心到高档娱乐项目，逸林酒店在 200 多处主要地方为游客提供满意歇息地。酒店数量 180 家酒店；房间数量 46000 间。

逸林品牌建于 1993 年，把位于波士顿的宾客中心和位于菲尼克斯的逸林酒店合并，创立了当时第一家全国高档连锁酒店。从那以后，逸林成为全美成长最快的高档酒店品牌之一，在美国和国际上拥有 160 多家，包括墨西哥的蒙特雷和秘鲁的利马。1999 年 11 月，逸林酒店、套房、度假村和俱乐部都成为希尔顿酒店家族的一员。

使馆套房酒店 Embassy Suites Hotels

使馆套房酒店是高档全套房酒店品牌，其首创酒店业的全套房概念，并在该领域的系统规模、地理位置、品牌识别以及运作情况方面保持领先地位。使馆套房在世界范围内的酒店数量达 200 家；拥有房间数量 48000 间。1984 年 4 月，第一家使馆套房酒店在美国密苏里州堪萨斯城的陆地公园开业。1992 年 4 月，第一家国际酒店在加拿大安大略省的多伦多·马卡姆开业。1994 年 9 月，使馆套房、汉普顿酒店和霍姆伍德套房酒店成为通过互联网向连锁店和单独酒店发布信息的第一家主要酒店公司。1999 年 9 月，使馆套房被康奈尔酒店管理学院酒店服务研究中心命名为最佳质量公司模范冠军。2002 年 9 月，使馆套房酒店因其在高档连锁酒店中顾客满意度最高，被授予 J. D. Power and Associates 奖。

汉普顿客栈及套房酒店 Hampton Inn & Suites

汉普顿酒店在全美共有 1700 多家，客房 168000 间，为追求价值的旅游者提供舒适、设备完善的房间。顾客可以享受各种美食和免费早餐，本地免费电话，还有室内免费电影频道。希尔顿保证 100％的顾客满意度。在整个美洲，汉普顿酒店坐落于乡间、郊区和城市中，友善服务和其他额外的努力可以赢得希尔顿荣耀的酒店积分和航空里程，并且使顾客每一次在这里的逗留都更加快乐。全程伴随，创新服务是汉普顿酒店的服务宗旨。

希尔顿花园客栈 Hilton Garden Inn

花园客栈共拥有 350 家酒店，超过 38000 间客房。其在 J. D. Power and Associates 北美酒店顾客满意研究中获得杰出的"中档全面服务连锁酒店中最高顾客满意奖"。花园客栈品牌的定位是一流的中等价位酒店，目标顾客是不断增长的中档游客。关注客人在旅行中的需求，专为商务和休闲旅行者打造舒适的氛围，提供优质的住所，设施和服务，每一家酒店都为商务游客提供 24 小时免费的商务中心服务，每一间客房都配有大型办公桌和互联网接入，使顾客更方便地在自己房间里办公。花园客栈还有免费游泳池、旋涡式温泉、健身中心和每天 24 小时出售快餐和各式小吃的敞篷式餐饮便利市场。

花园客栈密切关注客户的需求和减少他们不用的服务设施，提供高水平的服务，节约成本，而且不会降低希尔顿的服务质量。这就是希尔顿花园客栈的有限服务与关注服务之间的区别。

希尔顿豪华度假公司 Hilton Grand Vacations Company

希尔顿豪华度假公司（HGVC）总部位于佛罗里达州奥兰多市。它负责开发市场和经营精选度假胜地的一系列品牌和优质度假所有权度假村。公司还开展一个创新的会员制计划，希尔顿豪华假日俱乐部（HGV Club），为 5 万多名俱乐部会员提供专题交流，休闲旅游和预订服务。

希尔顿豪华度假公司对 HGV 俱乐部度假村提供全方位现场管理，包括业主出租计划的运营，度假村娱乐项目和零售店。除此之外，HGVC 为其南佛罗里达度假村业主实施该行业最成功的转售计划之一。希尔顿豪华度假公司的利益是由国际卓越的酒店公司——希尔顿酒店公司（HHC）100％控制的。

另外，希尔顿豪华度假俱乐部（HGV Club）是公司的度假所有权企业，在全国运营的企业包括像拉斯维加斯、奥兰多、迈阿密及火奴鲁鲁等地区。该俱乐部是一个创新的积分制预约和交流系统，为其会员提供特别灵活的和休闲旅游的机会。俱乐部会员特别待遇包括：在整个 HGV 俱乐部度假村系统交流；注册国际度假村共管组织（RCI）；提供世界范围内 3700 多处旅游胜地的假日交流选择；还有加入颇受褒奖的希尔顿荣耀客人回报活动的机会，在世界 2100 多家加盟酒店都有效。HGV 俱乐部还与旅游业中声名显赫的龙头企业建立了旅游合作关系，给俱乐部会员提供相关度假村的独特选择。与美国节日酒店、位于夏威夷岛 Waikoloa 海滩胜地的海湾俱乐部、苏格兰希尔顿度假村和位于科罗拉多布莱克里奇的瓦多罗山区旅馆签署了合作协议。

霍姆伍德套房酒店 Homewood Suites by Hilton

霍姆伍德套房酒店是一个全套房住宅式高档酒店品牌。客源目标是那些外出几天以上的旅游者。酒店的目的是让客人有家的感觉，向他们提供家一样舒适和方便的服务。该酒店乐于接待那些野外作业、重新安置到新社区、参加研讨会、年会或是企业培训和休闲度假或参加家庭活动的人们。

1989 年 8 月：霍姆伍德套房酒店在美国内布拉斯加州奥马哈开了第一家酒店。

1993 年 1 月：该品牌成为第一家 100％满意保证的高档连锁酒店。

1995 年 10 月：霍姆伍德套房酒店宣布其开通在线预约。

1997 年 9 月：在美国佛罗里达州福特梅尔，该品牌成立了其第 50 家分店。

1998 年 2 月：BTN 将霍姆伍德套房酒店列为"高档延期逗留"连锁酒店第一位。

2001 年 4 月：霍姆伍德套房酒店庆祝其第一百个分店的成立。

2001 年 7 月：希尔顿的霍姆伍德套房酒店发起了全国扫盲运动——"霍姆伍德套房酒店开车把知识送回家"。这次活动筹集和捐赠给美国慈善机构近 6 万部儿童书籍。

多年来，霍姆伍德套房酒店连获殊荣，商业旅游新闻评价酒店品牌为"高档延期逗留连锁酒店第一名"。目前，全球已发展近 200 家霍姆伍德套房酒店。

华尔道夫酒店及度假村 Waldorf Astoria Hotels & Resorts

华尔道夫酒店（Waldorf Astoria Hotel）位于美国纽约曼哈顿第五大道 49—50 街，堪称世界上最豪华、最著名的五星级酒店之一，拥有 42 层楼。该酒店分为两部分，28 楼以下为一部分，房价从每晚 500 美元至 1300 美元不等；28 楼至 42 楼为另一部分，通常为许多富翁设立的"永久住所"及总统套房都在此。华尔道夫酒店高楼拥有 1245 个房间，其中有 197 个套房，而国家元首下榻的华尔道夫塔楼只有 180 个房间，其中 101 个是套房。中间一条走廊把两幢大楼连接在一起。

平时，客人从华尔道夫酒店的后门可以随便走进这家酒店。但一旦有元首来访，这家酒店周围的街道就会全部被封锁，出入一定要出示证件。一般来说，住客中只能有一位总统，因为这里只有一个总统套房。每晚房价根据季节在 7000—15000 美元。如果下榻酒店的总统太多，华尔道夫塔楼里的每个拥有三卧室的"帝王套房"也随时可以接待首脑人物。

如果普通人想体验一下这家酒店的滋味，可以花上 399 美元在华尔道夫高楼的标准客房享受一晚的服务，也可以每晚花费 10000 美元入住华尔道夫塔楼的豪华套房。从最普通的标准间到奢华的帝王套房，华尔道夫酒店可以说是既服务于平民百姓，也侍候那些政要和亿万富翁，绝对不会因为客人的身份高低和贵贱而有所怠慢。

能让住客们在入住的几天中享受最高等级的服务，同时主要管理人员精通国际政治、外交礼仪及各国首脑的喜好，这些使华尔道夫酒店的信誉历久不衰。如果外国元首对饮食要求不特别挑剔，华尔道夫酒店有自己的厨师为元首服务，也有的国家领导人自带厨师，酒店则提供厨房。很多代表团在来酒店前就先发一份食品清单，提前给酒店的厨师做准备。为了让各国首脑吃到家乡菜，华尔道夫酒店还聘请了多名精通各类菜系的大厨。酒店有三个不同风味的餐厅：一个美式，两个欧式的。但专门服务首脑们的厨师手艺绝对不局限于这两种菜式。从印度的咖喱到日本的寿司和四川风味的中餐，都是酒店大厨们的拿手好戏。

Home2 Suites by Hilton

这是一个中端的延住式酒店概念，针对精明的、注重价值的延住式酒店客人。据预计，到 2012 年年底前将有 100 家 Home2 Suites 酒店开张，之后每年开张 60 至 70 家。集团将重心放在美国市场开发上，之后几年将延伸到加拿大、墨西哥及国外市场。

"中端的延住式酒店在美国延住式酒店供应量中占大约 42％，而现有品牌通常提供的是不连贯的、快速老化的产品，希尔顿集团焦点服务品牌全球总监 Phil Cordell 表示："Home2 Suites 将为开发商提供一个机会，以低成本的、舒适、时尚的产品进驻这个领域。"

Home2 Suites 的场地开发最多只需要 2 英亩土地，比同领域的多数竞争品牌要少。开发计划需要四层楼高的木框架建设，平均客房数量为 108 间。这些酒店将包括大约占地 80％的工作室公寓和 20％的单间卧室套房，各自面积分别为 323 平方尺和 509 平方尺，公共区域大概占 4200 平方尺。

三、集团管理创新

（一）绩效质量

希尔顿酒店集团以积极进取的方式改善酒店网络，以确保希尔顿承诺的贯彻执行：

1. 战略管理系统

希尔顿平衡计分卡把财务和竞争与内外顾客的满意度/忠诚度措施相结合，目的是希尔顿酒店的团队努力协调一致。通过运用酒店特别优先报告，平衡卡为经理们提供了行为资料，优先报告的基础是顾客需求和持续改善的方法，以实现经营服务和产品的改善。这种方法还鼓励了创新的企业家精神，这种精神集中体现了把结果和各种奖励赞誉联系起来的所有希尔顿理念。

2. 希尔顿质量服务学院（HQSI）

1992 年，希尔顿酒店公司在加利福尼亚的贝佛莉山庄的世界总部建立了这所学院。在学院设立的工作教室中，希尔顿每家酒店的经理层领导们在这里接受集中培训，内容包括希尔顿酒店公司的规划以及服务理念。其目标结果是使每家酒店更加和谐统一，进一步提高服务质量。

3. 特许经营的审查

希尔顿酒店公司实行使用有效的特许经营审查程序，淘汰那些达不到公司标准的加盟店。

4. 满意保证

百分之百的满意保证是酒店老板关注顾客完全满意的经营文化和理念。通过这个保证，集团向所有的客人承诺，提供高品质的住宿条件、友好高效的服务及清洁舒适的环境。这是每家酒店经营理念的基石，给员工授权，确保品牌的一致性，不断提高服务质量，对每家酒店的声誉产生积极影响。

（二）市场营销计划

这项以质量驱动的市场计划与一系列国家市场计划携手进行，从而吸引希尔顿的主要目标客源：

1. 顾客回报计划

"希尔顿世界荣誉"——希尔顿受欢迎的顾客回报计划在 2000 年 4 月开始扩大范围，发展到其他酒店品牌，包括逸林、使馆套房酒店、汉普顿客栈及套房酒店、霍姆伍德套房酒店以及希尔顿和康拉德国际酒店。

2. 家庭度假计划

希尔顿度假客栈是一项提供特殊家庭服务和设施的计划，旨在让与孩子一同旅行的家庭尽享一起度假的快乐。自 1990 年以来，已有许多家庭利用此项计划的特别度假奖励和玩具游戏出租柜。

3. 老年游客

作为认识到 60 岁以上游客重要性的酒店之一，希尔顿公司创建了希尔顿世界老年荣誉，为老年游客专门设计酒店业界唯一会员制的旅行计划。

（三）人力规划

酒店的企业精神规划，目标是在人力资源管理上保持高标准，建立一个企业文化，使人人在这里成长并发展自己的事业。这种文化已被全面展开，希尔顿精神遍及世界。为了支持这一承诺，集团于 2002 年建成了希尔顿大学，这所大学是一个发展员工的虚拟学习中心。

（四）发展与培训

希尔顿集团的理念：为组织中的个人全方位发展提供机会。

希尔顿国际的发展和培训

通过企业精神规划，希尔顿国际的目标是使每个员工在自己的工作环境中感受到自己的价值。在英国和欧洲大陆发起的企业精神规划俱乐部，现在已经遍布全球，为其成员提供一系列的帮助。目标是在人力资源管理上保持高标准，建立一个企业文化，使人人在这里成长并发展自己的事业。通过企业精神规划，希尔顿国际鼓励健康的工作和生活平衡，它的计划都是为提高员工的生活水平而设计的。为了支持这项工作，希尔顿大学为其所有的酒店员工提供极佳的培训机会。它的内容涵盖了从操作、技术到财务和基本管理等一系列酒店技能。2001 年，希尔顿英国和爱尔兰还发起了设立奖项的职业认证计划，第一年共有 250 多名雇员获得了新的认证。2002 年是非常成功的第一年，接纳了来自世界各地的学生将近 3000 人，他们集体修完了 7000 多个课程。

在北欧地区，Scandic 开展了"Omtanke"计划，类似于企业精神规划。它是为支持员工的福利和发展设立的。Scandic 商务学校还为所有员工提供培训，既是职业的需求也是个人所感兴趣的。事实上，Omtanke 转化为积极，关心，关注，显示出 Scandic 想成为一个在优良社会环境中运营的优良企业的基本理念。它那些荣获奖励的活动包括企业社会责任（CSR）和环境管理的方方面面。

Ladbroke 的发展和培训

科技在 Ladbroke 的培训和发展活动中起着核心作用。在商场，采用 BS2000－EPOS 系统原理的派送方法取代传统培训的趋势。结果是雇员可以根据个人的需求按照适合自己的进度接受培训。除商场外，企业内部网络还为个人和事业的发展晋升提供了传送媒介。最新的管理思维和实践不断地充实这种互动式学习系统。通过这种方式，激励雇员获取对自己和企业发展至关重要的知识和技能。

自 1998 年以来，Ladbrokes 就成为人员认证的投资方，现在依然不断地监视并改进自身的活动。2001 年，它就是获得"良好企业"认证的先驱公司之一，其员工因为他们对待顾客、社会弱势人员以及当地社区的方法获得承认。Good Corporation 是一家由商业道德协会赞助成立的新的合资公司。它鼓励并促进企业社会责任（CSR）在所有组织中的推广，它的认证方案越来越多地被希尔顿的股东接受。

沟通

集团非常重视高级管理人员与员工就所有影响企业福利的问题进行双向交流。定期对独立操作单位进行管理视察，召开会议，并进行沟通调查。在整个集团，通过员工大会，希尔顿集团鼓励员工参与企业管理。为了进一步了解集团的运营情况，掌握对集团有影响的财务和经济因素，员工们可以获得希尔顿集团的年度报告和财务报告的副本，除此之外，员工还可以通过员工杂志和公告了解这些情况。

均等机会和人权

希尔顿集团非常重视国际声誉，并尊重其所在地的社区。集团支持机会均等原则并努力满足高道德标准。集团的各子公司都严格遵守世界人权宣言的规定。Ladbrokes，希尔顿国际和 LivingWell 都是对残疾人友好的商业经营者。完全和公平地考虑残疾人的工作申请和他们的特别能力是集团就业政策。如果员工伤残，集团的目标是要继续提供适当的工作，继续留在原岗位或者调换岗位，必要时还要给予适当的培训。有残疾的员工享有同正常员工一样的培训、升职和职业发展机会。在希尔顿国际，内部残疾委员会是专门考虑诸如在企业中访问、健康和安全等方面的问题。

补偿和福利

在希尔顿集团要奉行奖励、尊重和赏识文化。希尔顿目的就是要遵守有关工资和时间的相关法律和法规。希尔顿集团鼓励员工以参股的形式进一步参与到企业及其运营中。2001 年 7 月，希尔顿集团发起了"拥有自己股份的计划"，这是一个股份奖励计划，是对现有与股份选择方案相关的储蓄的补充。按照共同服务标准，所有英国员工可对两种方案进行选择。

健康和安全保障

健康和安全是集团的一个主要的目标，也是其管理企业方式的一个完整的部分。希尔顿集团承诺为员工、客人、顾客和所有来拜访者提供一个健康、安全的环境，支持积极的风险管理文化，来保证事故和突发事件保持在力所能及的最低限度。2002 年，由于在事故预防上的有效工作，希尔顿英国和希尔顿爱尔兰赢得了皇家事故预防协会颁发的银奖。希尔顿成为英国历史上第一家获此殊荣的酒店。

行为规范

希尔顿集团的内部行为规范，要求业务要专业化，希尔顿集团所做的任何事情都要诚实和正直。集团寻求遵守一切相关法规，并与希尔顿所有的股东保持良好的关系，要求它的子公司用公平的制度处理来自顾客、客人、员工以及供应商的投诉。集团尊重其所在国家与相关法规有关的顾客权利。拿 Ladbrokes 来讲，它是独立赌博仲裁机构的成员，承诺在遇到争议时，遵守其裁决。支持负责任的赌博承诺，Ladbrokes 对其所有博彩服务机构都强制要求实行 18 岁以上准入制度。

商务伙伴和供应链

集团为促进与业务伙伴长期的合作关系。集团的子公司与他们的合作伙伴紧密合作以保证顾客所期望的服务的完整性和连续性。社会以及环境方面的优良供应已经成为希尔顿集团 Scandic 经营的重要特点之一。Ladbrokes 品牌始终把正直、公平和财务能力这些品质集一身，鼓励在业务关系中进行公平、正直和透明的交易。

四、集团企业文化

集团的远景目标

To fill the earth with the light and warmth of hospitality.

让世界充满热情的阳光和温暖。

在希尔顿集团，按高标准经营管理，提倡企业对社会对环境的责任感。

目标是通过高质量的服务、经济的增长、环境的维护、公益事业的参与，当然还有社会就业给当地社会积极的利益。

作为全球性的酒店集团和休闲娱乐公司，希尔顿竭尽全力来提高顾客的生活水平。同时希尔顿相信企业的价值和优质服务的目标。就职服务能把顾客一次又一次吸引过来。希尔顿、莱德布罗克斯、生活健康和斯堪的克已成为国际品牌。通过这些品牌，希尔顿努力保持一个良好的公众形象。其经营的方式对成功是至关重要的，不仅影响集团也影响股东。

希尔顿的远景目标是每位员工被视为良好的企业公民。为实现这一远景目标，集团在 CSR 项目上制定了一系列方针政策。这些政策使集团的各项活动得以巩固，并在两个大公司设立 CSR 框架。希尔顿国际公司和莱德布罗克斯两个公司以这个框架为准进行运作。

社会责任对企业来说已不是新鲜的概念。事实上，希尔顿多年来一直在强调集团的核心价值和改善集团的表现。希尔顿在这方面讨论的许多首创精神已经很好地建立起来并已成为公司经营的完整体系的一部分。希尔顿集团对公司社会责任（CSR）的承诺是永远不变的，并且每年都要再上新台阶。

使命

We will be the preeminent global hospitality company —the first choice of guests, team members and owners alike.

我们要成为全球卓越的酒店公司——是顾客、团队成员和业主的首选。

价值观

HILTON 的诠释

H　HOSPITALITY—We are passionate about delivering exceptional guest experiences.

H　代表热情——我们为客人提供非凡的经历充满热情。

I　INTEGRITY—We do the right thing, all the time.

I　代表正直——我们永远做正确的事情。

L　LEADERSHIP— We are leaders in our industry and in our communities.

L　代表领袖——我们是行业和社区的领袖。

T　TEAMWORK—We are team players in everything we do.

T　代表团队——我们做的每一件事都要靠团队的努力。

O　OWNERSHIP—We are the owners of our actions and decisions.

O　代表所有权——我们是行动和决策的主人。

N　NOW—We operate with a sense of urgency and discipline.

N　代表现在——我们要用紧迫感和纪律来经营酒店。

在希尔顿集团，重视员工和品牌，追求全球高标准的管理方式。集团已通过一系列核心价值阐述它的标准，希尔顿集团的价值集中表现在两个方面：一是对集团来说什么是重要的；二是怎样来影响集团周围的世界。

员工

希尔顿依靠员工向客人和顾客提供他们所期望的优质服务。作为回报，希尔顿集团关心员工。集团的目标是最大限度地发展员工的技能，给他们提供个人发展机会，提高员工满意率。

机会和人权平等

希尔顿集团重视自身的国际声誉和尊重自身工作所在地区的制度及风俗习惯。维护机会平等原则，努力达到崇高的道德水准要求。同时集团还遵守《国际人权宣言》各项条款之规定。

健康和安全

希尔顿集团承诺为员工、客人、顾客以及所有的来访参观人员提供健康安全的环境。在所有的管理经营中集团采用最完备的健康安全体系，采取风险管理预防措施，确保事故发生率合理有效地降到最低。

环境保护

希尔顿集团认识到自身的经营活动对周边环境的影响。承诺通过防止污染和有效利用资源来保护环境。集团将努力持续不断地改善环境。

商业行为

集团内部要求自身的所作所为都要专业化、诚实和正直。要努力遵守相关法规，并与所有股东保持良好关系。

顾客

顾客是企业的生命，为了保持高水平的顾客满意度，希尔顿集团不断地听取评估顾客意见。集团有一套处理顾客投诉的公平制度，尊重集团所在的各个国家的消费者权利。

产品和服务

希尔顿不断地努力提高产品和服务质量。尽一切可能减少对公司业务有关的负面影响。希尔顿将考虑股东对所有关于产品开发与服务方面的意见。

商务伙伴与供货链

希尔顿促进与商务伙伴长期合作的关系，各地分支机构与供应商之间保持密切合作，保证了顾客期望的服务的完整性和连续性。希尔顿已建立社会的、环境的、道德伦理方面的准则，并将与供应商一道努力把这些准则应用到希尔顿的供应链当中。

社区与慈善活动

希尔顿进行公益投资，鼓励各公司在所在地成为社会积极分子，尽可能支持员工参与。鼓励慈善募捐并支持世界各地的慈善活动，尤其通过希尔顿自己的慈善企业联合组织"希尔顿社区基金会"给予支持。

五、集团社会责任

（一）可持续发展

希尔顿是国际旅馆环境倡议（IHEI）的发起组织之一。所有这些组织都在商业界提高了环保最佳方法。

2001 年，希尔顿国际酒店荣获两项"绿苹果"奖，一项授予在斯特拉斯堡的能源计划，另一项授予在里昂希尔顿的环境设计。2002 年 10 月，希尔顿北欧地区（斯坎迪克酒店）获得了闻名于世界的 IH&RA 企业环境奖。在改善能量利用率和室内空气质量方面受到赞扬，同时在对员工环境方面的培训及出色地与持续发展的股东和政府交流，以及承诺把环境奖金投入青年项目中，这些都得到广泛赞誉。

在实践中希尔顿集团发现环境问题与其经营活动有关，并将环境管理融入日常商务活动中。不仅希望能够遵守集团业务所在国相关环境的法律、法规和行动准则，集团还采取措施，为其业务设定改善的目标。希尔顿的雇员、供应商、承包商以及合作伙伴是帮助其降低影响的关键。

希尔顿国际酒店特别承诺要开发有助于酒店经理们考虑对环境影响的支持方法。在 2001 年 8 月，与 IHEI 一道，公司发布了以互联网为基础的环境测量基准方法（www. benchmarkhotel. com）。这使经理们可以与其他同行进行操作比较。为了提高环境培训水准，增强环境意识，斯坎迪克为北欧地区员工制定了一套电子学习方法。作为系统培训计划的一部分，其他地区则运用 IHEI 实业指导。

希尔顿集团的可持续发展声明：

1. 加强与我们伙伴的合作；

2. 为我们的社区服务；

3. 保护我们的全球环境；

4. 丰富我们的家庭旅馆；

5. 加强顾客的对酒店的最佳感受；

6. 鼓励员工积极参与；

7. 提高酒店营运的效率；

8. 加快建筑设计的进展。

希尔顿集团的环境政策：希尔顿集团公司认识到其经营活动对其所在运营国家造成的影响。希尔顿承诺通过不断改进的环境行为和避免污染来保护环境。集团的所有业务都会考虑其对环境可能造成的影响。

在履行义务的过程中要注意的问题：

意识到与集团经营有关的环境问题；

把环境管理融入日常业务操作中；

遵守集团经营国所在地的相关环境法律和法规；

评定自身的操作并设定改善目标；

与希尔顿的雇员、供应商、承包商以及合作伙伴一道合作以降低集团对环境的影响；

　　鼓励环境友好原则，尽可能使用当地货物及服务资源；

　　鼓励集团的业务参与当地社团；

　　定期与集团的股东就环境问题和对集团进展工作的公众报告进行交流。

能　源

能源消耗，以及相关的二氧化碳排放是集团最大的环境问题。在整个集团里，制订了有效利用能源计划以帮助减少对全球环境的影响。在欧洲，希尔顿国际通过各种方式，包括安装有效利用能源的装备以及改变操作流程等，使其酒店的整体能源消耗降低，2001 年 7 月开业的 Trafalgar 酒店在与"未来森林"合作后，成为世界上第一个无碳污染酒店。每个房间，每个晚上仅仅需要花费 1 英镑就把整家酒店运营过程中产生的所有碳排放污染问题解决。按照 20 世纪 90 年代末成功的"涉猎资源"计划，Scandic 降低了其北欧酒店的能源消耗，比 1996 年降低了 24％ 还多。Scandic 最大限度地使用再利用能源，事实上，Scandic 酒店使用的大多数电能现在都是由水利发电供的。在生活健康俱乐部，太阳能反射玻璃被用来降低室内温度，进而减少空调设备的使用。

水资源

有效使用水资源是集团环境计划的另一个重要方面。只要有可能，希尔顿国际就会在其新的或是改造的酒店房间里安装节水设备，并就具体的酒店运营辅以其他措施，遵守减少酒店用水原则。在生活健康俱乐部，水管理系统是与游泳池以及所有清洁设备联系在一起的。这便同时控制了水资源的使用并极大地减少了浪费。

浪费问题

集团的各个部门都对各自的废物进行合同管理，并不断地寻找再次使用或循环使用的新方法，目的是减少掩埋或焚烧的垃圾数量。Ladbroke 就有对纸张及报废电脑设备循环使用的成功计划，并希望把这个计划延伸到下一年度的杯子销售活动。Scandic 共同努力减少产生废物，并且尽可能循环使用废物。

希尔顿集团的环保承诺

希尔顿在世界范围内，在整个系统的全球性酒店，承诺以下五年
（2009—2014 年）：减少 20％的能源消耗；降低 20％二氧化碳的排放量；降
低 20％的废物产量；降低 10％的用水量。

除了这些可衡量的目标，希尔顿集团还承诺对一些影响大的领域为重
点，提供长远利益的巨大潜力。这些领域包括：可持续发展建筑和运作，其
中包括可持续设计与施工，酒店业务，化学品管理与采购进步 ；作为一个
可行的，符合成本效益的原动力，酒店在全球可再生能源的发展。

原材料及采购

集团在挑选产品和原料之前，都会考虑环境因素。北欧地区堪称这方面
的表率。它的环保概念是房间 97％以上的原材料是可循环使用的。这个概念
已经正式成为希尔顿国际环境建筑标准的一项。Ladbrokes 正在审视自己的
采购政策，并要求其供应商考虑"良好企业"认证。通过这种形式，希望把
社会及环境友好政策融入整个供应链里。

希尔顿国际公司与其他 IHEI 国际议会成员一起参与统计数据和工具检
测。这证明对酒店经理们理解环境的影响及与同行比较方面的益处是无价
的。特别的资源有效利用的成功使希尔顿各大酒店达到欧洲监督目标项目的
要求。

（二）社区与慈善事业

希尔顿鼓励员工融入当地的社区，并利用公司资源支持他们的活动。例
如，在英国，开发了当地社区指导方针，酒店提供资源的支持，帮助员工和
当地的社区建立联系。希尔顿在全世界的员工积极参与筹款和慈善活动，在
2002 年共筹集大约 1 百万英镑。除此之外，集团公司还为世界 348 个慈善机
构捐款 16.4 万英镑，其中 13.1 万英镑是捐给英国慈善机构的。这还没有包
括希尔顿国际支持希尔顿社区基金捐赠的 20 万英镑。

希尔顿社区基金

这是在 2000 年发起的希尔顿社区基金。它是一个全部由希尔顿国际及
其员工支持的慈善基金。在它的第一年里，该基金共筹集 76 万英镑来支持 6

个与行业有关的慈善团体。其中希尔顿集团捐赠了 36 万英镑以呼应员工的捐款。希尔顿团队成员代表基金会努力筹集资金来支持全世界的各种社区和慈善机构。特别是在 2002 年夏，希尔顿援助了因中欧洪水破坏的酒店和它们的社区。

Scandic 社会项目

在北欧地区，Scandic 社会项目于 2001 年发起，旨在建立围绕社会责任问题的对话。通过这个项目，雇员们将制定更有效的方案直接投身到支持社区的活动中。"BRIS 图书"是 2002 年 Scandic 在瑞典社会活动的重头戏。活动中，各酒店出售一部由瑞典知名作家撰写的带有短篇小说的儿童故事集。由售书带来的利润全部投入 BRIS 协会。该协会创办的儿童帮助热线每年回答 20 多万个问题青年人的咨询电话。

Ladbrokes 公众社团

Ladbrokes 定期参与当地发起的活动，尤其是在哈罗和其周围地区的活动。哈罗是 Ladbrokes 的总部所在地。Ladbrokes 还是哈罗议会"提议集团"的成员之一。该集团从事从就业多样化到促进市镇青年人工作和居住等多种工作。该基金与许多慈善机构，如 GamCare 合作来帮助那些有博彩问题的个人及他们的家庭。Ladbrokes 还与 GamCare 一同为注册赌博事务所开发了一套全新的社会责任指导。2002 年莱德布罗克斯慈善年举办了全国防止虐待儿童协会活动。

六、集团财务状况

统计希尔顿集团目前在全球各个地区所拥有、管理以及特许加盟的大酒店、度假村等将近 3400 个，横跨全球 79 个国家和地区。对于希尔顿集团近两年的财务经营状况，我们从资产、收入和经营等方面进行了比较。公司 2008 年的总资产为 368156 万英镑，比 2007 年的 303167 万英镑增加了 64989 万英镑；2008 年总收入为 1833301 万英镑，比 2007 年的 1666561 万英镑增加 166740 万英镑。为了更好地了解目前集团的经营情况和运转状况，可以参照以下集团的财务报表。

表 7—4—1　希尔顿集团近两年内财务重点比照表（万英镑）

	2008 年	2007 年
总收入	1833301	1666561
商品销售收入	1501003	1377942
净收入	64989	69199
投资收入	17670	21464
普通股	254556	254556
留存收益	649734	379949

　　希尔顿集团近两年内财务重点如上表。集团从总收入，商品的销售收入，净收入和投资收入等方面比较集团近两年来的数据变化。从总收入上看，2007 年集团的总收入为 1666561 万英镑，到 2008 年上升到了 1833301 万英镑，2007 年集团商品销售收入为 1377942 万英镑，2008 年集团商品销售收入为 1501003 万英镑，有所增加，近两年由于竞争的加剧，到 2008 年年底，集团的净收入和投资收入均有所下降。在留存收益方面可以看出，集团在 2008 年经营状况比 2007 年好，近两年各方面数据有所下降，这种趋势同样反映在酒店集团的营业收入等数据方面，2008 年总收入为 1833301 万英镑，比 2007 年（1666561 万英镑）增加了 166740 万英镑。尽管近年来集团的经营业绩有所下降，但总体看来还是比较稳定的。

表 7—4—2　希尔顿集团资产平衡表（万英镑）

	2008 年	2007 年
资产方面		
流动性资产	259719	360.445
固定资产	205610	188183
总资产额	368156	303167
负债及所有者权益方面		
流动性负债	453017	724802
长期负债	135901	261632
递延所得税	113290	88060
总负债额	1818134	454035

表 7－4－3　希尔顿集团现金流量简表（万英镑）

	2008 年	2007 年
年初余额	186431	903962
经营性现金流动	1584476	1001181
投资性现金流动	4277	17650
融资活动现金流动	1382800	266000
现金流量增减	197399	717531
年末余额	10968	186431

资料来源：http：//www.hiltonworldwide.com

七、集团在中国的发展

1988 年：希尔顿进入中国市场；

2004 年：希尔顿开休闲之先锋，创新了希尔顿休息区。这种新型房间营造了独特的环境，顾客可以在其中恢复体力和精神，可调光的照明设备或明或暗，空气中散发着新鲜的水果味道和花香，有助于顾客的放松和休息。现在，连酒店的工作人员的服装也大为放松，员工甚至可以穿着自己喜欢的衣服为客人服务；

2005 年 3 月 23 日：希尔顿集团透露，其最高端的、在全球仅有 17 家的超豪华酒店品牌康拉德（CONRAD）将进入中国内地市场，售价酒店将落户于上海新天地区域，并开发具有舞台剧场娱乐功能的酒店；

2005 年：希尔顿集团开始建设中文网站；

2005 年：希尔顿集团宣布赞助美国 2008 年北京奥运会代表团；

2006 年元旦：上海金茂希尔顿大酒店开业；

2006 年 1 月 1 日：南京希尔顿国际大酒店正式更名为南京维景国际大酒店；

2006 年 2 月 16 日：希尔顿酒店公司表示优先开拓中国和印度等亚洲市场，谋划在中国寻找合作伙伴，可能首次在华引入希尔顿花园客栈（Hilton Garden Inns）品牌，期望可以建立 50 家左右的该品牌酒店。美国希尔顿 1994 年从总部位于英国伦敦的希尔顿集团旗下分出，独自运营全美 2300 多家希尔顿酒店业务，2005 年年底英国希尔顿集团宣布以 36 亿英镑的价格向美国希尔顿出售旗下的酒店业务,2006年,希尔顿在中国5家已经开始运营的酒店分布于上海、北京、合肥、重庆、三亚等地,共有2514间客房;

2006年3月:五星级希尔顿深圳彭年酒店不再使用希尔顿品牌,一年多合作终止的主要原因是利润增长没有达到10%的目标;

2006年3月14日:美国希尔顿集团宣布,在与拉斯维加斯金沙集团签署协议之后,希尔顿将在澳门建设两个酒店,其中一家为希尔顿酒店(1200套房间),另一座是康拉德酒店(300套房间)。将与拉斯维加斯金沙集团在第二季度签署协议建设酒店;

2006年4月11日:希尔顿酒店集团与上海礼兴酒店公司签约,将旗下顶级品牌康拉德(CONRAD)首次引入上海"新天地",有362间具有艺术风格的客房,2栋独立建筑计划建设为城市SPA馆和创意餐厅,向白金五星的标准靠齐;

2006年4月28日:希尔顿酒店公司与安徽元一大酒店签约,元一酒店总投资9000万美元,有639间客房;

2006年5月8日:希尔顿集团与安徽元一打击对岸有限公司签约,有566间客房的酒店,2006年年底试营业;

2006年6月3日:山西晋豪国际大酒店有限责任公司与希尔顿集团签约,山西晋豪国际大酒店有限公司筹建的五星级希尔顿太原酒店由希尔顿管理,投资4.5亿元,是省内第一家国际品牌管理的五星级酒店;

2006年:在厦门和三亚再开两家希尔顿酒店,其中三亚希尔顿是中国第一家希尔顿度假酒店。合肥希尔顿酒店于2006年年底试营业;

2007年上半年:有410间客房的厦门希尔顿酒店开业;

2009年2月:全球顶尖酒店设计顾问公司HBA宣称,已获希尔顿集团委托,将翻新始建于20世纪初的上海总会大楼(现上海和平饭店),修缮后,该建筑成为希尔顿集团旗下亚洲首家华尔道夫酒店。

第五节　精选国际酒店集团
Choice Hotels International

CHOICE HOTELS
INTERNATIONAL.

集团总部：

美国马里兰州银泉市的哥伦比亚大道 10750 号

10750 Columbia Pike，Silver Spring，Maryland

知名品牌：

 舒适客栈 Comfort Inn

 舒适套房 Comfort Suites

 品质 Quality

 号角 Clarion

睡眠客栈 Sleep Inn

陆德维客栈 Rodeway Inn

经济住宿 Econo Lodge

支柱套房 MainStay Suites

坎布里亚套房 Cambria Suites

郊区酒店 Suburban

一、集团历史概况

精选国际酒店是世界上最大和最成功的酒店集团之一，在世界上 30 个国家拥有已开业和在建中的酒店、客栈、全套房酒店和度假酒店 5827 家，有客房 472526 间，品质酒店奠定了公司的发展基础，并率先在中档酒店市场上推出了质量和服务一致的酒店服务产品。

1981 年，精选国际在酒店业中引入市场细分的概念，并通过开发和建立客栈品牌，促进了公司的迅速扩张。最早的"豪华经济"提供有限服务的特许经营酒店是目前酒店业中增长最快的品牌之一。

在相继收购了号角、陆德维客栈和经济住宿之后，精选国际又对睡眠客栈和支柱套房进行了革命性的改造，使公司的业务范围得到全面的拓展，从经济型的消费到高档的消费，各种服务无所不包，能够满足社会各阶层人士的需求。

精选国际拥有众多的行业"第一"：价格适中的全套房酒店；在整个特许系统内推行无烟房计划；专为老年旅游者设计的房间；在互联网上实时订房；针对中档酒店市场的特许经营系统等。

集团历史

1939 年　品质庭院（Quality Courts）成为佛罗里达七家汽车旅馆的组织。

1940 年　品质庭院联合酒店（Quality Courts United）成立，它是一个单体酒店业主的协会。

1959 年　品质庭院联合酒店为汽车旅馆的所有者提供酒店选址、可行性研究、资金流动规划、原型规划和规格、酒店建设指导、发展督导等帮助。提供国内及区域内的广告和统一采购等。经过前 20 年的发展，品质庭院联合酒店形成了自己的工作形象和服务标准及原则。

1960 年　作为酒店的拥有者和新品质庭院联合酒店的新成员，斯图尔特·白纳姆（Stewart Bainum）进入集团的董事会，并根据佛罗里达法律对原公司进行了重组，成为以营利为目的的组织。

1963 年　1963 年，白纳姆成为品质公司执行委员会主席。

1966 年　1966 年，白纳姆把七家品质酒店整合成为一家新公司，即公园汽车旅馆联合公司（Park Consolidated Motels，Inc）。

1967 年　公园汽车旅馆联合公司被品质庭院汽车旅馆（Quality Courts Motels）收购，白纳姆拥有 33％的股份，成为公司的总裁。公司总部从佛罗里达搬到马里兰州的银泉。

1968 年　汽车旅馆联合公司与品质公司正式合并，白纳姆成为总裁及执行总裁。

1968—1970 年　在白纳姆的领导下，开始了积极的扩张和发展战略，这是众所周知的。公司的客房数从 508 间增长到 4142 间。品质汽车旅馆遍布美国的 33 个州、哥伦比亚特区、巴拿马和加拿大。

1970 年　品质酒店在布鲁塞尔和加拿大的品质汽车旅馆建立了欧洲分部的总部。引进了一个 24 小时用 800 号码的电话预订系统。通过拨一个免费号码游客就可以进行预订。

1972 年　品质将名称从品质庭院汽车旅馆改为品质国际客栈。当年销售收入上升 16％，达到 3030 万美元；利润上升 73％；净收入第一次超过 100 万美元。1972 年平均房价为 15.32 美元。

1974 年　品质的第一家欧洲酒店，品质汽车旅馆在西德的 Ratigen 开业。

1977 年　小斯图尔特·白纳姆加入品质国际的董事会。此时，公司拥有 45 家汽车旅馆，7000 余间客房。公司通过赞助国家项目和支持地区社团进行促销和做广告，积极开拓市场。公司使用 7 层楼高的、红黄相间的热气球在全国做巡回促销活动。同时与 Sears Roebuck 和 Diners Club 开展联合促销。公司闪闪发光的标志和"天下最舒适的地方"的宣传口号，在电视上大做广告。品质还是第一家接受顾客使用五种主要的信用卡进行担保预订的酒店。

1979 年　品质营业收入达到 6200 万美元，净利润为 430 万美元，且以 QI 代码在美国证券交易市场上市交易。到 1979 年年末，已经有 324 家品质客栈，37238 间客房。

1980 年　白纳姆家族将品质国际与他们拥有的一家保健公司——庄园保健公司合并。品质国际客栈成为庄园保健公司的全资子公司。

1981 年　品质公司实施了成功的富有创新的市场细分战略，按照不同的价位将公司的住宿系统划分为有区别的三个层次：皇室品质、品质客栈和舒适客栈，使顾客可以根据设施和服务进行合适的选择。第一家舒适客栈在乔治亚洲的亚特兰大开业，酒店设备优良、装修高雅、服务优质，提供有限的设施。宣传口号是"A good night's sleep and clean, friendly service"——"温馨的睡眠、整洁的房间和友好的服务"。

1983 年　引入阳光灿烂市场营销和预订系统（the Sunburst Marketing and Reservations System）。计算机系统在银泉、加拿大和凤凰城的应用，阳光灿烂系统与团队和旅游销售在所有酒店客房销售中所占的比例达到 23%；每年给所有权经营客栈带来了更多的业务。

1986 年　睡眠客栈酒店品牌的推出是酒店业的一大突破：按照计划，酒店的占地面积为 1.7 英亩，每间客房的造价为 2 万美元；酒店的设计是减少劳力，只需 12 名员工。第一家舒适套房酒店在加州的圣安娜开业。

1987 年　精选国际从 AIRCOA 中收购了号角酒店的所有权，标志着公司开始进入高档酒店市场。

1988 年　品质公司每 48 小时就有一家新客栈、酒店或度假酒店开业：创了 173 家新酒店的纪录。公司酒店的总数突破 1000 家。到 1988 财政年年底，公司拥有 1148 家开业或在建的客站、酒店和度假村。

1989 年　第一家睡眠客栈在北卡罗来纳州的索尔兹伯里开业。

1990 年　品质国际酒店更名为精选国际酒店（Choice Hotels International）。庄园保健以 1490 万美元收购了路德维客栈，收购了 148 家酒店，使精选国际公司以 198000 间客房成为世界上最大的酒店公司。精选国际又购买了经济住宿旅馆（Econo Lodge）和友谊客栈（Friendship Inns），使公司酒店增加了 710 家，客房增加了 52000 间；分布在 19 个国家的酒店总数达到 2300 家，客房总数达 224000 余间。这些收购使精选国际的规模扩大了 45%。公司投资 500 万美元建立的 2001 阳光灿烂（Sunburst）预订系统是酒店业中最先进的系统。它把预订、市场营销和资产管理功能融入一个单一系统。2001 阳光灿烂系统使每间客房的预订销售额超过所有竞争对手。

公司开展了可视性极强的"手提箱里的名人"的电视广告促销活动。这些名人包括奥尼尔、怀特等，他们从房间的手提箱里突然跳出来，通告特殊家庭和老年人的房价。这种精心设计的电视广告引起了巨大的反响，1990

年，客房销售额从八亿九千八百万美元达到十亿零七千万美元，比前一年增加了 20％。

1993 年　随着精选国际有 39672 间客房的 510 家新酒店的开业，精选国际成为世界连锁酒店增长最快的连锁酒店。第 1000 家舒适客栈在乔治亚州的奥尔巴尼开业。

1994 年　为了使公司所有的品牌可持续发展，精选国际进行了重大的重新改造。舒适品牌推出了豪华大陆早餐，并提供免费日报。这些举措使预订收入比 1993 年提高了 27％。

针对日益增长的商务客人市场，品质品牌推出了品质商务客房（the Quality Executive Room）。睡眠客栈的重新改造和百分之百满意的承诺，使预订收入比 1993 年提高了 81％。

号角品牌开发了一个使产品差异化的发展计划，包括推出有老板桌的特别商务客房，老板桌上有信笺、订书机、调制解调器接线、铅笔、钢笔等办公用品。为了满足专业会议市场的需求，公司还推出特别"一揽子"计划。经济住宿和陆德维品牌针对老年客人进行了重新改造。经济住宿为老年游客推出了老年友好精选客房，升级的"一揽子"计划也使酒店外部、卫生间以及客房的改造成为可能。陆德维增加了老年精选客房的数量，达到品牌总客房数的 25％。

1995 年　精选国际在互联网上开了网站。在运营的第一个月，客房预订就达到了 138 间／夜，预订收入达 7600 美元。那个月在网上有近 72000 页信息，前两周内网站被点击 40000 多次。

1996 年　精选国际脱离了庄园保健，成为一个有自己董事会和管理机构的上市公司。这使精选国际的战略目标更集中于住宿业。公司的股票在纽约证券交易所上市，证券代码为 CHH。

支柱套房品牌在得克萨斯州的普莱诺开业。它是第一个由一个重要的连锁店开发和进行所有权管理的中档、延长逗留的酒店。

第 1000 家睡眠客栈品牌在俄亥俄州的山杜斯基开业。

1997 年　精选国际将它的特许经营业务与不动产业务进行分离，并将精选管理与不动产服务公司更名为阳光灿烂酒店公司（Sunburst Hospitality Corporation）。

精选国际宣布友谊酒店公司将掌管今后十年欧洲的舒适、品质、号角品牌的特许经营权。

1998 年　精选国际与旗帜国际有限公司（Flag International Limited）组成战略联盟，成立了精选旗帜公司（Flag Choice Hotels），这是澳大利亚最大的酒店特许公司。公司获得舒适、品质、号角三个品牌 20 年的特许经营权，期满后可优先选择是否拥有另外十年的特许经营权。

《企业家》杂志将精选国际评为当年最佳的特许经营酒店公司。《消费者报道》将睡眠客栈评为最佳的连锁经济酒店。

公司推出常客优惠计划和顾客优惠。

1999 年　《成功》杂志将舒适和品质列入美国特许经营酒店 100 强。

《商务旅游新闻》将经济住宿评为国内最佳的经济型连锁酒店，突出的特点是轻松安排散客（ease in arranging individual travel）、公司价活动（corporate rate programs）、细心和谦恭的员工（helpful and courteous staff）。

精选国际公司开发了一个在线购物系统（ChoiceBuys.com），特许成员可以在虚拟的商场中以较低的价格购买所需设施设备、物品。

精选国际签署在埃及、非洲和中东建立酒店的协议。

睡眠品牌引进了睡眠客栈和套房原型。

第 200 家睡眠客栈在乔治亚洲的亚特兰大开业。

在欧洲的精选国际特许管理者——友谊酒店公司宣布今后的 6 年在英国、西班牙建立 20 家睡眠酒店的计划。

公司投资 250 万美元，占地 11000 平方英尺的现代化培训中心在总部所在地马里兰州的银泉开业。培训中心的目的是对精选国际的成员、员工和社区团体提供培训。

2000 年　建立精选国际新版的网站（choicehotels.com），浏览更加容易，重点介绍公司的品牌和在世界的地理位置。

公司被接受旅游经营者协会（Receptive Tour Operators Association）评为"杰出的连锁酒店"。

公司与夏季热门电影"Pokemon"一同推出夏季广告。

ChoiceBuy. com 被福布斯网站评为 200 家最有前途的 B2B 网站之一。

经济住宿品牌宣布赞助美国全国汽车比赛协会的系列比赛。

品质品牌建立 60 周年。

精选国际提供通过掌上机无线预订。

经济住宿品牌推出新房型，构建洁净概念。

精选国际与格林斯有限公司宣布在日本建立合资公司。

欧洲第一家睡眠客栈在英国剑桥开业。

2001 年　公司向地震救助基金捐款 25001 美元，帮助在印度 Gujarat 地区地震的受灾者。

支柱套房品牌推出虚拟旅游系统，可以让顾客通过公司的网站浏览酒店的特色客房。

公司推出新的广告口号："力量源自那里，去吧！"（The Power of Being There. Go！）。

陆德维客栈品牌在各地的分店推出了免费早餐吧。

6 月，公司一天的预订收入破纪录地超过 600000 美元，达到 605484 美元。精选国际公司对常客推出航班里程计划。

睡眠客栈品牌推出第四代的客房，特点是把普通客房和套房结合起来，传统的浴缸、淋浴相结合与自由摆放的直立家具混合。

宾夕法尼亚州盖茨堡拉尔逊品质客栈与品质品牌共同庆祝 60 周年。

9 月 11 日恐怖事件后，为鼓励旅游，支持国家经济的重建，重塑消费者的信心，公司推出"感谢旅游"计划。

为了 9·11 的救助工作，公司在美国和加拿大的成员酒店、公司雇员以及公司合作者捐赠了 150000 多美元。

经济住宿和陆德维酒店推出容易精选（EASY CHOICE）的促销计划，给予客人航空里程和信用返还居住的优惠。

　　发布了新版精选国际的网站 choicehotels. com，使用语言包括西班牙语、法语和德语。

　　2002 年　Econo Lodge 作为一个新推出的品牌，第一次以"Inn&Suites"为经营理念的新型经济酒店。新颖的装饰色彩，创意的空间组合，环保的新型材料，为经济型的酒店做出了新的诠释；推出 www. choicesportstravel. com，专为满足需要住宿的团体的体育客人。

　　2003 年　精选国际集团推出的最佳选择电子房价保证，保证消费者的网上满意率。

　　2004 年　一个多元文化的特许经营研讨会于公司的 Silver Spring 的总部举办。

　　精选国际集团在墨西哥成立了子公司，并开始特许经营的授权，为其精选国际酒店集团在该国的发展打下了坚实的基础。

　　妇女商业联盟正式邀请精选国际集团参加第 50 届会议。

　　2005 年　精选国际集团为了最大限度地增加资本的回报率，推出了一个高档的可选择性服务的全套房酒店品牌——Cambria 。

　　精选国际集团为喜爱体育赛事的客人提供了有保障标准税率的酒店客房与餐饮业服务以及有价值的体育赛事门票。

　　精选国际集团在郊区特许经营的控股公司，国内经营的公司以及其他地区的子公司中做出选择，开辟了近 9000 个房间的在线市场，用于长期住宿。

　　新推出的品牌 Cambria 套房酒店开幕仪式在美国爱达荷州举行。

　　精选国际集团连续两年被华盛顿杂志评选为"最理想的工作地"。

　　2006 年　公司推出了新的春季促销活动，集团从这次春季促销中获得丰厚的利润。

　　精选国际集团成为 2006 年都灵冬奥会的独家代理广告商；

　　集团进行了产权排名系统，使酒店业主看到如何不辜负客人，真正保证服务的质量和满意度。

　　该公司扩展了其所属的小联盟，并与棒球队以及其他 4 家酒店成了短期的合作伙伴。

精品国际集团通过专门针对未成年人发展的特许经营和非传统旅馆业，并推出世界第一个此类型的 Web 站点。

公司在流行的春季夏季的旅游季节时，及时地推出了礼品卡计划。

该公司的国际代表以及其专利成员访问了 1000 多处 3A 级全国办事处。

精选国际集团被美国培训杂志评选为"全美培训 100 强企业"，该杂志援引了精选国际集团的联营公司及特许经营的培训计划。

精选国际集团的 52 周年会议，在 5 月的纳什维尔举行。

连续四年该集团被行业公认为卓越的工作场所以及卓越的职业联盟。

9 月，该公司宣布的股东股息增加了 15％，从 0.13 美元每股上升到 0.15 美元每股。

10 月，精选国际集团庆祝在纽约的证券交易所上市 10 周年。

精选股票及集团宣布重组品牌的中心结构，以进一步推动公司长期的制度性增长以及战略的灵活性和财务业绩的增长。

2007 年　精选国际集团提供可三重选择的航空公司奖励计划。

该集团开始提供一个创新、节约成本的保险（包括财产保险、工人补偿保险以及一般责任险）。

第一家 Cambria jiduian 在美国的爱达荷州博伊西开业。

该集团在爱尔兰推出"精品特权"。

精选国际集团被目的地杂志评价为"最具包容性企业"。

集团推出一项呼叫转移计划，该计划允许酒店的预订和查询转移到公司的客户服务保留中心。

集团发起 Hospitality Care 的健康保险计划。

集团旗下的品牌 Clarion 在 J. D Power 协会 2007 年欧洲酒店满意度指标研究中得到较高的评价。

2008 年　2007 年年底到 2008 年年初，精选国际集团收购并特许经营英国皇家酒店集团 PLC。

精选国际集团连续 3 年被《培训》杂志列为劳动力培训和发展的年度

125 强企业。

集团推出专门针对新经理的培训项目"行动与成功"的培训。

集团的官方网站（www. hotelchoice. com）支持任何带有网络功能的移动设备的便捷登录与浏览。

精选国际集团将精选特权扩大到 10 个欧洲国际：比利时、法国、捷克、德国、爱尔兰、意大利、葡萄牙、西班牙、瑞士、英国，截至年底计划将有超过 750 万的全球会员。

集团获得美国卓越工作场所联盟颁发的"职业优秀奖"与"卫生与健康开拓奖"。

二、集团旗下品牌介绍

支柱套房 MainStay Suites

支柱套房是一个适宜延长逗留的中档酒店品牌。支柱套房是精选国际的最新住宿概念，它是住宿业中第一次引入带有住宅设施、为有延长任务的专业人员服务的延期逗留的中档特许经营酒店，向顾客提供了一个 24 小时有效的自动登记入住、退房的系统，同时还拥有门房服务。其宣传口号是："长久入住，超值享受"。单卧室和标准套房都配有厨房，有大容量的冰箱、制冰机、微波炉、双火炉灶、洗涤槽、盘碗、厨房器具、洗碗机、咖啡机、烤面包机等各种用具。套房设备包括带数据接口和语音邮件的双线直拨电话、人体功能转椅、大工作区域、明亮的台灯、遥控电视、沙发床、熨斗及熨衣板。

品牌统一标准，比如：周一至周五的免费大陆早餐、健身设施、商务中心（复印机、电脑打印机和传真机）；并承诺 100％的顾客满意。现在支柱套房共有 35 家开业，12 家在建，客房间数为 2694 间

睡眠客栈 Sleep Inn

睡眠客栈是现代饭店业中最具创新的设计，它以其一贯的适中服务、中等的价位使整个饭店显出浓厚的艺术氛围，但又去除了任何修饰的东西。其宣传口号是："本身就是一流"。睡眠客栈与套房是具有设施限制的中档酒

店。睡眠客栈是一家全新设计的、统一的、设施有限的连锁酒店，有现代化的房间特征。多数客房提供睡眠酒店标志的浴衣、配有工作灯的宽敞办公区域、方便的办公桌高的插座、大写字台、遥控彩电、电子门锁、带数据接口的电话。有些睡眠酒店还有游泳池、健身设施和会议接待室。

所有睡眠客栈与套房酒店都承诺百分之百的顾客满意；提供免费大陆早餐；50％的无烟客房；对预订的 60 岁以上老人给予 20％—30％的折扣；对没有预订的 50 岁以上老人给予 10％的折扣；18 岁以下儿童与父母或祖父母同住免费。

舒适套房 Comfort Suites

全套房酒店始建于 1986 年，是深受好评的舒适品牌的延伸。舒适套房酒店提供特大房型的客房，分为卧室和起居室，并配有慷慨的"友好使用"的器具和工作区域，微波炉、冰箱、室内咖啡机等设备。

每一家酒店都有游泳池或健身房；60％的客房是无烟房；电子门锁；免费《今日美国》报纸；免费加入精选国际常客优惠计划；承诺百分之百的顾客满意；免费豪华大陆早餐（包括冷热燕麦粥、面包、油酥点心、果汁、咖啡、茶和新鲜水果）。对于年长的市民、美国汽车协会会员、商务客人、政府和军队官员预订时，给予特价；在 3A 级舒适套房酒店中 98％有三颗钻石；18 岁以下儿童与父母或祖父母同住免费。

目前共有 541 家开业，88 家在建，42152 间客房。

舒适客栈 Comfort Inn

舒适客栈是一家领先的有限服务的酒店品牌，房间舒适，价格适中。在《企业家》2002 年 4 月第九届年度商务旅游特别奖名单中，舒适客栈被认为是"最佳低价酒店"。舒适客栈是精选国际酒店八个品牌中最大的一个，被《成功》杂志认为是国内最佳特许经营酒店之一。在舒适客栈所辖的 3A 级酒店中 59％拥有三颗钻石。所有舒适客栈承诺百分之百的顾客满意；免费豪华大陆早餐；免费《今日美国》报纸；60％的客房是无烟房；60 岁以上老人预订给予 20％—30％的折扣；50 岁以上没有预订的老人给予 10％的折扣；18 岁以下儿童与父母或祖父母同住免费。

目前共有 1462 家开业，106 家在建，114573 间客房。

品质酒店 Quality

品质酒店是一个提供全面服务的中档客栈、酒店及套房酒店品牌。

品质酒店为商务及休闲客人提供了 60 年的全面服务和设施。品质酒店的行政房间有超大面积的工作区域，并配备强光灯，提供信息接口，有扬声器电话和适合商务游客的家具。酒店有休闲客人喜爱的游泳池、餐厅、健身房和方便的地理位置。每一间客房内有 Serta 提供的精选床上用品、麦氏咖啡、免费市话、《今日美国》报纸、熨斗、熨衣板和吹风机。免费加入精选国际常客优惠计划；50％的客房是无烟房；承诺百分之百的顾客满意；18 岁以下儿童与父母或祖父母同住免费。

目前共有 908 家开业，152 家在建，85055 间客房。

号角酒店 Clarion

号角酒店是一个提供高档、全面服务的酒店和度假酒店品牌。号角酒店在 16 个国家为旅游者提供各种类型的酒店，地理位置分布从城市中心到度假区。号角酒店的服务和设施主要为商务客人服务。

号角酒店配有商业网络的商务中心、专业的会议室、商务洽谈室、游泳池、健身房等服务设施。号角商务级客房配有宽大的写字台、信息接口、双线电话、强光灯、免费咖啡、熨斗、熨衣板、小冰箱、吹风机和 25 英寸的电视。80％的号角 3A 级酒店都是三星钻石奖酒店。50％的客房是无烟客房；酒店承诺百分之百的顾客满意；号角参加了精选特权常客活动。18 岁以下儿童与父母或祖父母同住免费。

目前共有 150 家开业，49 家在建，21497 间客房。

经济住宿酒店 Econo Lodge

经济住宿酒店品牌是经济型酒店中最好的路边店之一，提供整洁、经济的住宿服务，带给顾客超值的享受。

经济住宿酒店成立于 1969 年，是美国东海岸最早的经济型住宿连锁店，同时也是酒店业中最早与宝洁公司和政界品牌先生合作引进管家证书项目的酒店品牌。1990 年，经济住宿酒店加入精选国际，并成为精选系统中的第二大品牌。经济住宿酒店为老年顾客提供特殊的客房，有更加明亮的灯、大按键电话、遥控电视、闹钟、咖啡机、杠杆式门把和洗涤槽、淋浴间有可抓住的扶手。75％的 3A 级经济住宿酒店是二星钻石酒店；60 岁以上老人预订可享受 20％—30％的折扣；50 岁以上没有预订的老人享受 10％的折扣；18 岁以下儿童与父母或祖父母同住免费。

目前共有 816 家开业，87 家在建，50812 间客房。

陆德维客栈 Rodeway Inn

陆德维客栈主要是价格适中、满足国内老年人旅游市场需求的酒店，面向城市或大小城镇的高级旅游市场，提供中等价格的房间，也为老年游客提供满足需要的特定房间，包括更加明亮的灯具、大按键的电话、遥控电视、闹钟、杠杆式门把和洗涤槽、淋浴间有可抓住的扶手和咖啡机等。

60 岁以上老人预订可享受 20％—30％的折扣；50 岁以上没有预订的老人享受 10％的折扣；18 岁以下儿童与父母或祖父母同住免费。

目前共有 346 家开业，102 家在建，20302 间客房。

三、集团企业文化

Our Mission：

精选的使命

Deliver a franchise success system of strong brands, exceptional services, vast consumer reach and size, scale and distribution that delivers guests, satisfies guests and reduces cost for hotels owners.

为酒店业主提供强大品牌、优质服务、广泛客源和地域规模的特许经营成功的体系，这个体系既会给业主带来顾客、使顾客满意，又会让业主降低成本。

Our Vision：

前景目标

To generate the highest return on investment of any hotel franchise.

为任何一家投资特许经营的酒店提供最大的回报。

Our Passion：

激情

Customer Profitability

为顾客创造利益

四、集团社会责任

精选国际基金

精选国际基金会的建立是基于这样一种信念，就是酒店大家庭的每一位成员，都应该成为所在经营社区以及自己的所有权经营社区的模范企业。精选国际基金会的目标就是通过建立目标从而协调公司对这些社区的非营利性慈善组织和教育组织的支持。这符合基金会的指导方针。

工作重点：

基金会考虑在以下几个重要方面满足提供项目和服务支持的非营利性组织的拨款要求：

· 为需要帮助的人提供住所和食物

· 促进旅游业增长与发展

· 对在接待业中寻找工作、初涉劳务市场和在接待业和技术领域寻求培训的人进行教育

· 提高精选国际酒店所在地人民的生活质量

另外，对一些特别关注的项目和计划优先进行考虑，但必须具备下列条件：

· 公司合作者支持的

· 以创新方式满足社区需求的

· 有特别明确的目标和可衡量结果的机制

· 促进合作，避免与其他公司和组织提供的服务和计划重复

· 必须标明申请者有履行财务责任的证明的能力

匹配的捐赠计划：

精选国际基金会将采用与员工相匹配的捐赠方式（员工捐一块，公司捐

一块），每年向符合条件的非营利组织及教育协会捐款 3000 美元。参与慈善活动的成员可以举办诸如步行、马拉松、骑自行车等活动，募集慈善资金，然后把募集的资金捐赠。

志愿者计划：

精选国际的员工在历年向符合条件的非营利组织每提供 100 小时的志愿服务，精选国际基金会将以这位员工的名义向这一组织捐助 500 美元。公司每历年可为员工捐助两次 500 美元。

五、集团财务状况

表 7－5－1 精选集团近年财务情况

截至 2008 年 12 月 31 日

公司情况	2008	2007	2006	2005	2004
总资产（百万美元）	328.2	328.4	303.3	265.3	262.4
长期负债（百万美元）	284.4	272.4	172.4	274.0	328.7
总收入（百万美元）	641.7	615.5	539.5	472.1	423.4
净收入（百万美元）	100.2	111.3	112.8	87.6	74.3
每股稀释收益（美元）	1.60	1.70	1.68	1.32	1.08
每股的现金股利（美元）	0.71	0.64	0.56	0.485	0.425

资料来源：http://www.hotelchoice.com

2008 年国内特许经营酒店数为 4716 家，正在发展的特许经营酒店有 987 家，其可供出租房间数达到了 373884 间。每间客房的平均收入 2008 年为 40.98 美元，比 2007 年 41.75 美元的平均房间收入稍低，2008 年的国内特许经营的酒店的平均房价比 2007 年下降了 1.8%。

综合国际和国内，集团共拥有的特许经营酒店数 2008 年达到 5827 家，这个数字从 2004 年到 2008 年以来一直增大，分别为 4977 家、5210 家、5376 家和 5827 家。2008 年年底，集团共拥有的特许经营客房数达到 472526 间，比 2007 年的 452027 间增多了 19499 间。也可以看出精选集团的规模越来越大。

我们也可以通过 2008 年和 2007 年最新的数据比照，从集团总销售额，经营收益，投资支出和收益，集团总收益等方面体现集团的不断发展和壮大。集团经营状况方面，2008 年系统总销售额为 641.7 百万美元，比 2007 年总销售额 615.5 百万美元要高，如图所示；集团投资情况方面，集团 2007 年投资支出为 21.26 百万美元，2008 年的投资支出为 14.93 百万美元。最后，集团在 2008 的税前收益为 157.3 百万美元，比 2007 的 173.9 百万美元减少了 16.6 百万美元，因此相对应地集团净收益也由 2008 年的 100.2 百万美元比 2007 年的 111.3 百万美元减少了 11.1 百万美元。

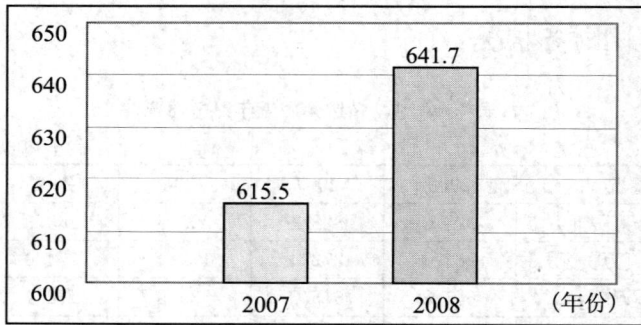

图 7—5—1　精品集团总销售额（百万美元）

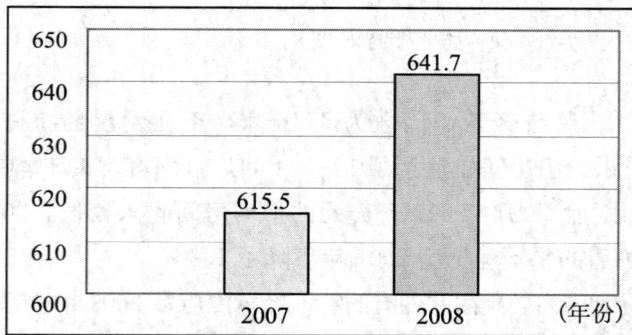

图 7—5—2　精品集团经营收入（百万美元）

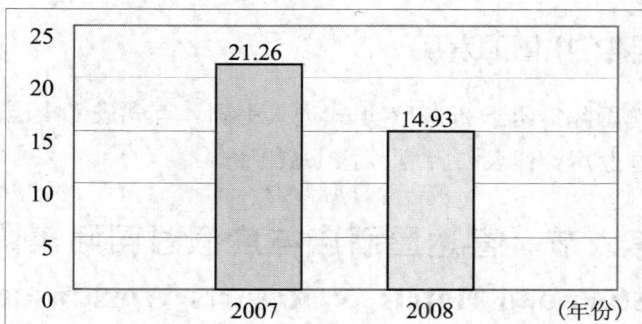

图 7—5—3　精品集团投资支出（百万美元）

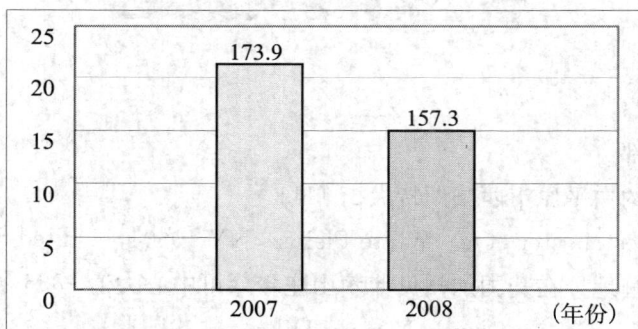

图 7—5—4　精品集团税前收益（百万美元）

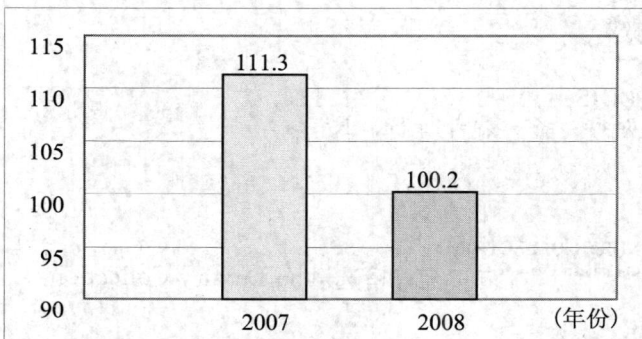

图 7—5—5　精品集团净收益（百万美元）

资料来源：http://www.hotelchoice.com

六、集团在中国的发展

美国精选国际集团于 2002 年正式进入中国，首先进入中国的品牌为舒适客栈和舒适套房，代表酒店是北京凯富酒店。

第六节　喜达屋酒店与度假村国际集团
Starwood Hotels & Resorts Worldwide

STARWOOD
HOTELS & RESORTS WORLDWIDE, INC.

集团总部：

美国纽约白平原市西柴斯特大街 1111 号

1111 Westchester Ave. White Plains，NY 10604，United States

公司办公地址在美国加州贝弗莉山庄希伟可中心大道 9336 号

9336 Civic Center Drive，Beverly Hills

知名品牌：

ST. REGIS
Hotels & Resorts　圣·瑞吉斯 St. Regis

THE LUXURY COLLECTION
Starwood Hotels & Resorts　至尊精选 The Luxury Collection

Sheraton
HOTELS & RESORTS　喜来登 Sheraton

威斯汀 Westin

W 酒店 W Hotels

福朋 Four Points

艾美 Le Méridien

element

雅乐轩 aloft

一、集团历史概况

喜达屋集团是全球最大的酒店及娱乐休闲集团之一。1998 年，喜达屋收购了威斯汀酒店度假村国际集团（Westin Hotels & Resorts Worldwide, Inc）和它的几个分公司（包括威斯汀和威斯汀联合公司），还收购了美国国际电话电报公司，并取名为 Sheraton Holding Corporation；1999 年 10 月，收购了维斯塔那（Vistana）股份有限公司（更名为喜达屋假期所有权股份有限公司），这一切使喜达屋集团在众多酒店及娱乐休闲集团中处于领先地位。喜达屋集团运用直接或间接由其子公司管理的方法来经营酒店和娱乐休闲业务。

集团在世界主要市场中都有相当的影响力。集团划分为两个独立核算单位，即酒店和度假村经营。收入主要来源于酒店经营，包括集团自身所拥有的酒店的经营；集团依照合同向其管理的酒店收取管理费以及特许经营费。

喜达屋集团的酒店业务定位于在豪华高档市场。通过拥有股份、管理权或特许经营权而拥有这部分市场中的资产。截止到 2009 年，喜达屋集团的资产在其分布的 100 个国家中拥有将近 1000 家酒店，29 万间客房。其中，喜达屋集团拥有的或通过租赁、控股经营的酒店 69 家；为第三产权集团代理经营的酒店 436 家（包括一些喜达屋参股的实体）；另有 437 家酒店喜达屋集团从中收取特许经营费。

喜达屋集团的收益还来自度假村的开发、产权所有权、经营以及销售度假村产权股份（VOI），以及为购买股份的客户提供货款的收益。截止到 2008 年 12 月 31 日，喜达屋集团拥有分布在美国和巴拿马 26 所度假村。喜达屋信托公司组建于 1969 年，其股份有限制公司成立于 1980 年。喜达屋最大的两个品牌——喜来登酒店及度假村公司和威斯汀酒店及度假村公司，已为顾客服务 60 多年了。喜达屋度假村公司（前身维斯塔那股份有限公司）也已从事度假村产权股份（VOI）销售 20 年了。

集团历史

1991 年：巴里·斯达姆利奇开创了喜达屋资本公司（Starwood Capital）。

1993 年：喜达屋资本公司购买了第一批酒店。

1994 年：喜达屋在 30 多家酒店的 8000 间客房拥有股份。

1995 年：喜达屋资本公司收购了酒店投资人信托公司，"配对股份"不动产投资信托公司。巴里看到了它的潜力。它的资产总市值为 800 万美元。酒店投资人信托公司被重新命名为喜达屋住宿公司，但仍保留纽约证券交易所股票简称，HOT。公司进行了新的资本结构调整，筹资 2 亿 7 千万美元。喜达屋股票当年涨幅达 72.46%。

1996 年：喜达屋住宿公司总部从加利福尼亚州的洛杉矶搬到亚利桑那州

的凤凰城。公司通过购买单体和小酒店，包括 Doral Inn 和现在的 W 纽约酒店。股票当年上涨 85.30％。

1997 年：喜达屋在墨西哥购买了三家威斯汀里加纳度假村，是喜达屋的第一批国际酒店，又从弗雷特利公司塔拉酒店购买了 15 家全职服务酒店。9月，喜达屋住宿公司宣布以 18 亿美元购买威斯汀酒店协议的消息。10月，喜达屋住宿公司宣布了以 143 亿美元购买 ITT 喜来登公司协议的消息。在与希尔顿敌对的投标竞争中，喜达屋充当了白马王子。喜达屋的股票当年上涨了 57.48％。

1998 年 1 月：喜达屋住宿公司完成了收购威斯汀酒店的工作。完成了此次收购后，喜达屋住宿公司被重新命名为喜达屋酒店集团（Starwood Hotels & Resorts）。喜达屋在科罗拉多的阿斯本、得克萨斯的休斯敦、纽约和华盛顿特区购买了 4 家全职服务的豪华酒店。W 纽约的酒店最终被出售，而其他 3 家成为圣·瑞吉斯酒店。2 月，喜达屋完成了收购 ITT 喜来登的工作。喜达屋的资产包括在世界 70 多个国家的 650 多家酒店和度假村。5 月，喜达屋把总部搬到了纽约的 White Plains。第一家 W 酒店于 12 月在纽约开业。

1999 年 1 月：喜达屋把公司的种类从一家 REIT（不动产投资信托公司）变成一家 C 公司（C-Corporation），为了更好地与像希尔顿和万豪这样的同行相一致，喜达屋把股息从 2.20 美元减少到 0.60 美元。喜达屋把在收购 ITT 喜来登获得的赌博股份以 30 亿现金的形式卖给了帕克莱娱乐公司（Park Place Entertainment）。喜达屋收购了一家度假所有权公司——维斯塔纳公司（Vistana，Inc.），在发展的度假所有权市场上占有一席之地。喜达屋发起了"喜达屋优惠客人"（Starwood Preferred Guest）活动，积极奖励频繁旅游的客人。这项没有连续日期和旅行量限制的活动成为标题新闻。没有连续日期和旅行量限制这两项措施也成为本行业的首创。威斯汀酒店引进了天堂床（Heavenly Bed），其特点是有一个枕头顶样的床垫、鸭绒被和全是白色、豪华的床单。圣·瑞吉斯品牌不断地发展。最初的 6 家圣·瑞吉斯酒店（在科罗拉多的阿斯本、中国的北京、得克萨斯的休斯敦、纽约、意大利的罗马和华盛顿特区的酒店）都获得了 1999 年度的康德·纳斯特旅游者

"金"奖（Conde Nast's Traveler's "Gold" list for 1999）。喜来登福朋（Four Points by Sheraton）开了第 100 家酒店——加州喜来登圣·莫尼卡福朋酒店（Four Points by Sheraton Santa Monica in California）。

2000 年：喜来登开始使用重新设计的客房，其特点是有动感的雪橇床、舒适的椅子和超大的工作区域。新客房为商务顾客提供了住宅时尚与实用的生活用品。喜达屋把沙漠酒店和娱乐场（the Desert Inn Hotel & Casino）卖给了斯蒂芬·A·和伊莱恩·温（Stephen A. and Elaine Wynn），退出了赌博业。6 月，W 第一家国际酒店——W 澳大利亚悉尼酒店（W Sydney in Australia）开业。7 月，维斯塔纳公司（Vistana, Inc.）被重新命名为喜达屋度假所有权公司（Starwood Vacation Ownership Inc.），喜达屋年末成为RevPAR，EBITDA 和每股收益增长最快的酒店。喜达屋酒店集团（Starwood Hotels & Resorts Worldwide，Inc.）获得投资级别资格，进入标准普尔 500 指数。

2001 年：喜达屋酒店集团（Starwood Hotels & Resorts Worldwide, Inc.）在第 8 届年度世界旅游奖大会上获得世界一流酒店集团奖。"喜达屋优惠客人"活动在第 13 届弗雷德年度奖（Annual Freddie Awards）"旅游业最高荣誉之一"评选活动中，通过投票连续第 2 年获得本年度最佳活动奖。"喜达屋优惠客人"活动在美国和世界上还获得最佳顾客服务的最高荣誉奖；美国和国际最佳回报奖；美国和国际最佳精华级别奖和国际最佳网站奖。

2003 年：喜达屋宣布，其美国和加拿大境内的喜来登、威斯汀和 W 酒店欢迎宠物狗入住。作为喜达屋 LTD（Love That Dog）计划中的一部分，四条腿的客人将享受到豪华狗床和包括长绒浴袍、小狗玩具、犬齿信息等在内的各种服务。

喜来登酒店及度假酒店引入了喜来登甜梦之床（Sheraton Sweet Sleeper™ Bed），该床配有 30 厘米厚的高织 Sealy Posturepedic 长绒床垫、触感柔和的羽绒枕头和亚麻棉布床单。在促使该品牌一跃成为高档酒店的一些计划当中，这是最新的一项举措。

2004 年：Steve Heyer 接替了公司创史人 Barry Sternlicht，成为喜达屋

首席执行官，Barry Sternlicht 则担任公司行政总裁。

2005 年：在第 17 届"Freddie 奖"投票评选活动中，SPG 计划连续第 6 年被评为美国和世界年度最佳计划。作为业界最受尊重的计划，SPG 计划不断取得成功。

喜达屋宣布了其选择服务酒店类别中期待已久的新品牌：雅乐轩。经由创建 W 酒店的团队构思，雅乐轩将提高精选服务类别的标准，提供带有都市气息的阁楼式客房、经过改进的技术服务、适用于昼夜社交活动的室外观景区和活力四射的休息室外景观。喜达屋正期待着首批酒店可在 2006 年年初拔地而起，并于 2007 年年初开业，到 2012 年时，将有 500 家雅乐轩遍及全球。

二、集团旗下品牌介绍

威斯汀 Westin

威斯汀酒店是与"天堂之床"齐名的超高档品牌，每天都提供全新的可供选择的服务，为商务客人和带小孩旅游客人提供宁静和高效的个性化服务。每一家威斯汀有不同的建筑风格和环境，但却有一致性的质量和服务。威斯汀的客人可以享受额外设施和服务，包括：

天堂之床——奢华舒适的绿洲备受青睐，你当然也想拥有

威斯汀儿童乐园——为 13 岁以下儿童精心准备的活动和服务

威斯汀的一个电话——从设计到组织，使你的会议变得轻松自如

威斯汀快速结账——可以使你不必在前台等待

繁忙的顾客可以依靠威斯汀帮助客人准备小型会议，只要使用在美国和加拿大的"一个电话"——免费电话，威斯汀的会议专家将安排会议，包括会议的日程安排、组织、价格和处理顾客所需要的每一个细节。

威斯汀的历史

2000 年：威斯汀举行了 70 年店庆。在 20 多个国家，拥有 120 多家酒店，没有任何迹象表明，威斯汀放慢了发展的步伐。1930 年 8 月 27 日，"奇怪的伙伴"——两个酒店的竞争者正在华盛顿的 YAKIMA 同一餐桌上就餐，

其中一个人鼓起勇气向另一个人表明成立一个新公司的想法，威斯汀就是在这样的情况下构思的。从初次联合开始，西部酒店诞生了，随着加拿大资产的加入，西部酒店发展成为西部国际。1980 年，公司在庆祝建店 50 周年时，将西部国际改名为威斯汀酒店和度假村。

威斯汀的市场副总裁 Sue 说："威斯汀是从西北地区一个仅有 17 家小酒店的连锁品牌发展成为世界领先的酒店。今天，公司在 24 个国家拥有 120 家酒店，其中包括公司新投资的一些著名酒店，如英国的 The Westin Resort& Spa Whistler、威尼斯的 The Westin Europa And Regina 和 The Westin Palo Alto。

当然，创新是威斯汀的重要组成部分。在威斯汀的历史上有深刻意义的"第一次"包括：

1946 年：发行第一张顾客信用卡。

1947 年：在"HOTELTYPE"预订系统中第一次对预订请求进行即时确认。

1954 年，加拿大分店的落成标志着 Western 酒店已发展成为 Western 国际酒店。

1969 年：第一个推出 24 小时送餐服务。

1978 年：第一个实施行政总署内部培训计划。

1983 年：第一个在主要酒店中全面应用信用卡预订和结账服务系统。

1991 年：第一个使用顾客语音邮件系统。

1994 年：第一个针对儿童的"儿童乐园"计划实施，包括对 3 岁以下儿童提供全面的包价服务和设施。

1994 年：第一个顾客项目"快速服务"实施，顾客只需一个电话就可以享受酒店的所有服务。

1999 年："天堂之床"的推广，一种区别于其他酒店的豪华大床。

2001 年：创新的天梦之家拥有配备了两个淋浴喷头的宽敞浴室，使您可尽情享受天梦之浴（Heavenly Bath®）。此外，威斯汀天梦之浴还可提供水疗毛巾、个性化卫浴用品、天梦浴帘和埃及棉绒浴袍等便利设施。

2003 年：威斯汀健身（WestinWORKOUT®）中心为酷爱健身的人士提供了理想的健身环境，让他们即使不在家中也能保持良好的健康状态。

2004 年：客房内也添置了健身器材，以满足不断增长的更加个性化的健身需求。

2005 年：威斯汀酒店及度假酒店在全世界范围内为客人提供了不同凡响的卓越服务和难忘经历，以此来庆祝自己的 75 周岁生日。

2006 年：威斯汀为其抵达体验增添了诸如特色芬芳、优美旋律、轻柔灯光和绿色植物等感官元素。

2007 年：威斯汀推出了威斯汀天梦水疗中心（Heavenly Spa by Westin（SM））和客房内水疗服务，将酒店水疗体验提升到全新境界。威斯汀闲适时光（Unwind）问世，吸引四海游客参加这一融不同文化风情的威斯汀特色晚间活动［Westin Evening Ritual（SM）］。

2008 年：威斯汀早餐菜单中增添了健康美食［SuperFoodsRx（TM）］菜单，让客人以最佳状态踏上旅程。威斯汀与联合航空达成合作，向指定航班提供天梦卧具，并在指定的联合航空红地毯俱乐部（United Red Carpet Club®）地点开设 Renewal 酒吧。

威斯汀被《商务旅游新闻》评为酒店业中最佳的豪华酒店，同时在 J. D. Power & Associates 所进行的服务行业顾客满意度调查中获得最高顾客满意率的荣誉。

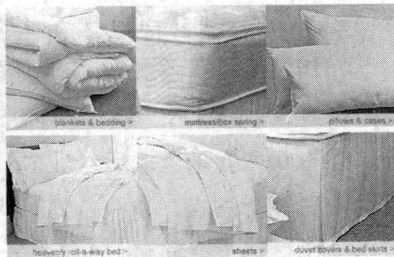

有关"天堂之床"

天堂之床（Heavenly Bed）：根据威斯汀饭店集团（Westin Hotels & Resort）所做的一项旅客睡眠调查，84％的旅人表示，客房内若有一张异常舒适的床，是让他们下榻旅馆住宿最重视的项目；63％的旅客认为旅馆提供的最重要服务是"一个好觉"，49％的人认为床是旅馆中最重要的物品，他们在房间里的时间平均有56％花在了床上。

而天堂之床的特色大致包括：1. 与席梦思独家研发具有人体工学的特殊设计的床垫，不同于一般床垫只有3—4层，天堂之床共有900个独立卷筒与十层特殊床垫，其中包含海绵层、矽胶垫与其他独家层垫组合；2. 每张床由三条床单覆盖，每张床单有着250的高密度针织数，当床单与身体接触时触感细腻，睡起来非常舒服；3. 每张床配有五个羽毛枕头，绒毛与羽毛的比例为1：1，其中包括2个超大尺寸与2个加大尺寸的枕头；4. 长200cm×宽220cm（Super King Size）；5. 三层高密度针织的床单与冬暖夏凉的羽毛被。

据说睡过的宾客表示，仿佛像天使躺在天空的云端上的舒适与享受。这套床上用品系列KING SIZE售US＄3370.00。

喜来登 Sheraton

喜来登的起源可以追溯到1937年，那时公司的创建者Ernest和Robert在马萨诸塞州的Springfield收购了第一家酒店。在两年内，他们又购买了波士顿的3家酒店，并很快将他们拥有的资产包括酒店从缅因州扩展到佛罗里达州。在公司第一个10年发展期的末期，公司开始为众人所知，并成为值得信赖的品牌，而且是第一家在纽约证券交易所挂牌的连锁酒店集团。

1949年，喜来登购买了加拿大的两家连锁酒店，开始在世界范围内国际化扩张步伐。20世纪60年代，在拉丁美洲和中东的第一家酒店建立。1965年，第100家喜来登酒店开业。1985年，喜来登作为第一家国际连锁酒店开始在中国经营酒店，是一件划时代的事件。1995年4月，喜来登推出了福朋酒店，这是一个全新的、以富有竞争力的价格提供全面服务的中档酒店。1998年，喜达屋酒店及度假村国际集团收购喜来登。

喜来登是一个在传统而雅致的环境中为顾客提供温馨服务的跨国高级酒店品牌。作为喜达屋最大的酒店和度假村国际品牌，喜来登为商务和休闲客人提供满足他们需求的服务，酒店地域分布广泛，从阿根廷到津巴布韦都有喜来登。在世界主要城市和度假胜地，从中心城市提供全面服务的酒店到依水而建的豪华度假村，喜来登为顾客提供范围广泛的舒适服务。

喜来登提供丰富到位的商务服务，全面的设施和配备齐全的房间，房间内有宽敞的工作空间，是那些想在旅途停留中获得更大价值商务客人的理想选择。在超过 150 个地区，喜来登的智能客房有根据人体特点设计的椅子，充足的灯光，网络链接和个性化的语音邮件，还有能提供打印、复印和传真的设备。其他创新服务还包括：酒店业中最灵活的登记、结账办理办法；专门烹饪的菜肴"生物钟调整餐"，可以舒缓客人因时差而造成的不良反应（只限欧洲）。

在风景优美的度假胜地，都可以发现喜来登的踪影。无论在世界最令人向往的海滨度假胜地墨西哥、夏威夷、佛罗里达度假，还是在文化之都伦敦、布宜诺斯艾利斯、香港和雅典，都可以享受到喜来登提供的完美的家外之家的感觉。

喜来登的服务承诺是，"如果你不满意，我们同样不满意"。喜来登保证使顾客拥有一个愉快的经历，否则立即打折作为补偿，给提出意见和建议的客人奖励或返还现金，"你所应该做的事情就是告诉我们"。

福朋 Four Points

1995 年 4 月，喜来登酒店和度假村集团推出了福朋酒店品牌，这是一个全新的、中档的酒店品牌，顾客可以以适中的价格享受最有价值的全面服务，包括送餐服务、现场餐饮服务、会议和各种设施。在《商务旅游新闻》年度最佳连锁酒店评选中，福朋酒店再一次被商务客人评为最佳中档酒店（餐饮类服务），位居万豪庭院和希尔顿花园之前。在读者的评选中，福朋酒店的有形展示、整体价格质量比、公司价格计划均获得最高分。

喜来登福朋酒店的客房给予客人宽敞的工作空间，有双线电话、宽大办公桌、有线电视，并且还提供会议场地和设施；餐厅每天供应三餐，并提供送餐服务；针对顾客消遣娱乐需求，酒店配有健身中心而且多数酒店配有游泳池。另外，考虑到顾客安排紧张的行程，可以提供快速登记、快速结账或电视结账服务，使顾客避免在前台不必要的等待。

圣·瑞吉斯 St. Regis

1904 年，Astor 建立了纽约圣·瑞吉斯酒店，它是新颖的、经典艺术的标志。Astor 经常把酒店作为受邀亲朋好友的停留之地。为了让客人感觉舒适，Astor 在酒店中引入了"现代化"的方便概念，如每一间客房安装电话、火警系统和远远早于现代空调的有效的集中供热和制冷系统，顾客可以自己控制房间的温度。每层楼还有信箱，这在当时是具有新闻价值的创新。Astor 创建圣·瑞吉斯酒店的目的是把旧时代所独有的魅力、殷勤好客的感受带到新时代来。如今，一个世纪之后，这个目标也未曾改变。

第一家加入纽约旗舰店的是华盛顿圣·瑞吉斯酒店（其前身是卡尔顿酒店），紧接着便是 1999 年年初的白杨圣·瑞吉斯酒店（其前身是丽兹·卡尔顿酒店）。2000 年 3 月，北京国际俱乐部，此前属于至尊精选的品牌，后转为圣·瑞吉斯，这是圣·瑞吉斯在亚洲的第一家酒店。2000 年 8 月，加州的圣·瑞吉斯酒店在洛杉矶开业，有 297 间客房。2001 年 8 月，莫纳克海滩瑞吉酒店（该酒店占地 809371 平方米，可俯瞰波澜壮阔的太平洋景观）隆重开业。2001 年 9 月开业的上海瑞吉红塔大酒店在中国国际化程度最深的城市中完成了一幅中西合璧的杰作。2002 年 5 月，享誉全球盛名、位于伦敦市绝佳地段之一的兰斯伯瑞瑞吉酒店隆重开业，它的出现标志着瑞吉品牌开始强势登陆欧洲。

在圣·瑞吉斯，员工以提供超过常规性服务的表现而感到自豪，所有人的职权就是尽最大努力地保证顾客获得最佳舒适的服务，关注服务的每一个细节。对于经常光临的顾客，酒店依据准确翔实的资料，以最周到、最具有个性化的方式，为每个顾客提供最理想的服务。

至尊精选 The Luxury Collection

至尊精选成立于 1995 年，在世界 26 个国家，拥有 69 家最好的酒店和度假村，这一豪华品牌的增长来自于两个方面：一是世界范围独特酒店的扩张；二是针对旅行社和高级旅游者的几项重要服务和项目的引入。1998 年，喜达屋酒店及度假村国际集团兼并至尊精选，并将其与圣·瑞吉斯合并，以纽约圣·瑞吉斯旗舰店的名称命名。

至尊精选是一些与众不同的酒店和度假村，将古代富丽堂皇的建筑风格与现代建筑融为一体，它们为杰出人士提供卓越的服务。在这些酒店中，有的已有一个多世纪的历史，但他们都是公认的世界上最好的酒店。至尊精选以华丽的装饰、引人入胜的环境、完美的服务和最现代化的设施而闻名。在世界喧闹的都市、环境优美的度假区，至尊精选为高品位、优雅的客人奉献绝对殷勤周到的体验。无论是漫步于地中海的沙滩，徜徉在夏威夷的岛屿或者是游览 60 多个文化中心，都将在至尊精选的优美环境中得到完美的体验。

为满足富有经验的旅游者的需求，至尊精选力求时刻关注顾客的需求和喜好，通过华丽而有特色的资产，把酒店所在地的风俗、文化和环境有机结合起来，为顾客提供最好的住店经历。

W 酒店 W Hotels

W 来源于英文温暖、奇妙、机智、兴奋的首字母，W 代表欢迎。W 酒店是以全新的个性化、独立化风格，随时为顾客提供所需服务的酒店。W 酒店的发展始于 1998 年 12 月在纽约 49 街和来克星顿开业的纽约 W 酒店。一个短暂的现象，在前所未有的两年内，W 酒店在令人向往的目的地建立了超过 12 家酒店，包括悉尼、洛杉矶、火奴鲁鲁和新奥尔良。2002 年年底，W 酒店在圣地亚哥、芝加哥的两个地区以及纽约时代广场的酒店开门纳客。2008 年年末，开业酒店达到 25 家。

酒店通过空间设计、顾客设计、创新、用于聚会的别致宽敞的休息室、原创艺术、杰出的服务和员工、最新功能的健身设施、私人教练、矿泉洗浴服务等保持持续的发展，W 酒店准备满足顾客所需的全部服务，如 ACURA 体验（便车服务）、BLISS 水疗产品、宠物的贴身服务、SMS 完美的个人通信、SWEAT 健身、W 的疯狂购物、安眠枕菜单、唤醒服务菜单、行李中转站、连线商务中心。W 酒店希望顾客体验这个全新的商务酒店品牌，与其他酒店不同，W 酒店可以为商务旅游者提供其所期望的、可靠的、全面的商务服务，这是豪华酒店的个性和风格。

每家酒店都有特色餐厅和酒吧，他们不仅吸引着住店客人，对当地居民也同样具有吸引力。与著名厨师 Drew Nieporent 的合作是纽约第一家 W 酒店"心跳餐厅"获得成功的关键，之后西雅图 W 酒店的"地球和海洋"餐厅和纽约庭院 W 酒店的"肖像"餐厅又开业。接着由 Drew 精心创建的餐厅是旧金山 W 的 Gail Deffarari of XYZ 和纽约联合广场 W 的 Todd English of Olives。

通过发展餐饮，如同 20 世纪初豪华酒店一样，W 酒店成为一个豪华的聚集地。现在，W 酒店已成为人们庆祝生命中特别时刻的首选地。

艾美 Le Méridien

1972 年创立于法国，2005 年 11 月正式加入喜达屋酒店与度假村国际集团。艾美酒店秉承欧洲优雅传统，融合当代文化，构建出富含精致人文气息、深邃内涵和激动人心的氛围，使每个身处其中的人都能尽享每一刻美好时光，于平淡无奇的日常生活之中发掘美妙事物。艾美酒店为宾客提供的不仅是一个新居所，从中他们将发现了解事物的新方式。

现在，艾美已成长为全球性酒店集团，旗下拥有超过 120 家豪华高档酒店，分布于全球 50 多个国家。其中大部分酒店位于世界各主要城市和度假胜地，遍及欧洲、非洲、中东、亚太和美洲各地。

其全新推出的特色品牌首创"抵达体验"（Arrival Experience）2009 年在巴黎赢得全球最佳酒店服务大奖，并荣获"全方位服务酒店最佳创新概念"称号。

element 酒店

element 灵感源自威斯汀酒店及度假村，旨在通过流畅的多功能公共空间和私人空间营造平衡和谐的氛围。element 酒店拥有开放的社交区域和闲适的安静空间，可为旅客提供一个摆脱旅途劳累的个人休憩之所。以自然为本的灵活、环保型设计可使空间利用达到最大化，并让客人能够通过多种方式使用每一个区域。

element 相信，获得平衡感觉对客人而言十分重要，而在长期旅途中更是如此。element 酒店通过刺激感官和舒缓精神，帮助客人放松身心、焕发活力，从而恢复到自己的最佳状态。

该品牌目前仅在北美地区拥有少量开业酒店。

雅乐轩 aloft

雅乐轩是集团于 2008 年推出的全新品牌。雅乐轩对于那些注重文化意识的旅游者来说是一个新的旅行体验，与那些一成不变的入住经历不同，雅乐轩提供了一个全新的入住方式。同样源于 W 酒店团队的构思，雅乐轩集时尚、灵动和空间于一体。活力与个性化在这里交融，让现代化的设计、易用的科技和社会化的感觉组合在一起。雅乐轩颂扬个人，使每位宾客掌控自身经历和自由选择自身旅游体验。

雅乐轩打造百分百感观体验，9 英尺高天花板及超大玻璃窗营造明亮通透的清新入住空间。时髦的大浴室内配有超大步入式淋浴，客房中央摆放特别定制"自由舒适之床"，进一步提升客户的轻松入住体验。每间客房既是一间高科技的工作室，又是一个娱乐中心，具备一系列直观、自助的一站式连通性解决方案，包括高速网络接口，MP3 或 Ipod 插槽以及为多种电子装置（如 PDA、手提电话、MP3 播放器及笔记本电脑）设计的连通设备。所有设备都与 42 寸平板高清电视接通，以获得最优的画质与音质。

除了北美，亚太区第一家雅乐轩酒店于 2008 年落户北京，预计之后的 5 年内，全球范围内将有 500 间雅乐轩酒店开业。

三、集团企业文化

使命

喜达屋是世界上知名的酒店和娱乐休闲公司，在世界范围内为旅行者提供完美的体验。

对于股东，将努力使 EBITDA 每年最少增长 8%—10%，同时每股收益最少增长 15%，增加在整个市场的份额，成为该行业的第一或第二大品牌。

对于顾客，使喜达屋成为他们最亲近的生意伙伴。努力给客人提供完美的产品和无可挑剔的服务。继续提升酒店的标准，不断努力提高的服务，以前所未有的服务满足顾客的需要。

对于员工，承诺让喜达屋成为最好的工作场所，将企业文化建立在通力合作共创价值的基础上。

价值观

·只有满足甚至超过顾客、所有者、股东的需求时，我们才能成功。

·We succeed only when we meet and exceed the expectations of our customers, owners and shareholders。

·我们有追求卓越的激情，并且按照公平和公正的最高标准付诸行动。

·We have a passion for excellence and will deliver with the highest standards of integrity and fairness。

·我们倡导员工、思想与文化的多样性。

·We celebrate the diversity of people, ideas and cultures。

·我们崇尚尊严和个体的价值，共同工作成为一个团队。

·We honor the dignity and value of individuals working together as a team。

·我们改善我们工作所在社区的环境和状态。

·We improve the communities in which we work。

·我们鼓励创新，勇于承担责任和接受变化。

·We encourage innovation, accept accountability and embrace change。

·我们追求知识，通过学习得到成长。

·We seek knowledge and growth through learning。

·我们分享紧迫感和灵活性，也致力于创造快乐。

·We share a sense of urgency, nimbleness and endeavor to have fun, too。

四、集团社会责任

（一）环境保护

喜达屋集团在不同的地域遵从不同的要求，履行不同的责任和遵守当地的环境法律条例和规范（环境保护法）。例如，不管当事人对有害物质的产生知不知情，一份产业当前或之前的产权所有人或管理者，将会担负起与这份产业有关的有害物质的处理费用。有害物质的产生可能会对业主出售、出租以及抵押该产业产生不利影响。不管当事人是否拥有或使用这种设备，负责处理的有害垃圾的当事人将会负担起处理、储藏以及处理设备的全部费用。喜达屋使用的原材料及其产生的垃圾已可能被现行的环境保护法定性为有害物质和有害垃圾。喜达屋也因为其部分资产曾使用过这些物质从而必须负责清理纸屑污染物，或用别人的设备处理储存这些有害垃圾而一次次地遭受损失。

还有一些环境保护法要求，在喜达屋集团的建筑遭受破坏或进行重装修时，减少或完全移出一些含石棉（ACM）的建筑材料（酒店中喷涂的绝缘材料，地板涂层，天花板涂层，瓷砖，装饰材料和一些管道中都含有一定数量的制种物质）。这些环境保护法还禁止石棉纤维暴露在外面。环境保护法还规范在机电设备中聚氯乙烯二苯基（PCB）的使用。喜达屋的一些酒店有地下储水库（UST）和含氯氟烃（CFC）物质的设备，这些地下储水库的使用以及移除升级和含 CFC 设备的使用都在环境保护法的范围之列。这些凡是与集团的产权经营和管理相关的，喜达屋都不得不支持并支付补救工作和处理有关 PCB、UST、CFC 等物质的工作费用。

担负起环境保护责任不仅靠环境保护法。在一般法律条件下，产业的业主或经营者就可能因各种环境问题而引起的人身伤害和财产损失面临责任，例如，暴露所谓的有毒有害物质（包括但不仅限于 ACM，PCB，CFC），室内空气污染和饮用水污染。

尽管在正常的经营过程中，喜达屋已经并且将来还要遭受由于环境问题所引起的损失，但领导层预计，这将不会对集团的经营和资金状况产生负面影响。

（二）雇员关系

截止到 2008 年 12 月 31 日，喜达屋集团共拥有大约 145000 名员工，他们分布在集团办事处、其管理的酒店和度假村中，其中大约 36％从美国招聘的。截止到 2008 年 12 月 31 日，37％的美国地区的员工卷入各种协议谈判中，通常是基本工资、工作时间和其他雇佣条件以及劳动纠纷的妥善处理等。但总体来说，集团与员工之间的关系平稳正常，公司与员工的雇佣关系是良好的。

（三）对社区的责任

在喜达屋，每一位员工有责任改进社区的环境状况。喜达屋在各地社区的服务内容不尽相同，包括顾问指导、地区清扫日的志愿者、为低收入者建造房屋、为需要的人提供帮助和给慈善组织捐款。

2000 年，喜达屋承诺"美国希望——青年联盟"组织，鼓励美国的每一位成员每年至少提供 8 小时帮助儿童的志愿者服务。为了履行诺言，喜达屋与 City Care、Habitat for Humanity、Junior Achievement 和 Juvenile Diabetes Research Foundation 等组织结成伙伴。

在喜达屋，他们支持并鼓励志愿者服务，并把它作为成员回报社区的一个机会，而且可以建立团队的凝聚力和成员间的默契；同时，这些活动也是他们巩固在当地市场的地位和加强与当地合作者关系的良机。

（四）多样性与兼容性

与合作者、顾客和供应商创造一种相互兼容的环境不仅是一件正确的事情，也是工作的核心。喜达屋是建立在多样性基础上的全球化组织，在 97 个国家，拥有 9 个独特的品牌。如同世界人口的多样化，集团也以多样化为基础保持与顾客和合作者的关系。通过多样化的品牌开发组合，满足不同背景、不同文化旅游者的需求。因此，喜达屋集团认为与合作者、顾客和供应商创造一种相互兼容的环境不仅是一件正确的事情，也是集团工作的核心。

致力于遍布全球 14 万名员工智慧的融合和开发，照顾好频繁光顾酒店的顾客，不仅是高层领导的责任，也是每位员工应分担的责任。公司建立了多样性委员会，由喜达屋的高层领导者组成，它的作用是同公司的其他领导者一起，在多样性和兼容性部门中，通过全体代理人员的支持，来推动战略的实施。

如同处理其他重要的业务活动一样，公司多样化委员会已经为加速的变化建立了战略和长期计划，特别是在代理领域。作为一个组织，需要保持与产业同步发展，消除配置和开发合作伙伴关系的障碍。因此，在这一过程

中，如何理解多样性是业务成功的关键。2002 年，公司开发了兼容性的培训
计划，从高层管理者开始，帮助合作者抛开内心的偏见。2002 年启动"全球
英语计划"，2005 年启动"少数民族酒店业主和开发商计划"，2006 年喜达
屋启动"支持包容性"计划，它增加了管理包容性课程的范畴。

五、集团经营战略

(一) 品牌竞争力

喜达屋在膳宿品牌已获得广泛认同的基础上，集团实施的豪华高档品牌
策略使其无论在吸引新客户或稳定老客户中都显得游刃有余，并且从中受益
匪浅。在 2002 年 11 月出版的《国际金融杂志》中，喜达屋集团再次被评为
"全球最佳跨国酒店集团"，同时，喜达屋集团四年中第三次荣获由《旅游产
业新闻》举办的"2003 年度全美最佳连锁酒店调查"的最高荣誉，其中威斯
汀酒店及度假村集团和 W 酒店分别在"超高档酒店评选"栏目中荣获第一、
二名，另外，由同一刊物举办的"中档酒店评选"栏目中，喜来登的福朋得
到最多票数，获得第一名。

(二) 常客计划

喜达屋忠实顾客评选栏目"喜达屋佳宾"是该集团为吸引顾客而推出的
重要举措，该栏目的名单上已有超过 1500 万名成员，并连续三年被授予由
顾客评选出的"年度最佳酒店计划"的"弗雷迪奖"。同时，"喜达屋嘉宾"
栏目被授予"最佳顾客服务"、"最佳网站"、"最佳精英计划"、"奖励方案最
佳实现"和"最佳简报"等奖项。"喜达屋佳宾"评选栏目作为业内第一个
完全公开透明的忠实顾客评选栏目，可以让顾客不受任何限制地随时入住。
由于"喜达屋佳宾"活动通过免费入住、涉及其他奖项或参与 30 家航空公
司中任何一家的奖励活动，对常客和度假村产权股份的购买者给予奖励，所
以争取了大批的回头客。

(三) 在高级市场上的非凡表现

喜达屋集团的豪华高档酒店度假村资产在世界范围内有着很好的布局。
这些资产主要坐落在集团管理层认为需要豪华高档酒店和度假村的大城市和

旅游胜地，这些地方适合酒店经营的地段较少且相对昂贵。当喜达屋将重心放在提供全方位服务的膳宿和度假村市场中的豪华高档部分的时候，公司的品牌为这部分市场中的各类潜在市场提供了帮助。例如，当喜来登的福朋以消费者更能接受的价格大量提供各类设施和服务时，圣·瑞吉斯酒店正致力于提供高层次度假村顾客的服务。

（四）最重要且各有特色的资产

喜达屋集团在全球拥有一批卓越的、类型各异的酒店资产。包括纽约州纽约市的圣·瑞吉斯酒店；亚利桑那州 Scottsdale 市的凤凰人酒店，意大利威尼斯的 Hotel Gritti Palace，中国北京的圣·瑞吉斯酒店和西班牙马德里的威斯汀宫酒店。这些都是业内赫赫有名且在优质服务排行榜上名列前茅的酒店。喜达屋的资产被 Conde Nast Traveler 的读者们（一群资格最老且最具鉴别力的旅行家）坚定地认同为是精品中的精品。在 Conde Nast Traveler 杂志 2003 年 1 月的期刊中，有 55 家喜达屋集团酒店题名"金榜"和"预备金榜"中，这个数字远远多于其他酒店集团。

（五）以规模应对竞争

作为一个战略重点在豪华高档提供全方位服务膳宿市场的最大的酒店及娱乐休闲公司，喜达屋有足够的规模来支持它的中心市场及其预订功能。集团相信，它的规模有助于通过追求诸如保险、能源、电子通信、技术，员工福利，食物及饮料，家具，仪器设备和经营需求中的经济利益来降低成本。酒店产业竞争激烈。这些竞争大多是基于质量、房间的一贯性、餐馆和会议厅的设施和服务、所处地段的吸引力，全球分配系统的可操作性，价格以及其他因素基础上的竞争。喜达屋在其所处的地区性市场内，同其他的酒店和度假村进行竞争。喜达屋集团作为一个酒店、度假村和假期所有权的经营者和开发者，遇到了强有力的竞争。集团的竞争者有些是私人的管理公司，而有些是国内国际较大的连锁集团。他们以不同的品牌的声誉掌握和经营自己的酒店，为第三方产权所有人代理管理酒店，以及开发销售 VOI，这些都会同喜达屋的品牌形成直接竞争。另外，酒店管理合同虽然一般是长期合同，但是大都允许产权所有人在不能达到他的资金和经营标准的情况下更换代理公司。

（六）现金流动和资产多样化

集团领导层认为，集团品牌、市场占有部分、收入来源及地理分布的多样化为增加收入和利润，增强集团跨国品牌的竞争力提供了雄厚的基础。这种多样化能够防止集团局限于某个特定的膳宿度假村品牌或者地域中。喜达屋集团在它经营的酒店和度假村范围内通过多种渠道获得现金流动，包括集团拥有的酒店的经营和收取经营管理费及特许经营费，并且其方式会随着世界范围内不同地域经营方式的不同而呈现多样化。

以下两个表格是分别根据收入来源和所处地域的不同来划分的喜达屋集团酒店和度假村资产。

表 7－6－1　集团资产经营类型分类

资产类型	集团拥有的酒店	由酒店经营和联合的合资酒店	特许经营的酒店	度假村	总计
数量	69	436	437	26	968
房间数量	23600	149900	111300	7200	292000

表 7－6－2　集团资产地域分类

所处地域	北美洲	欧洲、非洲和中东	拉丁美洲	亚太地区	总计
酒店数量	512	254	59	143	968
房间数量	169600	62000	12700	47700	292000

资料来源：以上两表数据引自 http：//www. starwood. com

（七）经营策略

喜达屋集团经营的最终目的在于实现利润和现金流量的最大化。为了达到这个目的，集团采取的措施是：增加集团现有资产组合的赢利；有选择性地通过购入新资产获得利润；增加酒店经营合同和特许经营协议的数目；购入、开发、销售 VOI；使自己拥有的房地产实现价值最大化，包括有选择地出售一些有可能获得高额利润的非支柱性酒店以及纪念性质的资产。为了增加收入，喜达屋集团计划通过对全球资产进行平衡有效配置，扩大客源市场，并利用规模经济来降低成本，节省开支。

（八）发展良机

为了提高集团的营业实绩和增加收益，领导层已经从错综复杂的现实环境中找到多次的发展机会。

继续强化以管理合同方式加快集团拓展的速度，扩展喜达屋膳宿品牌的影响力和市场力度，并且可以用较少的资本投入获取更多的现金流动。通过特许经营方式将喜来登、威斯汀、福朋和至尊精选等品牌特许给经过审慎挑选的经营者来经营，从而扩大集团在酒店市场的份额，提高品牌的知名度，而且特许经营费也将使集团获得更多的收入。

进一步扩展集团品牌在互联网上的知名度和销售能力，以增加收入，提高服务质量。继续开发集团的长客计划，在给予集团酒店和度假村的长客以实惠的同时，提高酒店的客房出租率。通过整理建立集团所有客人的资料库，加强营销力度，向现有的顾客推销更多的产品和服务，提高客房出租率，并且创造出新的市场营销机会。

优化集团对其房地产所有权的使用，增加副业收入。如集团酒店、度假村里私人公寓的销售，餐馆、酒吧和停车场的经营所得。继续推进喜达屋酒店的品牌建设，以满足主要客源市场中高级商务客户和其他客户对提供全方位服务的需求，将集团品牌的影响力扩展到城市之外的度假村。对"天堂床"、"天堂浴"、"喜来登甜蜜梦香床"以及"喜来登服务承诺"活动进行改革。通过重新命名将集团的酒店归到喜达屋品牌之下，喜达屋追求的是品牌的名誉及市场影响力，从而增加每间可用房的收入。开发更多的度假村，通过 VOI 的建设和居所或私人公寓的销售来推进酒店房地产开发，并通过增加科技含量来提高经营效率。

喜达屋酒店不断地在寻求机会，以向外扩展和使集团的酒店资产组合更加多样化。其主要途径是对国内外的符合集团所有或部分的要求的房产进行小额的投资或有选择的收购。

六、集团财务状况

截至 2008 年年底，分析喜达屋集团在全球的自有、租赁和联合合资酒店的 29000 余间客房经营数据。平均房价方面，2008 年为 168.93 美元，比 2007 年 171.01 美元的平均房价降低了 1.2%；年均出租率方面，2008 年为 71.1%，比 2007 年的 72.7% 降低了 1.6%；相应地，集团每间可供出租房平均收入在 2008 年为 154.62 美元，比 2007 年的 154.40 美元增加了 0.2%。北美和其他地区的酒店经营业绩都有不同程度的下降。

下面是 2004 年至 2008 年集团的财务报表部分数据。集团总资产在近几年内有所减少，2004 年集团总资产是 122.98 亿美元，流动性较强，资产净额为 38.23 亿美元；到了 2008 年，集团总资产降至 97.03 亿美元，流动资产净额为 35.02 亿美元。具体经营数据对照见下表。

表 7－6－3　集团经营数据财务报表

年份	2008	2007	2006	2005	2004
总收入（百万美元）	5907	6153	5979	5977	5368
营业收入（百万美元）	619	858	839	822	653
连续经营收入（百万美元）	254	543	11115	423	369
每股摊薄收益（美元）	1.37	2.57	5.01	1.88	1.72
经营活动现金（百万美元）	646	884	500	764	578
投资现金（百万美元）	172	215	1402	85	415
财务活动现金（百万美元）	243	712	2.635	253	273
分配现金总计（百万美元）	172	90	276	176	172
公告的每股分配现金（美元）	0.90	0.90	0.84	0.84	0.84

集团近年的经营状况反映在股票市场上的数据如下表所示，表为 2007 年至 2008 年各个季度，喜达屋集团在纽约股票市场上 A 股股价的高低变化情况。可以看出，集团股价在 2007 年到 2008 年有所降低。不过股东每股分配现金 2007 年为 0.9 美元，2008 年仍为 0.9 美元。

表 7－6－4　集团平均股价变动

美元	最高股价	最低股价
2008 年		
第四季度	28.55	10.97
第三季度	43.29	25.95
第二季度	55.06	38.89
第一季度	56.00	37.07

续表

美元	最高股价	最低股价
2007 年		
第四季度	62.83	42.78
第三季度	75.45	52.63
第二季度	74.35	65.35
第一季度	69.65	59.63

表 7—6—5　集团资产负债表

年份	2008	2007	2006	2005	2004
总资产（百万美元）	9703	9622	9280	12494	12298
长期负债、活期票据到期、可转换票据和 B 级优先股的净额（百万美元）	3502	3590	1827	2926	3823

表 7—6—6　营业性收

年份	2008	2007	比上一年增加或减少	替换百分比
总收入（百万美元）	5907	6153	246	4.0%
经营收入	619	858	239	27.9%
销售、总务、行政及其他（百万美元）	477	508	31	6.1%
重组和其他特殊费用（百万美元）	141	53	88	
折旧以及分摊	323	306	17	5.6%
股票收益	16	66	50	75.8%
净利息支出	207	147	60	40.8%
产权处置资产（百万美元）	98	44	54	
所得税费用	76	189	113	59.8%
管理费特许经营费以及其他	857	834	23	2.8%

表 4 至表 6 数据源自：http://www.starwood.com 2008Annual

七、集团在中国的发展

　　1985 年，喜来登作为进入中国的第一家国际酒店管理集团，开始管理北京的长城酒店。今天，喜达屋旗下的喜来登酒店集团已在中国管理着 9 家酒店，它们分布在如下几个城市：北京、天津、西安、桂林、苏州、无锡、南京、香港，再加上成都的天府丽都喜来登酒店。

目前，喜达屋集团在上海已拥有 3 家酒店，分别是于 2002 年 10 月刚刚开业的上海威斯汀大酒店，以及早期开业的瑞吉红塔大酒店和上海喜来登豪达太平洋大酒店。喜达屋在上海 3 家酒店的入住率已经达到 80％以上。集团计划一年内将旗下另外 3 个品牌引入上海，分别是"Four Points" "The Luxury Collection"和"J. W."，因此，大力拓展上海和国内其他省市的酒店，加速布点和品牌引进将会成为喜达屋集团的重要策略之一。上海瑞吉红塔大酒店由喜达屋酒店及度假村管理集团派员管理，是云南红塔集团的全资分支机构，上海红塔大酒店有限公司出资建造，总投资额超过 8 亿元人民币，是 21 世纪首家在上海开业的国际性豪华五星级酒店。

2006 年年底，喜达屋在海南管理的酒店只有 2 家，分别是三亚及海口喜来登。2007 年年底，海南的喜达屋酒店达到 6 家。

喜达屋开发的名为 Valhalla 的"服务导向型网络架构"，2007 年将其所有 750 间酒店的主机系统转入 SOA 系统。公司开发了 150 个网络服务系统，这些系统解决了查询房态、客房预订及会员注册等问题。SOA 体系同样可使喜达屋集团为新一代网络电视提供服务。

2007 年年底，喜达屋集团管理的酒店达到 40 家。

2008 年，喜达屋集团管理的酒店新开业 8 家，在中国的客房总数增至12139 间。分别是中国首家香港 W 酒店、亚太区首家雅乐轩、北京海淀雅乐轩、酒店以及杭州龙禧福朋喜来登酒店、常熟福朋喜来登集团酒店、惠州金海湾喜来登度假酒店、金茂北京威斯汀大酒店、北京海淀永泰福朋喜来登酒店及服务公寓和石梅湾艾美度假酒店。

2009 年 5 月 11 日，喜达屋集团在我国正式启动世界最大的酒店客户服务中心。根据世界旅游组织预测，到 2015 年，我国将成为世界上第一大旅游接待国、第四大旅游客源国。届时，我国入境过夜旅游者将达到一亿人次，出境旅游将达到一亿人次。随着参与商务和休闲旅行的中国人不断增加，喜达屋中国客户服务中心也致力于为我国消费者的境外旅行需求提供服务。

第七节　雅高酒店集团
Accor

集团总部：

法国埃夫里一区的马雷新鲁汶，德拉萨街

rue de la Mare—Neuve, 91021 évry Cedex

知名品牌：

SOFITEL LUXURY HOTELS　索菲特 Sofitel

pullman HOTELS AND RESORTS　铂尔曼 Pullman

NOVOTEL HOTELS　诺富特 Novotel

Gallery　美憬阁 Mgallery

套房酒店 Suitehotel

美居 Mercure

Adagio 酒店

宜必思 Ibis

四季 All seasons

伊塔普 Etap Hotel

F1 酒店

弗幕勒 1 Fomule 1

Thalassa sea & spa 酒店

Orbis 酒店

Barrière 酒店

其他：

Le Notre（甜品连锁店）

CWL（Compagniede Wagons－lits，在欧洲五国奥、西、法、意、葡提供火车上的餐饮住宿服务，著名的东方快车是业务的一部分）

一、集团历史概况

雅高是主要从事酒店管理、旅游和企业服务等业务的跨国公司，不仅在欧洲领先，也是世界上最大的集团之一，有 15 万名员工，在 91 个国家拥有 4111 家酒店，492568 万间客房。涵盖了从经济型到豪华型的各种档次酒店，其中豪华型 9％，高档型 36％，经济型 34％，简易型 21％。酒店根据客人的喜好和经济预算提供一整套个性化服务。旅行社、餐馆及娱乐场构成了雅高独特的休闲和旅游产品。

集团历史

1967 年　保罗·杜布里和帕里森开创了社会投资开发酒店。同年，第一家诺富特酒店在里尔开业。

1974 年　第一家宜必思酒店在波尔多开业，收购了 Courtepaille。

1975 年　收购美居酒店。

1976 年　开始在巴西经营酒店。

1980 年　收购索菲特酒店（有 43 家酒店，两个温泉中心）。

1981 年　SIEH 股份首次在巴黎证券交易所上市交易。

1982 年　收购国际雅克·波尔，在管理食品服务和特许经营酒店中是欧洲的领导者，也是世界发行餐饮订单的领导者，在世界 8 个国家有价值 1.65 亿元的餐饮订单。

1983 年　诺富特，SIEH 集团和国际雅克·波尔合并后，创立了雅高。

1985 年　一个基于特殊的、创新的建筑和管理技术的新酒店概念，弗幕勒 1 成立。

雅高学院成立，法国首家服务行业的公司大学。

收购 Lenôtre，它拥有并管理豪华饮食店、美食餐馆和烹任学校。

1988 年　集团全年开了 100 家新旅馆和 250 家餐馆，平均每天一家。

1989 年　弗幕勒 1 把业务扩展到法国之外，在比利时开了两家酒店。与 Lucien Barrie 集团联盟，发展集旅馆和娱乐场为一体的综合业务。

发布阿垂亚商务中心 Atria business center 与 CNIT 的概念。

1990 年　收购由 550 家酒店组成的美国连锁汽车旅馆第 6。就拥有和管理的酒店（不包括连锁店）而言，雅高拥有全球品牌，成为世界上有领导地位的酒店集团。

1991 年　国际列车和旅游公司 Compagnie Internationale des Wagons—Lits et du Tourisme 成功上市。它的经营活跃在各个领域，如酒店（Pullman，Etap，PLM，Altea，Arcade）、汽车租赁（欧洲汽车）、列车服务（Wagon—lits）、旅行社（Wagonlit 旅行社）和管理饮食服务（Eurest）及高速路餐厅（Relais Autoroute）。

1993 年　雅高亚太公司 Accor Asia Pacific Corp. 是由雅高亚太商业公司和太平洋品质公司合并而成的。购得潘诺尼亚 Pannonia 连锁（24 家酒店）股权，作为匈牙利私有化项目的一部分。发起了度假酒店的克莱利亚 Coralia 品牌。

1994 年　在卡尔逊和铁路旅行社 Carlson and Wagonlit Travel 之间建立商务旅行服务的合作。

1995 年　Eurest 卖给了 Compass，使雅高成为世界饮食服务龙头公司的最大股东。扩大服务订单业务，在 3 年中市场成倍增长，达到每天有一千万的使用者。处置了 80％的特许经营餐馆的业务。引入一项广泛培训和交流计划，提高环保意识。

1996 年　雅高成为亚太地区市场的龙头，在 16 个国家中拥有 144 家酒店，56 个项目正在建设中。环球国际对宜必思、伊塔普酒店和弗幕勒 1 连锁酒店统一管理。和美国运通公司合作发行"免费卡 Compliment Card"。

1997 年　雅高改变了公司管理结构。

保罗·杜布利和卡尔·帕里森成为监事会副主席，吉恩马克·爱斯柏卢被任命为董事会主席。

发起"雅高 2000"项目，承诺振兴经营增长，展开技术革命。

卡尔逊和铁路旅行社合并成卡尔逊—铁路旅行社，雅高和卡尔逊公司所有权均等。

雅高亚太公司已发行的股票公开报价。

收购 SPIC 的多数股份，重新命名为雅高Casinos。

处置了部分 Compass 公司的股份。

处置了特许餐馆剩下的投资。

1998 年 投标雅高亚太公司。成功中标，使之成为雅高完全拥有的子公司。

收购荷兰连锁酒店Postiljon。

和法国航空、美国运通及 Cr 阗 it Lyonnais 联合发起"公司卡"。

发展新的伙伴关系，与法国航空公司、法国国家铁路公司、美国运通、Crit Lyonnais、Danone、法国电信公司、Cegetel 和其他公司合作。

1999 年 酒店网络以 22％的速度增长，拥有 639 家新酒店，其中有收购美国红屋顶旅馆的部分原因。

开发互联网战略。

2000 年 作为法国国家奥林匹克委员会的官方合作伙伴，雅高参与了悉尼奥林匹克运动会的赞助。

254 家新酒店，包括 12 家索菲特酒店在这一年开业。

创建雅高酒店公司网站。

重新设计雅高品牌标志，突出雅高的名字，提高国际认知，有助公众认识。

食品服务卡引入中国。

出让了 80％ Courtepaille 餐馆的股权。

2001 年 通过一致的视觉标志和广告建筑为基础的广告活动，迅速发展了全球的品牌意识和认知。

与国际定点酒店和北京旅游集团合作，广泛参与了中国的酒店市场。

收购英国的雇员咨询策略有限公司，在雇员协助项目迅速增长的市场中，获得服务业务的持续发展。

在欧洲创建了套房酒店。

雅高提高了在 Arese 的等级，Arese 是一个欧洲社会和环境评定机构。雅高股票进入了 ASPI Eurozone 和 FTSE4Good 的社会责任指数。

2002 年 雅高和德国酒店集团 Rema 签约成为合作伙伴，在德国有 100 多家美居酒店。

雅高和中国锦江酒店集团建立国内业务的酒店销售和分销网络。

雅高在 Go Voyages 的股份提高到 60％。

雅高宣布一项 2002 年索菲特特别开业时间表。

收购了澳大利亚一流公司人力资源咨询和雇员协助公司（Davidson Trahaire）。

雅高最终收购 Dorint AG 公司 30％的股份。

雅高和 Natexis Banques Populaires 建立战略伙伴关系：创立 Tesorus，一个为小公司雇员储蓄的创新产品。

盐湖城冬奥会的官方合作伙伴。

2003 年　中国第一家宜必思酒店在天津开业。

2004 年　雅高集团收购了地中海俱乐部 28.9％的股份。

雅高集团在雅典奥运会上支持法国和澳大利亚队。

雅高集团创造了 Lucien Barrière SAS.，是欧洲领先的赌场。

雅高集团旗下品牌诺富特推出"富特咖啡"，以及一种新的餐饮概念。

2005 年　雅高集团开幕的第 4000 家酒店，诺富特在西班牙马德里 Sanchinarro。

雅高集团新增品牌 Le Notre（甜品店）在巴黎福雄精品店和一个新的生产设施。

雅高集团决定加强在中国的发展，决定引入索菲特、诺富特和宜必思三个品牌，即将有 10000 间客房踏过中国的门槛。

雅高集团引入新 My Bed 概念，提供舒适的睡眠。

雅高集团的服务公司的美国子公司自 1985 年成立以来，合并职业选择，是美国最大的服务供应商之一。

雅高集团推出的机票 Alimentación ® Electrónico 和在墨西哥食物卡。

雅高集团在印度推出"雅高服务介绍票务餐厅"此外，启用多用途的智能卡和电子钱包。

2006 年　雅高服务通过了美国通勤检查服务公司的检查。

诺富特和票务餐馆成为里昂足球俱乐部的赞助商，该球队 2006—2007 赛季上出现雅高集团的名字。

雅高集团剥离了其在地中海兴建的最大的俱乐部，保留了该公司 6％的股份。

雅高集团旗下品牌索菲特在北美西海岸新建的旗舰酒店——索菲特洛杉矶。

雅高集团出售其在 Carlson Wagon lits 的旅游股份。

雅高集团旗下品牌诺富特推出一个国际广告运动，以更新其品牌形象。

雅高服务介绍了票务 CESU ®、人类在法国服务券和票务服务®在土耳其券。

一个主要的酒店扩张计划是在印度推出的，在 5 年内开设 5000 多家索菲特、诺富特、美居、宜必思和一级方程式室的目标。

雅高集团加强在巴西通过收购股份没有以前票务技术服务®的 50％。

2007 年　雅高集团在德国合并收购了 52 家酒店。

雅高集团与皮埃尔合作大力发展欧洲的酒店公寓网络。

随着雅高集团收购 Kadéos ®，雅高服务就成了法国礼品卡和礼品券市场的领导者；雅高集团开始在亚洲新建 300 家酒店同时推出新品牌 All seasons，一个非连锁经营的标准化品牌。

雅高集团宣布出售旗下 Red roof Inns。

雅高集团与阿德梅签署新的有关保护环境的框架协议。

雅高集团成为亚洲市场的最佳供应商。

雅高集团在葡萄牙收购整个当地的合作伙伴在合资企业中的股份。

雅高集团推出一个新的高档品牌 Pullman，致力于为商旅客人服务。

雅高集团共有 62 家新酒店在中国开业，品牌包括索菲特、诺富特、美居、宜必思，同时，雅高服务加强了其与预付费技术公司的合作。

雅高集团推出富有城市气息的 Adagio 酒店品牌。

索菲特，重新提升法国优雅的豪华酒店；索菲特豪华酒店，揭示了它的战略计划，以提升到优质品牌的国际豪华酒店市场。

2008 年　索菲特巴黎 Bercy 加入普尔曼网络成为在欧洲品牌的旗舰之一，巴西供销售食品的服务业务；雅高承诺的地球家园"植物"计划重申其对可持续发展的积极支持。

雅高品牌 Mercure 正在重新调整和扩大其产品的基础上，"纯的乐趣"的概念。

一个高档酒店的显著个性新的集合。雅高集团证实提高其在奥比斯的股权至 50％的承诺；雅高推出俱乐部全球酒店忠诚计划。

宜必思酒店的第 800 家酒店在中国的上海开业，雅高集团旗下品牌加强了其在中东和非洲地区的发展并致力于艾滋病的防治工作。

2009 年　雅高集团旗下品牌宜必思在阿尔及利亚的第一家酒店开业。

雅高集团与万事达卡建立了一个战略联盟，提出了预付费的解决方案，在欧洲的企业和公共机构达成预付费项目，吉尔佩利松成为雅高的首席执行官。

雅克·斯特恩被任命为雅高集团执行副总裁。

Suithotel 开始在中东开设第一家店，雅高集团出售其在地中海俱乐部的股份，诺富特庆祝其与法国高尔夫公开赛的伙伴关系。

索菲特推出具有索菲特特色的"新水疗"。

雅高集团在越南开设酒店。

雅高集团仍然坚定地致力于在印度扩张。

二、集团旗下品牌介绍

索菲特 Sofitel

精品酒店的精华，重现法式优雅，致力于打造世界各地美妙约会的首选之地。索菲特巧妙地将法国传统与当地文化精华融为一体，在全球最具吸引力的旅游胜地建造独一无二的奢华酒店。索菲特在其员工与宾客之间建立了专属的联系，其专业服务人员为来自全球各地追求卓越尊贵美妙体验的顾客提供着诚挚的服务。无论是美食、美酒，还是寝具、设计以及个人护理用品，索菲特都充分展现法式优雅，提供尊贵享受。置身索菲特酒店，可以与他人分享或独自尽享生活情趣，每一次下榻都将成为独特难忘的体验。

铂尔曼 Pullman

高端酒店，专为商务旅行者打造的高档酒店网络，适合商务人士居住或者组织各类会议和庆典。铂尔曼品牌强化了雅高非标准化设计的高档酒店网络，该品牌不仅在设计与装修上独具匠心，还位处商业中心、毗邻机场等主要基础设施。每家铂尔曼酒店都经过精心设计，将宁静、休闲与便利融于一体。

为了打破冷漠、乏味的酒店模式，铂尔曼提供一整套创新服务，旨在满足苛刻、繁忙的商务旅客的要求。铂尔曼酒店不单是一个休憩之所，它们还是会晤、交流及向城市与大众开放的场所。

美憬阁 Mgallery

特色鲜明的卓越高端酒店品牌，它的身影遍布五大洲。雅高酒店集团宣布其有意进军精品酒店市场，并推出了新的高端酒店品牌 MGallery。MGallery 品牌恪守四项主要原则，即视觉、设计、历史和位置，开始主要由索菲特（Sofitel）和美爵（GrandMercure）品牌改建而成。

"MGallery 品牌的发布，为雅高集团开启了全新篇章。我们将向世人证明，我们拥有必不可少的酒店管理知识，特别是利用集团的专业技术和经验为桥梁，将以显著的成就征服独立高端酒店市场。"雅高董事兼 CEO GillesPélisson 说，"我们深知，我们越来越多的客户希望其下榻的酒店更具特色，让他们的住宿体验更加独特，更加难忘。我们正是谨记这一点，才创建了 MGallery 品牌。"

目前，以 MGallery 品牌经营的 8 家酒店包括：墨尔本 GrandHotel（澳洲）、皇后镇 StMoritz（新西兰）、维也纳 HotelamKonzerthaus（奥地利）、苏黎世 ContinentalHotel 和日内瓦 Rotary（瑞士）、巴黎 Baltimore、里昂皇家酒店（RoyalHotel）以及马赛 GrandHotelBeauvau.（法国）。在不久以后，将有更多的雅高酒店以 MGallery 品牌命名，到 2010 年年底预计这个品牌将拥有 40 家酒店。

诺富特 Novotel

领导商务酒店住宿潮流，400 座酒店遍布世界各地。它们简单、设计合理、既现代又高效、真正适应旅行者的需求。

诺富特作为世界知名的商务型酒店品牌，分布在全球 60 多个国家，其中包括亚太区近 100 家。品牌分布于主要城市以及旅游胜地，为商务散客和商务团体以及度假客人提供达国际标准的住宿及服务，让客人充分体验物有所值。经过逾 30 年的不懈努力，诺富特正在向一个新的发展里程迈进。

美居 Mercure

城市真貌异曲同工，30 多年来，美居始终秉承为顾客提供个性化住宿的酒店经营精神。美居品牌的特色是让酒店能够体现当地特色。从旅游胜地的豪华度假村酒店到便利经济的美居经济酒店，为客人展现了各个美居品牌酒店不同的精粹和风格。美居酒店特别注重将当地民俗风情、饮食和本土员工的融合，并以此来贴切地反映出美居的精华。

美居是新酒店融合的品牌。每个酒店在提供连锁酒店满意服务外，都保持了自身的特点。美居还通过收购现有的连锁酒店得以发展，收购的酒店包括：巴西的 libertel，Parthenon；波兰的奥比斯和澳大利亚的全季。

套房酒店 Suitehotel

雅高集团著名的 30 平方米套房。客人将享受不限时的互联网、电话、电影和音乐等"套房盒"服务。

四季 All Seasons

既新颖又舒适的酒店，早餐和上网费包含在房费中。

伊塔普 Etap

近 430 座 Etap 酒店以非常优惠的价格为客人提供一应俱全的现代化酒店服务。

宜必思 Ibis

物超所值，国际享受，800 座酒店以优惠的价格为客人提供一应俱全的现代化酒店服务。雅高于 1974 年推出宜必思酒店理念。以卓越服务、质量、价格连在一起而闻名的宜必思，至今仍然是欧洲最大的经济型酒店网络。

宜必思酒店品牌以其经济性的价位，提供国际标准的酒店住宿引领着该价位酒店市场。酒店一般位于主要城市的商务区域和枢纽地带，面向商务往来人士。酒店的房间皆依循其品牌标准，其设施完全体贴客人需要，而非旨在增加酒店价格及成本，且能最大限度地满足客人的需要，不但如此，宜必思酒店还提供房间送餐、商务服务以及休闲设施如泳池以及健身中心等多元服务。

F1 酒店 HotelF1

新一代经济型酒店。270 座酒店遍布法国各地，24 小时办理入住。双人间或三人间价格从 28 欧元起。

弗幕勒 1 酒店 Formule1

创建于 1985 年的弗幕勒 1 是最早保证客人以最少的花费享受同样舒适客房的连锁酒店，遍布全球的 360 余座经济型酒店，花最少的钱，同样睡得香甜。在法国，Formule 1 已更名为 HotelF1。

Thalassa sea & spa 酒店

位于法国和其他国家的 17 座高级海水疗和温泉疗度假酒店。

Adagio 酒店

28 座公寓式酒店、单间套房、两间套房，提供自选服务项目，适合客人在欧洲的 4 天或 4 天以上住宿。

Barrière 酒店

位于法国多维尔、迪纳尔、拉波勒、戛纳、巴黎、翁吉安雷班以及摩洛哥马拉喀什的 13 座高级酒店。

Orbis 酒店

分布在波兰的 14 座城市。根据心情，客人可以选择住在雅高位于克拉科夫市中心的历史纪念性酒店，或住在科沃布热格，从房间的窗口眺望大海。

三、集团经营战略

1. 基本战略

集团的基本战略是：在关注平衡和财务透明的同时，确保集团持续的利润增长。

2. 旅游业——餐饮业——娱乐业的相关产品线战略方针

通过 Carlson Wagonlit Travel，Accor Vacances，Frantour，Go voyages，Lenôtre，Compagnie des Wagons—Lits，Accor Casinos 等业务公司，雅高在旅游方面提供的服务非常全面，各公司可充分发挥各自的优势。

雅高集团用旅行社的业务补充了酒店业务，这对雅高能力和专业是成功的支持。旅行社中包括世界第二大商务旅行社 Calson Wagonlit，雅高占其股份的 50%；休闲旅行社 Carlson Wagonlit Travel，Frantour and Viajes Ecuador；旅游经营社 Accor Vacances' 和拥有 60% 股权的航空旅行社，法国航空专家旅行社。雅高还积极参与餐饮市场，拥有威望品牌的餐馆。在意大利和巴西有 Gemeaz Cusin 和 GR Brasil 机构餐饮业务。Compagine des Wagons-lits 是欧洲列车餐饮服务的龙头。雅高于 1998 年进入娱乐业市场，此后，成为法国第三大娱乐集团。雅高集团在成长阶段和艰难时刻发展时期建成了一系列品牌酒店。这些品牌酒店都有其细分的目标市场，满足全球需求的国际连锁和直接参与管理。这种均衡投资组合是雅高集团的主要资产和财富。

3. 集团的战略伙伴关系

从 1998 年以来，雅高与主要公司发展建立了合作伙伴关系。这种战略联盟表明采取全面的集团到集团的战略决心，这对顾客和合作伙伴都有益处。

雅高与伙伴合作的战略目的是增加市场份额；降低成本和时间，共享资源；增加品牌的显性和知名度；最后，通过开发新的服务项目和提供使用产品和服务的快捷便利条件，为顾客创造价值。

4. 长期发展战略

雅高已在其全球两大业务——酒店与服务实现了长期增长与发展。集团的各项结果证明了平衡、持续增长战略的有效性。2001 年严重影响酒店与旅游业的危机并没有影响雅高的前景。雅高财政状况表明了将重点放在风险管理上的可持续平衡发展战略的成功。

（1）扩张——雅高战略的核心

对酒店而言，扩张仍有必要。雅高的目标是每年新开 25000 至 30000 间客房。首要任务是完成索菲特在国际化大城市中的网络建设，在主要区域中心扩展美居和诺富特品牌，获得经济酒店在世界市场的份额，建立亚洲稳定的市场地位。

（2）雅高的网络实力

雅高的实力之一在于其酒店资源整合能力：优化的多品牌销售力量；全球预订系统和有效的数据库驱动的管理与监控主要账目的收入管理系统。雅高酒店网站运用三种语言，自 2001 年起，连续实现 200 万间/夜以上客房预订。雅高也同时获利于其全球采购策略（产品质量、可靠的供给与竞争性的价格），优化酒店建设成本的方法，严格的质量政策，严格的认证体系（遍布 11 个国家的 440 家宜必思酒店已经通过了 ISO 9002 质量认证）和全球人力资源政策。

（3）雅高酒店广泛的地区分布

成为世界公认的品牌，从经济型到豪华型收到"雅高酒店"旗下，满足国内和国际商务和休闲游客的广泛的市场需求。

（4）国际品牌的知名度

2001 年，通过与雅高品牌视觉更接近的新标志背书，雅高继续增加其国际化品牌的知名度。"雅高酒店"、"雅高旅游"和"雅高服务"都已加入其品牌标志中。结果是，在各个方面，酒店符号和服务券成为集团的形象大使。

（5）全球忠诚计划

2001 年，雅高开始一项全球忠诚计划，"雅高酒店的馈赠"活动。这项计划为所有的忠诚客户和持卡支付者提供了获得"馈赠积分"的机会。这些馈赠积分可以转换成报酬。除了"馈赠积分"，顾客可以从与卡有关的服务和折扣享受到优惠。

5. 可持续发展战略

雅高把自己定位成一个具有社会意识企业。履行企业的社会和环境责任的同时，确保实现集团的利润和增长目标。雅高承诺：在实现增长的同时保护未来，作为一个好的企业市民，雅高集团在充分履行企业的环境和社会责任的前提下，追求集团的增长和业绩目标。雅高集团全面执行世界旅游组织全球旅游道德规范的建议。

6. 人力资源

140 个国家 147000 名员工分享的雅高精神是建立在信任、责任感、专业化、透明度和创新价值的基础上的。因此，人力资源成为集团持续发展战略的一个重要组成部分。雅高实现人力资源政策的目的就是吸引新员工，将他们整合，培养员工的忠诚度，使雅高在世界上成为本行业最具吸引力的雇主。

雅高在强有力和创新方法支持下，追寻积极的招聘策略。内部的流动性和招募点"雅高工作"，能够使内部人员和外部求职人员对招聘广告有所回应，并主动提出申请。在机构招聘活动的影响下，"未来向你微笑"成为雅高人力资源的全球口号。

个性化的"欢迎加入雅高"活动有助于把新员工整合到集团之中。雅高学院建立于 1985 年，是欧洲服务行业的第一所公司大学。此后，它不断地发展，2001 年进行了全面的现代化改造。它是一个由全世界培训员网和继续教育学院组成的培训系统中心。所有这些都充分利用像 e 学习这样的新技术以开发在工作场所学习的新方法。

四、集团社会责任

雅高的环境政策

多年来，雅高集团采取远大和积极主动的可持续发展政策，并且保证需要应用的资源。雅高环境部门得到五大洲记者的支持，对雅高各级提供从采购到使用再生能源技术等所需要的专业技术和培训。

通过与法国环境和能源管理署、加傣罗尼亚环境协会、联合国环境规划署等机构合作说明，雅高政策是积极的，并且在更大的国际战略范围内发展。雅高集团以公民的精神追求集体的承诺。同时，也是集团改进服务质量的具体方法。

雅高集团是最先真正关注和投资于环保政策的酒店、企业服务集团之一。早在 1994 年，雅高集团设立了一专门机构和环境经理职务。1997 年，这一机构变成环保部门，并且得到国际记者的支持。他们的使命是把国际和国家的环境政策问题融入他们的规划，帮助其适应旅游部门。

雅高集团所采取的环境措施都是以以前取得的成绩为基础的，说明雅高的积极性和创造性，努力把环境作为决策的一个考虑因素。与共同方针相一致和在环保部门的支持下，雅高集团选择全球实际的政策，这个政策适应其各级企业。

发展生态保护品牌

雅高集团与它的供应商以保护好环境的态度合作。为雅高集团提供床上用品的两家公司，Tissages Mouline 和 Tissus Gisèle，在 1999 年被欧洲委员会和法国标准化协会授予欧洲生态奖。这项成就受到法国环境部长的认可，并且亲自颁了奖。对纸巾和浴巾也计划采取类似措施。

水和能源

水和能源消耗的管理是我们实现环境保护方法的一个完整方面。雅高在酒店采用太阳能热水技术项目，太阳能无污染和用不完，因此，保护环境和人类健康；有利于保护珍贵的自然资源，如石油，不产生废物和不排放污染物，如二氧化碳、氧化一氮等。太阳能技术对预防温室效应特别有效。在阳光充足地区，太阳能技术特别值得发展，可节省大量的能源。

节水建设和改造给雅高提供了更多在酒店安装更经济高效设备的机会。例如，2001 年在北美经济型酒店，改装的超低冲水系统每年可节约 76000 立方米。新型节水设备每年也在迅速发展：在巴西和亚洲引进了水量调解器；在美国汽车旅馆第 6，水量调解器的系统使用在十二个月中减少用水量 30000 立方米。

水是有限的自然资源。无论对于雅高员工日常工作，还是对提供顾客舒适服务，水都是雅高集团所提供的服务中不可或缺的组成部分。因而，水应当成为雅高环境保护所关注的核心。集团技术组与环境部共同编制《我们酒店的水质量》（Water Quality at Our Hotels）手册。通过利用可利用废水可节省更多用水。经过处理，这些水可用来灌溉花园。集团已经在诺富特 Rim

Pae Rayong（泰国）、巴厘、索菲特 Central Hua Hin（泰国）和吴哥皇家索菲特（柬埔寨）进行了广泛的实践。雅高的承诺并不只限于酒店。在一些国家，污水处理厂是集体的，当这些工厂完不成任务时，集团考察安装酒店污水处理厂的可能性。索菲特 Essaouira 和梅克内斯的宜必思（摩洛哥）分别建于 2000 年和 2001 年，现在它们已经自动进行污水管理了。

酒店环境宪章

1998 年，集团在欧洲的 1500 家酒店引入了酒店环境宪章，目前实施酒店环境宪章的酒店已经扩展到世界各地。酒店环境宪章的主要内容包括污水管理和再循环、水控制和能源消耗、当地参与和员工培训与意识提升。集团在至少开展了十次环保活动的酒店张贴宪章。这告诉了客人雅高的具体承诺，并可听取他们的意见。员工参与也是至关重要的，因为员工是每天具体实现雅高承诺的人。雅高的管理部门通过废纸、电池、打印墨盒分类收集、回收也参与废物管理和再循环活动。

地方活动

与合作伙伴联合采取环保措施有多种优点，是激励全体员工参与和帮助他们理解如何实施环境保护政策的方法，也给雅高提供了积极主动地参与当地活动和与当地团体和社区建立联系的机会，敞开了集团和顾客和当地供应商交流的大门。雅高集团的地方合作伙伴有：

1. 绿色地球 Green Globe

环境保护需要全球参与，基于此，雅高正在发展相当数量的合作伙伴。雅高是国际酒店环境组织和世界旅游理事会的绿色地球环境规划署（创建于 1992 年）的发起人之一。集团通过旅游经销商和环境工作组积极参与联合国环境规划署的活动。

法国能源与环境管理署 ADEME

1999 年 1 月，雅高与法国环境和能源管理署在法国签署了框架协议，确立了三年的项目，对能源、废物利用和能源更新利用的合理化管理。

2. 法国电力能源协会 EDF

雅高与法国电力建立了合作伙伴关系，目的是通过大量增加城市充电站的数量，促进电驱动汽车的发展。在法国 32 家诺富特停车场安装了免费的充电终端。

3．法国国家海洋中心 Nausiaa

保护环境在雅高与其客户关系中是非常明显的。1999 年，与法国国际海洋中心合作，雅高为在红海酒店入住的客人印制了宣传单。该宣传单提供了保护海滨和海洋环境的信息。

4．公司和社区：环境合伙伙伴 Orée

雅高是Orée（公司和社区：环境合伙伙伴）的成员，一个非营利性组织，目的是鼓励公司和社区之间的合作伙伴发展包括在日常管理和经验交流等方面保护环境的工具。

5．世界野生动物基金 WWF

世界野生动物基金和亚太雅高在悉尼奥林匹克运动会期间建立合作关系。雅高从出租的每一间客房拿出一美元，捐赠给世界野生动物基金，保护湿地。

6．与旅游经销商举办的可持续发展的旅游活动 The Tour Operators Initiative for Sustainable Tourism Development

在 1999 年 4 月举行的联合国关于可持续发展会议上，世界旅游组织、联合国环境规划署和联合国教科文组织与许多旅游经营商协商，组建一个工作小组，共同商讨旅游业如何持续发展的问题。目标是创建一个智囊团，考虑实施和传播环境友好习惯。2000 年 3 月 12 日，在柏林国际旅游博览会上，雅高通过签署公共责任书的形式，实施和传播环境友好习惯得以落实。

7．尼古拉斯·胡勒特自然与人类基金 Foundation Nicolas Hulot

为了帮助儿童理解他们能为环境做些什么。在雅高的帮助下，该基金发起了"我的城市，我的家"为主题、做城市环保公民的全国信息和意识运动。一种教育公交车将会从 2000—2002 年在法国穿行，与年轻人见面，通过趣味性的、具有教育意义的交互活动，鼓励他们成为积极的城市环保公民。

公司责任

作为一个有社会意识的公司，雅高积极地反对排外和保护世界文化遗产。目标是：支持公平的、负责任的旅游。

1. 反对排外

在反对排外和不幸这一主题下，雅高成为"集团发展"的合作伙伴，参加了当地国家政府组织（NGOs）实施的六个项目：在埃及、塞内加尔、哥伦比亚不发达地区建立了传统上的小型和微型公司；在马里加强了和平的运动；在乍得支持农业社区，帮助他们组织活动和建立机构。例如：

在法国，这些活动是集团通过参加公司社会责任的工作，在支持反对排外方面承诺的一部分。雅高也支持"Restos du Coeur"（为在冬季无家可归者提供食物的慈善活动），并经常帮助法国红十字会。雅高也是巴黎 Samu 社会（为无家可归者提供移动紧急医疗服务）创建成员之一。

在德国，将近 25 万名儿童和成人到过集团的 88 家酒店，这些酒店在 2001 年 6 月 17 日参加了第四版本的"雅高标识"活动。公司的志愿者组织了许多活动，筹集了 41 万欧元，支付战胜"囊状纤维化"联盟，每年都这样做，而且首次支付给残疾运动员联盟。

2. 支持可持续的、公平的、负责任的旅游

雅高与 Ecpat（结束儿童卖淫、色情和为性目的非法贩卖儿童的组织）进行了合作。其合作的目的是支持受害者（儿童和家人）。为了反对色情旅游，让专业人士、旅游者和政府部门意识到他们的责任。

雅高也参加保护人类自然和文化遗产的活动。例如，和联合国教科文组织合作，集团对三个项目提供了支持：帮助突尼斯麦地那地区的一个传统建筑整修、转变为儿童计算机中心；修复柬埔寨吴哥地区的 Bat Chum 寺庙；修复北京恭王府的多福轩庭楼。

集团把活动扩展到有助于那些著名的或未被认知地区的繁荣活动：自从 1994 年开始，雅高便支持非斯世界圣乐节，证明了集团在摩洛哥的承诺，雅高在摩洛哥有 20 多家饭店。从 2000 年开始，雅高便与文化和交流部、法国电信基金会和法国航空成为 Aix－en－Provence 的国际抒情艺术节的主要发

起人之一。

集团的活动是公司责任战略的一部分。因此，雅高完全坚持世界旅游组织中宣传的"世界旅游道德宪章"的建议，以及跨国公司的经济合作与发展组织的指导原则。雅高也在发展法国的旅游道德宪章中起着重要的作用，这一宪章是由旅游部办公室发起的。

五、集团财务状况

雅高集团在成长阶段和艰难时刻发展时期建成了一系列品牌酒店，这些品牌酒店都有其细分的目标市场。这种均衡投资组合是雅高集团的主要资产和财富。

1. 地区销售额

2008 年酒店销售额：7739 百万（欧元），其中：

北美	26％
拉美	4％
欧洲	22％（不包括法国）
法国	35％
亚太	9％
中东以及非洲	4％

2. 酒店品牌投资组合

酒店经营情况，按从经济、中档到豪华酒店品牌的房间数量划分（截至2009 年 6 月 30 日）：

豪华型 9％

126 家索菲特（30907 套客房）

40 家伯尔曼（10888 套客房）

26 家 Mgallery（3106 套客房）

高档型 36％

392 家诺富特（70893 套客房）

671 家美居（83439 套客房）

　　26 家 Suitehotel（3317 套客房）

　　24 家 Adagio（3264 套客房）

　　55 家其他酒店（9865 套客房）

经济型 34％

　　831 家宜必思（97846 套客房）

　　60 家 All Seasons（5953 套客房）

　　399 家伊塔普（33551 套客房）

　　361 家 F1（29350 套客房）

简易型 21％

　　968 家汽车旅馆第 6（96773 套客房）

　　52 家公寓 6（6179 套客房）

表 7—7—1　依据区域划分酒店数量分布

品牌	欧洲	中东以及非洲地区	亚洲太平洋地区	北美洲	拉丁美洲	总计
索菲特	35	25	47	9	10	126
pullman	25	3	12			40
诺富特	265	20	82	7	18	392
Mgallery & 美居	490	31	95		81	697
adagio	24					24
套房酒店	24	2				26
All Seasons	30		30			60
宜必思	681	28	68		54	831
伊塔普酒店	433	24	25		10	492
F1 酒店	268					268
汽车旅馆第 6				968		968
公寓 6				52		52
非品牌酒店	28	8	18		1	55
总计	2303	141	377	1036	174	4031

　　资料来源：http：//www.accor.com　　　　　　2009 年 6 月 30 日

3. 酒店网络扩张

雅高酒店网络扩张的最显著特点是其创新和创造新酒店概念的能力。作为集团基础的诺富特在 1967 年把连锁酒店的概念引进了法国。宜必思和弗幕勒 1（分别建于 1974 年和 1985 年）也使欧洲酒店业发生了彻底的变化。雅高通过适当管理有机发展和有目的地收购，成功地发展了酒店资产。

对于雅高集团近四年的财务经营状况，我们从资产、收入、经营和每股赢利等方面进行了比较。集团 2008 年的总资产为 114.13 亿欧元，比 2007 年的 108.34 亿欧元增加了 5.79 亿欧元；2008 年综合收入为 77.39 亿欧元，比 2007 年的 81.21 亿欧元减少了 3.82 亿欧元；集团 2008 年每股赢利 2.60 欧元比 2007 年 3.92 欧元下降 1.32 欧元。可见集团 2008 年效益比 2007 年大幅下降，受经济危机影响，经营业绩不佳。下面是自 2005 年以来公司资产、收入、经营和每股赢利等方面的变化对照。

表 7—7—2　雅高集团的财务报表（2005—2008）　　（单位：百万欧元）

	2005 年	2006 年	2007 年	2008 年
综合收入	7136	7607、	8121	7739
营业外支出	5230	5523	5800	5449
EBITDAR	1906	2084	2321	2290
租金支出	810	836	931	903
EBITDA	1096	1248	1390	1387
净财务费用	120	96	92	86
折旧和摊销	416	436	419	446
税前收益	458	688	1146	885
税前、非经常性收益	569	727	907	875
净利润	364	534	912	613
集团股份净利润	333	501	883	575

表 7—7—3　雅高集团的每股赢利（2005—2008）　　（单位：欧元）

	2005 年	2006 年	2007 年	2008 年
每股赢利利	1.55	2.23	3.92	2.60
普通股每股股息	1.15	1.45	1.65	1.65
特别股每股股息	—	1.50	1.50	—

表7—7—4 雅高集团的资产平衡表（2005—2008）   （单位：百万欧元）

	2005 年	2006 年	2007 年	2008 年
总资产	13178	11133	10834	11413
总非流动资产	7824	6767	6566	7393
无形资产	437	390	369	512
厂房物业及设备	3891	3506	3321	4324
负债及股东权益	13178	11133	10834	11413
非流动负债	6754	5843	5312	5981
流动负债总额	6424	5061	5522	5432
股票	4396	4164	3752	3563

2009 年 12 月 16 日，雅高集团确认，将把酒店和预付费服务业务部门拆分为独立的公司。此次拆分将使其现金充足、业绩强劲的业务部门与其运营风险更大的酒店业务共同承担其 16 亿欧元（233 亿美元）净债务负担。截至 2008 年年底的数据，酒店业务方面，职工人数为 144679 人，收入 58 亿欧元，息税前利润（EBIT）为 5.67 亿欧元，酒店数是 3982 家，房间数为 478975 间，业务包括自有产权、管理和租赁酒店。品牌方面，经济型酒店为该部门 EBIT 的贡献达近 2/3。法国市场为销售额做作 27％的贡献，为 EBIT 做作 44％的贡献。

六、集团在中国的发展

作为最早进入中国市场的国际酒店管理公司之一，雅高集团于 1985 年签订了第一份管理合同。近 30 年来，雅高集团在中国市场快速发展，并与众多国内业务伙伴建立了坚实的合作关系，例如：北京首都旅游集团、锦江集团、中远集团以及大连万达集团等。根据雅高集团设定的目标，截至 2011 年，在中国已经开业或即将开业的酒店将达到 180 家（40000 家客房）。到 2009 年 8 月，雅高集团在中国大陆地区的 37 个城市总共经营了 82 家酒店，总计 22899 间客房。其中宜必思品牌共有 30 家酒店，6088 间客房，除此之外，约有 80 个新项目在开发中。法国雅高酒店集团亚太区总部设在新加坡。中国区总部则设在上海，为雅高在中国的酒店网络提供发展、财务、人力资源培训、项目工程、销售及市场宣传等服务及协助。目前集团在中国的员工总数超过 18000 人。

表 7—7—5 雅高集团在中国的品牌分布 (2009)

序号	品牌	酒店数量	房间数量
1	索菲特	22	6943
2	铂尔曼	6	2297
3	美憬阁	1	75
4	美爵	6	2023
5	诺富特	11	3880
6	美居	4	901
7	宜必思	30	6088
8	其他	2	692
	总计：	82	22899

　　雅高集团的酒店品牌涵盖酒店行业的各个层次，充分满足了商务及休闲旅游对酒店及其地理位置的全部需求。集团于 2002 年 3 月 8 日与上海锦江国际管理集团正式签署成立销售及分销合资公司合同，而同年 6 月便在上海成立了第一家销售和分销中心。该公司将负责所有雅高和锦江名下的三、四、五星级酒店。同时，公司在北京和广州成立办事处，覆盖全国三大金融地区以及西安、成都和厦门等。

　　雅高企业服务 2000 年进入中国，凭借雅高服务在全球的经验，目前拥有两块核心业务，包括预付产品和关系营销。在北京，雅高集团与中国规模最大、实力最强的旅游企业集团——北京首旅集团强强联手，成立了北京雅高企业服务公司；在上海，雅高集团与上海商业高新技术发展有限公司、交通银行合作，成立了上海雅高企业服务公司。目前雅高企业服务在中国的服务项目主要包括：雅高 e 餐卡网络服务及增值服务（员工福利、企业管理、市场拓展工具）；企业培训（境内外）；商务旅行。

　　2007 年 8 月 18 日，北京万达索菲特大饭店开业。

　　2008 年年初，雅高又将铂尔曼（Pullman）引入中国，这个品牌在全球高端商务酒店领域名声显赫，一到中国便得到广泛认可和赞誉。铂尔曼补足并进一步完善了雅高的品牌组合，推出后的半年，即已经在中国成功开业三

　　家，并签下了另外 7 份新的管理协议。

　　北京奥运会期间，雅高集团推出了全方位品牌组合。旗下六大酒店品牌的 9 家酒店在北京全线开花，一举抢占了市场先机。截至 11 月，雅高集团已有超过 16 家新酒店在中国开业，其中包括三亚亚龙湾铂尔曼度假酒店、香港九龙诺富特酒店、北京诺富特三元酒店以及北京兴基铂尔曼酒店等。

<h1 style="text-align:center">第八节　凯悦酒店集团</h1>
<h1 style="text-align:center">Hyatt Hotels Corporation</h1>

HYATT™

集团总部：

凯悦集团总部设在美国芝加哥南外克路 71 号

71 South Wacker Drive downtown Chicago，United States

知名品牌：

HYATT REGENCY HOTELS ® 凯悦酒店 Hyatt Regency

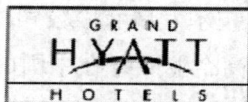

GRAND HYATT HOTELS ® 君悦酒店 Grand Hyatt

PARK HYATT® 柏悦酒店 Park Hyatt

ANdAZ. 安达斯酒店 Andaz

 嘉悦酒店 Hyatt Place

 凯悦夏季地套房 Hyatt Summerfield Suites

 凯悦度假村 Hyatt Resorts

一、集团历史概况

1957 年 9 月 27 日凯悦酒店集团（Hyatt Corporation）第一家酒店开业，该酒店位于洛杉矶国际机场，名字为"Hyatt House"，由当地的一位名叫 Hyatt R. Von Dehn 的企业家拥有。在此后十年间，凯悦沿着美国西海岸迅速地扩张。1967 年，当凯悦第一座带中厅的酒店开业时，凯悦的名字才在世界上有了名气。这座 21 层的建筑因为带有开阔的塔式中厅，一反传统的酒店建筑风格，进而改变了酒店建筑风格的发展进程。至 2009 年 9 月 30 日，凯悦在世界 45 个国家拥有 415 家酒店，80000 多名员工，119857 间客房和单位，其中包括：

157 家管理酒店，60836 间客房；

104 家特许经营酒店；

96 家自有酒店（4 家合并的合资酒店），25783 间客房；

6 家租赁酒店，2851 间客房；

27 家（非合并的合资酒店拥有和租赁的）管理酒店，12226 间客房；

15 家度假所有权酒店，933 个单位；

10 家住宅酒店，1322 个单位。

凯悦全职酒店起初有 3 个品牌：柏悦酒店 Park Hyatt、君悦酒店 Grand Hyatt、凯悦酒店 Hyatt Regency。之后，凯悦又引进了第 4 个全职酒店品牌：安达斯 Andaz。凯悦非全职酒店品牌有嘉悦 Hyatt Place 和凯悦夏季地套房 Hyatt Summerfield Suites（延时逗留品牌）。凯悦在其选择的地方作为凯悦度假俱乐部的一部分进行开发、销售和管理度假所有权酒店。

如今，凯悦专门经营具备会议设施和为接待商务客人而特别建造的豪华酒店，经营的酒店主要分布于世界各地的大、中城市、机场所在地和主要旅游胜地。在很多城市，凯悦对繁荣地区经济、刺激商贸发展等方面都作出了重大的贡献。凯悦酒店和度假村的声誉不仅因为它的酒店设计融入了当地文化和艺术的自身特色，更来自于它所提供的舒适的设施和服务。这些专门的服务包括凯悦金卡、对老顾客的辨认和奖励，丽晶俱乐部和大俱乐部，VIP 礼宾楼层，免费早报，特色餐馆和承办酒席等。

集团历史

1957 年，杰伊·普利策购买了位于洛杉矶国际机场旁名为 Hyatt House motel 的汽车旅馆，当时由当地的一位名叫 Hyatt R. Von Dehn 的企业家拥有。此后 10 年间，杰伊·普利策和他的兄弟唐纳德·普利策与其他普利策家族人员合作，将酒店发展成为北美一家管理和酒店所有权公司。

1968 年，建立了凯悦国际公司（Hyatt International），之后成为一家单独的公共公司。

1969 年，唐纳德开了第一家海外酒店：香港凯悦丽晶酒店（2005 年年底关门重建，2009 年开业）。

1972 年，凯悦成立了艾尔西漠公司（Elsinore Corporation），一个经营 Four Queens Hotel and Casino 和 Hyatt Lake Tahoe 的子公司。

1979 年，凯悦成为私营公司；之后，艾尔西漠成为公众公司，与花花公子公司（Playboy Enterprises）共同建立了花花公子酒店及赌场（Playboy Hotel and Casino）合资公司。

1979 年和 1982 年，普利策家族分别把凯悦公司和凯悦国际公司私有化。

1980 年，引入君悦和柏悦两个品牌。

　　1994 年，为了提供更多的发展机会，凯悦进入几个新的领域开始多种经营活动，包括：授权、分时经营、自主高尔夫和赌博业。在所有的经营活动中，凯悦追求精粹，致力于那些能满足凯悦酒店优质服务标准的发展机遇。

　　1995 年 1 月 28 日，凯悦在阿鲁巴岛建立了第一家独立的高尔夫球场。它是由罗伯特，特伦托，琼斯二世集团（Robert Trent Jones II Group）设计的阿鲁巴岛第一家 18 洞 71 杆的高尔夫球场。这也是凯悦的经营战略中的第一家独立经营的高尔夫球场。

　　1995 年 6 月，凯悦第一家所有权度假村酒店开业：凯悦凯西夕阳港（Hyatt's Sunset Harbor Key West）。随后相继建立了有权度假村的地区有：凯西、毕维尔克里克、科罗拉多、塔霍湖（内华达斜坡村）和波多黎各的多拉多山区。

　　凯悦在几个度假村经营了数家赌场，1994 年通过在伊利诺伊州的埃尔金市开设维多利亚大赌场，公司进入了赌博业，并成为国内最成功的娱乐船队之一。1996 年在印第安纳州的升日创建了维多利亚大赌场，该赌场成为美国顶尖的水上赌场之一。

　　2004 年，凯悦宣布从黑石集团（Blackstone Group）的附属公司房地产合伙人那里，以 6 亿多美元收购了阿梅瑞套房酒店（AmeriSuites）品牌。阿梅瑞套房酒店是由马克·耶鲁·哈里斯（Mark Yale Harris）于 1991 年创建的，哈里斯于 1998 年把阿梅瑞套房酒店出售给了黑石集团。收购之后，凯悦停止使用阿梅瑞套房酒店品牌的名字，改为嘉悦酒店品牌，2009 年中期完成最后两家阿梅瑞套房酒店的改名。

　　2004 年 12 月 31 日，普利策家族拥有的所有酒店资产，包括凯悦公司和凯悦国际公司，都合并为一个实体，即凯悦酒店公司。

　　2005 年，凯悦宣布收购夏季地套房酒店（Summerfield Suites），这次的卖家又是黑石集团。黑石集团是从温德姆酒店集团购得夏季地套房酒店的。

　　2007 年，凯悦宣布，引入高盛旗下私募基金，及全球最大零售商沃尔玛（Wal－Mart）主席沃尔顿（Robson Walton）旗下投资公司 Madrone Capital Partners 为股东，涉资 10 亿美元，两者各获得一个董事局席位。

北京银泰中心凯悦的柏悦开业，成为北京当时最高的酒店和最奢华的酒店。

2009 年 8 月，凯悦发布文件，计划在纽约证券交易所挂牌上市，代码定为"H"。高盛和德银、摩根大通将是凯悦的 IPO 承销商。上市意味着普利策家族帝国的终结。2009 年 11 月 5 日，凯悦正式登陆纽约证券交易所，筹集资金 9.5 亿美元。

二、集团旗下品牌介绍

凯悦酒店 Hyatt Regency——现代商务酒店

凯悦丽晶酒店是凯悦集团的核心品牌酒店，作为五星级豪华商务酒店，其设计融合西方及所在地的本土建筑特色，充分反映当地的文化精髓。凯悦酒店诉求高科技新贵客层，以高效率的专业服务、新颖当代的会议住房设施、精致的餐饮服务、齐全的健身设备及现代的氛围而闻名。凯悦酒店自始至终满足并超越顾客的期望，给予最细致周全的贴心服务。房间从 150 到 350 间不等，一般专为商务散客和休闲游客提供服务。酒店虽小，却仍然能够体验到凯悦招牌式的服务。

1969 年，集团在美国拥有 13 家凯悦丽晶酒店。同年，第一家国际凯悦酒店——香港凯悦丽晶酒店开业。凯悦品牌在中国市场的发展战略：建设投资方面，平均每间客房投资标准一般掌握在 200 万元人民币；平均房价 1000 元人民币左右。

君悦酒店 Grand Hyatt——豪华大型酒店

如同其"Grand"的名称，全球的君悦酒店以其服务及设施规模的豪华气派著称。坐落于世界各大城市中最新且繁荣的精华地段，并临近大型会议中心，诉求金字塔中上阶层客源的君悦酒店有着宏伟壮观的建筑外形，气派非凡的跳高中庭大厅、雅致温馨的客房/套房、宽敞明亮的浴室/起居空间、先进齐备的会议设施、华丽独特的宴会场地、多类型地道美食的餐厅和酒吧，君悦酒店呈现豪华的精致质感生活，映衬下榻旅客慧眼独特的高级品位。

1980 年，君悦和柏悦品牌的推出，不仅在市场上推销了凯悦，更进一步地证实了凯悦资产全球多样性的特征。一般说来，每家君悦酒店的规模都在 300 间客房以上，最小的一家君悦酒店位于多哈，拥有 249 间标间和套房，规模最大的一家君悦酒店则位于美国的加利福尼亚州，拥有 1625 间豪华客房。而在中国，最著名的当数占据上海金茂大厦 53—87 层的金茂君悦大酒店，它同时也是世界上最高的酒店之一。君悦品牌在中国市场的发展战略：建设投资方面，平均每间客房投资标准一般掌握在 300 万元人民币；平均房价 2000 元人民币左右。

柏悦酒店 Park Hyatt——典雅精品酒店

柏悦酒店位于像纽约、巴黎、上海、东京、马德里等时尚之都，是一家比较小但是比较豪华的酒店，专门为那些追求个性服务和享受欧洲小酒店情调的旅行者精心设计。柏悦酒店给人一种典雅、豪华的感觉。除了营造艺术氛围，柏悦酒店还提供与众不同的餐饮设施、恬淡怡人的环境和 24 小时的个性化服务，定位为世界上顶级的精品酒店。

柏悦品牌在中国市场的发展战略：建设投资方面，平均每间客房投资标准一般掌握在 400 万元人民币；平均房价约 3000 元人民币左右。

安达斯酒店 Andaz

2007 年 4 月，凯悦集团推出旗下全新酒店品牌——安达斯。安达斯酒店的主要客源是商务和休闲客人，可以为客人提供既有活力又休闲的氛围。每一家安达斯酒店的设计都反映出当地独特的文化气氛和精神。安达斯利用创新的手提式入店登记设施，更快捷地使客人入住；另外，在大堂的安达斯休息室有手提电脑，客人可以办理入住手续，这些都是安达斯独特的服务方式。客人办理入住登记时和在酒店逗留期间，休息室提供免费饮料。安达斯的房价包括互联网、本地电话、软饮和点心。

第一家安达斯酒店是位于伦敦的 The Great Eastern Hotel，获得成功以后，品牌迅速在纽约和得克萨斯州的奥斯汀扩张。

嘉悦酒店 Hyatt Place

2007 年 3 月，全球凯悦酒店集团从肩负多重工作任务、瞬息万变的当代商务旅客身上吸取灵感，发布了采用创新酒店服务理念的酒店品牌——Hyatt Place。该理念对于新近确定的、已成功适应当今"全天候生活方式"的目标受众而言极具吸引力。为了帮助顾客实现这种生活方式，Hyatt Place 利用设施的舒适性和功能性的平衡向顾客提供了一种随意的氛围，特点是推出一系列精选服务，目的是在设计优良、高科技和现代的环境中提供轻松的服务。嘉悦酒店的招牌设施包括长廊（Gallery），提供咖啡和葡萄酒；每周 7天、每天 24 小时的厨房，备有快餐、主菜和免费的大陆早餐等。嘉悦酒店还适合召开小型公司会议。

Hyatt Place 是 The Hyatt Touch 和流行设计、目的明确的设施和超前技术的结合体。为了满足当今敏感顾客的需求，Hyatt Place 目前在美国已经拥有超过 130 家酒店，酒店坐落在城市、机场和郊区等，规模从 125 到 200 间不等。Hyatt Place 被 J. D. Power and Associates 在 2008 年北美酒店顾客满意指数评选中获"最佳中档全职服务品牌奖"。

凯悦夏季地套房 Hyatt Summerfield Suites

2005 年，凯悦集团收购夏季地套房酒店品牌。其是延时、居住式酒店，给顾客一种现代共管公寓的感觉。凯悦夏季地套房酒店的客房从 125 到 200 间不等，全为套房，厨房设备齐全，电视是高清平板，高速互联网免费，舒适如家。凯悦夏季地套房有游泳池、健身中心和商务中心，可为小公司提供会议场所，公司的顾客想让其员工延时逗留也可以。每日早餐和平日的联谊会都是免费的。凯悦夏季地套房都地处城市、机场和郊区地带。

凯悦度假村 Hyatt Resorts

凯悦度假村营造的是令人心旷神怡的度假风情，从美丽的海滩，到世界级的高尔夫球场；从豪华的水疗按摩中心，到设施齐全的现代化健身室；从刺激无比的水上活动到登山远足，再到专为小朋友而设计的凯悦营地和儿童乐园，凯悦的度假村提供最舒适惬意的轻松享受。凯悦度假村以创新的礼遇、舒适的住宿、多样的运动休闲设施，并融合当地文化特色，让下榻的旅客远离城市的尘嚣。

三、集团企业文化

使命

我们的使命就是提供热情周到的服务，改变人们的生活，包括我们的同僚、顾客和业主的生活。

目标

我们的目标是为我们的同僚、顾客和业主在我们服务的不同档次的酒店中成为最受欢迎的品牌。

价值观

我们要在凯悦家族中通过相互尊重、诚实道德、谦虚、娱乐、创造和创新的共同的核心价值观培育共同的目标和文化。

凯悦的哲学观点是：凯悦集团的人员使凯悦拥有了不凡的经历。在集团价值观的引导下，努力帮助员工发展职业生涯，而不仅仅是工作。改革和创业精神是经营的基础。凯悦的目标是吸引并保留一支提供优质服务的生力军，他们富于创新精神，以顾客为中心并能充分反映当地文化。凯悦相信充满激情的员工是实现目标的有力保证。凯悦公司努力在世界各地给员工提供一个公正合乎道德标准的工作环境。凯悦认为：员工是凯悦的基本资产，他们对凯悦集团价值观的认可才使其能够与众不同。

四、集团社会责任

社会责任意识

以创新的项目经营高质量的酒店并不是凯悦奉献顾客和当地社区的唯一。凯悦会在社会和环境问题上发挥重要作用。源于凯悦文化哲学的总目标就是，"回报当地社会，不管它在何地，不论是何时。"

每家凯悦酒店都通过 F. O. R. C. E.（责任与爱心）活动提供志愿者以此来为本目标的实现而贡献力量。管理部门的每位员工每年两个带薪工作日都在当地社区当志愿者。自 1990 年开始，员工们就开始教孩子和大人读书，帮助那些身体有残疾的人骑马治疗和恢复，并以各种不同的途径关心那些身体和精神受虐的孩子。

另外，凯悦还制订了保护地区、国家和全球环境的计划，这些计划包括广泛的资源回收计划，以及帮助其他公司和集团搞资源回收，甚至创立他们自己的环保计划。凯悦酒店启动这些计划并为之配备人员，精心设计，帮助保护环境，并且还教导其他人也来这么做。

当个好邻居和当个好顾主同样重要。早在 2000 年，凯悦发起了一个名为"聚焦 2000"（Focus 2000）的计划来满足多种劳务和社团的变化需求。"聚焦 2000"活动包括多样培训和交叉培训计划，少数民族有来酒店实习和被录用的机会，顾问指导计划，员工发展和激励政策以及把英语作为第二语言的培训课程。凯悦国际集团还和平民基金会合作，一起在不同的社区募集基金，并通过参加音乐会和使用音乐活动室，使生活在那里的孩子受益。凯悦之所以选择平民基金会是因为它触及全球的广泛性和在当地的直接影响。

环境保护意识

企业环境领导中心召集凯悦酒店集团和其他的旅游业领导策划加勒比海地区的保护活动计划。芝加哥在 2003 年 4 月 23 日召开了第一次"高级官员会议"，国际资源保护部的企业环境领导中心召集的这些决策者们，对加勒比海地区旅游发展有相当的影响力。由于凯悦酒店集团具有多种酒店运营方式，所以它是会议的积极参加者。

凯悦酒店集团地区副经理维克多·洛佩兹和其他旅游业领导人一起，将联合政府公务员、环境保护组织、科学家和当地代表，寻找解决严重威胁加勒比海地区旅游业和经济的环境恶化和物种消失问题的解决办法。

旅游业对于环境保护具有的双重作用。而环保行动能使领导者和环境保护专家走到一起创造性地、用商业眼光的寻求办法来解决加勒比海地区所面临的环境问题：保护旅游业免受因环境恶化而带来的金融风险；识别良机以保护独特的生态系统并从中受益；通过环境管理工作创造商业价值并对那些因关注环境而有效投资的成功案例进行分析。联合召集者包括：国际保护组织实用生物多样性科学中心（CABS）、环境调查和保护中心（CERC），凯悦集团、加纳生态基金和加纳 Punta 度假村俱乐部。

旅游在全球众多的生物多样性热点行业中特别重要，像加勒比海地区和地中海。大规模的旅游导致主要的基础建设的发展，增加了对水、能源和废物处理的需求，并且带来人员、观念和文化的大量涌入。旅游业可能对保护生物多样性刺激最为强烈，因为行业的未来有赖于对旅游目的地自然美景和丰富的文化资源的保护。作为世界上地理环境最复杂的地区之一，加勒比海地区是生物多样化的热点。世界上 25 个物种多样化热点联合在一起占地球表面积的 1.4％，但是超过 60％的动植物多样性庇护正在日趋受到威胁。加勒比海盆地有一些在世界别的地方无法找到的最值得关注的物种。加勒比海是 1550 多种珊瑚和鱼类的家园，其中 1/4 的物种只有在加勒比海才能找到，这个地区的物种多样性和自然美景每年吸引数以百万计的旅游者。

然而，此旅游目的地的繁荣不是没有代价的。外来物种导致一些本地动植物的灭绝；60％的珊瑚礁和鱼类受到渔业、珊瑚采取和水质下降的威胁；岛上最后剩下的原始土地也变成了度假村和高尔夫球场。如果不共同合作，平衡消费者需求和环境保护之间的关系，这种独特的生物多样性会永远消失。诸如凯悦这样的企业管理层认识到，再也不能忽视保护生物多样性的重要性以及对他们的产品质量的影响。通过参与这些事件，旅游业具有领导地位的公司证明了减少损失并将资源保护转化为竞争优势的重要性。

社区同盟

1. 2002 年凯悦的"家庭责任和爱心员工"（Family of Responsible and Caring Employees）计划，让员工利用有薪工时，参加当地的广泛活动，积极主动地为社区奉献。在 2002 年的前三个季度，一万两千多名员工齐心协力回报社区，义务服务合计近 55000 个小时。主要活动包括：助残活动（3210 小时），青年活动（2632 小时）以及健康活动（2632 小时）。另外，酒店还给不同的社区组织捐赠亚麻布制品、化妆品、家庭用品和电脑等。

2. 凯悦集团和员工们帮助儿童艾滋病救助基金会。凯悦酒店集团对儿童艾滋病救助基金会的持续支持在万圣节期间更是得到了广泛的认可。凯悦员工提供全面的服务。从组织到提供食物、设施管理和娱乐项目，可谓面面俱到。凯悦集团及其员工的加入，对该组织成功地完成使命有很大的帮助，它为那些感染艾滋病毒和患有艾滋病儿童的生活带来了生机。超过 80% 的基金来自凯悦的慈善捐赠或者是活动中的销售机会。另外，儿童艾滋病救助基金会只有 6 个工作人员，而全年有 700 多名志愿者努力协助协会的工作。尤其是在儿童艾滋病救助基金会每年在梦幻万圣节芝加哥活动中，接受的救助活动志愿者中有 40% 来自凯悦。

凯悦的参与对基金会成长为救助全国受艾滋病侵袭的儿童的慈善机构有着重大的意义。在基金会创建的时候，仅把目标定位在南加州。自从凯悦开始支持基金会的时候，才使其有能力向全国范围扩展。从 1999 年以来，得益于凯悦酒店的直接支持，使协会能将大笔的增加资金扩充投入芝加哥和纽约地区，救助艾滋病儿童和家庭。

五、集团财务状况

对于凯悦集团近三年的财务经营状况，我们从资产、收入、经营和每股收益等方面进行了比较。集团 2008 年的总资产为 61.19 亿美元，比 2007 年的 62.48 亿美元减少了 1.29 亿美元；2008 年总收入为 38.37 亿美元，比 2007 年的 37.38 亿美元增加了 0.99 亿美元，增幅约 2.6%；集团 2008 年每股净收入（摊薄后）1.31 美元比 2007 年 2.01 美元有所下降。

表 7—8—1　凯悦集团的财务数据表　　　　（单位：百万美元）

	2008 年	2007 年	2006 年
总收入	3837	3738	3471
拥有和租赁的酒店	2139	2039	1860
管理和特许费	290	315	294
其他收入	83	103	110
物业管理的其他收入	1325	1281	1207
折旧和摊销	249	214	195
销售、总务和行政费用	290	292	247
其他直接费用	26	42	46
利息支出	75	43	36
房地产销售的增值税	—	22	57
资产减损	(86)	(61)	—
其他收入净额	23	145	126

续表

	2008 年	2007 年	2006 年
税前收益	204	474	524
持续经营收入	114	266	331

表 7—8—2　凯悦集团的资产平衡表　　　（单位：百万美元）

	2008 年	2007 年
总资产	6119	6248
流动资产	1057	1065
固定资产	3495	3518
投资	204	324
递延税项资产	126	151
流动负债	653	697
长期债务	1209	1288
总债务	2527	2779
总股本	3592	3469

表 7—8—3　凯悦集团的每股平均收益表　　　（单位：美元）

	2008 年	2007 年	2006 年
持续经营的每股平均收入	0.89	1.98	2.41
净收入对凯悦酒店集团的贡献	1.31	2.01	2.29
持续经营的每股平均收入（摊薄以后）	0.89	1.98	2.41
净收入对凯悦集团的贡献（摊薄以后）	1.31	2.01	2.29

六、集团在中国的发展

1969 年，凯悦集团开始进入香港；

1986 年，进入天津，于 1990 年在中国内地开业第一家酒店；

1989 年，进入西安；

1994 年，为了寻找更多的发展机会，凯悦集团在扩张方式上推陈出新，同时也提出多元化经营，进入了一些风险较大的行业，其中包括：特许经营、分时销售，独立的高尔夫球场的管理和赌博业；

1999 年，上海金茂大厦的金茂凯悦酒店开业；

2001 年 8 月，上海金茂凯悦酒店更名为金茂君悦，年营业额为 4.33 亿元人民币，业主利润为 1920 万美元；

2004 年 12 月 31 日，一向定位于高端酒店市场的凯悦酒店管理集团宣布以 6 亿美元的价格收购经济型酒店；

2005 年 6 月 28 日，杭州凯悦酒店营业，这是凯悦国际酒店集团继北京、上海以及天津之后，在中国大陆经营管理的第五家企业；

2006 年，在天津、广东和上海各开了一家凯悦酒店；

2007 年，北京银泰中心的柏悦酒店开业，凯悦集团在中国试运营的 14 家酒店，集中在柏悦（ParkHyatt）、君悦（GrandHyatt）和凯悦（Hyatt）三个高端品牌上，这些凯悦酒店都只是合同管理的经营模式，不参与酒店的投资；

2008 年，南京下关世贸凯悦酒店正式运营；

2009 年年底，凯悦集团在中国正式运营的 16 家酒店，集中在柏悦（Park Hyatt）、君悦（Grand Hyatt）和凯悦（Hyatt Regency）三个高端品牌上。这些凯悦酒店都只是合同管理的经营模式，不参与酒店的投资。

第九节　香格里拉酒店集团
Shangri－La Hotels and Resorts

SHANGRI-LA

HOTELS *and* RESORTS

集团总部：

香港特别行政区中区，添美道 1 号，中信大厦 21 楼

知名品牌：

香格里拉城市酒店 Shangri－La City Hotels

香格里拉度假酒店 Shangri－La Hotels & Resorts

商贸饭店 Traders Hotels

气 Spa

一、集团历史概况

"……他的身心感到前所未有的安舒。这种感觉实实在在；他犹如置身于香格里拉。"香格里拉的美名来自英国作家詹姆斯·希尔顿的传奇小说《消失的地平线》（Lost Horizon）。书中详述了香格里拉——一个安躺于西藏崇山峻岭间的仙境，让栖身其中的人，感受到前所未有的安宁。时至今日，香格里拉已成为世外桃源的代名词。而香格里拉酒店集团的优秀服务，及完美憩静的环境，正与这个弥漫着神秘色彩的名字如出一辙。

郭氏集团是由郭鹤年先生创建的一家马来西亚家族企业，拥有香格里拉亚洲有限公司的大部分股权。郭氏集团的经营涉及多个领域并延及亚洲许多国家。除酒店外，集团还经营商贸、地产、报业及种植业。香格里拉虽然是一家纯粹的酒店管理公司，但郭氏集团在几乎所有香格里拉管理的酒店里都拥有大部分或绝对的控股权。总部设在香港的香格里拉酒店集团是亚洲最大的豪华酒店集团，被视为世界最佳酒店管理公司之一。香格里拉酒店集团的建立，始自1971年开业的新加坡香格里拉大酒店。酒店占地15英亩的花园景致，舒适优雅的客房，加上亚洲人的殷勤好客之道，为亚洲酒店业树立了卓越的服务典范。香格里拉酒店集团是香格里拉亚洲有限公司的品牌，该公司在香港股票市场上市。酒店管理集团于 1997 年易主，此前，它是郭氏集团的子公司。酒店管理集团目前拥有四个品牌：香格里拉城市酒店、香格里拉度假酒店、商贸饭店和气 Spa。香格里拉品牌主要为五星级酒店，多数酒店的客房量都超过 500 间，而度假酒店的规模则相对略小；1989 年设立的商贸饭店为四星级的品牌，价格定位适中。香格里拉以其卓越的服务，被诸多国际著名的报纸杂志冠以多项殊荣，同时更赢得同业伙伴的极高赞誉。多年以来，香格里拉酒店集团扩展迅速，在亚洲主要城市及广受欢迎的度假胜地都建有豪华酒店和度假村。目前集团有 55 家酒店遍布于亚太地区，客房量超过 28000 间。

员工培训一直被奉为香格里拉集团的首要任务，为此，公司每年拨出大量经费，用以训练员工掌握专业化的知识、技能，从而在各自的岗位上取得最佳成绩。香格里拉因此成为最受欢迎的雇主之一。目前集团聘用了超过 30000 名员工，本着"殷勤好客亚洲情"的服务宗旨，为世界各地的宾客提供卓越的服务。

香格里拉酒店集团还在十一个城市开设了恪尽职守的市场销售办事处，分别位于：广州、上海、北京、中国香港、新加坡、伦敦、洛杉矶、纽约、悉尼、东京和迪拜。集团与世界各大航空公司的 30 个常旅客飞行奖励计划建立了合作伙伴关系。香格里拉的贵宾金环会——Golden Circle 被广泛赞誉为业内最佳的忠实顾客奖励计划之一，其会员数量正迅速上升，目前已达到 100 多万人。

以下按开业时间顺序排列香格里拉集团属下成员：

1971 年 4 月：新加坡香格里拉大酒店开业（1983 年以前由威斯汀酒店集团管理）

1979 年：郭氏酒店管理公司成立，管理以下四家酒店：沙洋大酒店（2004 年 11 月进行装修，2006 年 9 月重新开业）；金沙大酒店；斐济酒店；斐济马金堡酒店

1981 年 4 月：九龙香格里拉大酒店（1991 年 4 月以前由威斯汀酒店集团管理）

1983 年 1 月：香格里拉国际饭店管理有限公司成立，接管新加坡香格里拉大酒店

1984 年 11 月：杭州香格里拉饭店（接管当时的杭州饭店）

1985 年 4 月：吉隆坡香格里拉大酒店

1986 年 3 月：曼谷香格里拉大酒店

　　　　 4 月：槟城香格里拉大酒店

　　　　 10 月：北京香格里拉饭店

1988 年 12 月：香格里拉丹绒亚路酒店（接管饭店）

1989 年 12 月：国贸饭店（北京）

1990 年 7 月：中国大饭店（北京）

1991 年3 月：港岛香格里拉大酒店（香港）

　　　　 4 月：九龙香格里拉大酒店（香格里拉收回管理权）

1992 年8 月：艾沙香格里拉大酒店（马尼拉）

　　　　 9 月：深圳香格里拉大酒店

1993 年 3 月：香格里拉圣陶沙大酒店（新加坡）

　　　　 4 月：麦卡蒂香格里拉大酒店（马尼拉）

　　　　 6 月：西安香格里拉金花饭店（接管饭店）

　　　　 10 月：香格里拉麦丹岛酒店（宿雾）

1994 年3 月：雅加达香格里拉大酒店

　　　　 3 月：远东国际大饭店（台北）

1995 年1 月：商贸饭店（马尼拉）

　　　　 1 月：泗水香格里拉大酒店

　　　　 4 月：商贸饭店（新加坡）

1996 年4 月：北海香格里拉大饭店

　　　　 6 月：香格里拉莎利雅酒店（哥打京那巴鲁）

1996 年 8 月：商贸饭店（沈阳）

　　　　 8 月：长春香格里拉大饭店

　　　　 11 月：商贸饭店（仰光）

1997 年 8 月：青岛香格里拉大饭店

　　　12 月：大连香格里拉大饭店

1998 年 8 月：浦东香格里拉大酒店（上海）

1999 年 4 月：武汉香格里拉大饭店

　　　5 月：哈尔滨香格里拉大饭店

　　　8 月：北京嘉里中心饭店

2001 年 7 月：丁山香格里拉大酒店（南京）

2003 年 2 月：布城香格里拉饭店（马来西亚）

　　　7 月：悉尼香格里拉大酒店

2003 年 7 月：迪拜香格里拉大酒店（阿联酋）

2003 年 10 月：商贸饭店（迪拜）

2003 年 12 月：郑州香格里拉大酒店

2003 年 12 月：中山香格里拉大酒店

2004 年 7 月：常州富都商贸饭店

2004 年 10 月：福州香格里拉大酒店

2004 年 10 月：香格里拉马尔代夫大酒店

2005 年 1 月：香格里拉三亚太阳湾大酒店

2005 年 5 月：浦东香格里拉大酒店（扩建完工）

2005 年 7 月：香格里拉 Barr Al Jissah & Spa 大酒店（阿曼马斯喀特）

2005 年：吉隆坡商贸饭店

2005 年：海口香格里拉大酒店

2007 年：上海静安香格里拉大酒店

2007 年 1 月：广州香格里拉大酒店

2007 年 5 月：成都香格里拉大酒店

2007 年 8 月：阿布扎比香格里拉大酒店

2007 年 9 月：呼和浩特香格里拉大酒店

2007 年 9 月：西安香格里拉大酒店

2007 年 11 月：包头香格里拉大酒店

二、集团旗下品牌介绍

从 1971 年新加坡第一间香格里拉酒店开始，集团便不断向国际迈进。以香港为大本营，香格里拉现已是亚洲区最大的豪华酒店集团，且被视为世界最佳的酒店管理集团之一，在无数公众和业内的投选中，均获得一致的美誉。

集团的 65 家酒店遍布在亚洲和中东地区的主要城市以及大部分度假胜地，并不断在欧洲和北美地区开发新的酒店。其中 5 家为商贸饭店，它是香格里拉酒店集团的另一酒店品牌，成立于 1989 年，旨在以适中的价格为商务旅客提供完备的设施和优质的服务。

香格里拉城市酒店 Shangri－La Hotels

香格里拉使用"S"为集团标志，与亚洲地区特有的建筑外形类似，又宛如宁静的湖面上倒映出雄伟壮观的山脉。为繁忙的旅客打造豪华的下榻地。香格里拉集团目前在亚洲和中东主要城市拥有多座五星级豪华酒店，在北美和欧洲地区也即将揭幕。来自全球各个国家和地区、品位高端的商务和休闲旅客纷纷选择下榻香格里拉酒店，享受闻名遐迩、热情周到的香格里拉服务。

香格里拉度假酒店 Shangri－La Hotels&Resorts

恢复精力、放松身心、发现异国风情。选择香格里拉度假酒店，在全世界最具异国情调的胜地，与朋友和家人享受轻松有趣的假期。在静谧的热带度假胜地，客人可融入魅力无穷的大自然中，体验活力四射的文化活动、休闲活动，享受各种美食。

商贸饭店 Traders Hotels

以中国 5000 年商业文化的精髓——印章作为标志，象征商贸饭店以商业旅客为尊，提供高级廉宜的商住服务的精神。是重视香格里拉殷勤服务消费价值的旅客的最佳选择，对希望找到优质、实惠的酒店的商务和休闲旅客而言，香格里拉商贸饭店是最佳的选择。商贸饭店均位于亚洲和中东地区主要的商业中心，环境氛围亲切友好、方便快捷，提供热情的香格里拉服务。

香格里拉商贸饭店是商贸人士下榻的金字招牌，在中国五千年历史中，招牌对商人意义非凡。香格里拉商贸饭店这块金字招牌显示了我们为商务旅行人士提供一流实惠的服务经营理念。

气 Spa

香格里拉"气"Spa，源自香格里拉的美丽传说，让顾客找到属于自己的平和、陶醉和舒适享受，使身心达到最完美和谐的境界。"气"Spa 的按摩与护理，以亚洲养生古方及手法为本，结合中国传统五行（金、木、水、火、土）理论，调和身体能量，也就是所谓的"气"。根据酒店所在地的文化习俗，采用当地盛行的传统护理方法，为客人带来健康和谐享受。

"气"的灵感来自传说中神秘的喜马拉雅山巅的世外桃源香格里拉，其独具特色的疗法来源于中国以及喜马拉雅地区传统的康复治疗哲学和习惯。招牌疗法中的"气平衡"、"香氛按摩法"和"阴阳情侣按摩"旨在令客人重新焕发活力，而"喜马拉雅康复石按摩法"、"高山大麦擦洗法"和"喜马拉雅藏布洗礼"则选用来自喜马拉雅的天然材料并结合当地治疗手法和传统。步入"气"Spa，人们立刻就能感受到远离喧嚣的静谧祥和，每一处 Spa 的内部装饰均采用当地独特的材质和建筑风格，并有喜马拉雅艺术品恰到好处的加以点缀，从而把"气"的理念充分展示出来。

在传统的中国哲学中，"气"是世间万物的主宰，它掌控着人类的健康和精力。人们认为只有"气"在体内畅通无阻地流动，才能保持身体健康。"气"一旦堵塞，就会患上"疾病"，身体不适。而运动是清除阻塞的关键方法。香格里拉"气"Spa 的哲学基础正是通过运动、伸展、按摩、水疗和在松弛与冥想中进行精神运动相结合，来帮助身体自然循环更新。

香格里拉贵宾金环会

香格里拉酒店集团精心设计的常客优惠计划——贵宾金环会，旨在使顾客每一次下榻亚洲最杰出的酒店居停时，更感舒适、更加方便、更觉惬意。

作为贵宾金环会的会员，将可以享受一系列特别的优惠（优先办理登记入住、同伴免费入住、早餐折扣优惠、客房升级）和贵宾级的待遇，香格里拉会谨记每一位会员的需求和喜好，无论宾客下榻任何一家香格里拉或商贸饭店，都可以享受到为会员量身打造的贵宾服务。

此外，香格里拉集团还管理香港深湾游艇俱乐部（Aderen Marina Club）和中国深圳南山区西丽高尔夫乡村俱乐部（Xiliad Golf Country Club）。这两个亚洲著名的休闲俱乐部为客人带来闻名遐迩的香格里拉的周到细致的服务。

三、集团企业文化

Our Philosophy

经营思想

Shangri—La hospitality from caring people

殷勤好客香格里拉情

Our Vision

前景目标

TheFirst choice for our customers，employees and business partners

成为客人、员工和经营伙伴的首选

OurMission

使命宣言

Delighting customers by providing quality and value through distinctive service and innovative products.

为客人提供物有所值的特色服务和创新产品，令客人喜出望外。

Our Guiding Principles（Core Values）

指导原则（核心价值）

We will ensure leadership drives for results and we work together as one team — one way.

我们要确保领导者具有追求经营业绩的魄力，发扬团队协作精神，齐心协力、步调一致。

We will make customer loyalty a key driver of our business through —consistency in delivery of service

—delighting our customers in every customer contact

—executives having a customer contact role.

我们要把赢得客人忠实感作为事业发展的主要驱动力，体现在

——始终如一地为客人提供优质服务。

——在每一次同客人接触时，令客人喜出望外。

——行政管理人员与客人保持直接接触。

We will enable decision making at customer contact point.

我们要使员工能够在为客人服务的现场及时做出果断决定。

We will be committed to the financial success of our own unit and of our company，both short and long term.

我们要确保每家饭店乃至整个公司都取得短期和长期的最佳经营业绩。

We will create an environment where our associates may achieve their personal and career goals.

我们要努力创造一个既有利于员工事业发展，又有助于实现他们个人生活目标的环境。

We will demonstrate honesty，care and integrity in all our relationships.

我们要在与人相处时表现出诚挚、关爱和正直的品质。

We will ensure our procedures are customer and employee friendly，enabled by technology and process focus.

我们要致力于引进先进技术和改进程序，确保服务程序简明易行，方便客人及员工。

We will be environmentally conscientious and provide safety and security for our customers and our associates.

我们要加强环保意识，保障客人和员工的安全。

四、集团职业发展与社会责任

(一) 以人为本的文化

香格里拉酒店集团努力致力于吸引和留住人才。香格里拉以其卓越的服

务水准闻名于世，并能不断加以保持和改进，关键在于拥有那些积极进取和努力实现集团目标的员工。香格里拉认为要想成为备受员工拥戴的雇主，就必须对员工事业的发展进行全面的管理，并提供一种使员工实现自我价值和积极参与管理的良好的工作环境。香格里拉十分重视集团内部管理人员的事业发展，鼓励一种全方位的培训方法培养人才。集团内部管理人员的提升和调动达到 90%。

（二）培训与发展

香格里拉饭店理想员工是综合运用个人素质和集团培训塑造而成的。香格里拉十分重视雇用那些工作态度好、有发展潜力的员工，并为他们提供必要的技能培训。集团每年至少投资员工工资总额的 2%用于员工的培训与发展。

香格里拉酒店集团的经营思想是"殷勤好客香格里拉情"。恪守这一经营思想，是香格里拉能够赢得赞誉、脱颖而出的关键。我们十分珍视香格里拉这一独特的品牌。努力致力于为客人提供卓越服务，最终赢得客人忠实感。"殷勤好客香格里拉情"的独特之处是以亚洲式的殷勤好客的核心内容为基石，尊重备至、真诚质朴、乐于助人、彬彬有礼、温良谦恭。"自豪而不骄矜"尤为重要。我们希望员工在为香格里拉所取得的业绩感到骄傲和自豪的同时，仍然要表现得非常谦和。真正的成功不在于夸夸其谈，而在于实际行动。

这一经营思想已深入香格里拉酒店集团的每家饭店。尽管如此，每家饭店都兼容了当地所特有的文化底蕴，殷勤好客的服务反映着浓郁的地方风情。

（三）香格里拉的领导者

在香格里拉，大家都是领导者。即使不领导别人，员工也要领导自己。具备以下这些素质，对于成为香格里拉酒店的成功人士是非常重要的：

德才兼备；

勤勉好学、适应能力强、锐意进取；

重视结果；

既有战略头脑，又有实际经验；

兢兢业业、满怀激情、追求完美；

宾客至上；

精通商务、有酒店业人士的优雅气质；

勇于开拓创新、迎接挑战。

（四）培训生项目

这个培训项目专门为那些发展潜力大、将来能胜任集团内的高级管理职务的人员而设计。任何应届大学本科毕业生和集团内部表现出很大发展潜力的员工都可以申请参加此培训项目。该项目由集团直接运作，以便为培训生铺垫整个集团范围内的职业发展道路。

项目概述

该项目以下列因素为重点：

· 了解各部门的职能及其与客人的关系。

· 根据培训生各自的发展潜力和兴趣对其进行专职培训。

· 给培训生分派多元化的工作任务，以增加他们的实际工作经验，培养他们的战略技能并帮助他们建立领导者的自信。

· 根据每个培训生的不同背景而制订出各自的培训计划，培训期为18至24个月。

选拔标准和程序

候选人员必须具有酒店或商务管理专业的学士学位，英语口语和书写流利，有相关的经验，热爱酒店行业，愿意到香格里拉酒店所在的任何国家和城市工作。

对于财务部、人力资源部和销售部的培训生，最佳条件是具备酒店业的相关经验，但这并非是绝对必要的。如果被选中，集团将专门为此类培训生制定熟悉了解酒店业的培训项目。

（五）管理与督导培训项目

该项目旨在培养当地及外籍员工，使其能胜任香格里拉在各个城市或国家管理的饭店内之关键性督导及管理职务。

项目概述

该培训项目的管理由各饭店独立进行，培训的具体内容也将根据饭店各自的特定需要而有所不同。该培训项目不仅使培训生有机会在每个部门得到总体工作经验，而且其具体设置也注重了培训个人的发展潜力和兴趣爱好。

选拔标准和程序

候选人员应该具有大专或同等学力，并显示出成为管理者的潜力。该项目也同时面向香格里拉酒店集团的在职员工。

（六）有关环保

香格里拉不但对游客提供最优质的服务，还对环保使命的承担不遗余力。香格里拉旗下众多酒店已经获得国际环境管理 ISO 14001（International Environmental Management System Standard）的认可证书，其中部分更是亚洲区或国内第一家取得该证书的酒店。取得 ISO 14001 认证的企业，必须在经济效益及保护环境管理上取得平衡，为该地区环境生态做出及时的回应及长期的努力。其中标准包括安装节能电灯、使用环保的清洗工具及原料、安装水源控制系统、妥善处理污水及避免造成水源污染。有关机构（劳氏质量认证）更会每半年定期检查企业的运作是否符合标准。

香格里拉是亚太酒店环保协会的创办成员之一，根据集团的环保政策，所有香格里拉和商贸饭店全部实施绿色环保计划。杜绝浪费，清除有害环境的隐患，同时积极推广环保意识。

五、集团财务状况

香格里拉酒店集团过去五年的财务重点数据如下表所示。首先比较近两年的数据变化发现，2007 年和 2008 年集团在销售额和股东资产方面基本保持稳定，分别维持在 13 亿美元和 42.5 亿美元左右。增长比例最大的为股东应占利益和每股赢利等。其中，股东应占利益从 2007 年的 34100 万美元下降到 2008 年年末的 16600 万美元，降幅达 51%；每股赢利由 2007 年的 12.76 美元下降到 2006 年的 5.76 美元，下降了 55%。

表 7－9－1　　香格里拉酒店集团近五年经营数据对比表

（单位：百万美元）

百万美元	2008	2007	变化率	2006	2005	2004
销售额	1353	1219	11％	1003	842	726
未计利息、税项、折旧、摊销及非营运项目前之赢利	489	442	11％	350	265	223
股东应占利益	166	341	－51％	202	151	114
股息	89	100	－11％	76	65	58
股东资产	4251	4185	2％	2975	2630	2165
股东资产净值	3953	3882	2％	2699	2381	1978
借款净额与股东资金比率	34.5％	20.5％	－68％	41.0％	33.0％	40.2％
每股赢利（美元）	5.76	12.76	－55％	7.97	6.14	4.85
每股股息（美元）	24.00	27.00	－11％	23.00	20.00	19.00
每股资产净产值（美元）	1.47	1.45	1％	1.16	1.04	0.90
股东应占的每股资产净值（美元）	1.37	1.35	2％	1.05	0.94	0.82

资料来源：http://www.shangri—la.com 2008Annual　　　　　2008 年 12 月 31 日

　　另外，从下面集团销售额、股东资产、每股收益柱形图分析，集团在 2007 年前后的业绩比较好，各方面数据如营业收入，股东拥有资金等都达到新的水平。如集团在 2007 年的营业收入达到 12.19 亿美元，比 2005 年和 2004 年两年的营业额还要高出不少；股东拥有资金在 2008 年也有 42.5 亿美元。今年来由于竞争的加剧，饭店业环境的变化等，各方面数据有所下降。但是总的来说还是保持了较高水平。2008 年集团每股赢利 5.76 美元，相比 2004 年的 4.85 美元，也反映了集团的经营业绩。

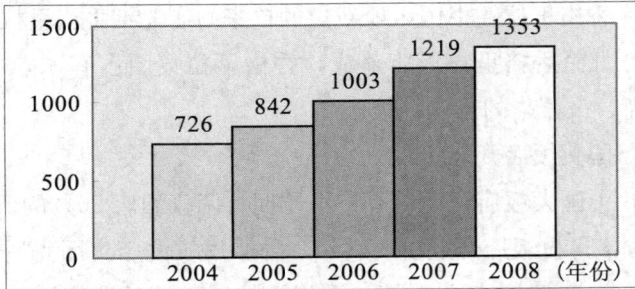

图 7-9-1　香格里拉集团销售额对照（百万美元）

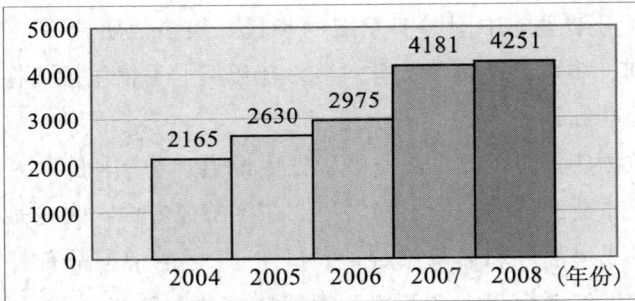

图 7-9-2　香格里拉集团股东资产对照（百万美元）

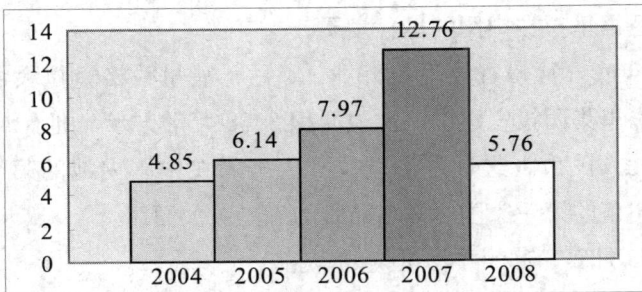

图 7-9-3　香格里拉集团每股赢利对照（美元）

资料来源：http://www.shangri-la.com **2008**Annual

六、集团在中国的发展

香格里拉酒店集团自 1984 年于杭州开设其首家在中国境内的饭店之日起，即已决定在中国大展宏图的战略方针，并迅速地实施其发展计划。

1986 年，香格里拉在中国内地新建的首家酒店北京香格里拉饭店开业。

1987 年，北京香格里拉饭店落成，香格里拉集团占有 49％的股份，是当时京城最高、最豪华的五星级饭店。

1989 年，国贸饭店开业。

1990 年，中国大饭店开业，香格里拉拥有两家酒店 50％的股份。

自杭州香格里拉饭店开业后的六年，香格里拉酒店集团先后在北京开设了三家饭店。20 世纪 90 年代后期，香格里拉以迅猛的速度开始了其在中国内地的拓展行动。从 1996 年到 1999 年，在短短的四年内开设了九家饭店。这些拓展计划可谓紧随中国经济发展的步伐，很多饭店建在或靠近经济特区，诸如深圳、浦东、青岛和大连。2002 年以后，香格里拉仍将一如既往地在中国投资兴建和管理酒店。

香格里拉酒店集团行政总裁安梓华先生说道："中国是世界上发展最迅速以及拥有最重要经济地位的国家之一。在旅游业方面，无论是国内游，还是日渐增长的入境商务和休闲旅游，人口逾 13 亿的中国都有着巨大的市场潜力。我们将继续致力于香格里拉在中国的成功发展。"另外，香格里拉酒店管理培训中心于 2004 年 12 月投入使用，该中心旨在加速和强化对员工的培养以配合香格里拉在中国的迅猛发展。

2004 年年底，常州香格里拉开业。4 月，福州香格里拉大酒店正式开业，由香港嘉里集团投资建设，占地面积 3.68 万平方米，拥有 414 间客房，总投资 5 亿元人民币。这是香格里拉酒店集团在中国内地的第 19 家酒店，也是落户福州市的第一家国际知名品牌的五星级大酒店。

2006 年 3 月底，苏州香格里拉试营业。

2007 年年底，呼和浩特香格里拉大酒店开业，有 373 间客房和 11 间酒店式公寓。

2010 年，集团在整个中国增加到 59 家酒店，占全球总数的一半，其中长江三角洲将成为香格里拉酒店覆盖最为集中的地区，除已经开业的南京、杭州、常州等地酒店外，苏州、无锡、宁波、舟山等城市的建设项目已经开工或正在规划中。

第十节　四季酒店及度假村集团
Four Seasons Hotels and Resorts

FOUR SEASONS
Hotels and Resorts

集团总部：

加拿大安大略省多伦多市莱斯利街 1165 号

1165，Leslie Street，Toronto，Ontario，Canada

一、集团历史概况

　　夏普先生于 1931 年 10 月 8 日在多伦多出生，1952 年毕业于 Ryerson 理工学院，并获得建筑学专业方面的学位，毕业后开始加入了他父亲的建筑行业，做一些设计和建筑的工作。到 1955 年，他以充满创新的思维开始构筑起那与众不同的理念：不是在通往一个城市的破旧边沿地区，而是在它的中间，尽管那里曾经是红灯区后来变成多伦多的市中心，建造一个给人以美学享受和提供个性化服务的汽车旅馆。通过向家庭和朋友集资，耗资共 150 万美元，有 125 间房，售价为 15 美元一晚的四季汽车旅馆于 1961 年诞生了。仅一年后，夏普先生在多伦多开了第一家 Inn on the park 旅馆。在接下来的十年中，他把分店开到了英国的伦敦，也是伦敦第一家豪华旅馆（Inn on the park），现在改名为四季，以及在以色列 Netanya 的四季酒店（现在由 Dan 酒店连锁管理）。

　　1972 年，他帮助创建了有 1600 个房间的多伦多四季喜来登会议酒店，但他很快就撤了出来。因为他决定在世界范围创建自己的品牌和连锁，他把精力集中在中等规模、品质极优的超豪华旅馆和度假村上。现在（Four Seasons Hotels & Resorts）四季酒店和度假村酒店集团是世界上最大的超豪华酒店管理公司。它的总部仍在多伦多，已管理了世界上 22 个国家的 50 个酒店，豪华的乔治五世酒店 2000 年 12 月在法国开业，也是在巴黎开业的第一个四季酒店。

沙特阿拉伯王子阿齐兹 1996 年买下巴黎四季酒店之后，就强调巴黎四季酒店是全世界最棒的酒店，今年《机构投资人》杂志的评选，也证实了巴黎四季酒店的确是全球第一的酒店。四季集团总部位于加拿大多伦多，该集团专门从事中型豪华都市酒店和度假村的建设和物业管理，目前在全球共拥有 60 家酒店。因为和其他国际酒店集团的多样化品牌模式不同，四季集团实行单一品牌模式，所以对于扩张新酒店十分谨慎。

作为世界酒店及度假村一流的经营者，目前四季集团总共经营了 82 份产业，分布在 34 个国家，这些产业大都在四季和丽晶两个品牌名下。集团还进行品牌下假期所有权和私人住宅的经营。四季用优良的设计和装饰建造价值持久的酒店，支撑这些酒店的是深入人心的个性化服务的职业道德。这样做使四季满足了不同客人的需求和品位，并使四季保持了在服务行业中的龙头位置。伊泽德尔·夏普的教育背景和他在设计与建筑方面的专业知识，以及满足顾客需要的专注和领导才能使其吸引了大量资本和忠实员工，建立了世界上最大的豪华酒店管理集团。四季集团总部设在加拿大的多伦多。四季酒店致力于满足商务旅行者和休闲旅行者的不同需要。酒店都位于主要的商贸中心，备有完善的会议室和商务必备的设施，同时提供最舒适的住宿环境和优质的服务。

目前和未来，四季集团始终努力保持和改善服务质量。公司已经成为接待业的主要革新者，不断拓展的服务使商务旅行效率更高，休闲旅游更悠闲和愉快。

二、集团的服务

进军豪华酒店——24 小时服务的酒店

1961 年，四季集团第一家酒店开业，从此不断革新、非凡扩张、一心一意追求最高标准，堪称为传奇。近五十年来，集团把良好的态度和高效的工作与国际酒店最好的传统相结合，改变了接待业的原貌。在这一过程中，四季为当代游客重新诠释了豪华酒店的定义。集团的建立源于一个革命性的想法：全球商务旅客最需要的是全天候的个性化服务。频繁的国际旅行现在是非常普通的，但在20世纪六七十年代是一个新趋势。这为全新的豪华酒店奠定了基础。

当集团的第三家酒店，也就是其在欧洲的第一家酒店——公园客栈（现在的伦敦四季酒店）开业时，夏普抓住时机利用了这一机会，在一个以古典传统酒店为主的市场中，新的酒店立即成功了。伦敦酒店的成功使夏普意识到他所推崇的创新和市场中真正缺乏的就是能够提供高质量、高水准服务的中型酒店，他决定致力于此，并为集团进军豪华酒店进行未来规划。

集团力求做到，在客人需要前往的目的地之内，均有超凡优越地位的四季酒店提供服务。置身于别具特色的度假村或色彩缤纷的城市，无论是度假还是商务，四季集团都以最真诚、快捷的服务迎接每一位客人。因为四季集团重视客人的需求，更深知客人的时间宝贵。从重大的事情到即兴的需求，客人都可以信赖四季，酒店会为每一位客人效劳。另外，集团在安排译员、婚礼鲜花或与家人共度珍贵时光等方面同样可以做得妥善周详让客人无忧无虑。无论是睡眠、工作、休闲或养精蓄锐，住在四季酒店的客人都会欣赏到酒店令客人身心健康的细致心思，四季的服务人员殷勤体贴，令客人宾至如归。

每一只杯碟、每一个房间、每一次接触，四季都能为客人增添一份惊喜。所有细节均设想周到，让每位客人陶醉在舒适的环境中，得以精神焕发，心旷神怡。确保为客人节省时间，在客人提出需求之前，酒店已未雨绸缪，即使是充满挑战的问题，也只需要一个电话就能迎刃而解，总之事无大小，都能随心所欲，如愿以偿。

在伦敦酒店取得成功的基础上，四季开始了有目的的扩张，在北美及世界主要城市中心开设了酒店，这种扩张持续至今。随着不断扩张，四季成为北美第一家引进现代标准化项目的酒店，真正的豪华酒店绝对不会忽略日常的基本细节，四季能令商务及度假人士享受独特的服务，其中标准化项目的细节包括全天候服务，由多国语言礼宾服务、商务服务到房间餐饮服务；足以树立典范的房间设施，例如优质浴室用品、加厚浴袍、吹风机及复式两线电话；保持联系的设施，包括高速上网以致多份免费早报供选择；节省时间的个人化服务，例如一小时熨衣、翌日可取干、湿洗服务及免费翌日送还擦鞋服务等；迎合客人生活方式的设施，包括吸烟或非吸烟房间、设备齐全的健美中心、温泉服务、清淡或家庭式食谱等；提供合家欢服务，比如婴儿用品、家具及儿童浴袍等，集团都有完备考虑；内设餐厅，提供超越传统酒店餐饮享受；专家向导，探游当地文化、购物及体育活动；备受赞誉的会议及宴会场地，配有细心职员服务。四季在其他豪华酒店经营者之前早就引进这些服务项目。然而，最重要的是四季集团的员工们使这些体验与众不同。

夏普说："我们始终追求，在每一处经营的四季酒店都成为最佳酒店。在集团成立早期，豪华是四季的服务典范，这成为其战略优势。为了达到这一目的，四季要求必须拥有具备奉献精神、勇于承担责任而又热情高涨的超一流的员工来为客人提供最好的服务。他们是集团所要提供个性化服务的执行者。"

对豪华度假村的重新诠释

20 世纪 90 年代，集团第一个度假村，即四季茂伊岛度假村 Four Seasons Resort Maui 开业，为集团开辟了一条扩张的新渠道，使集团的经营范围扩展到了休闲度假领域。在茂伊岛度假村以及目前集团在全世界范围内的 13 个度假村中，集团主要的革新内容是特大的浴室和建筑设计。这种设计对自然环境的视野、幽静和欣赏都达到了最大化。在游泳池和高尔夫球场都为客人准备了凉毛巾，伊万喷雾水，还有独特的餐饮选择和适合各年龄段客人的各种富有创意的活动，这些就是直觉和预期服务在这些地方的具体体现。这一切使豪华度假村具有了新意。

为了满足富庶顾客享受富宅生活方式不断增长的需求，四季集团在 1997 年又发展了新品牌。四季集团的住宅酒店在全球最受欢迎的地区提供了全部或部分产权的城市或假期住房。在旧金山、奈维斯岛、迈阿密和庞塔米娜等地，四季集团私人住宅结合了四季酒店个性化服务向顾客提供全部契约酒店产权的住宅或度假村住宅。

四季住宅俱乐部是装修完备的假期别墅，属于部分产权的产品，也是无忧无虑、无须维修、具有产权的假期住所。这使具有产权的主人可以在宽敞舒适、更像私人的住宅里尽享四季提供的服务及娱乐设施，包括别墅餐宴，矿泉浴疗、茶点和"金钥匙"服务。

四季在 Aviara 和 Scottsdale 的私人住宅和住宅俱乐部方面的成功，证明了四季在酒店和度假村以及具有产权的豪华住宅方面建立新的服务标准的能力。

持续改进的服务

随着全球游客不断变化的生活方式，四季通过开拓新方法，不断满足他们的新需求，客房用餐服务的发展是最好的证明。四季集团世界酒店经营总裁沃尔夫·亨吉斯意识到：当今社会，时间对顾客来讲是最为宝贵的商品。他们看中的是那些有助于在商务或休闲旅行中能够充分利用时间的服务，这一点可以从早餐送餐服务中看出。商务客人在房间用早餐主要是为了节省宝贵的时间，而不再是为了休闲，顾客可以在舒适的客房里查收电子邮件，看美国有线新闻，浏览《华尔街日报》，更衣和用早餐，在短短的 30 分钟内就可完成。

其他四季酒店有创意的服务使客人更加方便。丢失行李或遗失个人物品的顾客可以享受"无须行李计划"的服务，这项服务除赔偿客人的重要物品，还赔偿顾客丢失的领带或为他们准备参加重要会议的西装。在度假村举办的儿童四季活动中，为儿童提供了监护、有趣的娱乐活动，从而方便旅行中的父母。

现在的顾客也可以在一系列服务项目中选择适合自己的服务内容，例如按摩服务、芬香疗法服务或要求室内运动器械服务等。所有这些创意项目旨在使商务旅行更有成效，休闲旅行更加惬意。因为客人的舒适是四季成功的重要标准。

实施最佳服务

客人除了追求舒适外，便是追求健康和最佳服务。在过去的近二十年中，人们在健身和矿泉浴等需求上的消费有了显著增长。作为在豪华酒店实施矿泉浴的先锋，早在 1986 年，四季集团在拉斯考林纳斯的四季度假村与达拉斯俱乐部引进了全方位服务的矿泉浴。2001 年，每一家四季度假村都有了独具一格的矿泉浴，每一家四季酒店都提供现场的矿泉浴服务。

为了满足客人在旅行中对健康生活方式的需求以及客人对矿泉浴的复杂要求，四季集团根据不同的环境把独特的设施、产品和治疗方法结合起来，满足他们的需求。从巴厘岛到巴黎、贝弗利山，四季酒店使矿泉浴富有创意的设计与当地环境保持协调一致。用本土矿泉浴疗法解除客人身心的疲惫，用细心的服务满足他们恢复健康和恢复活力的需求。

三、集团经典风范回顾

四季酒店在服务行业中不断创新而引人注目，不断地引进和改善服务及设施，满足客人各式各样的需求。四季酒店创新的主要特征包括：

1. 欧式的金钥匙服务——四季酒店是北美地区第一个应用金钥匙服务的酒店，为酒店服务制定了一个新的标准，并 24 小时为繁忙的客人提供这项服务。

2. 房内物品——四季酒店在服务行业内提高房内物品的配备，诸如吹风机、印有字母的浴衣和其他物品；如客人有要求，还提供像刮胡刀、婴儿床和儿童汽车坐垫等许多其他免费物品。

3. 私人的委托代办业务——1990 年，四季酒店为其所有顾客推出免费代办服务，无论当时客人是否住在酒店。

4. "无须行李"项目——多数四季委托代办业务人员为了极大地消除顾客丢失个人物品的焦虑，可以为客人购买或替换必需品。这个项目是在 1995 年推出的。

5. 为度假村的客人提供凉毛巾和喷雾水——四季度假村的客人在游泳池或海滩都能享受免费的提神凉毛巾和喷雾水。这个计划是在 1990 年推出的。

6. 家庭烹调项目——家庭烹调项目的特色是客人在家里吃得简单而健

康家常菜，这是为了让经常吃美食的客人换换口味。这个项目是在 1995 年部分四季酒店开始实行的，1997 年成为集团的一个特色。

7. 私酒保管——酒店为经常光顾的客人提供私酒保管服务。这是 1990 年推出的。

8. 四季商务套房——1981 年四季开发了家外办公室，向客人提供了比普通客房大一半的房间。卧室与客厅分开，客厅是开非正式商务会议、办公和家庭与社交活动的理想场所。

9. 四季儿童监管项目——公司创新的四季儿童监管项目适于从蹒跚学步的小孩到十几岁的青少年，在度假村每周 7 天全免费，方便了旅行中需要自我支配时间的家长。监管项目包括教育、体育和娱乐等活动，这个项目是于 1990 年在茂伊岛开始实行的。

10. 免费的早到和晚走的休息室解决了另一个令客人烦恼的事。四季为早到和晚走的客人在健身俱乐部旁提供一个像图书馆一样的休息室。客人可以在此存放行李，使用健身房和娱乐设施，以及淋浴和换衣。此项目始于 1990 年。

11. 独特的餐厅——四季通过强调餐饮的质量，消除了"在酒店用餐"价高质低的污名。

12. 素食餐——1998 年四季酒店推出了满足素食者的新菜谱。因为新菜谱的创造性、口味和多样化，也赢得了非素食者的客人。

13. 免费的报纸——四季是北美地区第一家给客人往房间送早餐时提供免费报纸的酒店。

14. 装有电话的浴室——四季是第一个在浴室里装有电话的酒店（在四季的商务套房和所有其他套房里）。四季酒店所有商务套房中都有三部电话，一部在卧室，另一部在办公桌上，还有一部在浴室，其中两部是有数据端口的双线电话。

15. 24 小时的商务服务——四季酒店提供 24 小时的商务服务，包括室内传真和手机出租。这些已成为公司的标准化服务。

16. 全天洗衣服务——按客人要求提供全天的干洗和水洗服务，以便客人按时参加会议和社交活动。

17. 24 小时客房用餐服务——所有的四季酒店把全天候提供客房用餐服务变成了一项标准化服务。

18. 一小时熨衣服务——四季集团所有酒店都提供这项方便的服务。

19. 酒店健身俱乐部和度假村疗养温泉——大多数四季酒店都提供这些便利的服务。四季酒店提供的健身服可以使锻炼的客人轻装上阵。四季还提供带有不同线路、供客人进行慢跑锻炼的地图。不喜欢干扰的客人可要求酒店将健身器材放到他们的房间里。

20. 持久的印象项目——在四季酒店都实行的项目是此类项目的先驱，旨在通过提供优惠价格礼品，协助旅行社代理，向客人表示感谢。

21. 为有听力障碍的客人提供数码显示——为了满足那些聋的或有听力障碍的客人的需要，四季酒店提供了一个接在客房电话上的迷你电脑，通过运用打字机式的键盘发送和接收信息。这是 1990 年实施的。

22. 每日两次房间清理——所有四季酒店都实行这一标准服务。

23. 晚上修理凉鞋和高尔夫鞋的服务——住在四季酒店的客人可享受到晚上修理凉鞋和高尔夫鞋的免费服务。这项活动开始于 1990 年。

24. 晚上免费擦鞋服务——为进一步满足商务顾客的需求，所有四季酒店都引入了这项服务。

25. 休息室里免费提供咖啡——四季酒店的统一服务。每天早上 5 点到 8 点，所有四季酒店都向客人提供免费的咖啡。

四、集团企业文化

在四季集团，非常强调配备最好的员工队伍。基于集团的目标、信念和原则，集团雇用有积极性的员工，培训他们，使他们能够很好地完成工作，并创造让他们可以充分发挥自己能力的工作环境。四季能够提供许多接待专业人士梦想的东西——建立全球都有可能的终生职业机会和做好工作的真正自豪感。

优秀的文化

每一个工作日，四季的员工通过富有创造性地保持优质服务的文化，对集团的客人产生影响。正是这种服务的文化使集团与竞争对手有所不同。这种无形的特性使集团尊贵的客人不断光临，并是集团在本行业中提供最佳服务的动力。

目标

集团的目标明确，即对酒店服务业心无旁骛，并以质量为重。无论集团所管理的酒店、度假村及会所式住宅坐落何处，员工的目标都是要使四季集团成为举世公认的最佳酒店管理机构。

集团的物业，都会因非凡的设计和完善的设备而更具价值。员工谨守严谨的道德操守，提供殷勤的个人化服务，必能满足贵客的严格要求，迎合他们的品位，以维持集团在全球高级豪华酒店机构中的崇高地位。

信念

集团最大的财富和赖以成功的决定因素就是集团的全体员工。

所有员工都相信，无论所做何事，每个人都需要拥有尊严、自豪及满足感。若要满足客人的需要，必须携手同心才能达到。每个员工的信念就是上下一心，重视每个人的贡献和重要性，彼此互相尊重，以达到利益最大化。

操守

集团的信念，首先在于我们如何互相对待，以及彼此树立榜样。员工与贵宾、顾客、商业伙伴及同事之间的相处，所侧重的信条，就是要对人如对己。

成功

集团的成功，有赖于清楚确认员工对每件事的信念，并与有效的财政计划互相配合。每个员工预料能为本机构带来合理的利润，确保业绩蒸蒸日上，并为酒店的顾客、雇员、拥有者及股东，谋求长远的利益。

员工的特点

不仅有胜任工作的知识、技能和经验，而且还有可以通过长期职业生涯的学习使自己有所超越的知识、技能和经验。具有这些品质，并对发展技能感兴趣，那么四季将是合适的选择。

对员工的承诺

在四季，集团对待员工的方式和员工对待顾客的方式一样——热情、有礼和尊重。集团知道如果员工满意，工作效率高，顾客才能满意，才想再光临。作为对员工承诺的一部分，四季拥有补偿和福利计划，包括：

- 职业发展机会
- 得天独厚的文化
- 业界最卓越的培训计划
- 遍布全球的黄金地点，环境豪华
- 红利分享/激励性奖金/优厚的工资
- 免费入住四季酒店，餐饮折扣优待
- 带薪假期
- 教育补贴
- 牙科和医疗保险/伤残/人寿保险
- 退休福利/退休金
- 雇员服务奖
- 年度员工派对/社交和体育活动
- 特定雇员餐厅内免费用餐

四季集团主张和员工长久共处，集团的高级行政人员和总经理中许多人都是从基层开始工作，并在个人职业生涯计划、发展系统和管理培训项目中受益，从而获得提高和发展。

《财富》杂志已经将四季命名为在美洲最适宜工作的 100 家公司之一，这已是连续第 5 年获得这项荣誉。

集团的就业政策

四季集团的客人和员工来自世界各地，语言、宗教信仰、文化和传统也各不相同，这些对集团每个人来说，可能并不熟悉。集团的目标是每个人都受到尊敬和欢迎，相互理解和尊重彼此的不同。要尊重每一位员工，集团努力做到公平和公正，集团选留最合格的员工是根据工作能力，无论他们的种族、肤色、信条、性别、宗教、国籍、年龄、身体条件、婚姻状况、残疾、怀孕、性倾向或受到联邦、省或州法律保护的其他群体是什么，这项政策包括招聘、挑选、调动、晋职、排班、培训任务、纪律、赔偿、解聘或其他雇佣条款。

五、集团的发展

近年来，四季集团继续推进其在 20 世纪 90 年代末开始的全球扩张计划。针对四季集团不寻常的发展趋势，四季酒店国际业务经营总裁凯瑟琳·泰勒说，新酒店代表了世界金融中心的新一代杰出的度假村和商务酒店。这种扩张将使四季集团的酒店在世界上增加近 1/3，这种扩张证明了四季的承诺——在四季集团进入的市场中经营最好的酒店。近几年来，国际商务旅行和休闲旅行都在加速增长，随着旅行经验和旅行频率的增加，客人的要求越来越高。四季倡导的服务和舒适程度将有极大的增长。

展望未来，四季将不断创新，在豪华酒店的市场上继续领先，使商务旅行更加轻松，休闲旅行更加有益。随着发展的继续，在四季的体验使具有鉴别力的客人领悟到豪华、个性化和预期服务的真谛。夏普说："我们说的体验是通过我们所提供的服务来定义的。我们力争在每一家酒店，顾客每一次光临时，都提供优质服务。这种优质服务对我们的顾客是至关重要，这种优质服务的级别也是我们有别和领先其他酒店的原因。"

与众不同的优势

四季与众不同的优势就是服务，即 40 多年致力于豪华酒店的接待服务。没有哪一家酒店集团能像四季一样拥有能满足高档客人需求的全球网络。顾客信赖四季提供的非常广泛而又个性化的服务，这种服务使他们感觉自然，而且在四季的任何一家酒店都是如此。

集团挑选的员工要足智多谋，具有奉献精神，通过培训把他们培养成最好的服务人员。掌握多种语言的礼宾服务人员就是最好的佐证，他们 24 小时为顾客提供服务，从更改旅行安排到组织商务服务、预订用餐和确定影剧票等，无微不至。

为了建立服务之家，四季集团创办了世界上豪华的商务和度假的酒店、度假村和住宅俱乐部。从迎客大厅到确保客人能有最佳睡眠的床，每一家酒店都是一个安逸的天堂。除了有良好的传统，在四季每一家酒店都可以看到世界风情。

顾客所期望的豪华设施正是四季每家酒店的特色，如配置齐全的健身中心和矿泉浴等高质量的服务设施、超越传统酒店的饮食和 24 小时客房用餐服务和适合举行商务、家庭或社会聚会的重要场所。

适合商务的四季

当人们因为工作需要到世界重要的经济中心时，四季就会在那儿迎接每一位客人。集团的酒店一般位于城市中心的世外桃源，与商务机构和休闲场所很近，个人和团体可以更有效地工作。集团的度假村拥有最具吸引力的会议和社团活动的场所，在全世界范围内，酒店的员工、技术以及资源都可为客人举办会议。无论是简单还是复杂的，都会提供方便。从秘密会谈到多媒体展示会或主题庆祝活动等，均会在四季酒店取得成功。

旅途生活更加舒适

如果客人丢失了行李，四季酒店会用一小时熨衣服务让客人依旧看起来那么精神，集团还可以通过与当地零售商联系，购买衣物。如果客人日程安排紧，酒店有全套的化妆用品、丝绒浴衣以及吹风机能让客人轻松旅行。如果客人想吃特别佳肴，四季的厨师将用当地特有的新鲜原料做出富有想象力的菜肴，努力去满足其特别的需求是四季集团一贯的作风。

工作更加有效率

每天早上，酒店都按时提供给住店客人一份免费报纸，酒店的商务中心就是家外办公室，为客人提供从小会议室、计算机到完善的办公服务、翻译服务，满足各种需要。在房间里，有声邮件以及全天候的新闻节目能使客人及时地了解时事，时刻与外界保持联系。为客人准备良好的客房办公区，配有互联网。

适合休闲的四季

从家庭出游，文化探索，异域风情的探索，到打高尔夫度假，洗矿泉浴，浪漫的热带度假，四季为每位客人提供了真正无限丰富的假期体验。无论其选择的是单一的目的地旅行还是多目的地结合的旅行，都会欣赏到地球上最迷人的风光。四季的每家酒店都会使客人体验到其独特的文化和其与周围环境的交融。

顾客的家外之家

集团内的所有酒店都欢迎小客人，为了让小客人很开心，集团专门组织了活动，四季儿童监管项目。如果需要，四季会提供睡前牛奶饼干，电子游戏，儿童浴衣，免费婴儿床和无泪洗发精。在四季，不满 18 岁的儿童可以与父母同房，无须额外费用，相邻的儿童房间实行特价。

所以无论客人的目的是商务还是休闲，客人都可以依赖四季独特的支持系统，系统中每一个细节都是合适的，使住客所花的时间物有所值。因此，无论什么时候光临四季，它都会满足客人的愿望。

中国区发展

四季酒店集团在 2002 年进入中国市场，位于上海威海路的四季酒店，是在中国区的第一家酒店。四季又陆续在香港、澳门和宁波站稳脚跟，随后上海、北京、广州和青岛的四季酒店将会在这几年相继开业。

第十一节　最佳西方国际酒店管理有限公司
Best Western International

集团总部：

美国亚利桑那州菲尼克斯市，公园路 24 号 6201N

6201 N. 24th Parkway Phoenix，AZ 85016

一、集团历史概况

美国最佳西方国际酒店集团成立于 1946 年，在全球近 100 个国家和地区拥有成员酒店 4200 多家，总客房数超过 30 万间，是全球单一品牌下最大的酒店连锁集团，在美国、加拿大及欧洲具有广泛的影响。最佳西方国际酒店集团不是上市公司（a publicly traded company），而是一个非营利成员协会（a non－profit membership association）。

1946 年，拥有 23 年管理经验的旅馆业主古尔汀（Guertin）建立了最佳西方汽车旅馆。该旅馆最初是作为饭店向旅游者推荐住宿设施的联系渠道，主要通过前台接线员间的电话联系。

集团自成立以来，已经发展成为酒店行业的标志性品牌。集团的多元化物业组合是其经营的最大优势，其主旨是让业主在解决商务问题的时候拥有最大的灵活性。基于市场商务和休闲客人的需要，最佳西方酒店集团最近 5 年的任务就是在关注客人不断变化的需求方面成为行业的先行者。2004 年以来，最佳西方一直是美国全国运动汽车竞赛协会（National Association for Stock Car Auto Racing，NASCAR）的官方指定酒店。

特色意味着创新和发展。在当今世界饭店业处于激烈竞争的同时，最佳西方国际饭店集团在 60 多年的时期里迅速成长为世界第一大的饭店品牌，是因为它具有其他饭店无可比拟的独特优势。这些优势体现在：

1. 遍布全球的经营网络。

2. 经营运作：饭店联号一般包括四项费用：初始费、特许费、市场营销费及客房预订费。

3. 灵活多样的服务项目：主要包括：金王冠俱乐部和航空公司合伙；家庭欢乐计划；政府/军事旅游；55＋旅游者；团队；会议；欧洲旅游者。

4. 组织构成及人事：作为饭店联合体的最佳西方的组织结构不同于一般营利性的法人结构。它的最高决策机构是选举产生的董事会。

5. 财政：最佳西方是唯一只拥有成员而不拥有特许经营者的饭店品牌。每个最佳西方饭店业主作为成员都可以对品牌的主要事情进行投票。

6. 质量改革：其中最大的改进是纲要中程序的流程作业，包括人事变动和简单化的质量保证报告。改革的核心是质量保证功能（the quality assurance function）与现行行业内经营支持功能（current field operations sup-

port function）相结合。

7. 市场——北美是最佳西方的主要市场。

集团历史

最佳西方国际集团（当时为汽车旅馆）是由在酒店行业干了 23 年的酒店业主 M. K. 戈丁于 1946 年在美国创立。最初的"最佳西方"只是一个由 7 家单体酒店组成的非正式组织，功能也仅限于酒店前台接待人员之间相互介绍住客。经过 60 年的发展，最佳西方采取建立战略联盟的方式，在全球建立经营网点，通过其全球预订系统和灵活多样的服务项目，把各个成员饭店联合起来，迅速成为世界大规模的饭店品牌之一。

1947 年：最佳西方酒店集团拥有 66 家连锁酒店；

1951 年：戈丁在《美国汽车旅馆》杂志的社论上谈到向普通旅游大众做广告的重要性，这被认为是酒店行业非常具有革命意义的建议；

1962 年：最佳西方连锁酒店拥有覆盖美国和加拿大的预订服务；

为了辨别成员酒店，最佳西方开始使用带绳边的皇冠标志；

1963 年：最佳西方拥有了 699 家成员酒店，35201 间客房，成为世界上最大的连锁酒店集团；

1964 年：密西西比河东边的汽车旅馆组成最佳东方公司；

1966 年：包括最佳西方和最佳东方的全部成员酒店合并在最佳西方名下。地方成员选举了由 7 人组成的董事会，制定决策和领导酒店集团，戈丁退休；

集团总部从加州的长滩迁到了亚利桑那州的菲尼克斯，同时集团宣布一个重大的扩张计划，该计划包括与运通公司合作建立一个全新的方便商务客人、旅游代理商和度假人的免费预订中心；在欧洲、加勒比海地区以及太平洋地区扩张；提高成员资格标准；在首都华盛顿、蒙特利尔、菲尼克斯和西雅图设立销售办事处；与航空公司和其他运输业成员代表建立联系；进一步拓展旅游和商务会议市场。

1968 年：最佳西方酒店集团开通了统一号码的电话预订系统；

1970 年：最佳西方酒店集团正式启用了酒店质量监控体系，代替了以往采用连锁酒店相互质量监测体系；

1972 年：酒店接受 6 种主要信用卡。收费的预订视为"担保"订定，客房保留整晚，酒店有权对不来顾客收费；

1974 年：最佳西方决定把"汽车旅馆"从其名称中取消，开始与其他全职服务的连锁酒店进行面对面的竞争；

1976 年：最佳西方开始对外扩张，与澳大利亚和新西兰的 411 酒店签署了隶属协议；

1977 年：为了满足快速发展的需要，集团在菲尼克斯东北设计建造了数百万美元的最佳西方国际总部大楼；

"世界上最大的连锁住宿酒店"成为最佳西方酒店集团的部分企业标识和广告主题；

1979 年：最佳西方接待了 1500 万名顾客，客房销售 10 亿美元；

1980 年：丹麦有 19 家、法国 120 家、芬兰 19 家、西班牙 23 家、瑞典 19 家、瑞士 93 家酒店与最佳西方签订协议，加入最佳西方国际集团，至此，最佳西方的 903 家附属公司占连锁成员酒店的 34％，集团的连锁酒店总数为 2654 家；

1981 年 8 月：集团在亚利桑那妇女中心（ACW）成立了酒店卫星预订中心，这个有创意的项目雇用狱犯做预订销售代理，满足了连锁店对灵活劳力的商业需求；这个项目给集团带来了许多奖项，也引起了世界对集团的关注，预订中心于 1992 年关闭；

1988 年 9 月：集团建立了常客奖励制度，推出了金皇冠国际俱乐部，一年之内创下了 20 多万名成员和 4000 万美元的销售纪录；

1993 年 11 月 30 日：最佳酒店集团采用了自己的新标识；

1995 年：最佳西方酒店集团通过"BestWestern. com"网站在互联网上发布了第一批酒店的信息，客人可随时在网上查询 150 个成员酒店的资料；

1996 年：最佳西方酒店集团启用了全新的中央预订系统 LYNX；

2001 年：最佳西方酒店集团在曼谷建立了亚洲总部，成为该地区最佳西方的酒店关系办事处（Property Direct Relations office）；

2002 年：最佳西方酒店集团的精品品牌正式登陆欧洲大陆，一年后进入亚洲的中国，即厦门京闽中心酒店，同时还推出了 BestRequests，全球统一设施和服务的"一揽子"计划；

2004 年：最佳西方酒店集团以最快的速度实施了高速互联网接入，在短短的 8 个月内，公司在所有北美酒店的一些公共区域和至少 15％的客房建立了免费的有线和无线高速网络连接；

2005 年：最佳西方酒店集团通过 www. bestwestern. com 平均每天的预订量超过 100 万美元，4 月 18 日，最佳西方网站推出 8 种语音服务，有英语、法语、德语、意大利语、西班牙语、汉语、日语、韩语；通过这些语音，顾客可以轻松地预订在亚洲、澳大利亚、夏威夷、孟加拉、印度、新西兰和巴基斯坦等所有最佳西方的成员酒店；

2006 年：集团 60 岁生日，开展了 1946 房费促销活动，幸运的顾客可获一晚 5.40 美元的特价，这大约是公司 60 年前开张的价格；

2007 年：集团被命名为 AAA/CAA 的首选酒店合作伙伴，开始了与 Harley－Davidson 多年的合作关系；

集团开始使用网上调查，记录客户的满意度，并提升酒店在顾客心中的形象，集团成为行业关怀顾客的先行者；

2008 年：金皇冠俱乐部成立 20 周年，改名为最佳西方 Rewards. SM；

集团发布了新 Atrea 原型；

2009 年：集团第一家 Atrea 开业；

最佳西方在亚洲提升自身的标准和服务，通过品牌发展国际化和地区特色化相结合的方式改善服务设施，将不同酒店所处的独特地理环境，赋予酒店的装修和经营的灵感；

集团连续 3 年荣获亚太地区最佳中型酒店品牌的荣誉。

二、集团企业文化

核心价值观

以人为本，共创财富

服务品牌

情满最佳西方

宗旨

创造和留住每一位顾客，把每一位员工塑造成有用之才

经营理念

把客人当亲人，视客人为家人，客人永远是对的

服务精神

以情服务，用心做事

服务宣言

最佳西方，最佳服务

工作作风

反应快，行动快

质量观念

注重细节，追求完美

道德准则

宁可酒店吃亏，不让客人吃亏，宁可个人吃亏，不让酒店吃亏

生存意识

居安思危，自强不息

发展信念

只有牺牲眼前利益，才会有长远利益

忧患意识

一个无法达到顾客期望和满足顾客要求的酒店就等于宣判了死亡的酒店

管理定位

管理零缺陷，服务零距离

最佳西方管理程式表格量化走动式管理

三环节：班前准备、班中督导、班后诠释

三关键：关键时间、关键部位、关键问题

管理方针

高、严、细、实

高——高起点、高标准、高效率、高待遇

严——严密的制度、严格的管理、严明的纪律

细——细致的思想工作、细微的服务、细密的工作计划

实——布置工作要落实、开展工作要扎实、反映情况要真实

管理风格

严中有情、严情结合

最佳西方国际品牌酒店成功要诀

追求顾客的需求、追求顾客的赞誉

最佳西方服务管理成功要诀

细节，细节，还是细节；检查，检查，还是检查

最佳西方优质服务成功要诀

热情对待你的顾客，想在你在顾客之前

设法满足顾客需求，让顾客有一个惊喜

最佳西方做事成功要诀

完整的管理工作链必须有布置、有检查、有反馈，凡事以目标结果为导向，事事追求一个好的结果，无须别人催促，主动去做应做的事，而不半途而废，事业的成功需要百折不挠，坚韧不拔的精神

制胜法宝

用信仰塑造、锤炼、建设一个和谐的团队

四个"服务"

上级为下级服务，二线为一线服务，上工序为下工序服务，全员为顾客服务

五个"相互"

相互尊重，相互理解，相互关心，相互协作，相互监督

六项准则

上级为下级服务，下级对上级负责

下级出现错误，上级承担责任

上级可越级检查，下级不允许越级请示

下级可越级投诉，上级不允许越级指挥

上级关心下级，下级服从上级

上级考评下级，下级评议上级

七项行为标准

对顾客要真诚，对企业要热爱

对员工要负责，对工作要执著

对上级要忠诚，对下级要培养

对同事要帮助

最佳西方十点要求

嘴巴甜一点，脑筋活一点

行动快一点，做事多一点

效率快一点，理由少一点

胆量大一点，脾气小一点

说话轻一点，微笑露一点

三、集团社会责任

社区

最佳西方成立了社区关系项目——为了更加美好的未来，证明了最佳西方对成员、员工和社区的承诺。

项目的使命

与成员酒店合作，通过人力资源、酒店资源和财务资源，支持社区。

与世界宣明会合作

最佳西方与全球救助机构——世界宣明会合作，开发救助儿童项目，这个项目能够在很大程度上改变世界上生活在贫困中的儿童的命运。

几百家最佳西方酒店通过每月的捐助救助一个生活贫困的儿童。每家酒店的捐助为贫困社区提供了基本需求，如食物、安全饮用水、卫生保健、教育和经济发展等。

世界宣明会简介

世界宣明会（World Vision）是一个基督教国际救援及发展机构，目前在全球约 100 个国家或地区工作。2004 年度，在全球筹募所得的善款及物资总值多达 15.47 亿美元，总受益人数超过 1 亿人，其中 240 万人是资助儿童。世界宣明会通过开展救灾及重建、教育、医疗卫生、农林环保、孤儿及有特殊需要的儿童服务等，协助人们摆脱贫穷，以自力更生及持续发展。宣明会与世界卫生组织，联合国儿童基金会及其他联合国分支机构保持合作关系。宣明会的口号是：愿每一个孩子，活出丰盛；求每一颗心灵，矢志达成。

1950 年，美国记者 Bob Pierce 在报道韩战的时候，有感于平民特别是战争孤儿的遭遇，所以创建了一个私人的援救组织——宣明会。

1962 年，台风"温黛"吹袭香港，世界宣明会随即在香港派发赈灾物资，并正式设立办事处。1982 年，香港世界宣明会辖下中国事工部参与中国青海水灾的救援工作；在中央及各级政府的大力支持下，逐渐扎根中国。

20 世纪 80 年代，宣明会在广东省开展健康教育的项目，并在山东沂水县开展在中国首个的农村社区发展项目。

1993 年，中国事工部正式成为中国办事处，即世界宣明会——中国，继续在中国拓展各项扶贫及社区发展工作。

20 世纪 90 年代，宣明会开始大规模拓展在中国救灾及灾后重建的工作，并开设孤儿及有特殊需要儿童的关爱服务，推动各项扶贫及发展建设工作。此外，自 1997 年起，宣明会与中华慈善总会合作，开设"儿童为本区域发展"项目。

宣明会多年来在中国扶贫及发展的工作成果得到中央及各级政府肯定，2001 年 10 月国务院新闻办公室发表的《中国农村扶贫开发》白皮书当中提到国际机构过去在中国扶贫领域的贡献，世界宣明会亦是其中之一。

2005 年 11 月，世界宣明会广西扶贫项目夺得"中华慈善奖"，奖项由民政部和中华慈善总会共同颁发。2006 年 9 月，陕西扶贫办获陕西省民政厅和陕西省慈善协会共同颁发"三秦慈善奖"；同年，商州项目办亦于 9 月及 12

月分别获当地慈善协会颁发"慈善先进单位"及"2006年度热心慈善事业先进单位"荣誉称号。

四、集团财务状况

表 7－11－1　最佳西方酒店集团近两年内财务重点比照　　（单位：美元）

	2008 年	2007 年
总收入	231638356	220911366
总支出	233963343	223472075
税前收益	2324987	2560709
所得税	668000	422688
年初净资产	12948724	15932121
年末净资产	11291737	12948724

表 7－11－2　最佳西方酒店集团资产平衡表　　（单位：美元）

	2008 年	2007 年
流动资产总额	80667725	66751660
递延所得税资产	827000	—
厂房、物业、设备	22175727	21736548
总资产	104270876	89774162
流动负债总额	68134151	56253856
净资产	11291737	12948724
折旧和摊销	6716947	6717513
收入超过支出赤字	1656987	2983397

五、集团在中国的发展

最佳西方于 2002 年进入中国市场，目前在中国有 25 家成员酒店，拥有客房 5803 间，其中精品酒店 12 家，客房 2769 间，主要分布北京、上海等 14 个城市，其中省会城市 6 处，非省会城市 8 处，集团在 6 个城市拥有两家以上酒店。

最佳西方进入中国时，正好赶上好时机，经济高速发展和政府对休闲度假政策的鼓励和支持，为酒店业的发展创造了良好的条件。电子商务的发展对酒店的销售产生了越来越大的影响，品牌的巨大作用也显现出来，尤其是对于向全球市场开放的中高档酒店。此外，结算方式的改变、信用卡的普及、酒店业从业人员的水平提高很快、业主的需求更明确等这些因素都为最佳西方在中国的发展提供了良好的环境。最佳西方在中国使用特许的方式运作，在运作的过程中也不断调整，更加适应中国酒店业的国情。市场支持、销售推广、质量检测和客人的意见反馈等工作主要在中国国内进行，便于成员酒店之间沟通和联系。最佳西方在中国不仅是知名品牌，而且通过销售预订系统为会员酒店带来了更多的收益，同时为会员提供运作支持和培训，并配合酒店更好地掌握和运用系统。

最佳西方的侧重点在于客房，从品牌定位来说，入住最佳西方酒店的客人会享有一个舒适的居住环境，全球的质量标准和最佳西方的检测标准也侧重客房，对客房的每个细节要求都非常严格。最佳西方在中国就是特许经营，不参与酒店经营管理，费用的收取是根据酒店的客房数量，与酒店的财务状况没有关系。费用的使用非常透明，主要用于培训、系统升级和会员酒店利益等方面，因此，集团和每个成员酒店的利益是一致的。

最佳西方未来的发展，除了关注经济发展较快的重点城市外，还会特别关注著名旅游景区。未来，中国的酒店业需要满足会议和休闲旅游的需求，在设施和服务上有很多工作要做。最佳西方在张家界和黄山的酒店很快就要开业，尤其是张家界的酒店配有完备的会议设施，此外，在大理的第一家五星级酒店，即最佳西方酒店也将亮相。

最佳西方酒店集团主要采取建立战略联盟的方式，通过全球预订系统，把各个成员酒店联合起来，来适应市场竞争和加强同行业之间的沟通和交流。华东地区的部分酒店于 1997 年自发组建了酒店联销协会，其主要任务一是组建联销网络，拓展营销渠道和领域，提高酒店对市场的占有率；二是交流酒店营销工作经验。华东地区的部分酒店联销会是市场经济的产物，是区域联销的一种新的尝试。最佳西方为成员酒店创造了尽可能多的销售机会，除了自身的网络销售系统，还有电话销售中心和区域销售总代理，根据不同地区的客源做出针对性的安排。

最佳西方在中国的发展基本上是两年一个台阶，第一个两年（2002 年至 2004 年）是树立品牌，扩大在中国酒店业的知名度；第二个两年（2004 年至 2006 年）总结在运作过程中所遇到的挑战和困难，解决存在的问题。第三个两年（2006 年至 2008 年）根据中国的国情进行了调整，使整个集团在中国的运作更加系统化，没有照搬欧洲模式，对运作的支持更主动、更细化、更直接，与成员酒店的联系也更密切了。与此同时，最佳西方还面临与其他酒店管理集团相似的一些挑战，如管理人员的高流动性、让成员酒店更加深刻地了解集团制定的标准的具体含义和原因等。

第十二节　卡尔森国际酒店集团
Carlson Hotels Worldwide

CARLSON™

集团总部：

美国明尼苏达州明尼阿波利斯市

卡尔森公园路 701 号

邮编 55305

Carlson Corporate Address：

701 Carlson Parkway

Minnetonka，MN 55305 USA

知名品牌：

Regent HOTELS & RESORTS　丽晶酒店及度假村 Regent Hotels & Resorts

Radisson HOTELS & RESORTS　丽笙酒店及度假村 Radisson Hotels & Resorts

公园广场酒店及度假村 Park Plaza Hotels&Resorts

丽怡酒店 Country Inn &suites

丽柏酒店 Park Inn

Pick Up 餐馆 Pick Up Stix

T. G. I. 星期五餐馆 T. G. I. Friday's

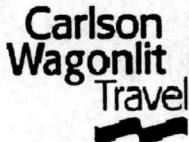

卡尔森—瓦根利特旅游公司 Carlson—Wagonlit Travel

一、集团历史概况

卡尔森集团是美国最大的私营公司之一，其起源可以追溯到 1938 年在明尼苏达州的明尼阿波利斯市成立的一个黄金债券邮票公司。黄金债券邮票公司是由企业家柯蒂斯·L. 卡尔森（Curtis L. Carlson 1914—1999）用 55 美元贷款创办的，目前公司业务遍及 150 个国家，聘用员工 15 万余名，涉及酒店、餐饮和旅游。卡尔森酒店集团是全球领先的酒店公司，在全球 77 个国家和地区拥有 1056 家酒店，158616 间客房，5 个主要的酒店品牌；卡尔森的餐馆是全球性公司，在 50 多个国家拥有 100 多家餐馆，主要有两个品牌：T. G. I. 星期五餐馆和 Pick Up 餐馆；还有一家旅游公司：卡尔森—瓦根利特旅游公司。

卡尔森集团的历史：

1938 年：柯蒂斯·L. 卡尔森成在尼苏达州明尼阿波利斯市成立了黄金债券邮票公司；

1938—1952 年：黄金债券交易邮票逐渐进入明尼苏达州的市场；

1953 年：黄金债券交易邮票第一次引入了美国当时最大的食品连锁店之一的超级泛卢食品商店，黄金债券交易邮票在第一个美国大型连锁超市里使用，几乎一夜之间，黄金债券邮票成了美国人家喻户晓的名字；

1955 年：黄金债券交易邮票进入加拿大，黄金债券邮票公司成为当时加拿大最大的邮票交易公司；

1959—1961 年：合资为总公司和明尼阿波利斯工业园购置 1000 英亩土地；

1962 年：黄金债券邮票公司的总部在明尼苏达州的普利茅斯成立；卡尔森收购了在明尼阿波利斯市中心的第一家丽笙酒店；

1968 年：各公司在美国发行的黄金债券交易邮票的数量创了历史新高；

1973 年：正式更名为卡尔森公司，旨在反映其多样化的公司业务；

1975 年：收购了 T. G. I. Friday's；

1977 年：卡尔森公司取得年收入 10 亿美元的佳绩；

1979 年：收购了 Ask Mr. Foster Travel；

1980 年：Premium Group 更名为卡尔森市场营销集团公司；

1981 年：收购了俄亥俄州代顿市的 E. F. MacDonald Motivation Company；

1985 年：成立了卡尔森房地产公司；

1987 年：建立了丽怡酒店品牌；

1987 年：收购了 Provisions（一个全球采购、项目管理和服务分销公司）；

1989 年：卡尔森公司把其多数运营公司搬到了明尼苏达州明尼阿波利斯市卡尔森中心的新世界总部；

1990 年：玛丽莲·卡尔森·尼尔森成为卡尔森董事会成员；

1990 年：收购了 A. T. 梅斯集团（在英格兰和苏格兰的旅行社）；Ask Mr. Foster Travel 更名为卡尔森旅游网络；

1992 年：推出了有史以来最大的双体船——拉迪森钻石游轮，卡尔森进入了国际游轮市场；

1994 年：卡尔森收购了假日游轮（Cruise Holidays）；雷迪森钻石游轮与七海游轮公司合并为雷迪森七海游轮公司；雷迪森和 SAS 酒店成为国际发展的合作伙伴；卡尔森旅游公司和总部设在巴黎的瓦根利特旅游公司联盟，组成卡尔森瓦根利特旅游公司——世界上最大的商务旅行管理公司之一；

1996 年：收购了丽晶品牌；成立了卡尔森目的地的市场营销服务公司和卡尔森休闲旅游服务公司；

1997 年：柯蒂斯·卡尔森推出了黄金点项目"电子交易邮票"；

1998 年：柯蒂斯·卡尔森把女儿玛丽莲·卡尔森·尼尔森命名为董事长和执行总裁；

1999 年：卡尔森公司和 Westdeutsche Landesbank，Preussag 把托马斯·库克国际休闲旅游和服务公司与英国卡尔森休闲集团合并；卡尔森公司的创始人和董事长柯蒂斯·L. 卡尔森于 1999 年 2 月 19 日去世；推出了可乘坐 480 人的游轮——7 海航海家；玛丽莲·卡尔森·尼尔森成为卡尔森公司的董事长；卡尔森公司成为世界儿童基金会的共同创始人，帮助危难的儿童；

2000 年：收购了公园广场和丽柏酒店两个品牌；集团宣布向德国法兰克福的旅游大鳄 C&N 出售托马斯·库克控股公司 22％的股份；

2001 年：收购了 Pick Up 餐馆；T. G. I. Friday's 第 500 家餐馆在美国开业；收购了假日游轮特许经营单位；推出了可乘坐 708 人的游轮——7 海水手；

2002 年：卡尔森全球酒店集团宣布向亚太地区扩张的计划，创立了卡尔森亚太地区酒店（Carlson Hotels Asia Pacific）和建立了新的全球扩张的框架；

2003 年：推出全套房、全平台的豪华游轮——7 海航海家；卡尔森市场营销公司收购了 Peppers & Rogers Group——一个对客商业战略公司；火湖扒房和鸡尾酒吧在明尼阿波利斯丽笙世嘉酒店开业；

2004 年：卡尔森休闲集团开始对总部游轮专营代理商实施海洋大师（SeaMaster）游轮特许经营；卡尔森—瓦根利特旅游公司宣布完成对美国马里茨旅游公司的商务旅行子公司马里茨商务旅游公司的收购；卡尔森成为第一家签署在旅游过程中保护儿童免遭性虐待的行为守则的北美公司；卡尔森休闲集团收购了 SinglesCruise. com，All Aboard Travel，Fly4Less. com and Cruise Specialists，Inc. ；

2005 年：收购了 Cruise Deals 公司；卡尔森度假和商务旅行公司收购了 Caravelle 旅游协管理公司；T. G. I. 星期五餐馆成立 40 周年；

2006 年：卡尔森宣布合并丽晶酒店和雷迪森七海游轮公司，建立全球丽晶品牌，新的丽晶品牌包括丽晶酒店及度假村和雷迪森七海游轮公司，其名为丽晶七海游轮公司；卡尔森和 One Equity Partners 收购了雅高卡尔森—瓦根利特旅游公司 50％的股份；在北美加倍扩张，巩固主要地区市场；卡尔森—瓦根利特旅游公司收购了 Navigant International；卡尔森市场营销公司收购了在美国的 TQ3Navigant Performance 集团，继续发展该集团在会议、奖励和活动安排等市场业务；使用象征公司的心脏、传统和未来的新标识，公司名字缩写为卡尔森；豪华旅游网络的合作伙伴推出克鲁斯专家代理；

2007 年：卡尔森休闲集团推出了闪耀旅游（Dazzle Travel）；卡尔森全

球酒店集团收购了 Rezidor 酒店集团的额外股份，此项收购使卡尔森酒店集团所拥有的权份额达到 41.7%；卡尔森—瓦根利特旅游公司收购了首选旅游公司（Preferred Travel，Inc.）的商务旅游业务——在美国东北注册的旅游管理公司；在明尼苏达州布卢明顿美国商城（Mall of America）的大酒店（Grand Lodge Hotel）被命名为美国商城布卢明顿雷迪森酒店（the Radisson Hotel Bloomington By Mall of America）；

2008 年：阿波罗管理公司（Apollo Management L. P.）收购了丽晶七海游轮业务和卡尔森休闲集团及其休闲旅游相关业务；休波特·乔利（Hubert Joly）被任命为卡尔森的总裁和执行总裁，玛丽莲·卡尔森·尼尔森仍担任董事会长；

2009 年：休波特·乔利和理查德·C. 盖奇（Richard C. Gage）选入卡尔森董事会；魁北克蒙特利尔的 Groupe Aeroplan 收购了市场营销公司。

二、集团旗下品牌介绍

卡尔森集团旗下有许多品牌，涉及的领域有旅游、游船、酒店和餐馆等，为世界几百万名顾客服务。员工用真诚的服务满足顾客的需求，无论是住店、用餐还是旅游，卡尔森的专业技术是满足顾客需求的保障。

对卡尔森集团品牌的介绍可分为酒店、餐馆和旅游三个方面：

1. 酒店品牌

卡尔森酒店集团是全球领先的酒店公司，在全球 77 个国家和地区拥有 1056 家酒店，158616 间客房，主要有以下 5 个品牌：

丽晶酒店及度假村Regent Hotels&Resorts

丽晶酒店及度假村是全球豪华酒店最受尊重的品牌之一，拥有豪华酒店、度假村、住宅酒店和游船，其中包括丽晶七海游轮。丽晶于 1970 年在美国夏威夷的瓦胡岛开了第一家酒店，在 20 世纪 70 年代，该品牌经营了几家著名酒店，1980 年香港丽晶大酒店开业，这时才真正成为世界品牌。1997 年 11 月，卡尔森全球酒店集团从四季酒店集团收购了丽晶酒店及度假酒店。自从 1970 年以来，丽晶始终致力于打造"丽晶非凡体验"，为商务和休闲顾客提供豪华酒店最高标准的服务，是世界豪华酒店的标志。通过每家酒店的地理位置，丽晶独树一帜地将当地的文化、热情好客和豪华酒店标准完美结合在一起，营造出富有个性和宾至如归的氛围。目前，丽晶在美国、加勒比海地区、欧洲和亚太地区都有酒店，而且还在全世界不断发展壮大。

丽笙酒店及度假村Radisson Hotels&Resorts

丽笙酒店及度假村是全球一流全职服务的酒店品牌之一，旗下 420 家酒店遍布 73 个国家。丽笙酒店以其独特的服务理念"是的，我能！"为宾客提供卓越产品和超凡服务。丽笙酒店不断发展壮大，继续在主要城市、机场、休闲目的地和具有重要战略意义的地点发展酒店。丽笙酒店的目标就是保证让顾客达到 100％的满意。

丽笙酒店的历史可以追溯到 1909 年在明尼苏达州的明尼阿波利斯市开业的第一家丽笙酒店，酒店是以著名的法国探险家皮埃尔·雷迪森（Pierre Radisson）的名字命名的。1962 年，丽笙酒店被企业家柯蒂斯· L. 卡尔森收购。卡尔森以其成功的黄金债券邮票公司在 20 世纪 40 和 50 年代在美国开了顾客忠诚计划概念的先河。

丽笙酒店拥有很多个第一，包括在苏联的第一家美国品牌、第一个旅游代理忠诚项目、看看预订（look to book）和丽笙酒店与 SAS 国际酒店之间在全球的第一个合作伙伴之一等，丽笙是美国最早的高档酒店品牌之一。

丽笙世嘉酒店（Radisson Plaza）是丽笙酒店及度假的延伸，主要坐落在重要的城市和热门的旅游胜地，其独特之处在于：更大和更舒适的客房、高贵华丽的装饰、专为商务客人设计的工作区域、设施一流和更加宽敞的浴室、包括独立淋浴间和水疗浴缸、更大的盥洗空间和优化的照明系统。

公园广场酒店及度假村Park Plaza Hotels&Resorts

公园广场酒店及度假村是一个为商务和休闲顾客提供全职服务的酒店品牌，在欧洲、中东、非洲和亚洲包括曼谷、北京、伦敦、柏林、阿姆斯特丹、都柏林、布达佩斯、特拉维夫和圣保罗等 35 个主要城市拥有酒店，酒店主要坐落在机场、商业区和休闲胜地等。每家公园广场酒店的新颖设计显示了其独特的风格和活力。公园广场酒店及度假村凭借丰富多样的风味餐厅，方便灵活的会议室和功能厅，以及各种各样的娱乐设施，为顾客创造价值和提供酒店个性化服务。

丽怡酒店 Country Inn & suites

丽怡酒店是一个中档酒店品牌，在世界 76 个国家 1050 个主要城市拥有酒店，主要分布在美洲、欧洲和印度。丽怡酒店是住宅式建筑，配有舒适像家一样的室内设计，包括硬木地板、大堂壁炉和正门门廊等，甚至还有酒店出租图书馆，酒店客人可以从阅读返还出租图书馆（Read It & Return Lending Library）借书，下一次入住在美国和加拿大的任何一家丽怡酒店时返还即可。通过明确承诺实现"绝对宾客满意"，该品牌以 98% 的返客率为豪，并凭借品质和宾客满意度而获得诸多业界奖项。

丽柏酒店 Park Inn

丽柏酒店是一个新的充满活力的酒店品牌，在全球 90 多个地区拥有酒店，主要分布在欧洲，价格适中。丽柏酒店的特点是：效率、简单、实用和舒适。丽柏酒店的服务理念是：好好睡觉，好好活着（"Sleep Well. Live Well"）。

2. 餐馆品牌

卡尔森全球餐馆是一个全球性的餐饮品牌，在 60 个国家拥有、经营、特许经营和发放牌照 1000 多家餐馆，主要的两个品牌是：T. G. I. 星期五餐馆和 Pick Up Stix。

T. G. I. 星期五餐馆 T. G. I. Friday's

T. G. I. 星期五餐馆是世界上第一家美式休闲连锁餐厅，于 1965 年在纽约市第一大道和 63 街交叉路口开业，当时的餐馆有着红白雨篷和蓝色外墙。餐馆的主人叫艾伦·斯蒂尔曼（Alan Stillman），是个香水商人。斯蒂尔曼开这个餐馆的目的是认识住在附近的空中小姐，他买下一间倒闭的啤酒屋，并用彩绘玻璃、红白色相间雨篷、蓝色外墙、木质地板对啤酒屋进行了装修，还雇用了年轻时髦的服务生，使餐馆充满活力。更重要的是，他给这个餐馆起了一个特别的名字——T. G. I. Friday's（Thank Goodness It's Friday! 感谢上帝，终于是星期五了!），意味绷紧的神经可以放松了，Friday's 餐馆给人的感觉就像周末。开业的第一周吸引了大批年轻人，人满为患，不得不动用警察维持秩序。使艾伦·斯蒂尔曼没有想到的是 40 年后，T. G. I Friday's 在全世界数十个国家拥有了 800 多家分店。T. G. I. Friday's 目前在北京共有 4 家分店。

T. G. I. Friday's 是餐饮业的创新者，不仅开创了独特风格的餐厅，还开发了像纽约辣鸡翅、烤马铃薯皮、凯撒沙拉、美式炭烤猪肋排、冰淇淋饮料及冻饮等美食和饮料。T. G. I. Friday's 的装修反映了美国不同时期的风土人情，像每家 T. G. I. Friday's 内明显位置的独木舟，吧台入口处上方的螺旋桨和螺旋桨上的一美元钞票，这些饰品的背后都有着催人泪下或诙谐幽默的小故事。

T. G. I. Friday's 对客的承诺是：超预期的美食、饮料和服务，使客人渴望再度体验在 T. G. I. Friday's 用餐的愉快经历。T. G. I. Friday's 的目标是在餐饮市场上成为顾客的唯一选择，而"人"是 T. G. I. Friday's 成功的关键，正是尊重、理解、关怀和公正造就了 T. G. I. Friday's 今日的成就。

Pick Up 餐馆 Pick Up Stix

1980 年冬天，来自中国上海的年轻小伙子张祥华（Charles Zhang），从飞机上走下来，身上只有一张二十美元钞票，来到美国后，语言不通，一无所有，只好出力打工，他做过油漆工、加油站工、卡车司机、清洁工，最后到餐馆打工。在餐馆时，他从服务生开始做起，后来到厨房帮忙。1982 年的一天他萌生了一个想法：他可以在美国开一家独具特色的中国餐馆，中餐的博大精深会给餐馆注入活力。历经四年的打工生涯，终于在 1984 年开办了属于自己的餐厅。

后来，他陪着太太回台湾探亲，在台北士林夜市里，他看到了现炒现吃的小吃摊，香味扑鼻，客人络绎不绝，于是突发奇想，他要把这种快餐模式引进美国。回到美国后，经过深思熟虑，决定以现炒盒餐为卖点，开办一家餐馆。他于 1989 年在美国加利福尼亚州的圣·玛格丽塔的兰乔创办了第一家 Pick Up Stix 餐馆。时至今日，Pick Up Stix 餐馆在加利福尼亚州、内华达州和亚利桑那州已有超过 125 家，在 Pick Up Stix 餐馆，还专门设有开放性厨房，客人可以通过这个开放性厨房看到菜品的制作过程。

从 1989 年至今，Pick Up Stix 成为美国主流社会的一个饮食文化。

3. 旅游公司

卡尔森—瓦根利特旅游公司Carlson—Wagonlit Travel

卡尔森—瓦根利特旅游公司是全球领先的商务旅游管理公司，为各种规模的公司以及政府机构和非政府组织提供服务，超过半数的顾客来自财富全球 100 强公司。至今公司业务已经覆盖了 150 多个国家和地区，共有 22000 名员工。公司业务主要包括游客服务和交易服务、项目优化、人身与财产安全和会议及活动的安排。

以下 6 条核心价值观是旅游公司员工工作的准绳：

①客户服务：始终把顾客的需要放在首位，提供优质服务；

②追求卓越：不断提高工作业绩；

③文化多样性：在工作中对员工进行互相尊重和团队精神的培训，发扬公司多元文化的精神，人才的机会是相等；

④信赖：成为可靠和值得信赖的商业伙伴，提供一流产品和服务；

⑤企业家精神：以创新、智谋和敏捷面对新挑战，反应迅速，提供行之有效和富有创新的解决方案；

⑥正直：用诚实和敞开心扉建立富有建设性的、长期稳定的合作关系。

三、集团企业文化

Whatever you do，do with Integrity.

Wherever you go，go as a Leader.

Whomever you serve，serve with Caring.

Whenever you dream，dream with your All.

And never，ever give up.

做事，正直；

行路，在前；

服务，用心；

心想，事成；

还有，不放弃，绝不放弃！

卡尔森致力于为员工、顾客和社区建设一个颇具包容性的工作环境。多元化和包容性不仅指种族和性别的问题，而且还指使人成为独特的个体等更为广泛的层面，其中包括人格的尊重、个性的发展、性的取向、工作和生活的经历等。卡尔森认识到，把不同的人融入一个集体是不可逃避的责任，这个责任会让卡尔森更好地为顾客服务，更好地激发员工的潜能，并与周围的社区保持更加和谐的关系，顾客、员工和社区关系的和谐统一必将促进卡尔森的长远发展。

使命：

建立与员工、顾客、社区、业主和供应商更好、更具包容性的关系。

远景目标：

卡尔森立志通过创建具有丰富文化内涵的工作环境成为全球名副其实的知名企业，这样的工作环境是当今世界企业的一面镜子。

多元化与包容性：

卡尔森致力于通过在经营的各个领域实施多元化和包容性的培训发挥文化才能，以下是一个实施多元化成功的例子。

卡尔森全球餐馆发起了一个员工发展项目，目的是为有才能的员工在晋升为管理人员之前获得管理技能铺平道路，参与这项活动的人员有 3/4 的为妇女和有色人种，为他们提供了巨大的晋升机会。

在卡尔森全球餐馆，供应商多元化继续成为战略资源的关注点。在 2008年，这个团队在少数民族/妇女商业企业消费方面与 2007 年相比取得了比目标增加 2.5% 的佳绩。为了残障顾客的舒适，在丽笙酒店及度假村、公园广场酒店及度假、丽怡酒店和丽柏酒店的 120 多个房间都有方便箱，方便箱里有梯凳、延伸工具、衣架降杆和改进门闩的装置。

工作和生活激励：

卡尔森承认个体的独特性，理解个人生活和工作生活之间的关系，通过不同的项目帮助员工平衡两者之间的关系。为了满足家庭和个人需要，卡尔森采用定制的工作时间表，员工可根据自己的情况选择工作安排，可以轮班、采取弹性工作制、压缩工作周和远程办公等。卡尔森在明尼阿波利斯总部有一流的幼托中心为员工服务。

员工发展：

卡尔森不仅为员工提供工作，而且还为他们提供专业和个人的发展机会，为员工开创令人满意的职业生涯提供所需的工具。以下是几个帮助员工发展的例子。

绩效管理：卡尔森通过 My Performance 帮助员工在开创职业生涯的道路上进行实际演练，My Performance 是一个网上交流平台，在这个平台上，员工和他们的管理人员围绕目标选择和职业目标进行的对话。

行政管理课程：卡尔森的行政管理课程（ELP）设立于 1997 年，是与美国明尼苏达大学卡尔森管理学院的合作项目。该课程分为强化业务技能和领导的影响力、扩大对卡尔森的组织和方向的评估范围、使用网络建立统一的团队三个方面。该课程时间为三周，采用围绕主题的模板方式，涉及个体领导技能以及核心业务专题，包括战略、市场营销、金融、决策制定和谈判等。学员要经过领导团队提名才行。

现行的培训：卡尔森学习网络能够使员工创建和管理自己的学习计划，这些计划可以提高他们的工作效率，帮助他们制定未来发展规划。课程范围从在线学习、工作相关课程和培训到题目更广泛的教室培训。

教育资助：卡尔森对那些参加与工作相关课程培训并取得认可的学位和证书的员工报销学费，对上明尼苏达大学卡尔森管理学院的员工和子女提供奖学金。

四、集团在中国的发展

卡尔森集团进入中国是从 1992 年开始的，2005 年之前，卡尔森集团在中国的名气还很小，甚至不及旗下的"丽笙"酒店品牌和"T. G. I 星期五餐馆"餐饮品牌。随着中国加快开放和发展包括旅游酒店业在内的现代服务业，卡尔森在中国的步伐越来越大。目前，旗下的卡尔森嘉信力旅运、假日出游、卡尔森餐饮和丽笙七海游轮公司都已进入中国。

1992 年，卡尔森在北京建立了丽笙 SAS 酒店。

1997 年，卡尔森酒店集团收购了丽晶品牌，丽晶品牌于 20 世纪 70 年代诞生在亚洲，被卡尔森酒店集团收购以后，成为卡尔森全球酒店公司的顶级豪华品牌。

2005 年 6 月 17 日，五星级的上海新世界丽笙大酒店试营业，这是卡尔森酒店集团亚太公司在中国地区管理的最大规模的丽笙品牌酒店，也是继兴国宾馆后的第二家在中国的丽笙品牌酒店，2005 年 10 月 1 日正式开业，投资方为黄浦区新世界股份有限公司。

2005 年 11 月中旬，上海龙之梦丽晶大酒店开业，有 511 间高级客房，有上海浦西地区最大的多功能宴会厅，由上海长峰房地产开发有限公司投资兴建，卡尔森全球酒店集团亚太公司负责管理，这是内地第一家丽晶酒店，也是上海唯一由民营企业投资 20 亿元兴建的豪华五星级酒店，丽晶进入内地以白金五星为目标，北京等地也是丽晶拓展的候选地，目前全球有 10 家左右的丽晶（Regent）。

2005 年 11 月中旬，北京天鸿集团与卡尔森酒店集团合作，共同筹建烟台第一家跨国品牌的五星级酒店，该项目于 2006 年开始施工；

2005 年，卡尔森在中国有 7 家营业的五星级酒店，其中 6 家与卡尔森签署了酒店管理协议。

2006 年，卡尔森酒店集团继续向中国扩张。与众不同的是，卡尔森发展重点集中在主要二三线城市，显示出其独特的智慧。"我们在继续拓展一线城市的发展新机遇的同时，将关注并推动集团的二三线城市的发展，这些市场发展迅速并对高品质酒店有强烈需求，为我们的品牌进入二三城市提供了机遇。"卡尔森全球酒店集团亚太地区执行董事濮思铎说。

2006 年 12 月 1 日，卡尔森酒店集团与香港富华国际集团合作建设的北京丽晶酒店开始试营业。其是奥组委 2008 年指定酒店，该酒店拥有 500 间豪华客房，设计集中西方文化于一体，极富创意。这也是卡尔森酒店集团在京城打造的首家五星级酒店。

2006 年，在北京开业的丽晶国际酒店将丽晶和公园广场两个品牌融为一体。这一年丽柏品牌也进入中国；年底，宁波丽晶酒店开业。

2008 年 1 月 10 日，卡尔森全球酒店集团与河南永和置业有限公司签署项目联合开发管理协议，在郑东新区联手打造白金五星级"永和国际广场和郑州永和丽笙酒店"。

2008 年 1 月 15 日，阳光 100 置业集团与卡尔森全球酒店集团在北京举行了签字仪式，双方宣布建立战略合作伙伴关系，在中国二三线城市合作开发国际品牌酒店。阳光 100 计划在未来的 3 到 5 年内，打造不少于 10 座高标准酒店建筑，全部由卡尔森全球酒店集团负责管理运营。

2009 年 4 月，卡尔森与中国国家航空公司加强推广合作，凡是国航知音卡会员入住卡尔森旗下在中国的任何一家酒店，即可尊享免费升级至行政楼层客房的特别待遇。

2009 年 10 月 16 日，卡尔森全球酒店在中国的第 10 家酒店——北京紫金亭丽亭酒店开业，是该集团的高档品牌酒店的最新成员。

第十三节　费尔蒙莱佛士国际控股集团
Fairmont Raffles Hotels International

FAIRMONT ～ RAFFLES
HOTELS INTERNATIONAL

集团总部：

加拿大安大略省多伦多市，惠灵顿街西 100 号，加拿大和平塔

Canadian Pacific Tower，100 Wellington Street West，TD Centre，P. O. Box 40

Toronto，Ontario，M5K 1B7，Canada

知名品牌：

费尔蒙 Fairmont

莱佛士 Raffles

瑞士酒店 Swissôtel

一、集团历史概况

费尔蒙莱佛士酒店集团是一家总部位于加拿大多伦多的全球性酒店集团。目前集团在全球 25 个城市中拥有了 120 家酒店，旗下有 4 个品牌：费尔蒙酒店品牌、莱佛士酒店品牌、瑞士酒店品牌和三角洲酒店品牌。

集团已有超过百年的历史，大部分酒店分布于北美，近年来快速成长为全球酒店业内的领头羊。费尔蒙莱佛士国际酒店集团旗下的酒店既有建于历史名城之上的，也有建于风景秀丽的度假胜地，还有的建立于现代化大都会中心。

集团的酒店荟萃包括了像圣·莫妮卡费尔蒙米拉玛尔酒店（the Fairmont Miramar Hotel Santa Monica）和富有历史底蕴和具有城市地标意义的旧金山费尔蒙酒店（The Fairmont San Francisco），集团的度假村主要坐落在世界一些令人兴奋而又古朴典雅的地区，顾客往往把费尔蒙与最令人向往的海滩、最富有挑战的高尔夫球场和最刺激的滑雪场联系在一起。

集团的酒店和度假村严格按照公司的标准办事，保证其服务的一致性；集中采购确保了顾客同样能够享用高质量的设备设施；费尔蒙总裁识别项目（Fairmont President's Club recognition program）、费尔蒙黄金"店中店"（Fairmont Gold "hotel within a hotel"）以及商务中心等满足了高品位顾客的需求，所有这些使费尔蒙成为非凡的酒店，为顾客提供了非凡的体验。

集团历史

1907 年

随着具有城市地标意义的洛杉矶费尔蒙酒店的开业，费尔蒙品牌诞生了。随着集团独特的酒店和度假村的发展，顾客开始把费尔蒙的名字与无可匹敌的酒店、真正的本土经历和热情、令人难忘的服务联系在一起。费尔蒙酒店和度假村接待过富豪和名人、国王和女王、总统和首相以及舞台和影视明星。许多费尔蒙具有标志意义的酒店已经成为城市发展的一部分，具有历史影响，甚至改变了社区的社会结构。

费尔蒙莱佛士国际酒店集团在世界上拥有众多历史上有名的酒店，包括班夫温泉费尔蒙酒店（The Fairmont Banff Springs）、伦敦萨伏伊费尔蒙酒店 The Savoy，A Fairmont Hotel，in London、加拿大魁北克拉城堡费尔蒙酒店（Quebec City's Fairmont Le Château Frontenac）和纽约广场费尔蒙酒店（New York's The Plaza）等。

洛杉矶费尔蒙酒店让人们把费尔蒙的名字与"重要场合"联系起来，很快它就成为该市绚丽舞会、总统来访和历史事件的首选地点，《联合国宪章》是在这里签署的，托尼·班尼特（Tony Bennett）在该酒店著名的夜总会——威尼斯大厅首次演唱了《把心留在了洛杉矶》（I Left My Heart in San Fran-cisco）这首歌。

1929 年

皇家约克费尔蒙酒店（The Fairmont Royal York ）开业，接待了三代英国皇室家族；魁北克拉城堡费尔蒙酒店接待过伊丽莎白女王。

1969 年

约翰·莱侬（John Lennon）和横（Yoko）在魁北克拉城堡费尔蒙酒店的床上为和平进行抗议。从众星的到访到历史性事件，这些都是费尔蒙莱佛士品牌发展的背景。

令集团感到自豪的不仅仅是有案可稽的历史事件和举办过的奢华派对，而且还有为顾客提供的独特和有意义的日常简单的旅行体验。在惠斯勒山坡刺激的滑雪、到斯科特戴尔柳树溪温泉（the Willow Stream spa）度假、在高尔夫球的故乡苏格兰的圣·安德鲁斯打一场高尔夫、在女皇费尔蒙酒店（The Fairmont Empress）品下午茶、在毛伊岛的凯拉尼费尔蒙酒店（The Fairmont Kea Lani）划独木舟品味夏威夷文化等，但无论什么，顾客只要在费尔蒙莱佛士酒店就可以享受到。集团不仅拥有豪华的客房、华丽的大堂和一流的餐饮，而且还为顾客创造终生难忘的机会。

1999 年

作为较小的酒店集团，费尔蒙与加拿大和平酒店（Canadian Pacific Hotels）合并，成为全球一流豪华酒店公司。

如今，费尔蒙莱佛士酒店集团已经成为成熟的组织，在美国、加拿大、百慕大、巴巴多斯、墨西哥、英国、摩纳哥、肯尼亚和阿联酋等国家，都会看到费尔蒙酒店和度假村的影子，费尔蒙莱佛士是北美最大的豪华酒店管理公司之一。建立在特长和盛誉的基础上，集团要实现的目标是：成为全球酒店行业无可匹敌的酒店。在全球进行品牌扩张的同时，酒店集团对核心价值观的承诺始终不变：继续以真诚感人的服务为顾客提供真正的本土体验。

2005 年

私人国际投资公司 Colony Capital LLC 收购了莱佛士国际有限公司 100％ 的股份，新公司更加强大，同时包含了莱佛士、瑞士两个高级酒店品牌。

2006 年

Colony Capital LLC 联合 Kingdom Hotels International 公司，一同收购费尔蒙国际酒店及度假村，并合并成立费尔蒙莱佛士国际酒店集团。至此，费尔蒙莱佛士国际酒店集团成为在 23 个国家同时拥有 120 多家酒店的知名酒店公司，旗下包含 4 个品牌——费尔蒙、莱佛士、瑞士和三角洲酒店。

交易完成后，瑞士酒店及度假村公司办公室搬到了瑞士的苏黎世，公司主席是迈因哈德哈克。

二、集团旗下品牌介绍

费尔蒙莱佛士国际酒店集团旗下的费尔蒙（Fairmont）、莱佛士（Raffles）及瑞士酒店（Swissôtel）品牌经营世界各地共 120 多家酒店，集团业务还涉及费尔蒙及莱佛士品牌的酒店式服务公寓、房地产及私人豪宅会所产业等。

费尔蒙 Fairmont

费尔蒙品牌属全球酒店行业内著名的费尔蒙莱佛士国际酒店集团（Fairmont Raffles Hotels International）所有，旗下酒店主要分布于北美市场。费尔蒙作为全球酒店业的领头羊，集团旗下也经营着多家地标性豪华酒店，如纽约的城市广场酒店，伦敦的萨沃伊 Savoy 以及旧金山的 1 Nob Hill 等。

莱佛士 Raffles

莱佛士隶属费尔蒙莱佛士国际酒店集团旗下，是遍布全球各大城市的豪华酒店连锁集团，这些酒店以高品质的服务而显得卓尔不群。每家莱佛士酒店在其各自的所在地都堪称地标性建筑，跻身于世界最佳酒店之列。与其姐妹品牌费尔蒙和瑞士酒店集团相比，莱佛士扩张速度相对缓慢，这是因为各具不同的发展风格和步伐。

莱佛士对卓越服务的不懈追求为其赢得了众多国际嘉奖，其中包括 Condé Nast World 的世界最佳下榻、旅游和休闲的酒店。新加坡莱佛士旗舰酒店被《亚洲旅游贸易杂志》评为 2006 年度最佳最豪华酒店。莱佛士国际酒店与度假酒店在 2006 年 Condé Nast 旅行者商业旅游奖评比中获得全球最佳酒店品牌第二名荣誉。

瑞士酒店 Swissôtel

瑞士酒店是为现代商务客人和休闲游客提供奢华服务的高端品牌，每个酒店都拥有众多新鲜、现代和著名的设计经历。由于酒店的顾客群大多是来去匆匆、公务繁忙的商务旅客，因此瑞士酒店以"高效实用"为卖点。

每家瑞士酒店都致力于为客人提供独具个性魅力和高效率的服务，主要分布在目的地和主要门户城市的中心区位，酒店附近有便利的商务和购物区，当地著名景点一览无余。瑞士酒店及度假村因此获得过多项奖项和荣誉。

三、集团企业文化

如果要用什么真实地诠释费尔蒙莱佛士酒店集团的话，那就是集团为顾客创造的终生难以忘怀的价值。作为百年老店的酒店集团具有好客的优良传统，在其无可匹敌的酒店和度假村为顾客提供真正的本土经历，真正的好客要用感人的服务和关注细节使顾客的每一次逗留都能成为美好的回忆。

1. 使命：

Mission Statement：

Turning moments into memories for our guests.

为我们的顾客把时间变成美好的回忆。

2. 感人的服务：

Engaging Service

We know that even the best locations and offerings would be meaningless without outstanding guest service. Our skilled and motivated staff is equipped with the tools and the mindset to naturally deliver on this promise. Within a Fairmont experience，every guest is offered a warm welcome and is made to feel special，valued and appreciated.

我们深知：没有超人的对客服务，再好的地理位置和再多的服务项目也是没有意义的。我们技术娴熟又有激情的员工拥有良好的职业道德和服务意识，实现这一诺言是很自然的事。在费尔蒙的经历中，每一位顾客都受到了热情接待，都有一种特殊的贵宾感觉。

3. 无可匹敌的酒店

Unrivalled Presence

We transport our guests to extraordinary places steeped in unique architecture，expressive décor and magnificent artistry. Fairmont locations don't just exude history；many are nothing less than regional landmarks. Fairmont's physical presence and character will continue to inspire and excite our guests.

我们把顾客带到了具有建筑独特、装饰富有表现力和艺术风格华丽的酒店。费尔蒙酒店不仅流露出历史气息，而且许多已成为当地的地标性建筑。费尔蒙酒店的存在及其特性将继续激发和鼓舞顾客下榻我们酒店的热情。

4. 真正的本土经历

Authentically Local

Fairmont's guests should experience an authentic reflection of each destination's energy, culture and history. One that extends from the solitude of a snow—wrapped peak or white sand beach, to up—tempo urban sounds of the world's most dynamic cities.

费尔蒙的顾客都会体验到我们每一家酒店的活力、文化和历史的真实经历，从白雪皑皑的山峰和银色沙滩的僻静到世界最有活力的城市的喧嚣。

四、集团社会责任

1. 集团与社区的关系

早在"企业社会责任"一词成为企业的流行语之前，费尔蒙莱佛士酒店集团便以社会和环境可持续发展的方式进行经营，随着业务在世界各地的发展，集团承诺让酒店的经营在社区的发展中起到积极的作用，并保持酒店在社区的原貌。令费尔蒙莱佛士集团感到自豪的是，酒店是"社区的中心"，长期以来积极参加社会活动和支持慈善事业，这一理念是公司基金分配和酒店慈善捐助的指导方针。

2. 对旅游业负责任

近20年来，费尔蒙莱佛士酒店集团通过获奖的绿色伙伴计划已成为环保的领先者，对环保的承诺一直是公司的核心价值观之一。集团对环保的综合项目通过几次强有力的合作得到了改善，然而，集团对社区的贡献不仅包括环保措施，还包括考虑"对旅游业负责任"更广范围的环保项目，"对旅游业负责任"囊括了与教育、文化和保护历史遗迹相关的社区项目。

3. 服务培训和教育

费尔蒙莱佛士酒店集团非常重视未来的劳动力，对吸引和发展优秀人才的旅游职业教育给予了大力支持。费尔蒙基金会捐助过许多项目，包括电脑教室、烹饪用品、技能培训和课程开发等，使无数的学生受益。

4. 对社区的影响

费尔蒙莱佛士集团对其酒店所在的社区负有责任，经常参加当地举办的各项活动。此外，还通过捐助支持社区的各种组织，除了捐助，许多酒店还积极参加志愿活动和集资活动。

5. 环保承诺

费尔蒙莱佛士酒店集团在其绿色伙伴计划的指引下，承诺在持续发展的同时保护环境，通过资源保护和最佳措施把酒店经营对环境的影响降至最低。要履行这一承诺，酒店集团的员工将努力做到：

· 努力工作，减少浪费，特别是通过节能、节水保护自然资源；

· 珍惜酒店的自然和文化遗产，让顾客拥有真正的本土体验；

· 遵守所有环境保护法，力争采取最佳环境措施；

· 把环保问题作为决策的一个重要方面；

· 定期审议绿色合作项目的目标；

· 与当地社区合作，分享信息，改善环境，提供顾客和员工的环保意识；

· 承诺在审查环保计划和程序时考虑顾客的意见及反馈；

· 确认酒店需要改善和创新的区域，对每家酒店绿色团队的努力给予表扬。

五、集团在中国的发展

自 1907 年洛杉矶费尔蒙酒店诞生以来，费尔蒙莱佛士国际酒店集团就没有停止其品牌的扩张，目前，在全球拥有 50 多家酒店，23000 多套客房，但进入中国的市场较晚，首次跨入中国的大门是 2009 年，落户的第一家酒店叫北京华彬费尔蒙酒店（Fairmont Beijing）。现在，上海费尔蒙和平饭店、阳澄湖费尔蒙酒店等也是其成员酒店。

第十四节　凯宾斯基酒店集团
Kempinski Hotels

集团总部：

马西米连斯特斯 17 号，维嘉瑞斯泽顿街区，慕尼黑，德国

Maximilianstrasse 17，D—80539 Munich，Bavaria，Germany

一、集团历史概况

　　始建于 1897 年的德国柏林的凯宾斯基至今已有 113 年历史，一贯秉承精益求精的欧洲传统风格，每一家凯宾斯基酒店均独一无二，专为期望获得卓越服务并注重个性化体验的宾客而量身设计，其所经营的酒店遍布国际大都市。凯宾斯基作为欧洲历史最悠久的豪华酒店集团，致力于以尽善尽美的欧式风格为客人打造难忘的旅行体验。生活必须深具品位是凯宾斯基的信念。

　　凯宾斯基以单一五星级凯宾斯基品牌的形式发展，不断在欧洲、中东、非洲和亚洲扩展版图。每个凯宾斯基酒店或度假村都与众不同，有着享誉全球的完美的私人服务和独具匠心的设施。所有酒店均信守一个宗旨：培养凯宾斯基酒店共性的同时，彰显异彩纷呈的独特性。凯宾斯基是全球酒店联盟（Global Hotel Alliance）的创始会员之一。全球饭店联盟根据航空公司联盟模式建立，是全球最大的独立饭店品牌联盟。这个联盟目前由来自 43 个国家的 180 家高端奢侈酒店组成，包括 Anantara、Cham、Dusit、凯宾斯基、Lanis、里拉、马可·波罗、Omni、泛太平洋、Parkroyal 和 The Doyle Collection。目前，凯宾斯基在全球拥有并经营 62 家国际酒店，分布在 20 多个国家和地区，拥有 2 万多名员工。

集团历史

1843 年 10 月 10 日，波叟尔德·凯宾斯基（Berthold Kempinski）出生在普鲁士坡森（Posen）省的 Raschkow，现属波兰。他的兄长莫里兹·凯宾斯基（Moritz Kempinski）在布雷斯劳（Breslau）开了一家名为 M. Kempinski & Co. 的专营酒馆（a specialist wine shop）。

1872 年：波叟尔德·凯宾斯基和他的妻子海林（Helene）迁居到柏林并开了同名的酒馆。经过多年的努力，兄弟俩把 M. Kempinski & Co. 经营成一家可以提供住宿和餐饮服务的综合型餐馆（Restaurant）。

1889 年：波叟尔德·凯宾斯基对自己取得的成功并不满足，在 Leipziger Strasse 又开设了一家拥有数个餐厅的餐馆，规模为当时柏林之最。后来，波叟尔德·凯宾斯基的女婿理查德·昂格尔（Richard Unger）加入了公司。理查德·昂格尔对公司不断取得的成功起到了重要作用。

1897 年：Hotelbetriebs—Aktiengesellschaft 酒店管理公司成立，成为凯宾斯基酒店的起点。理查德能够完全独立经营公司时，波叟尔德退休，公司由理查德掌管，但公司名称未变。

1898 年：凯宾斯基在柏林中央车站和柏林分别建了中央酒店（Hotel Central）和冬季花园（Wintergarten Varieté），一举成为德国战前最大的酒店集团，集团的酒店包括：布里斯托尔（Bristol）酒店、中央酒店（Central Hotel）和 Bellevue 酒店；集团旗下的餐馆有：Zum Heidelberger 餐馆、中央咖啡馆、Kranzler 和 Bristoal 咖啡馆等。

1910 年：波叟尔德·凯宾斯基于 3 月 14 日去世。直到第一次世界大战，掌管公司的理查德围绕美食业建起庞大的产业联合体，战争期间业务平稳；战争结束后，理查德还购买了自己的生产中心。后来，因为 Kurfürstendamm（当地叫 Ku'damm）大街越来越有名，理查德在 Ku'damm 大街 27 号的位置购买一家餐馆进行经营，时至今日，"凯宾斯基布里斯托尔酒店"依然在此傲然挺立。

1928 年：凯宾斯基公司（M. Kempinski & Co.）接管了坐落在波茨坦广场上名为 Haus Vaterland 的餐馆，这个多国主题的餐馆在柏林前所未有，开创了娱乐美食的新理念。

1937 年：理查德·昂格尔及其家人为了躲避战争移居到了美国。不幸的是，在 Kurfürstendamm 27 的餐馆就在战争结束前的一场大火中付之一炬，理查德·昂格尔的其他财产也被炸毁。然而，"凯宾斯基"的名字注定不会消逝。战争结束后，理查德·昂格尔的儿子弗雷德瑞奇·W. 昂格尔（Friedrich W. Unger）博士返回德国。

1951 年：他直接在 Kurfürstendamm 27 被大火烧毁的餐厅原址上建凯宾斯基酒店。一年后，酒店开业，并且成为当时最现代化和最受欢迎的大酒店。它是柏林的第一家五星级酒店，因其当时的创新而闻名遐迩，建造室内游泳池就是一例。

1953 年：弗雷德瑞奇·W. 昂格尔博士把自己的股份和凯宾斯基的名字出售给了已经在经营布里斯托尔和 Kaiserhof 酒店的 Hotelbetriebs－Aktiengesellschaft。在 Ku'damm 大街 27 号的酒店接受并采用了里斯托尔的名称，这就是当今众所周知的凯宾斯基布里斯托尔酒店（Kempinski Hotel Bristol）名称的由来。凯宾斯基布里斯托尔酒店是这个国际酒店集团的首家酒店。

1953 年：Hotelbetriebs－Aktiengesellschaft 更名为 Kempinski Hotelbetriebs－Aktiengesellschaft，柏林的 M. 凯宾斯基有限责任公司取得了该饭店股份公司 100％ 的股权。

1957 年：收购了汉堡的大西洋酒店，这家坐落在阿尔斯特湖畔的酒店还有"白色城堡"之称。

1970 年：收购了慕尼黑 Vier Jahreszeiten 酒店 50％ 的股份，该酒店与汉莎航空公司建立了长期合作关系，汉莎航空公司也是该酒店的股东。

1977 年：公司收编了靠近法兰克福的 Gravenbruch 酒店；从这一年起，公司一直被称为 Kempinski A. G.。

1985 年：汉莎航空公司购买了凯宾斯基的股份，使这家德国传统的酒店集团得以在海外拓展业务。凯宾斯基、汉莎航空公司和 Rolaco S. A 共同创建了凯宾斯基酒店 S. A（Kempinski Hotels S. A），凯宾斯基酒店 S. A 的总部设在瑞士的日内瓦。其使命，无论是过去还是现在，依然是全球扩张，与此同时，拥有从历史悠久到现代化建筑的凯宾斯基酒店集团既要保持旗下酒店的共性，又要彰显独特性。

2002 年 8 月，在慕尼黑的年度大会上，Kempinski A. G 的大股东（持股 98.2%）根据德国新《公司法》中治理排他的规定，通过一项购买公司剩余 1.8% 的股份的决议。

凯宾斯基酒店是欧洲最古老的豪华酒店管理公司。在保留了一份自有产业——the Hotel Vier Jahreszeiten Kempinski（慕尼黑）和两份租赁产业 Hotel Adlon Kempinski（柏林）和 Kempinski Grand Hotel des Bains（圣莫里茨）的同时，公司的专业知识和投资都集中到了酒店管理上。

如今，凯宾斯基酒店颇具声望的投资中有 45 处以上的豪华酒店，遍布欧洲、中东、非洲、亚洲和南美。众所周知并深入人心的名字如柏林的 Hotel Adlon Kempinski、伊斯坦布尔的 Çiragan Palace Kempinski、阿布扎比的酋长国宫殿酒店（Emirates Palace）、圣·莫里茨的 Kempinski Grand Hotel des Bains 及海利根达姆的凯宾斯基大酒店（Kempinski Grand Hotel）都是其不断发展的全球集团的一部分。每家酒店和度假村在提供优质特色服务的同时，也反映了酒店、度假村和当地的地理位置的独特魅力，凯宾斯基辉煌的历史成就其璀璨的未来。

二、集团发展策略

凯宾斯基的愿景十分明确，就是以成为知名饭店品牌为目标，为顾客提供欧式经典豪华体验。凯宾斯基为寻求卓越和通过个性化服务带来价值的客人所青睐，指引凯宾斯基的通盘策略就是长期规划和着重于企业价值。

凯宾斯基决定将其关注重点从房地产的所有权转移到核心业务上，即代表酒店所有者对酒店及度假村进行管理，因此，凯宾斯基在国际范围内经营规模的成长是建立在管理合同运作的基础上。为配合这一纯粹以管理为重点的经营方式，除了在特定市场中支持投资合作伙伴参与酒店收购外，凯宾斯基通常不会考虑任何收购、投资或入股事宜。在特殊情况下，凯宾斯基会为具有重要战略意义上的城市目的地酒店提供租约或最低收益保障，前提是凯宾斯基对项目在经济上的可行性要有把握，潜在的成功完全可以把风险抵消。新成员酒店的协议均按每家公司的个性化需求量身定做。凯宾斯基将通过管理合同为酒店业主提供保证其长期投资收益所必需的运营专业知识。业主无须承担任何运营责任，并可享受毫无后顾之忧的投资收益，同时还拥有折旧、扣除、税收优惠、价值提升、重新募资机会和合同终止后的酒店所有权等权益。简而言之，业主在签约后即可享有运营专业知识、管理专有技术、即时品牌认知度和强大的分销渠道等多重利益的套餐。

虽然凯宾斯基是未公开上市公司，但作为一家私有企业得到了股东们的大力支持，这确保了凯宾斯基能够关注长期发展策略，可持续不断地创造价值。集团相信通过权力分散的方式，定能完美实现凯宾斯基提供欧式经典、奢华体验的品牌承诺，凯宾斯基对其各地区员工的充分信赖和授权确保其能够顺利地为顾客提供独一无二的品牌承诺，并尊重每个国家、每个地区和每家酒店的独特文化。

凯宾斯基的策略就是通过极其审慎的、有选择的发展，建立世界上最令人羡慕的豪华酒店集团，集团的很多酒店已经成为当地的地标性酒店或市场上的领先者。凯宾斯基秉承欧洲传统，以绝佳的欧洲目的地作为发展的重点，继续向中国、中东和非洲拓展，充当了这些地区的酒店先锋。

赋予这些酒店生命力和为顾客提供品牌承诺的是凯宾斯基每家酒店的员工。集团对人才选择、员工培训和员工教育的投入很大，这充分表明了凯宾斯基的专业管理技术得以保障，并创造了浓厚的文化氛围。

作为酒店管理公司，凯宾斯基的首要任务就是取得最佳营运业绩和可持续的财务成果。凯宾斯基通过独有的运营价值建议体现了品牌承诺，通过成功开设的酒店和专业管理的酒店实现了这些业绩与成果，无论作为单个酒店，还是作为一个集团，凯宾斯基的业绩要靠各个业务领域的创新来推动。

凯宾斯基秉承其独特的欧洲传统，把每一项战略任务归于其强大品牌之下，成功地实现了其美好的愿景。

三、集团企业文化

1. 凯宾斯基的远景

Our Vision

"To become synonymous withindividualistic luxury in hospitality

by gathering the most luxurioustrophy hotels

and pairing them withdistinctive and unique services

under the umbrella brand Kempinski."

"利用凯宾斯基已有的品牌优势，通过集合最豪华的顶级饭店并将其与品质卓越的独特服务相匹配，使凯宾斯基成为饭店业个性化奢华享受的代名词。"

2. 核心价值观

Core Values

Integrity, open communication, respect, cultural diversity, passion, striving for excellence, team orientation, innovation, creativity talent development and empowerment.

诚信、公开沟通、尊重、文化缤纷、热情、追求卓越、团队领导、创新、创意、人力发展和授权。

3. 凯宾斯基的理念

Kempinski's philosophy

For more than 110 years, we have been managing luxury hotels on behalf of investors for their optimum profit. By representing new standards in hospitality, we increase property and brand value.

110多年以来，我们始终致力于代表各界投资者经营管理奢华酒店，从而为其带来丰厚利润。同时，我们也通过不断设立新的标准来为酒店增加更多效益和品牌价值。

4. 凯宾斯基的使命

Kempinski's mission

It is Kempinski's mission to be the market leader amongst its location, without compromising its reputation for operating unique, individual and profitable hotels in a distinctively European flair. We are not a hotel chain, but "a collection of individuals" who all adhere to the same uncompromising level of luxury service.

成为当地酒店市场的领先者，以与众不同的欧式风格经营独特、个性化和高利润酒店，继续享有卓著声誉，是凯宾斯基长期以来坚定不移的使命。我们并非一家连锁性酒店，而是一个"由个性化酒店组成的大家庭"，每一个成员都坚持为客人提供同样完美无瑕的奢华服务。

5. 成功的关键

The key to our success

The key to our success has been a blend of embracing our proud history while at the same time looking into our future to create the superlative in new guest experiences.

秉承我们引以为自豪的悠久传统，同时积极展望创造客户全新体验的光辉前景，是我们获得成功的关键。

6. 凯宾斯基的扩张战略

Kempinski Hotels' expansion strategy

Kempinski Hotels' expansion strategy is to grow its portfolio of extraordinary hotels and resorts in key destinations worldwide, while continuing to retain its independence. We are looking for trophy and market—leading hotels in major markets where we feel Kempinski can clearly add value for the benefit of the Owner.

We have deliberately decided to keep the Kempinski family small—our goal is not to have more properties in the portfolio than the age of the company—so as to focus our efforts on maximizing the operational and financial performance of each single property.

凯宾斯基的扩张战略就是在继续保持独立的同时，在世界关注的旅游目的地发展非凡的酒店和度假村，我们在关键的市场上寻求能为业主的利益增加价值的顶级和市场领先的酒店，我们有意保持一个小的凯宾斯基家庭——我们的目标是拥有酒店的数量不大于公司的年龄——为的是集中精力使每一家酒店的经营和经济效益最大化。

四、集团社会责任

使酒店运营可以融入集团所在国家和地区的社会日常生活中，这让凯宾斯基及其员工都受益匪浅，凯宾斯基相信当地的经济对其酒店的影响完全可以负责任地积极应对。

凯宾斯基通过吸引顾客和其成功的酒店运营为当地创造了就业机会，酒店集团致力于与当地的合作伙伴合作，使用当地的产品，倡导终身学习的企业文化，为所有员工提供培训与教育机会，鼓励员工积极参加，并且每家凯宾斯基酒店均选择了符合当地社区需要的社会责任计划。

作为一家跨国公司，凯宾斯基拟订了企业社会责任计划，无论是公司的高层管理人员还是酒店员工都积极参加该项计划。

凯宾斯基的首个社会责任从健康和安全的领域着手，目前，是遏制结核病伙伴组织（Stop TB Partnership）的成员，凯宾斯基与其他企业合作伙伴一起为成功举办路易斯·菲戈遏制结核病活动作出了积极贡献。

五、集团在中国的发展

20 世纪 90 年代初，凯宾斯基进入中国市场，1990 年年初开业的北京凯宾斯基饭店是其步入中国的第一站，成为同行业的先驱之一。

凯宾斯基饭店集团和北京首都旅游集团共同为在中国大陆发展凯宾斯基国际品牌饭店，合资成立了北京凯燕国际饭店管理有限公司，专门负责凯宾斯基饭店在中国大陆的布局和经营管理。

2005 年 10 月 9 日，在大连，中国第四家凯宾斯基饭店开业。

2007 年，深圳南山凯宾斯基酒店正式营业。

2008 年 7 月，凯宾斯基启动唐古拉豪华列车项目，两趟由凯宾斯基全面管理的豪华列车将从北京始发，分别开往拉萨和丽江。

2009 年，大连凯宾斯基酒店完成了大规模的升级改造，使其国际五星级的设施又提高了一个档次，该饭店以它个性化的服务圆满地完成了夏季达沃斯论坛宾客的接待任务。

2009 年 12 月，集团高管表示，将抓住中国的经济快速复苏这个时机，计划在未来的三年内将其在中国管理的酒店数目翻一倍，并准备在中国市场专门打造一个新五星级酒店品牌：Nuo。

第十五节　卓美亚酒店集团
Jumeirah Group

Jumeirah
STAY DIFFERENT™

集团总部

阿联酋，迪拜，Al Suouth 路，邮箱 73137

Al Sufouh Road，PO Box 73137，Dubai，UAE

一、集团历史概况

卓美亚酒店集团被视为世界上最豪华和最富有创新意识的酒店集团之一，赢得了众多国际旅游奖项。集团成立于 1997 年，其目的是通过建立世界级豪华酒店和度假村，成为服务行业的领导者。

卓美亚集团的成功使其于 2004 年成为迪拜控股集团公司（Dubai Holding）的成员。迪拜控股集团公司是迪拜政府所属企业，包括迪拜置业和迪拜地产等房地产和旅游设施开发商。

卓美亚集团的业务不仅限于酒店和度假村的管理，还包括：

卓美亚居家（Jumeirah Living），本集团在豪华环境中提供服务式住宅的奢侈品牌；

泰丽丝水疗（Talise），卓美亚集团自己的豪华 Spa，中东最大的 Spa；

卓美亚餐馆（Jumeirah Restaurants），集团专营的餐饮部，包括面馆（Noodle House）和健怡餐馆（Sana Bonta）；

沙漠绿洲水上乐园（Wild Wadi Waterpark），阿联酋唯一的主题乐园，位于帆船酒店前的卓美亚海滩路；

阿联酋酒店管理学院（The Emirates Academy of Hospitality Management），该地区唯一合格的三级学院，提供酒店管理专业学位课程；

卓美亚零售店，卓美亚集团旗下有 15 家商店和专业豪华网上商店。

集团历史

卓美亚酒店集团的历史就像童话故事，10 多年前开始的梦想——成为世界上最富有创新意识的豪华酒店集团 2009 年实现了，而且超出了预期。

1997 年 11 月，卓美亚集团的第一家酒店——卓美亚海滩酒店（Jumeirah Beach Hotel）正式开业，卓美亚海滩酒店重新改写了豪华酒店的定义；

1999 年 12 月，世界上最豪华酒店帆船酒店（Burj Al Arab）隆重开业；

2000 年 4 月，卓美亚阿联酋酒店（Jumeirah Emirates Towers）正式开业；之后，改造了伦敦 2 家酒店——卓美亚卡尔顿酒店（Jumeirah Carlton Tower）和卓美亚朗兹酒店（Jumeirah Lowndes Hotel）；

2004 年，麦地那卓美亚酒店（Madinat Jumerah）（3 个豪华的精品酒店组成了阿拉伯城）在迪拜海滨诞生；卓美亚通往太阳沙漠度假村及水疗酒店（Jumeirah Bab Al Shams Desert Resort & Spa）开业，该酒店就像沙丘中的海市蜃楼；

2006 年，集团把纽约的卓美亚艾赛克斯酒店（Jumeirah Essex House）改为美国最华丽的酒店之一。

二、集团旗下酒店介绍

个性化是卓美亚集团每一家酒店的特性，旗下酒店有：全球著名的帆船酒店（Burj Al Arab，也称阿拉伯塔酒店）、屡获殊荣的卓美亚海滩酒店（Jumeirah Beach Hotel）、卓美亚阿联酋酒店（Jumeirah Emirates Towers）、麦地那卓美亚酒店（Madinat Jumerah）、卓美亚通往太阳沙漠度假村及水疗酒店（Jumeirah Bab Al Shams Desert Resort & Spa）、伦敦的卓美亚卡尔顿酒店（Jumeirah Carlton Tower）、卓美亚朗兹酒店（Jumeirah Lowndes Hotel）、纽约的卓美亚艾赛克斯酒店（Jumeirah Essex House）等。

1. 帆船酒店（Burj Al Arab）

震撼印象

帆船酒店号称当今世界上唯一一座"七星级酒店"，位于阿拉伯海湾 280 米处的人工岛上，由一条堤道与陆地相连，旁边是坐落在卓美亚海滩路的卓美亚海滩酒店、麦地那卓美亚酒店和沙漠绿洲水上乐园，是世界上最豪华的酒店。

帆船酒店是由英国阿特金斯集团（WS Atkins）的建筑师汤姆·赖特于 1993 年设计的，外形就像迎风飘扬的阿拉比船帆，建筑反映了豪华的阿拉伯传统，象征照亮迪拜未来的灯塔。

酒店的建设始于 1994 年，工程共花了 5 年的时间，开垦这个岛用了两年时间，在 40 米的海下打了 250 根基建桩柱，又花了 3 年时间才完成这个标志性建筑，于 1999 年 12 月 1 日正式开业。

酒店高 321 米，是全球最高的全套房酒店，比法国埃菲尔铁塔还高，只比美国的帝国大厦矮 60 米。28 楼是直升机停机坪。帆船酒店已成为迪拜地平线上的路标和象征。

大门入口处是来自四个塔中向空中驱动的火球，释放出无毒的丙烷气体，与反射在酒店玻璃外墙上的火焰一起构成视觉幻象；喷射的火焰与在酒店入口处配有交响乐的椭圆形喷水池融为一体，构成了极为独特和奇妙的视觉交响乐章。

酒店的内部设计是由 KCA 国际公司（KCA International）的 Khuan Chew 负责的。其设计灵感来自阿联酋的国度、人民和文化。充满活力的装饰色调来自土、气、火和水的元素，装修使用了约 1590 平方米的 24K 金片。

酒店的大堂高达 180 米，是世界上最高的大堂，侧面是金碧辉煌的柱子，中心是可以喷出 42 米高水柱的喷水池。

酒店看上去只有 27 层，实际为 56 层，因为酒店 202 套房间全是复式结构。酒店向每位顾客提供方便、奢华和个性化服务，24 小时专职管家。每个楼层都有接待处，顾客在房间就可办理入住手续。酒店有：

142 个单卧室豪华套房

28 个双卧室套房

18 个单卧室全景套房

6 个三卧室套房

4 个单卧室俱乐部套房

2 个总统套房

2 个王室套房

周全服务

房间面积从 170 平方米到 780 平方米，从窗望去，海景一览无余，所有房间都配有最先进的科技设施和设备。

酒店拥有世界上最大的接送客人的豪华车队之一，车辆全部为劳斯莱斯，酒店还可以安排专门的直升机接送顾客或观光。

酒店用玫瑰香水、凉爽的毛巾、椰枣、阿拉伯香料 Bakhoor 和纯正的阿拉伯咖啡欢迎来宾，反映了阿拉伯人的热情好客。

酒店的餐厅和酒吧

Al Muntaha 餐厅——中风景吧（Sky View Bar）：欧式餐厅。Al Muntaha 在阿拉伯语中为"极致的"、"最高的"的意思，坐落在酒店 27 层，200 米高的波斯湾上，可以俯瞰迪拜的景色。顾客可以乘坐速度为每秒 6 米的观光电梯到达餐厅，餐厅可容纳 120 人就餐。

餐厅的另一个区域是提供下午茶、黄昏鸡尾酒和傍晚小酌的地方。

Al Mahara 餐厅：海鲜餐厅。Al Mahara 在阿拉伯语中里是牡蛎的意思。顾客从酒店大堂乘坐虚拟潜艇，三分钟可抵达餐厅。餐厅有一个大厅和三个单间，被海生动物所包围。

Junsui 餐厅：亚洲餐厅。Junsui 日语的意思为"纯粹的"意思。厨房为开放式，有 12 个现场工作台和 45 名亚洲厨师，制作中餐、日餐、韩餐、泰国餐和印尼餐。餐厅坐落在一楼夹层，还有一个鸡尾酒吧。

Al Iwan 餐厅："王室餐厅"。坐落在世界上最高的中央大厅中心，侧面是金碧辉煌的柱子，旁边是主大堂。该餐厅制作最精美的阿拉伯餐。

Bab Al Yam 餐厅：咖啡厅。坐落在室外游泳池和日光浴台边。Bab Al Yam 意为"通向大海"（Gateway to the Sea），在景色宜人的绿洲中，为顾客提供便餐和冷饮。

Majlis Al Bahar 餐厅：海滩餐厅，专营地中海以及中东餐，餐厅旁边有一个酒吧。

酒店还有一个休息室，叫 Sahn Eddar，坐落在中央大厅。在这里，顾客可以一边喝饮料休息，一边观赏可喷 42 米高的喷泉。

会议和宴会设施

在酒店的 27 层，有一个现代化的大会议厅和 5 个小型会议室，会议厅和会议室的设计格调是受 18 世纪威尼斯歌剧院的影响。

水疗及健身俱乐部（Assawan Spa & Health Club）：水疗及健身俱乐部坐落在酒店 18 层，以 Assawan 石命名，Assawan 石以其纯粹和疗效而闻名。

价值实现

帆船酒店拥有各类豪华客房，每个房间包含：独立用餐区、高档沙发、商务办公桌、膝上型电脑、私人传真机、复印机、等离子电视、65 个国际频道、高技术含量的隐蔽网络、包括洗浴、照明、窗帘、空调等的控制按钮、房间独立的 DVD 系统等。

高档便捷的服务设施，10 部电话，多功能遥控器和电视屏幕，舒适的床，室外美景，电脑上网，文具，特色点心。每个套间配有一个管家，全面周到的服务，让每位房客感觉自己就是阿拉伯王储。

同时，酒店拥有正式员工 1200 人，加上临时工等共计 2000 人，相当于10 位员工为 1 位顾客服务，从而保证了顾客价值的实现。

酒店文化

目标

做一个世界级的国际化酒店，殷勤好客，不懈努力，关心每一位客人和员工，使我们成为酒店行业的领导者。

特色

每当你看到一位客人，微笑并先于客人问好；

从来不对客人说"不"；

对每一位同事充满敬意，像你想得到的那样。

指导准则

正直——我们做任何事情都真挚而诚实，言行一致，使团队保持信心。

团队意识——我们公开交流、相互支持、赞同双赢、尊重差异，致力于建立我们的事业，为了每一个目标努力工作。

尊重和赏识——我们坚信客人的个人需要和成功需要我们的支持和赏识。

创新——我们思想开放，挑战传统，提高工作效率，并且比竞争对手提前实践。

以人为本——我们把客人、同事、商业伙伴放在中心位置，因为我们可以从这些最好的朋友那里学到很多。

持续成长——我们提供可以使员工和我们的事业不断成长和发展的良好环境。

可以让你梦想成真的地方——帆船酒店。

2. 卓美亚海滩酒店（Jumeirah Beach Hotel）

卓美亚海滩酒店位于卓美亚海滩路，与帆船酒店和麦地那卓美亚酒店相邻，接近卓美亚古城，离迪拜国际机场只有半小时车程。

卓美亚海滩酒店是卓美亚集团的第一家酒店，于1997年11月正式开业，是一个以接待家庭为目标的酒店。

卓美亚酒店是由英国阿特金斯集团（WS Atkins）的开发商经过3年的时间建成的，酒店的内部设计是由KCA国际公司（KCA International）的Khuan Chew负责的。

　　酒店的建筑犹如巨浪，其内部设计主题采用了大自然的四大元素：土、气、火和水。每种元素都是通过颜色组合反映的，把酒店分为 4 个不同的等级。蓝色和绿色代表水，棕色和红色代表土，蓝色和白色代表气，红色和黄色代表火。

　　四大元素的主题贯穿于客房和走廊，直至大厅。大厅有一个 90 米高的雕塑墙，描绘的是地球卫星的景色，满天的星星，月亮在轨道中运行，阿联酋处于中央，在雕塑墙的底部是代表水的大海，代表土的大陆，代表气的天空和代表火的太阳。

　　卓美亚海滩酒店有 26 层，617 套面海客房和别墅，每个房间约 50 平方米，该酒店还有阿拉伯主题的 Beit Al Bahar 别墅，每个别墅都提供专门的入住服务，都有专门的瀑布池、平台和游泳池，配备专门的管家。

　　卓美亚海滩酒店有 550 套海景房，包括：

247 个豪华海景房

99 个俱乐部商务海景房

74 个高档休闲海景房

130 个豪华阳台海景房

卓美亚海滩酒店还有 48 个海景套房，包括：

5 个海景小套房

9 个单卧室海景套房

21 个双卧室海景套房

5 个三卧室海滩套房

6 个沙滩（beachcomber）套房

1 个总统套房

1 个王室套房

Beit Al Bahar 别墅包括：

6 个单卧室别墅

13 个双卧室别墅

餐厅和酒吧

卓美亚酒店拥有 20 多家餐厅、咖啡厅和酒吧，提供世界各地的佳肴。包括：

公寓休息室＋俱乐部（The Apartment Lounge ＋ Club）：迪拜主流音乐场所之一，每个周末都有世界著名的 DJ。

别墅海滩餐厅（Villa Beach）：是地中海式零点餐厅。

拉帕雷拉餐厅（La Parrilla）：坐落在酒店 25 楼，是该地区第一家，也是唯一一家阿根廷餐厅，提供南美开胃菜、色拉和正宗的阿根廷正餐。顾客在进餐的同时，还可以欣赏探戈。

阿拉卡亚餐厅（Al Khayal）：传统黎巴嫩餐厅，形状像阿拉伯帐篷，提供黎巴嫩以及其他中东地区餐。

棕榈宫（Palm Court）：提供下午茶，顾客在正餐前及正餐后可以一边品尝各种茶、咖啡、鸡尾酒、啤酒、小吃和点心，一边欣赏古典二重奏。

德凯勒餐厅（Der Keller）：德国餐厅，提供正宗的德式佳肴。

卡内瓦莱餐厅（Carnevale）：意大利餐厅，提供意式南北家常特色菜。

拉沃兰大餐厅（La Veranda）：坐落在海边的露天比萨餐厅。

玛丽娜餐厅（Marina Restaurant）：海鲜餐厅，提供传统亚洲餐和新式欧洲餐。

蓝海餐厅（Ocean Blue）：海滩露天餐厅，提供便餐。

去西部餐厅（Go West）：提供各种来自西海岸到东海岸的家常菜，餐厅的驻店乐队（resident band）演奏流行乐曲。

海边餐厅（Waterfront）：坐落在海洋馆及运动俱乐部（Pavilion Marina ＆ Sports Club）的一楼，提供便餐、色拉和健康饮品。

纬度餐厅（Latitude）：自助餐厅，顾客可以品尝来自全球的传统美食。

帆船与锚（Dhow and Anchor）：英式酒吧和家庭式餐厅。

海滩餐厅（Beachcombers）：提供远东式餐饮。

Uptown 酒吧：坐落在 24 层的爵士乐酒吧。

瓦迪咖啡厅（Café Wadi）：坐落在 Beit Al Bahar 泳池旁边，为 Beit Al Bahar 的顾客专用。

会议和宴会设施

酒店的会议中心和宴会厅与酒店的主楼不同，其外形像传统的阿拉伯单桅三角帆船，是迪拜首个专门设计和建造的会议中心，1326 平方米的主会议大厅在一楼，在二楼还有一个 1238 平方米的会议区。主会议厅由 4 个区域组成，可容纳 1500 人，配有先进的会议设施，可举办社团活动、社交活动、商业活动和庆典活动；二楼的会议区域可以摆成 416 座的剧院，配备先进的音响设备。

健康运动俱乐部（Pavilion Marina & Sports Club）

该运动俱乐部为 2 层建筑，由 2500 平方米，坐落在海湾和网球场之间的防波堤上。俱乐部拥有各种运动设施，包括：潜水中心、壁球室、网球场、健身房以及各种水上运动项目。

辛巴儿童俱乐部（Sinbad's Kids Club）

该儿童俱乐部在家庭游泳池附近，外形像艘船，专门为 2 到 14 岁的儿童设计，儿童由训练有素的专业人员监管。

3. 卓美亚阿联酋酒店（Jumeirah Emirates Towers）

卓美亚阿联酋酒店坐落于迪拜商业区中心的 Sheikh Zayed 路上，在迪拜国际金融中心与迪拜国际会展中心之间，距迪拜国际机场仅 12 公里。

酒店始建于 1996 年，由罗伯特·马修一约翰逊·马歇尔建筑工程公司（RMJM：Robert Matthew Johnson Marshall）的设计师 Hazel Wong 设计，于 2000 年 4 月正式开业。

酒店由两个等边三角形塔楼组成，由一个叫大道（Boulevard）的中央平台连接，350 米高的塔楼为写字楼，305 米高的塔楼为酒店，已成为迪拜地标性建筑。

酒店有 51 个楼层，400 套客房，每个房间的装饰都采用了现代欧式风格，配备欧式家具，房间从 44 平方米到 312 平方米，都配有最先进的商务设施。

商务俱乐部（Club Executive）拥有自己的礼宾部，提供豪华车队接待顾客，在车里为顾客办理入住登记等一条龙服务。

40 楼是专门为商务女士设计的楼层，叫 Chopard 女士楼层，由女服务员提供服务，房间配有瑜伽设施、化妆箱和其他妇女专用品。

酒店有：

200 个豪华大床房

52 个商务俱乐部客房

48 个豪华双床房

40 个塔楼大床房

31 个塔顶（Apex）套房

10 个塔楼双床房

10 个间女士 Chopard 房

5 个顶峰（Summit）套房

3 个总统套房

1 个王室套房

连接塔楼的大道（Boulevard）

大道是一个独特的购物中心，上下两层，面积为 13050 平方米。大道有 50 多个专卖店、主题餐厅和咖啡厅。

酒店的餐厅和酒吧

喷泉餐厅（Al Nafoorah）：在大道底层，提供正宗的黎巴嫩餐。

10 楼休息室（Lounge on Level 10）：在酒店中央大厅，提供饮料和清淡美食。

角 3 餐厅（Corner3）：在写字楼大堂，提供阿拉伯风味的营养餐。

外星人寿司餐厅（ET Sushi）：在大道的底层，提供寿司、刺身和天妇罗。顾客可以坐在大道的平台上从传送带上选餐，亦可以从菜单上点餐。餐厅还有一个清酒吧。

哈里伽图吧（Harry Ghatto's）：在大道的上层，卡拉 OK 吧。

马赛克餐厅（Mosaico）：与酒店大堂在同一楼层，提供地中海餐，早餐和午餐为自助，晚餐为零点。

泳池吧（Pool Bar）：该吧在室外游泳池边，提供饮料和小吃。

斯卡利特餐厅（Scarlett's）：在大道的底层，为主题餐厅和鸡尾酒吧，南美装饰，专营健康的美式和英式餐，以及各种零食。

经销吧（Agency）：在大道底层中央，为葡萄酒和小吃吧，有 70 多种葡萄酒。

大堂休息室（Lobby Lounge）：提供各种饮料和小吃。

面馆（Noodle House）：在大道底层，厨房为开放式，缩短了快餐与东南亚美食的距离。

扒房（Rib Room）：与酒店大堂在同一楼层，专营日本和牛和其他上等牛肉，提供最美味的牛排和海鲜。

塔楼的东京日餐厅（Tokyo@thetowers）：在大道的上层，有零点厅、榻榻米单间和寿司吧。

乌氏餐厅（Vu's）：在酒店塔楼的 50 层，提供欧式餐。

乌氏吧（Vu's Bar）：在酒店塔楼的 51 层，提供 200 多种鸡尾酒。

会议和宴会设施

戈多尔芬大厅在大堂的下一层，总面积为 787.5 平方米，配有杜比环绕音响系统，可举办 600 人的宴会，1000 人的鸡尾酒会。大厅可分为 3 个会议室，每个会议室都有单独的会议设备。

在酒店塔楼的 1—5 层，有 12 个小型会议室，配有最先进的会议设备。

在酒店塔楼的 3 层是设备齐全的 Biz Pod 商务中心，提供秘书服务。

卓美亚服务公司（Jumeirah Hospitality）

酒店在阿联酋负责活动安排和对外提供餐饮的公司，如详细的活动安排、餐饮服务、接待服务用的设施设备、装饰、灯光布置、艺人、摄影师和接送顾客等。

男士水疗（H_2O The Male Spa）

在酒店塔楼的底层，有 30 多种疗法，包括氧吧等。

健身俱乐部

在酒店大堂旁，有一个大健身房、单独的举重培训区、桑拿和蒸汽室、女士按摩室、氧吧、游泳池、日光浴台和泳池吧等。

写字楼

写字楼有 52 层，17 部电梯，每个楼层的纯使用面积为 810 平方米，高 2.85 米。

4. 麦地那卓美亚酒店（Madinat Jumerah）

麦地那卓美亚酒店位于卓美亚海滩酒店、帆船酒店和沙漠绿洲水上乐园的旁边，离迪拜国际机场只有 30 分钟的车程。

麦地那卓美亚酒店是由 Mina A' Salam、Al Qasr 和 Dar Al Masyaf 组成。建筑开发商 Mirage Mille 花了 36 个月才完成了麦地那卓美亚酒店的第一家：Mina A' Salam。Mina A' Salam 于 2003 年 9 月开业；麦地那卓美亚酒店全部开业是在 2004 年。

Mina A' Salam 拥有 292 套客房；Al Qasr 有 292 套客房；Dar Al Masyaf 有 283 套客房，Dar Al Masyaf 还有 7 个 Malakiya 别墅。

麦地那卓美亚酒店拥有 44 个世界级的餐厅和酒吧；该酒店还拥有该地区一流的会议和宴会设施；其他设施包括 Talise Spa、Quay 健身俱乐部和集团的第一家剧院等。

5. 卓美亚通往太阳沙漠度假村及水疗酒店（Jumeirah Bab Al Shams Desert Resort & Spa）

卓美亚通往太阳沙漠度假村及水疗酒店位于沙漠中心地带，迪拜国际耐力赛城（Dubai International Endurance City）附近，离帆船酒店、卓美亚海滩酒店和麦地那卓美亚酒店只有 35 分钟的车程，离迪拜国际机场 45 分钟的车程。

Bab Al Shams 的意思是"通往太阳"（Gateway to the Sun）。建设该酒店用了 9 个月的时间，于 2004 年开业。

该酒店的建筑不高，周围是沙漠的自然景观。酒店有 113 套客房，7 个餐厅和酒吧，一个名为 Satori Spa，3 个游泳池，Sinbad 儿童俱乐部，以及现代化的会议设施。

6. 伦敦的卓美亚卡尔顿酒店（Jumeirah Carlton Tower）

该酒店位于时尚的骑士桥（Knightsbridge）中心地区，步行就可到著名的哈罗和哈维·尼克尔斯百货商店，离伦敦的金融中心和西区很近，距西斯罗机场（Heathrow Airport）15 公里。

该酒店于 1961 年开业，由美国酒店公司（Hotel Corporation of America）管理，是骑士桥地区第一家 5 星级酒店。2001 年 12 月，卓美亚接管了该酒店，并于 2005 年 6 月 21 日改名为卓美亚卡尔顿酒店。该酒店拥有 220 套客房，3 个餐厅：Rib Room、Chinoiserie 和 Club Room，以及功能齐全的会议和宴会设施、豪华的匹克健身俱乐部和 Spa（Peak Health Club & Spa）、设备齐全的健身房、高尔夫模拟机、桑拿室和游泳池等设施。

7. 卓美亚朗兹酒店（Jumeirah Lowndes Hotel）

该酒店位于骑士桥的拜耳格莱维亚村（Belgravia village）的中心地区，与卓美亚卡尔顿酒店一路之隔。

朗兹酒店由伯克利兄弟公司（Berkeley Brothers）于 1969 年建成，在成为卓美亚成员之前分别由西斯尔酒店公司（Thistle Hotels）、忙特夏洛特和凯悦酒店集团所有。2001 年 12 月，卓美亚接管了该酒店，并于 2005 年 6 月 21 日改名为卓美亚朗兹酒店。该酒店拥有 87 套客房，3 个餐厅：Mimosa Bar & Restaurant、Terrace（每年 5 月到 9 月营业）和 Private Dining（专用的商务休息室），朗兹酒店的顾客也可以到对面的卡尔顿酒店用餐。朗兹酒店还有功能齐全的会议和宴会设施，以及健身俱乐部和 Spa（Health Club & Spa）等设施。

8. 纽约的卓美亚艾赛克斯酒店（Jumeirah Essex House）

卓美亚艾赛克斯酒店位于纽约中央公园南、曼哈顿中心的第 6 大道和第 7 大道之间，步行就可到百老汇、时代广场和大都会艺术博物馆（Metropolitan Museum of Art）等著名景点，离肯尼迪机场不到 12 英里，纽瓦克机场 15 英里。

该酒店于 1931 年 10 月开业，为当时纽约最高的建筑，是 20 世纪 30 年代的艺术建筑（Art Deco）的杰作。酒店高 44 层，有 509 套客房，3 个餐厅：南门餐厅（South Gate），该市最新的独立经营的餐厅；大厅休息室（Lobby Lounge），提供开胃小菜、主菜和三明治等，下午 2 点到 6 点为下午茶时间；酒店餐厅（The Restaurant at the Essex House），提供早、午和晚餐。该酒店还有功能齐全的会议和宴会设施，以及健身俱乐部和 Spa（Health Club & Spa）等设施。

三、集团企业文化

STAY DIFFERENT

住得不一样

Consistent Individuality

不变的特性

STAY DIFFERENT™ is the driving force behind everything we do. It motivates everyone in Jumeirah Group to build rewarding relationships through creative thinking and innovative strategy. Our guests are looking for something different，and value the unique experiences of our luxury hotels，striking architecture and thoughtful design. We inspire them with passionate service，delivered by our multinational team of warm and friendly colleagues.

住得不一样是我们做事的动力。它激发卓美亚每一位员工通过创造性的思维和创新性的策略建立有益的关系。我们的顾客寻求不一样的东西，他们重视我们的豪华酒店、引人入胜的建筑和体贴周到的设计给他们带来的独有感受。我们热情和友好的多民族团队用富有激情的服务感染他们。

Our colleagues，inspired by the Hallmarks，are the foundation of Jumeirah's success，and are at the heart of everything we do. The Hallmarks are：

在以下标志的鼓舞下，我们的同事是卓美亚集团成功的基础，是我们做事的核心。

The Hallmarks are：

标志是：

• I will always smile and greet our guests before they greet me

· 我总要微笑，先向客人问候
· My first response to a guest request will never be no
· 我对客人要求的第一反应绝不是不
· I will treat all colleagues with respect and integrity
· 我要用尊敬和真诚对待同事

第十六节　悦榕庄酒店及度假村
Banyan Tree Hotels & Resorts

集团总部：

新加坡武吉芝马路上段 211 号

211 Upper Bukit Timah Road，Singapore 588182

知名品牌：

悦榕 Banyan Tree

悦椿 Angsana

悦榕 Spa / 悦椿 Spa

悦榕阁 / 悦椿阁 Gallery

一、集团历史概况

悦榕度假酒店集团是豪华度假村和 Spa 行业领先的国际经营者，它成立于 1994 年，目前已是亚洲著名品牌，成为盛名和奢华的同义词。悦榕集团致力于为高度富裕的旅行者提供顶级的度假村体验和最高级的服务，在这里体验浪漫、亲密和活力。

2006 年，悦榕控股集团成功在新加坡证券交易所上市。截止到 2008 年年底，公司管理和/或拥有 26 个度假村和酒店、65 家温泉、70 家悦榕阁零售店和 2 个高尔夫球场。此外，它还通过集团的附属公司 Laguna Resorts and Hotels Public Company Limited 在泰国经营领先的综合度假胜地 Laguna Phuket。公司最著名的是其招牌 Banyan Tree 和 Angsana 度假村、温泉和悦榕阁。

公司业务分为七大领域：酒店投资，酒店寓所销售，酒店管理，温泉业务经营，艺品店经营，物业销售，设计和其他（设计和项目管理、高尔夫球场和其他业务）。

悦榕庄始于泰国，1995 年以来，集团稳步地扩张到 20 多个国家。公司在多样化的市场上取得成功全靠以下相同的原则：

公司强大的品牌使其掌控了酒店和温泉高端市场的价格。每个品牌和每个产品的市场目标是明确的，因此扩大了顾客的基数。

公司的综合能力，包括室内设计、产品管理和全球市场，使其能够开发新产品，迅速推向市场，同时管理好成本。经验丰富和多学科的管理团队证明了公司的专业技术和战略领导才能。

公司里程碑

2009 年

公司在墨西哥开了 Banyan Tree Mayakoba 酒店，第一次进入美洲，奠定了悦榕庄的全球基础。

2008 年

执行主席何光平获得新加坡公司奖项中的年度 CEO 奖。

2007 年

为了为发展提供资金，公司成立了首都悦榕庄酒店（Banyan Tree Capital）。公司在巴林开了 Banyan Tree Al Areen 酒店，第一次进入中东。

2006 年

6 月 14 日，悦榕控股有限公司登陆新加坡证券市场。成立了 Banyan Tree Residences，投资人可以在悦榕度假村购买自己的别墅、住宅或公寓。成立了 Banyan Tree Private Collection，来满足俱乐部成员不断增长的需求。

2005 年

经过长期等待，公司终于进入中国市场，在云南成立了丽江悦榕庄。

2001 年

公司成立了绿色责任基金（Green Imperative Fund），使公司的社会责任正式化。建立了悦榕温泉学院（Banyan Tree Spa Academy），不仅研究新理疗法和技术，也为新理疗师提供培训。

2000 年

创立了 Angsana 品牌，Angsana Bintan 和 Angsana Great Barrier Reef 相继开业。

1994 年

为了建立和管理豪华精品酒店和度假村，建立了充满亚洲传统色彩的悦榕庄。公司旗舰度假村——普吉岛悦榕庄在泰国成立，该度假村包括首家悦榕温泉和悦榕阁。

1993 年

LRH（Laguna Resorts and Hotels）在泰国证券市场上市。

1990 年

室内设计部、楣梁设计和规划部在泰国和新加坡成立。

1987 年

LRH 开始将普吉岛的 Laguna Phuket 作为旅游目的地进行市场宣传。

1984 年

悦榕控股有限公司的子公司 LRH 在泰国普吉岛 Bang Tao Bay 废弃的锡矿上获得了 550 英亩土地。

二、集团旗下品牌介绍

悦榕 Banyan Tree

悦榕庄的寓意从榕树中来，取其坚毅、优雅之意。几个世纪以来，人们常常将榕树荫下当做寻求心灵平静与内在的处所，这正是悦榕庄趋其茁壮成长之道。

身为热带花园 SPA 概念的先锋，悦榕庄以全面化的方式为身心提供一个心静轩。位于每个悦榕庄里的悦榕 SPA 提供全然不同的亚式健康美容 SPA 体验。

悦椿 Angsana

悦椿度假村成立于 2000 年，是悦榕庄的姊妹品牌，与其相交辉映，现代感十足、充满活力及自然气息。与悦榕庄有所不同，悦椿管理下的酒店以精品特色酒店著称，均具有特殊的异国情调。从锡兰的薄雾森林，到天国风格的西藏寺庙，悦椿绚丽色彩像一副精彩的调色板一样，将全亚洲各地的异域风情淋漓尽致地展现出来。

悦椿原名 Angsana，为亚洲热带雨林的青龙树，以其不定时绽放金黄色花朵为人所知。青龙树启发了人们更敏锐的触感以及将生命活得更灿烂的灵感。悦椿度假村把生活带回自然，令人珍视这里分分秒秒的体验，感受生命及生活的真谛。

悦榕／悦椿 Spa Banyan Tree／Angsana Spa

屡获殊荣的悦榕 Spa 是亚洲奢华泉浴的开创者，与悦榕庄如影随形，足迹遍布全世界。荣获胡润百富和旅行者传媒分别颁发的"最佳 Spa 品牌"和"最佳酒店 Spa"奖项。悦榕 Spa 在普吉岛取得巨大成功后，继续在马尔代夫、印尼的民丹、泰国的曼谷、塞舌尔、中国的上海、仁安、丽江和三亚、日本、科威特、巴林等开了 Spa。每一家 Spa 的设计都融入了当地独特的环境，使用当地材料，展示和反映了本土文化和传统独特的建筑风格、土地和植物。热带花园式的布置不仅有助于顾客回忆起大自然的壮丽和宁静，还有助于唤醒他们的各种感官，增加 Spa 的疗效。

与悦榕 Spa 师出同门的悦椿 Spa，其原料全部取自于天然花卉和鲜果，独家配方秘制而成。结合东西方精妙手法及古老芳香疗法，全面激活疲惫的身心，彻底放松身、心、灵，为顾客缔造独一无二的精致享受。

为了确保理疗师提供优质专业的服务，悦榕集团于 2001 年 5 月设立了普吉岛悦榕 Spa 学院。这间学院获得了泰国教育与公共卫生部的认证，学员必须接受至少 300 个小时的严格理论和实践训练。配合悦榕 Spa 在中国的业务扩展，集团于 2007 年 5 月设立了悦榕丽江 Spa 学院，以培训专业的中国理疗师，为客户提供优质的服务。

悦榕阁／悦椿阁 Banyan Tree／Angsana Gallery

作为艺术品零售店，悦榕阁是悦榕庄体验的延伸，能够使客人在自己的家中再次体验到度假村的经历。除了展示当地文化及艺术品外，悦榕阁的其他主要商品包括悦榕特色 Spa 产品、亚洲的家居、环境友好系列产品、度假村服饰和配饰等。在悦榕庄经营的社区保存和倡导传统工艺技术是悦榕阁的愿望。悦榕阁是一家对社会负责的旅游零售商，村庄的持续发展、保存和倡导传统工艺技术等都是其业务的一部分，并且与该集团"拥抱自然、关怀社会"的社会责任并行不悖。

通过进一步发展社区项目，悦榕阁在其所在地建立了乡村生产商和项目合作伙伴的庞大网络。悦榕阁分享并支持社区友好和环保友好产品及项目，通过全球 65 家店铺网络，展示了亚洲传统的村庄工艺。

泰国

Fuen Fu 在泰语中的意思是"康复",成立于 2005 年,其成立的目的是为残障人创造持续的收入。来自泰国清迈 Fuen Fu 的手工艺人,通过回收的旧报纸、电话簿及杂志,制作了一系列具有吸引力和实用的家庭用品。这些优质的手工艺品不仅传递出一种社会信息,也反映了日常消耗品循环使用对环保的益处。

Tambon Lumpula 社区是一个小型橡胶种植村,一名当地工匠与该村的橡胶供应商共同制作了在悦榕阁出售的海星及海龟形状的收藏品。

新加坡

新加坡当地名为 Prime Associates 的委员会为新加坡居家妇女创造了工作机会。这些妇女因家庭原因,或因残疾,只能在家工作。在东南亚地区的悦榕阁所销售的传统蜡染礼品就由这些妇女制作的。

中国

"Shokay"是藏语中牦牛的意思,是 Shokay 公司的关键要素,这家企业认为牦牛纤维能够为西藏牦牛牧民带来持续收入,与此同时,可以保持传统的生活方式。Shokay 公司直接从西藏牧民处收购牦牛纤维,为西藏牧民及其后代带来了直接且稳定的收入,在中国及新加坡的悦榕阁中可以买到 Shokay 的系列毛织产品。

悦榕秘境 Banyan Tree Private Collection

悦榕秘境是亚洲第一家度假俱乐部,提供永久并且可以完全转让的会员资格,在任何一处购买会员资格后将获得每年免费入住悦榕秘境旗下的所有房产权利。会员的朋友和家人在不超过别墅可容纳的人数的范围内,都可以在这些别墅里入住。会员人数有上限,但是随着会员人数的壮大,悦榕秘境别墅数目也要相应增多。任何时刻,必须保证预计会员的人数和可提供使用的别墅数目比例在 1.5 到 2。

主要福利

客人可在 7 至 8 年内收回初步投入的费用，此后您将永远可以每年享受免费的假期，只需要支付年费即可。

俱乐部的所有资产被一个单独的信托机构持有，客人的会员资格将不会因为任何可能影响到悦榕集团的商业风险而受到影响。

会员资格是永久性的，永远不会过期；并且可以转让、售卖或者放在今后的遗嘱中。

与单独的别墅质量和装潢质量相比，所有悦榕秘境的别墅和悦榕庄高标准保持一致，不断地在独特的度假地点提供高质量住宿。

其他大部分度假村俱乐部只是选择独立的房产，而悦榕秘境的大部分房产都位于悦榕庄内，客人可以使用所有度假村内的设施，参与度假村内的活动，并且会员卡还给予客人在悦榕餐馆、水疗中心、礼品部享受折扣，以及在高尔夫球场免费打球的权利。

会员可以预订及预付各种活动，以便可以在到达度假地点后尽情放松地享受度假时光。

预订之后，会员服务部经理将协助客人安排所有其他细节。专业的悦榕别墅管家将尽量满足客人的所有需求。

三、集团企业文化

拥抱自然，关怀社会

在"拥抱自然，关怀社会"的号召下，公司借旅游业致力于长期推动社会和经济发展。通过鼓励同事、顾客以及合作伙伴以更宽广的视野、更长远的角度做出经营决策，悦榕的三重底线——财政、社会和环境将引导公司持续发展。

悦榕的成功定义不仅来自经济收益，也从社会和环境的角度来评估。作为一家具有社会责任感的企业，持续经营是集团的核心价值观，其中包括：

· 通过服务和产品为嘉宾和客户创造难以忘怀的美好体验；

·为同事提供公平、有尊严的工作平台，提高其为公司发展作出长期贡献的能力，拓展职业前景；

·通过商业行为、经营活动以及解决社区问题的核心能力，保持度假村所在社区的社会繁荣；

·时时关注经营活动对环境的影响，在保护全球生态环境中发挥了积极的作用；

·以尊敬、公平和透明的方式与供应商和卖方合作；共同努力，服务社会，减少环境影响；

·为利益相关者的投资带来长期回报。

四、集团社会责任

悦榕公司创办人何先平先生讲过：“如果企业经营以道德为依附，积极履行各项责任，就能发挥正面的领导作用，使我们生活的社会变得更加公平，更加繁荣。”

悦榕坚信，对社会负责的商业决策和行为将为所有股东创造最大的价值。由于公司业务主要集中在发展中国家和地区，悦榕将为这些国家和地区的社会和经济发展作出应有的贡献。这种认识是公司持续经营理念的基石，源自公司对社会责任的理解。为了当代人以及子孙后代的福祉，公司应共同承担起保护和改善人类社会与自然环境的责任。

流光溢彩的企业社会责任史

1992 年：

乐古浪普吉岛综合度假村因将一个被联合国开发计划署和泰国旅游局列为被污染的荒地改造成草木茂盛的热带公园，而荣获美国运通与美国国际酒店协会颁发的环境奖。

1994 年：

执行主席何光平在成功地将一片荒地变成美丽的度假村后，顺势成立了公司自有的全球酒店品牌——普吉岛悦榕庄，它是集团在乐古浪普吉岛的旗舰度假村。

1995 年：

集团审慎做出保护脆弱珊瑚的方案后，在马尔代夫开了瓦宾法鲁悦榕庄。在建设期间，专门使用了轻型船只运输别墅的预制结构。

为了保护原始热带雨林，民丹岛悦榕庄开业之前做了详细的开发战略，把别墅立于树桩之上，周围环绕着树木和岩石，保留了自然景致。

1996 年：

第一家悦榕阁作为本土艺术品零售店在泰国的普吉岛开业。悦榕阁的理念可以追溯到 1989 年，当时悦榕庄的创办人张齐娥为了支持泰国乡村地区的益梭通府社区，购买了两个"maun"三角垫，从而开始了用乡村工艺品装饰悦榕庄的尝试。

2000 年：

悦榕阁是非营利的艺术品营销机构，与悦榕庄紧密合作，是为了给当地工匠提供就业机会，让客户了解当地的艺术品和乡土风情。

2001 年：

悦榕阁创立了绿意拯救基金（GIF），为拥抱自然，关怀社会筹集资金。该基金有宾客捐助，酒店捐赠同等金组成。

位于普吉岛的悦榕 Spa 学院开业，为悦榕和悦椿培养专业的理疗师。课程包含 Spa 的各个领域，并为学员提供机会，在悦榕遍及全球的 Spa 内工作。

2002 年：

曼谷悦榕庄开业，是集团第一家城市酒店。停车场的部分区域改造成绿洲，各种植物、水生物和鸟类使酒店成为一个心静轩。

塞舌尔悦榕庄对脆弱的塞舌尔湿地实行了管理后，在此开业，减少了建筑和旅游对环境的破坏。

2003 年：

马尔代夫悦榕庄海洋生物研究室成立，这是马尔代夫第一家以度假村为基地的研究和教育机构（2004 年年初开业）。为加强和保护海洋生态和资源，该实验室对当地濒危物种进行研究和保护，与此同时，与当地青少年合作，共同促进当地的教育事业和提供当地的健康水平。

2004 年：

悦榕正式成立了企业社会责任委员会，指导社会责任实践行为和绿意基金会的使用。该委员会包括了各个度假村的高级主管，他们协同努力，进一步落实"拥抱自然，关怀社会"的使命。

2005 年：

亚洲海啸恢复重建基金（ATRF）和普吉岛海啸恢复重建基金（PTRF）成立，长期资助受 2004 年 12 月 26 日印度洋海啸影响社区的恢复重建。

悦榕的张齐娥女士成为新加坡企业社会责任委员会主席。

悦榕集团加入联合国全球联盟约新加坡分会，成为创始会员。

第一家高海拔度假村仁安悦榕庄把纯正的藏村农舍改造成别墅后在云南开业。

2006 年：

悦榕在所有的度假村发起了地球日活动，为顾客提供与环境相关的特别配套服务；

2006 年 6 月 14 日，悦榕控股有限公司在新加坡证券交易所挂牌上市。

丽江悦榕庄在中国的云南开业，其别墅是用当地传统的材料建成的；悦榕改善了丽江少数民族孤儿院的设施，向孤儿院的两个图书馆捐赠了 500 册书籍。

2007 年：

悦榕开展了辅助成长计划、绿色家园和自然资源的保护活动。辅助成长计划着眼于利用其核心能力为社会作出的贡献；绿色家园着眼于 2016 年之前，每年在每个度假村种植 2000 棵树，以增强人们对于全球气候变化的意识；自然资源保护活动致力于在未来 3 年中，每年减少 10％的用水、用电和废气物排放。

民丹岛悦榕庄的自然保育研究室成立，是集团在东南亚第一个研究和教育单位。除当地学校和社区外，研究室还和来访专家一起，共同努力提高人们的环境意识和对社会的关切。

除了民丹岛保护实验室和马尔代夫海洋实验室在瓦宾法鲁执行的项目外，公司的度假村还开展了其他各项活动，支持环境保护及培养环境保护的意识。

2008 年：

促销"拯救世界"和"拯救地球"产品活动是专为纪念 2008 年 4 月 22 日的地球日设计的。该活动以物作为地球陆地和海洋的象征，旨在描述动物面临灭绝的危险。悦榕阁在这次活动中把 2008 年 4 月至 6 月收入的 2% 捐给了绿意基金。"拯救世界"和"拯救地球"产品的推出是为了提高消费者对环境保护的认识，同时，购买这些产品的顾客也支持了社区及环境保护项目，这些社区和环保项目都是由悦榕企业社会责任基金提供的资金。

1. 拥抱自然，植树活动

2007 年年初，为了提高人们对气候变化的意识，悦榕发起了绿色家园活动——2016 年前，每年种植 2000 棵树。参加此项活动的有 7 个度假村：普吉岛悦榕庄、曼谷、民丹岛、马尔代夫、塞舌尔、丽江以及悦椿大堡礁，之后，Maison 桑维纳方姆酒店和悦榕新加坡总部也加入了此项活动。2007 年，集团共植树 11600 棵，略少于 14000 棵的预期目标。

2008 年，又有 3 个度假村参加了此项活动，他们是伊瑚鲁悦榕度假村、微粒瓦鲁悦椿度假村和民丹岛悦椿度假村。

2. 悦榕海洋生物研究室

2003 年，悦榕开始在马尔代夫的瓦宾法鲁悦榕庄建立海洋生物研究室。这个研究室于 2004 年正式成立后，成了马尔代夫第一家以度假村为基地的研究室。海洋生物研究室不仅为来访科学家提供了重要的实地工作的基本设施和设备，也为当地社区了解海洋生物和海洋保护提供了重要性的机会。

该研究室已经成为悦榕在马尔代夫的旗帜，为来访专家、当地学校和社区提供了分享海洋知识的平台。由于该研究室的成功，2006 年以同样的模式成立了微粒瓦鲁海洋生物研究室，2007 年成立印尼民丹岛的生态保护研究室。

除了定期为当地学生团体主办野生与环境保护课程，以及带领他们在实践中学习，海洋研究室在 2008 年的活动还包括：马尔代夫的瓦宾法鲁海洋实验室举办的苔藓虫类活动和马尔代夫的瓦宾法鲁海洋实验室与民丹岛资源保护实验室共同举办的珊瑚产卵活动。

3. 民丹自然保育研究室——海龟孵化

多年来，悦榕团队一直观察海龟的巢穴。由于资源保育团队的工作，这些巢穴没有成为当地巨蜥的食物。通过对巢穴的保护，一旦有小海龟孵化，就小心翼翼地把它们带到海滩，放入海洋，让它们开始新的生命旅程。

因其自 2007 年创建至今所作出的贡献，悦榕民丹自然保育研究室获得了 2008 年生态类 PATA 金奖；在国家地理 2008 年生态旅游竞赛中，马尔代夫悦榕海洋生物研究室从 83 个国家的 300 个入选的代表中脱颖而出，成为进入决赛的 15 个代表之一；除了成为 2008 年康迪纳仕 World Savers Award 2008 年教育类亚军外，海洋生物研究室和自然保育研究室还获得野生类组别的荣誉提名等。

4. 绿色地球认证

作为 2007 年发起的保护自然资源计划的一部分，悦榕在 2008 年利用地球评分工具，在丽江悦榕庄启动了绿色地球认证程序。

绿色地球项目由 EC3 全球代表对绿色地球亚太区进行管理，并由 ST-CRC 的科学技术予以支持。该项目以 21 世纪议程的永续发展原则为依归。1992 年，182 位国家首脑在联合国里约热内卢峰会上签署该议程。地球评分利用一系列指标，测试指定行业内某企业的环境及社会绩效成绩。

5. 辅助成长计划

辅助成长计划是悦榕集团于 2007 年发起的，其目的是通过培养青年人，促进社区的长期繁荣。它是一项培养社会边缘化儿童的整体方案，该方案以督导、奖学金和实习三种方式帮助这些孩子完成学业。完成学业后，成功地加入工作的行列，有助于社区摆脱贫困。

2008 年学期结束时，对辅助成长计划的效果进行了评估，评估的结果令人满意。

2008 年年末，对本项目进行了完善。通过增加结构性课题，督导在强调社会价值的同时，也探讨其他相关问题，主要涉及社会、环境、学术兴趣、健康及体育等重要领域。

社会方面的督导专注于当地的文化，如庆祝本地的传统节日、共享当地艺术品及工艺、强调当地遗产的重要性和美感。

环境方面包括实地考察，探讨资源保护的重要性，支持环保活动等。

学术兴趣方面是利用度假村的培训设施，进行基本的信息技术培训和语言培训，不仅使学生掌握了计算机的知识和技能，还能使用外语。

健康及体育方面则强调提倡健康的生活方式，包括娱乐和公司餐饮部举办的烹饪和营养课程。

除了通过辅助成长计划支持教育和提高人们的自我价值观之外，悦榕庄认为教育是促进社会长期繁荣的关键和有效方法之一。受过教育和用知识武装自己的人更有可能摆脱贫困。悦榕庄在其经营的世界各地实施了许多有关教育的项目。如：

在印尼民丹岛设立的奖学金和改善当地学校设施的项目

丹岛悦榕庄的员工为当地一所学校设施进行了基本翻修，向学校捐赠了书籍和基本设施，包括深水井和电线，完善了急救设施、水管装置、卫生间设备、发电机及体育设施等；为当地需要资助的学生每年提供 25 项奖学金，奖学金是由员工自愿捐助的，由度假村高级管理人员管理。

塞舌尔湿地学校教育的项目

作为支持湿地保护的一部分，塞舌尔团队定期举办度假村的湿地认知和清理活动，邀请当地学生参与。在 2008 年的世界湿地日（2 月 2 日）开放悦榕的湿地大道。在参观过程中，通过解说，学生们了解到湿地作为海岸防御的自然系统的一部分和其重要性。

支持马尔代夫学校的项目

微粒瓦鲁悦椿度假村团队每隔数月都要欢迎学生团队，来开展现场的环保展示活动，学生们回到自己的社区可以复制这样的活动。参加该活动的第一所学校是 Bandidhoo，随后的学校是 Meedhoo，该项活动还将继续在周围的社区扩展。

作为与 Bandidhoo 合作的一部分，微粒瓦鲁悦椿度假村团队与当地学校协作，弄清楚他们所面临的一些挑战。当地酷热的天气和不稳定的电力供应妨碍了学校图书馆用于教学的计算机终端的使用，为此，微粒瓦鲁悦椿度假村团队提供了维修空调的工程技术和零部件；此外，还提供了六个不间断供电系统。

中国丽江的奖学金项目

丽江悦榕庄团队已对云南大学旅游文化学院和昆明大学的四名学生提供奖学金资助，近期还向云南曲靖师范大学的一名当地学生提供了奖学金，该学生学习成绩优异，但此前失去了继续求学的资金。

普吉岛的海滩意识和清洁项目

普吉岛悦榕庄团队邀请了博安班涛海滩学校和 Cherngtalaywittayakom Juti－kong 阿努颂学校的师生做志愿者，进行海滩清洁，该活动不仅展示了环保的重要性，也为师生们提供了实践的机会和与 50 多名普吉岛悦榕庄员工互动的机会。

6.　关怀社会方案

除了辅助成长计划和教育项目之外，悦榕庄团队还在社区实施许多关怀社会的项目，目的是促进社区的繁荣，这些项目包括：

普吉岛的献血活动

普吉岛的奉献伽亭仪式

民丹岛的淡水储备

泰国曼谷红十字艾滋病配方的供给基金

民丹岛的青少年趣味环境教育

新加坡的悦榕价值竞赛

越南的 ADAPT 组织

新加坡的儿童救助会

印度的健康教育、培训及营养人事中心（CHETNA）

印度的 Tulir 儿童虐待预防及康复中心

三亚的鹿回头村养老院

7. 关怀员工发展

人力资源的责任不仅要尊重人权，而且还要利用就业，推动社区的发展。悦榕庄的目标就是通过职业技术培训，使社区居民获得专业知识、技术和经验，为他们开启就业的门户。

悦榕集团意识到员工满意和授权的重要性，作为逐利的企业，悦榕集团看到经营能力和培训、授权与激励员工能力之间的重要关系，悦榕不仅要提供有价值和快乐的职业生活，还要提倡富有意义的个人生活。

培训

持续的现场培训是悦榕授权和开发员工才干的重要战略之一。每个度假村为员工提供的培训都纳入了绩效考核当中。2008 年，8000 多名员工接受了 35 万小时的带薪培训，相当于每名员工接受培训超过 44 小时。悦榕非常重视培训，今后还要继续加强培训。

悦榕管理学院

悦榕管理学院成立于 2008 年，其任务是开发各地不同级别的管理层人员的潜能。悦榕管理学院位于普吉岛，拥有两个里程碑式的项目——管理开发项目（MDP）与才能管理项目（TMP）。管理开发项目的目的是培训管理人员的管理技能，帮助他们胜任具有挑战性的重要职位，而才能管理项目的目的是培训新的管理人员，发展他们有效管理和负责的能力。

管理学院还与康奈尔大学合作，开办了在线高级管理课程，为集团内的管理人员提供了在线管理学习项目，其中包括近 70 名康奈尔大学教师设计的课程。E－康奈尔在线课程是管理学院的顶级培训，为员工的晋升提供了机会；员工完成了认证的、享誉很高的酒店管理培训后，可以晋升到行政和高级管理层。在整个培训过程中，员工不仅能够继续工作，积累实际工作经验，还可以享受公司资助的教育，充分开发职业潜能。

生活

2008 年，集团扩大了由民丹岛悦榕庄团队开创的生活项目，该项目涉及方方面面，包括健康、生存技巧和其他相关问题，并且定期向员工讲解。讲解的目的是让当地的专家帮助员工对全球所关注的问题产生共鸣，从而帮助他们加强理解直接影响他们的问题。这些问题涵盖对艾滋病认识、癌症的防治、个人理财、营养学、环保和道路安全等。

8. 社会责任基金和审计

绿意拯救基金

2001 年，悦榕集团成立了"绿意拯救基金"（GIF），作为规范企业社会责任工作的一项运作机制。"绿意拯救基金"旨在通过对悦榕所在社区的环保和社区项目提供资金支持，扩大公司的覆盖面和成效。

在"选择性退出"的安排下，通过每间客房每晚捐献两美元，悦榕旗下的酒店和度假村诚邀每位客人成为悦榕的合作伙伴，在悦椿旗下的酒店和度假村，每间客房每晚客人捐献一美元，这些酒店和度假村将客人的捐款一笔一笔地纳入"绿意拯救基金"。为了进一步地将度假村的绩效与集团的"企业社会责任基金"联系起来，公司要求每个度假村的捐款不低于其利润的 1%。通过将该机制与每位客人每个房间每晚捐献一或两美元的机制结合起来，度假村的捐款总额有时会超过当年顾客的捐款总额，绝不会低于客人的捐款总额。

度假村自治的 CSR 预算

集团每年会拨给每个度假村一笔自治 CSR 预算，预算金额是该度假村前一年通过"绿意拯救基金"机制募集资金和捐款总额的 20%。这笔资金可以由度假村总经理和企业社会责任倡导者自行支配，但必须符合下列三条规定：不得用于为客人购买夜床礼物；不得用于支付员工服务费；不得用于支付工资。

项目资格

支持度假村附近的社区或环境的项目是符合悦榕投资标准的项目。行政费用最高为开支的 20%，大部分资金必须直接用于项目。悦榕的企业社会责任执行委员会将监督"集团企业社会责任基金"的资金使用情况，将资金分配给有价值的项目。

9. 未来发展方向

公司治理

悦榕将继续探索和执行提高企业社会责任工作、基金和实际操作的透明度和公司治理水平的政策。在全球动荡的金融市场中，悦榕认为提高公司透明度的关键是与客人和员工共享悦榕的努力和实践、支持地方社区和国际社会。因此，提高透明度是激励每位员工发现自我和实现自我的最佳手段。

整体效率

在全球金融前景暗淡的情况下，悦榕的企业社会责任团队需要提供有效的解决方案，确保在社会、环保和经济三方面保持最强大的实力。在艰难的时局里，为所有股东创造价值，比以往更为重要。2009 年，悦榕实施若干项有前景计划，这些计划令人兴奋，希望它们不仅成为度假村的优秀案例，也希望他们成为带动当地社区发展的动力。

能源效率和节约用水

悦榕将继续在丽江悦榕庄开展"绿色家园"计划，包括 2009 年的第三方现场审核，进一步提高环境绩效和社会绩效。

继丽江悦榕庄获得成功后，悦榕希望在其他度假村也实施此项计划，不断改善这些度假村环保的流程、实践和工作绩效。2009 年，悦榕有更多的度假村参加"绿色家园"计划和地球评分基准测试活动，提高悦榕的总体实践水平。

五、集团在中国的发展

2005 年，悦榕集团进军中国市场，在云南成立了仁安悦榕庄。而后，在中国的特别度假胜地，分别建成了丽江悦榕庄、三亚悦榕庄、杭州悦榕庄、西藏建塘酒店等。

仁安悦榕庄

仁安悦榕庄落户在广袤的云南与西藏交界处——香格里拉，2005 年 9 月 1 日开业，共有 32 套客房，房间面积 175 平方米。

悦榕集团执行主席何光平表示："在这块未经发掘的土地上，有着直耸云霄的山峰，生态的多样性以及丰富的文化底蕴；这是仅有少数旅行家曾经涉足的梦想之地。通过选择香格里拉作为悦榕产业进驻中国市场的第一步，我们将秉持一贯的经营理念和品牌形象，将顾客期待中的旅行，探险及浪漫感受完美融合。"

丽江悦榕庄

丽江悦榕庄建于 2006 年 3 月，年末正式向游客开放酒店预订。丽江悦榕庄的特色在于其建筑风格、所处地理位置既沿袭了悦榕营造优雅浪漫的度假风格，但整体建筑风格又非常地方化，建造伊始就按照丽江城市规划要求把丽江古城的建筑风格融会贯通，而内部则是五星级的现代化酒店设施。

三亚悦榕庄

2008 年 2 月，悦榕集团入住海南岛，引入全新亚热带度假风情。三亚悦榕庄位于海南岛南海岸的鹿回头湾，于 2008 年 4 月试运营，2008 年 10 月 11 日隆重开业。

杭州西溪悦榕庄

自 2005 年以来，继仁安悦榕庄、丽江悦榕庄和三亚悦榕庄之后，西溪悦榕庄是悦榕集团在中国境内的第四家度假村，是该集团的又一力作，已于 2009 年 12 月开业。

建塘酒店

建塘酒店位于西藏康区迪庆藏族自治州首府地中甸城东龙潭湖边，于 1996 年 6 月开业，是悦椿绚丽色彩旗下的小型度假酒店之一，与其姊妹品牌——悦榕庄有所不同，悦椿管理下的酒店以精品特色酒店著称，均具有特殊的异国情调。

2006 年 5 月，藏传佛教十一世班禅下榻建塘酒店，并为向其提供优质服务的酒店全体工作人员摸顶赐福，更使原本就深受海内外游客好评的建塘酒店成为幸运吉祥之地。

第十七节　世界一流酒店组织
The Leading Hotels of the World

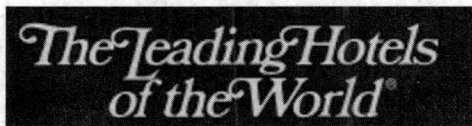

组织总部：

美国纽约帕克大道 99 号

99 Park Avenue，New York，NY 10016，USA

一、组织简介

世界一流酒店组织即世界著名豪华酒店组织，是全球最佳酒店和度假村的象征，该组织的总部设在美国纽约市，在全球 22 座城市拥有办事处。各地的办事处通过地球卫星通信系统进行运作，及时正确地提供和处理每个世界一流酒店的客房及宾客信息。

世界一流酒店组织由一些思想超前、具有影响力的欧洲酒店业主于 1928 年在瑞士成立，当初的名字为欧洲及埃及豪华酒店组织（The Luxury Hotels of Europe and Egypt），有 38 家酒店，约 9000 套客房。目前，世界一流酒店组织成为拥有全球最多的豪华酒店、度假村及 SPA 的联盟品牌，在 80 个国家吸纳 450 多个成员，其酒店的类型从宏伟的城堡宫殿到私密的城市客栈、从豪华的帐篷领地到独立辽阔的度假村，甚至私有的岛屿酒店，五花八门，无奇不有。

要想成为世界一流酒店组织成员，必须在住宿、服务、烹饪、员工行为和设备设施等方面必须达到豪华或高档的最高标准；每个酒店成员必须定期接受复查，并由该组织的执行委员会进行监督，检查不合格的将被除名，以保持该组织的水准，为顾客提供最高水平的服务，从而维护会员酒店的形象和声誉。只有世界上最卓越的酒店才能加入世界一流酒店组织。

二、组织历史概况

1928 年，世界一流酒店组织在瑞士成立，当初的名字为欧洲及埃及豪华酒店组织，有 38 家成员，其中包括法国尼斯的乃戈莱斯克酒店（Hotel Negresco）、埃及开罗的米纳酒店（Mena House）、巴勒斯坦耶路撒冷的大卫王酒店（King David Hotel）。意识到与北美的游客和旅行社建立直接联系的重要性，创始人在纽约成立了办事处，称其为"酒店代理公司"（Hotel Representative，Inc），或简称为 HRI。

到 20 世纪 60 年代，酒店代理公司已经发展到 70 家酒店，全部在欧洲；1971 年年初，为了满足不断增长的国际高档游客的需求，世界一流酒店组织决定扩大组织的范围，从全球吸收新成员；之后的 20 多年，组织成员继续增加，地区办事处纷纷成立；到 20 世纪 80 年代，世界一流酒店组织的成员增加到 235 家，美国、欧洲、亚洲、澳洲和拉丁美洲都有了办事处。

世界一流酒店组织于 1996 年注册了 lhw. com 的域名，用此名建立网站；一年后，南非的在线旅游集团（Online Travel Group）注册了 leading—hotels. com 的域名，第二年，又注册了 leadinghotels. com 的域名。

1999 年，世界一流酒店组织第一次进行了品牌扩展——世界一流小酒店组织（The Leading Small Hotels of the World）。世界一流酒店组织还建立了几个合资公司和附属企业，即一流集团销售公司（Leading Group Sales）、一流质保公司（Leading Quality Assurance）、一流金融服务公司（Leading Financial Services）、一流交互预订公司（Leading Interactive Reservations）、世界一流酒店学院（Leading Hotel Schools of the World）、一流产品及服务网络公司（Leading Products and Services Network）、一流设计公司（Leading By Design）、世界一流住宅公司（The Leading Residences of the World）和一流保险服务公司等。

2002 年，世界一流酒店组织认为在线旅游集团对其商标侵权，向世界知识产权组织（the World Intellectual Property Organization）提起诉讼，世界知识产权组织驳回了世界一流酒店组织的诉讼请求，宣告在线旅游集团胜诉。世界知识产权组织声明：在线旅游集团并无恶意经营，就其在线酒店预订服务而言，对 leadinghotels. com 域名的使用是真诚和恰当的。

世界知识产权组织的陪审团在宣判书中指出："一流酒店"（Leading Hotels）这个短语完全是描述，而非特指，因此其本身不能用作商标；世界一流酒店组织在其呈交世界知识产权组织的补充声明中认为这是公认和确定的事实，明确放弃对短语"一流酒店"的专有权。

尽管如此，第二年，世界一流酒店组织仍然申请欧盟商标（Community Trade Mark），对"一流酒店"进行注册，申请于 2006 年被欧盟商标局（European Trade Mark Office）驳回。

2004 年 4 月，世界一流酒店组织在南非申请注册世界一流酒店标识（"The Leading Hotels of the World" Logo），在线旅游集团提出反对后，被南非法院驳回；世界一流酒店组织对此判决申请上诉，但 2005 年败诉。

被南非法院驳回后的一个月，世界一流酒店组织在法国法院继续以前两次完全一样的理由对在线旅游集团提起诉讼，世界一流酒店组织败诉，在线旅游集团被判有权使用一流酒店的域名，目前，在线旅游集团仍然在使用这一域名。

现在，世界一流酒店组织向筹建中的酒店提供许多服务，包括品牌许可、技术和培训咨询、收入最大化和市场销售等。每年，世界一流酒店组织都会出版会员酒店的名录，这是该组织市场宣传的一部分，该组织提供的其他服务有：大规模的销售和促销活动、广告宣传和公共关系，以及大量的专项活动等。

三、组织附属企业

近几年来，世界一流酒店组织通过创立各种各样的合资公司和附属企业进行扩展，每家公司对该组织的核心业务起着支撑作用，为成员酒店和非成员酒店提供帮助，把握新趋势。组建的合资公司和附属企业如下：

- 一流交互预订公司
- 一流质保公司

・私有标识公司（The Private Label Company，缩写为 PLC）

・Linx 技术公司——SpaLinx（Linx Technologies—SpaLinx）

・世界一流酒店学院（Leading Hotel Schools of the World）

1. 一流交互预订公司

一流交互预订公司为那些想通过 e—市场营销渠道增加收入的豪华酒店提供 B2B 和 B2C 电子商务解决方案。提供的服务包括在线广告和酒店交换机会、媒体投放、预订搜索引擎最佳化和预订能力等市场营销服务，帮助各酒店发展和改善其网站及其功能。

・使成员酒店在线市场营销机会最大化，提供全盘在线解决方案

・作为网络销售渠道的合伙人为各酒店服务

・在线宣传个体酒店和提高预订能力

・通过多种旅游网站以及其他营销伙伴，酒店相互促销

一流链接

这个预订搜索引擎把成员酒店的网站与世界一流酒店组织的预订系统连接起来，能够即时进行网上预订，在简化网上预订功能的同时，又宣传了酒店网站。

一流的批发销售

一流交互预订公司通过认真挑选商业伙伴，让成员酒店参加适当的网上批发活动。

在线广告机会

通过与一流交互预订公司的合作伙伴网站建立联系（如 Travel ＋ Leisure，Conde Nast Traveler 等），在他们的网站上做广告，可以节省大量费用。

一流连接市场营销服务

一流交互预订公司设计了各种服务项目，帮助成员酒店加强网站功能和增加收入。服务包括搜索引擎最佳化、E—mail 市场销售活动、网站评估、网站设计和开发以及与项目组合管理系统（PMS）相连接的增强预订引擎——一流优连接（Leading Link Plus）等。

2. 一流质保公司

一流质保公司是一个全职质量检查公司，为不同行业组织的经营水平提供项目评估，对组织的不同部门进行暗访。

一份用 1200 个标准分数详细说明顾客满意度的综合报告证明，这是一个改善组织综合运作、衡量个体员工表现和改善资金需要非常宝贵的管理工具。这份报告还根据世界 1500 个其他组织的数据库对个体顾客的表现进行衡量。

质保公司把在质检过程中收集的资料储存在保密的数据库中，而且还能提供一些世界豪华酒店最全面的基准数据。

一流质保公司的顾客同样根据世界不同国家和地区的同类产品衡量其服务标准。

一流质保公司提供的服务项目有竞争形势分析、咨询研讨和标准检查。首先，帮助顾客进行市场定位，考察顾客竞争优势，把考察结果以报告的形势呈现给顾客；其次，帮助顾客提高质量标准，进行全面质量检查，标明每一部门内急需改善的十个方面，帮助检查和优化预算；最后，把在质检中收集到的资料全部输入存有豪华酒店最全标准的保密数据库中。

3. 私有标识公司

私有标识公司成立于 2007 年 1 月，已经成为世界许多高档和豪华酒店经营者的私有标志和市场销售服务的选择，其中著名的客户有洛克伏特（Rocco Forte Collection）、悦榕庄酒店集团（Banyan Tree Hotels & Resorts）、朗罕姆酒店集团（Langham Hotels）、奥库拉酒店集团（Okura Hotels & Resorts）、六感度假村及温泉酒店集团（Six Senses Resorts and Spas）、André Balazs Properties、林德纳酒店及度假村集团（Lindner Hotels and Resorts）、百格联尼酒店集团（Baglioni Hotels）、古典酒店及度假村集团（Classical Hotels and Resorts）、禾莎酒店管理集团（Hersha Hospitality Management）、海利亚斯度假村（Helios Resorts）、塔加酒店、度假村及宫殿（Taj Hotels，Resorts and Palaces）等。在私有标识公司的帮助下，每一个酒店集团可以瞄准和抓住世界不断增长的需求机会扩大市场销售。

私有标识公司为了使酒店集团潜在的收入最大化，通过其特有的出众技术和人力资源服务，向他们提供一系列有成本效益、定制服务和"一揽子"无可匹敌的解决方案。其中包括：

- 国际私有标识销售
- CRS 和销售方案
- 全球电话中心
- 网络市场销售服务
- 语言翻译
- 收入管理和销售管理培训
- 市场销售战略咨询

4. Linx 技术公司

Linx 技术公司是世界一流酒店组织和白板实验室（WhiteBoard Labs）共同组建的合资公司，是娱乐活动的创新、在线、管理平台的开发商；起初叫 SpaLinx，为 Spa 业提供强有力的市场调研、预订和销售方案。

作为最先进的 Spa 管理平台，Spalinx 为单体 Spa 和 Spa 集团提供全面的管理方案，包括：

- 先进的 Spa 预订系统
- 完全售点系统
- 提高销售的电话中心连接
- 强大的在线 Spa 预订引擎
- 库存系统和在线购物车
- 翔实的报告
- 连锁功能
- 客户关系管理综合（CRM integration）和形象共享（profile sharing）

SpaLinx 用先进的预订系统、在线预订能力和翔实报告使 Spa 酒店公司的经营效益最大化，使用 SpaLinx 的 Spa 酒店公司还能有效地使用互联网招揽更多的客源，并加强与顾客的关系。

5. 世界一流酒店学院

世界一流酒店学院已构成顶级酒店学院和学术研究所的网络，这些学院和研究所为社会提供了最先进和最广泛的教育机会。

世界一流酒店学院成员可以授予酒店专业的学士学位及同等学力证书，在成员国或地区作为著名酒店管理学院得到行业的认可，并得到学员的喜爱。

世界一流酒店学院成员可以获得很多利益，包括：学生可优先在成员酒店实习或安排永久性工作；通过项目提高收入，包括课程开发、现场培训、实习场所、研讨会和校内专业开发等；可以与 450 多家酒店交流；品牌识别；调研机会等。

世界一流酒店学院的服务有免费实习安排，通过在线职业平台安排永久性工作，通过现场酒店研讨会和校内专业开发项目，为酒店及酒店集团提供继续教育的机会。

世界一流酒店学院成员包括：

荷兰海牙酒店学院（Hotelschool The Hague，Netherlands）

纽约尼亚加拉大学（Niagara University － Niagara Falls，New York）

芬兰赫尔辛基哈格应用科技大学（Haaga－Helia University of Applied Sciences）

智利的 Instituto Nacional de Capacitacion Profesional

德国的 Bad Honnef 国际应用科技大学（International University of Applied Sciences）

新西兰的和平国际酒店管理学院（Pacific International Hotel Management School）

印度的奥兰加巴德酒店管理学院（The Institute of Hotel Management）

波多黎各的卡罗莱纳 Universidad de Este

秘鲁的利马 Universidad San Ignacio de Loyola

四、组织使命宗旨

使命宣言

Mission Statement

To be the most successful luxury hotel sales, marketing,

and distribution company in the world.

成为世界上最成功的豪华酒店市场营销组织。

宗旨

将世界上最佳酒店吸收为成员，促进世界各地一流酒店的发展，保持组织的卓越地位，保证提供一流的服务，发扬优良的传统；

每年召开一次年会，交流经验，相互学习，相互促进；

组织成员之间相互介绍客人。

五、组织在中国的发展

世界一流酒店组织是拥有全球最多的豪华酒店、度假村及 SPA 的联盟品牌，全球 450 多家会员酒店主要集中于欧美，在一个国家内超过 10 家会员的国家有意大利、美国、瑞士、法国、德国、西班牙和英国，其中意大利最多，达到 54 家，美国次之，达到 53 家；瑞士有 33 家。

中国的酒店加入世界一流酒店组织的时间较晚，1985 年，首家被世界一流酒店组织接纳为成员的是广州白天鹅宾馆，目前，该组织在中国境内除了广州白天鹅宾馆外，还有 6 家会员酒店，他们是北京的贵宾楼、广东的东莞长安国际酒店、上海的璞丽酒店、广州的星河湾酒店和香港的朗廷酒店。

2005 年 10 月 18 日，世界一流酒店组织为其在上海设立的办事处举行了新闻发布会，宣布这家豪华酒店组织正式进入中国市场，期望分享我国迅速增长的高端商务和豪华出境游市场。其在 2005 年 8 月至 10 月在亚洲设立了 3 个办事处，上海是其中之一，这也是其在中国设立的第一个销售推广机构。

2005 年 10 月 20 日，世界一流酒店组织新加坡办事处的调查数据显示，世界一流酒店组织全球业务的 15% 来自亚洲，虽然 2005 年 9 月底才在上海开设办事处，但千名以上的国内旅客当年就已通过该组织在全球预订酒店，只不过大多是通过新加坡办事处来完成预订。

2006 年 3 月 2 日，世界一流酒店组织率旗下 36 家酒店在上海进行了推介。

2007 年 3 月 22 日，由世界一流酒店组织主办的"2007 年亚洲展览会"在上海召开，组织有关方面表示："中国的高端出境、入境市场发展迅猛，前景广阔。国际上很多一流酒店看重的就是上海地区的市场，以及它对亚洲的辐射作用"。来自世界一流酒店组织的成员推出其最新旅行资讯，并向业内人士介绍了其领先酒店业潮流的服务理念。参展商强调，为满足高端客户的需求，将提供更多个性化、独特化服务。

2008 年 6 月 12 日，24 家来自世界一流酒店组织的代表在北京贵宾楼饭店举办了"一流酒店咨询展会活动"。此次展会的目的一方面是向北京各大公司宣传世界一流酒店组织，另一方面也让北京各大旅行社更好地了解世界一流酒店，拉近距离，增进了解。

第十八节　世界大酒店组织
Great Hotels Organization

公司总部：

英国伦敦史蒂文森路 22 号

Worldwide House, 22 Stephenson Way, London, NW1 2HD, United Kingdom

知名品牌：

世界大酒店 Great Hotels of the World

世界特殊酒店 Special Hotels of the World

都市酒店 Metro Hotels

一、组织概况

世界大酒店组织是全球酒店销售、市场营销和 E 商务公司，成立十余年，已经成为全球最大的和最具创新的酒店销售和市场营销组织之一。大酒店组织向世界近千家酒店提供大量的产品、服务项目和技术方案。

世界大酒店组织主要经营两种业务，即独立酒店的软品牌市场联盟和全球酒店代理业务。大酒店组织的豪华品牌——世界大酒店、世界特殊酒店和大都市酒店代理 250 多家世界最佳酒店和度假村的业务，大酒店组织采用范围广泛的传统销售服务、市场营销和电子商务市场项目，对这些酒店和度假村给予支持。

关于大世界有限公司（Big Worldwide Limited）

世界大酒店组织是大世界有限公司旗下的 3 个公司之一，其他两家公司为大媒体及活动公司（Big Media & Events）和起源公司（evolution）。大世界有限公司是全球旅游、技术和媒体公司。

大媒体及活动公司的主要业务：

1. 出版杂志和酒店名录；

2. 为全球酒店业组织论坛和活动。

起源公司是酒店业下一代预订服务提供商，通过创新，为成员降低成本，它把E—商务产品和服务项目融为一体，使成员酒店有效地管理和利用E—分销的多种渠道。起源公司能够使成员酒店增加预订量，优化收入，完全掌控网上业务。起源公司是由世界大酒店组织创立的。

二、组织旗下品牌介绍

1. 世界大酒店

世界大酒店是世界上最豪华酒店和度假村的联盟，拥有无可匹敌的最佳五星级豪华酒店和度假村，其每一家酒店都致力于为商务和休闲顾客提供最富有创意的设施设备、最具特色的环境和最卓越的服务。

世界大酒店为了顾客的方便，精选独特酒店，使顾客尽享奢华之感受。根据顾客的需求，世界大酒店的浪漫酒店、休闲Spa酒店、世界级高尔夫度假村和毫无压力的商务酒店等为不同顾客提供了完美的选择。

世界大酒店联盟拥有以下豪华酒店：

·Spa：Spa酒店以其综合的康乐和招牌的理疗而闻名；

·高尔夫：世界大酒店的高尔夫度假村要有锦标赛的高尔夫球场或坐落在世界著名的高尔夫地区；

·浪漫：所有浪漫酒店都要对其地点、氛围和服务水平进行筛选；

·蜜月：蜜月酒店令人难忘，豪华的客房、房间里有香槟、浪漫的二人餐等；

·主题：主题酒店对装饰格调、服务和魅力精益求精；

·海滨度假村：海滨度假村都坐落在令人惊叹的海滨，设施齐全，服务上乘；

·家庭酒店：每一个家庭都能在家庭酒店得到安全和愉悦的保证，家庭酒店拥有家庭友好客房、儿童俱乐部和儿童菜单；

·城市度假：城市度假酒店坐落在市中心，拥有宏伟的建筑、独特的设计和五星级服务；

· MICE：MICE 酒店为个体顾客、重大事件和会议提供世界级商务设施；

· 商务：世界大酒店的所有商务酒店都有豪华的设施设备、各种商务服务项目和令人心动的一系列别开生面的促销活动，这些都成为商务顾客的理想选择；

· 美食：美食酒店拥有创意的菜单，为顾客提供私家精美饮食和获奖佳肴；

· 潜水：顾客可以在世界大酒店精选的潜水度假村尝试水肺潜水或水管潜水，这里的水晶莹清澈，这里的鱼五彩缤纷。

顾客选择世界大酒店中的任何一家，就意味着选择了为其定制的豪华酒店，尽享唯我独有的感受。

一家酒店必须是其地区最佳酒店之一，必须要有满足国际高端顾客的设备设施和服务项目，才有可能被世界大酒店吸纳。世界大酒店这一品牌在以下特定市场为成员酒店提供业务服务：

豪华休闲市场：

· 豪华高尔夫：适合拥有高尔夫球场的酒店或坐落在著名高尔夫球场附近的酒店

· 豪华浪漫游：针对情侣，包括富有的空巢、新婚或蜜月游客

· 豪华 Spa：针对追求 Spa 和健康的顾客，在休闲市场中发展最快

会议与奖励旅游市场：

适合向顾客推销会议和奖励旅游的成员酒店

公司旅游市场：

适合为公司游客提供服务的成员酒店

2. 世界特殊酒店

世界特殊酒店是一个为独特和令人关注的酒店组成的销售和市场营销联盟，为顾客提供令人难忘的经历，让顾客的每一分钱都物有所值。拥有世界上最优秀的酒店和度假村，每家酒店和度假村的选择都是根据豪华、服务、

经验、地点和创新等严格的标准选择。

之所以特殊，是因为每家酒店为顾客提供的东西都很特别，无论是令人惊叹的地点，还是具有历史意义的地点，无论是令人震撼的文化，还是精致的美食，不胜枚举。比如城市中心酒店、有效率的商务酒店、令人沉醉的Spa 酒店、让人身心放松的海滨酒店或令人难忘的浪漫度假酒店等。

世界特殊酒店这一品牌为成员酒店提供三大关键市场的营销机会：

特定的旅游市场：

·体育活动，如高尔夫、滑雪或水上运动等

·休闲活动，如餐饮、温泉或购物等

·文化旅游，如历史或名人等

会议与奖励旅游市场：

适合向顾客推销会议和奖励旅游的成员酒店

公司旅游市场：

适合为公司游客提供服务的成员酒店

要想成为特殊酒店的成员，必须被世界大酒店组织的质量标准委员会接受。每家成员酒店要有满足高端顾客的设备设施和服务项目，酒店必须独特，必须拥有至少一项有别于竞争对手的突出特点。

3. 世界都市酒店

都市酒店是城市中心商务酒店联盟，为商务顾客提供舒适的设备设施，让顾客感到物有所值。都市酒店通过公司旅游把顾客吸引到每家酒店。

加入都市酒店，每家成员酒店也要有满足商务顾客的设备设施和服务项目，酒店必须舒适，必须拥有使商务成功的方便条件。要想成为都市酒店的成员，必须被世界大酒店组织的质量标准委员会接受。

三、组织市场销售

1. 休闲

世界大酒店组织可以帮助成员酒店增加休闲顾客的预订。对于世界大酒店组织的成员而言，休闲市场针对的是最高端顾客；对于世界特殊酒店的成员来说，休闲市场的顾客为那些想拥有难忘的、独特的度假经历，并认为物有所值的游客；世界都市酒店没有此项目。

从传统意义上讲，休闲旅游都是由旅游运营商和旅游代理商预订的，然而，互联网的出现，可以帮助度假的人了解更多信息，也有了更多的选择。

世界大酒店组织通过提供以下服务，为成员酒店吸引休闲顾客：

·预订渠道：

起源公司（evolution）由世界大酒店组织创立，是酒店预订服务提供商。世界大酒店组织通过以下预订渠道为成员酒店带来休闲顾客：

1）世界大酒店组织网站

世界大酒店组织网站（www. ghotw. com 和 www. shotw. com）的流量比任何其他酒店联盟网站的都大，每个成员酒店在世界大酒店组织网站上都有一个独特的迷你网站，迷你网站用大量的信息吸引顾客。迷你网站进行了优化，确保使用搜索引擎的顾客能找到适合自己的目的地酒店。

2）世界大酒店代理商网络

这一项目为成员酒店向数以百计的专业旅游运营商和旅游代理商进行推介。成员酒店把散客价和休闲团队价提交到世界大酒店技术平台，这些专业代理商利用这一平台进行预订。

3）网站预订引擎

世界大酒店组织开发了一个预订引擎，这个引擎可以让顾客直接在成员酒店的网站上预订。这个预订引擎是起源公司的系列 e-商务工具之一，在设计、功能和应用上都有创新。创新的独特设计能让成员酒店上传"一揽子"报价和促销报价，顾客在预订的时候还有机会进行附加预订，如到达时的巧克力、花、转换酒店等，顾客还可以预订娱乐和消遣活动，如温泉治疗、高尔夫或餐馆等。

4）IDS 连接

世界大酒店除了把成员酒店连接到 GDS，还把成员酒店的房态传给 1700 多家酒店预订网站，如 Expedia，Travelocity，Lastminute，Orbitz，Opodo，此外，世界大酒店组织还与许多这样的网站建立了直接连接，让成员酒店通过房源管理其房间净价，这样可以使成员酒店获得比竞争对手高的评级。

5）电话中心和旅游专家

有些顾客想与预订人员直接讨论他们的出行计划，世界大酒店组织的电话中心就是专门为他们开设的，组织还有一个豪华旅游顾问团队，帮助顾客制订旅行计划，确保他们对度假或蜜月满意。

6）GDS 连接

起源公司为成员酒店提供直接与世界主要 GDS（Sabre，Galileo，Amadeus and Worldspan）连接的一流系统，这意味着世界 600000 家旅游代理商可以预订成员酒店。

·销售代理：

世界大酒店组织通过以下销售渠道为成员酒店代理销售：

1）消费和休闲贸易展览会

世界大酒店组织经常参加重要的消费和休闲旅游展览会，即伦敦世界旅游交易会（WTM in London）和柏林国际旅游展（ITB in Berlin），成员酒店可以在世界大酒店的展台参展。

2）休闲销售代理

世界大酒店组织的专业销售代表与世界主要休闲集团和旅游管理公司签订休闲旅游合同，还向代理商和旅游运营商推销休闲酒店。

促销活动

除了参加有组织的展览会外，世界大酒店组织还有自己的促销活动，包括路展、考察、拜访客户和公司宴请等，成员酒店可以有偿参加这些促销活动。

·市场销售：

通过分发世界大酒店组织的名录、电子邮件传播、社论式广告等进行市场销售。世界大酒店组织通过以下市场营销渠道为成员酒店代理酒店业务：

1）豪华旅游

成员酒店都被载入世界大酒店组织的名录，这个名录分发给世界 200000 多名消费者和对专项旅游感兴趣的人，如温泉、高尔夫和浪漫等。这个名录载有成员酒店的综合信息以及酒店的特别项目。

2）数据库

近些年来，世界大酒店组织建立了一个庞大的顾客数据库，定期向他们寄发特别推荐项目。成员酒店可定期提交要推销的特别推荐项目。

3）网站

世界大酒店组织向成员酒店建议在其网站增加休闲顾客预订的方法，其中包括 SEO、PPC、路标和激发顾客忠诚度等。

4）公关和社论式广告

世界大酒店组织通过其公关公司，定期在消费者好贸易杂志、报纸和网站刊登成员酒店的新闻报道，其中包括康德那斯特旅游者（Conde Nast Traveller）、星期天时报（Sunday Times）、哈波斯博萨〔Harpers Bazaar（Travel & Spa Supplement）〕、旅游休闲杂志（Travel and Leisure Magazine）、高尔夫月刊（Golf Monthly）、温泉世界杂志（Spa World Magazine）和名利场（Vanity Fair）等。世界大酒店组织还为成员酒店提供参加在相同出版物刊登社论式广告的机会。

5）品牌联盟

世界大酒店组织还与许多公司建立了联盟，共同促销，其中包括 Pevonia 和豪华网络（the Luxury Network）。

2. 会议与奖励

世界大酒店组织可以帮助会员酒店增加几百万英镑的会议和奖励旅游的预订。会员酒店可以从房间出租中受益，还可以从餐饮以及其他服务中赚取额外收入，世界都市酒店的成员酒店没有该项目。

会议顾客与奖励旅游顾客不是通过代理预订而是直接与酒店预订，而世界大酒店组织两者兼顾。世界大酒店组织通过提供以下服务，为成员酒店吸引会议与奖励旅游顾客：

· 预订渠道：

世界大酒店组织通过以下预订渠道确保会议与奖励预订：

1）免费寻找地点服务

世界大酒店组织与会议与奖励购买商的密切关系说明：世界大酒店组织做了大量的有资质的需求方案说明书（RFP：Request for proposal），然后交给成员酒店。世界大酒店组织的协调团队确保需求方案说明书可以转化为业务，每项业务对成员酒店来说，平均值 60000 欧元，世界大酒店组织每月约有 120 笔这样的业务，也就是说，每家成员酒店每年可从这项服务中平均获得会议收入 200000 欧元。

2）网站预订引擎

世界大酒店组织开发了一个预订引擎，这个引擎可以通过成员酒店的网站进行预订，这对顾客和成员酒店都很方便。这个预订引擎是起源公司的系列 e—商务工具之一，在设计、功能和应用上都有创新。例如，成员酒店可以把团队协议报价上传至该预订引擎，让团队顾客直接与酒店预订，这既省了酒店的费用，又节省了员工的时间。

3）GDS 与 IDS 连接

世界大酒店组织为成员酒店提供了直接与世界主要 GDS（Sabre，Galileo，Amadeus and Worldspan）连接的一流平台，以及通过起源公司的需求管理器（Demand Manger）与 1700 多家酒店预订网站进行连接，包括 Expedia，Travelocity，Lastminute，Orbitz，Opodo 等，也就是说，世界上有 600000 多家旅游代理商和几百万名想从网上预订的游客可以预订世界大酒店组织的成员酒店。现在，互联网已经成为会议筹划人寻找会议地点和酒店的首选资源。

· 销售代理

世界大酒店组织通过以下渠道为成员酒店代理销售：

1）会议与奖励销售团队

世界大酒店组织具有前瞻性的会议与奖励销售团队会让来自英国、欧洲、亚洲和美国的会议与奖励购买商进行大量的咨询，世界大酒店组织与主要公司都有合作，其中包括：

· 普华永道（PWC）

· 壳牌公司（Shell）

· 贝克麦坚时律师事务所（Baker & McKenzie）

· 德勤（Deloitte）公司

· 安永（Ernst & Young）

·美国运通（American Express ）

·毕马威（KPMG ）

世界大酒店组织每天还与许多代理商合作，包括：

·兹布兰特（Zibrant)

·班克斯赛德乐（Banks Sadler ）

·英国标准学会（BSI）

·埃培智市场咨询（Jack Morton ）

·酒店掮客（Hotel Brokers ）

·天桥（Skybridge ）

2）会议论坛

世界大酒店组织经常主办会议论坛，让成员酒店直接与会议筹划人见面。这种 4 天的论坛都是采用提前选好、一对一的预约形式，确保成员酒店只与感兴趣的买家见面。参加这种论坛成员酒店是要付费的。

3）促销活动

世界大酒店组织还有自己的促销活动，包括路展、考察、拜访客户和公司宴请等，成员酒店可以交费参加这些促销活动。

4）贸易展览会

世界大酒店组织经常参加重要的会议和奖励旅游展览会，即欧洲奖励旅游暨会议展（EIBTM）、世界会议和奖励旅游展（IMEX）、Confex 和 Confec 等，成员酒店可以在世界大酒店的展台租个摊位。

·市场销售：

世界大酒店组织通过以下市场营销渠道为成员酒店代理酒店业务：

1）会议与奖励名录

成员酒店都被载入世界大酒店组织的这一名录，这个名录分发给世界45000 多会议与奖励筹划人。这个名录载有成员酒店有关会议与奖励的设施设备的详细资料。

2）数据库

世界大酒店组织拥有世界上最大的会议与奖励购买商的数据库之一，定期向他们寄发最新资料、特别推荐项目和预订奖励。成员酒店可定期提交要推销的宣传资料。

3）网站

为了确保搜寻 MICE 活动地点的顾客能够迅速找到目的地，世界大酒店组织对其网站（www. ghotw. com 和 www. shotw. com）进行了优化，每个网站都为会议与奖励购买商开辟专门区域，以便他们在计划活动时能够得到帮助。

4）公关和社论式广告

世界大酒店组织的公关公司定期在主要的会议与奖励贸易杂志和网站刊登成员酒店的会议与奖励报道，其中包括奖励旅游与公司会议（Incentive Travel and Corporate Meetings）、会议与奖励旅游（Meetings and Incentive Travel）、会议世界（Conference and Meetings World）和 RSVP 等。世界大酒店组织还为成员酒店提供参加在相同出版物刊登社论式广告的机会。

3. 公司

世界大酒店组织是唯一专注公司商务旅游项目的市场销售联盟，有一系列独特的推销和市场营销服务项目和专一的销售团队，专门向公司顾客推销成员酒店，为成员酒店增加了预订。

公司可以分为两类：跨国公司和中小企业。跨国公司往往通过集团公司和旅游管理公司进行协议价预订，或直接与酒店签订一个协议价。中小企业的预订有所不同，直接与酒店预订，或让旅游代理商为其预订等。世界大酒店组织拥有吸引两类公司顾客到成员酒店的战略。

世界大酒店组织通过提供以下服务，为成员酒店吸引公司顾客：

· 预订渠道：

世界大酒店组织通过以下预订渠道，为成员酒店带来公司预订：

1）GDS 与 IDS 连接

世界大酒店组织为成员酒店提供了直接与世界主要 GDS（Sabre, Galileo, Amadeus and Worldspan）连接的一流系统，以及通过起源公司的需求管理器（Demand Manger）与 1700 多家酒店预订网站进行连接，包括 Expedia, Travelocity, Lastminute, Orbitz, Opodo 等，也就是说，世界上有

600000多家旅游代理商和几百万名想从网上预订的商务游客可以预订世界大酒店组织的成员酒店。

世界大酒店组织帮助成员酒店把公司协议价，包括集团公司、TMC和直接的合同价，输入GDS系统，确保顾客随时预订。世界大酒店组织还有针对中小企业商务顾客预订成员酒店的战略。

2）世界大酒店的奖励

世界大酒店的奖励是全球第一个积分式酒店忠诚项目，是鼓励顾客忠诚所有的成员酒店的奖项，为顾客提供了价值，提高了顾客的身份。

对公司顾客而言，积分是具有吸引力的奖励，赢得的积分可以用来度假。拥有忠诚卡的顾客占硬品牌酒店顾客的多数，单体酒店不加入世界大酒店的奖励项目，要想获得这块市场的一杯羹是不可能的。

3）世界大酒店组织网站

世界大酒店组织网站（www. ghotw. com 和 www. shotw. com）的流量在公司这个市场比任何其他酒店联盟网站都大，许多没有协议价的公司顾客都通过网络预订。由于世界大酒店组织对其网站进行了优化，要想预订商务酒店的顾客很快就可以找到适合自己的目的地酒店，世界大酒店组织还在其网站开辟了公司旅游预订专区。

4）网站预订引擎

世界大酒店组织开发了一个预订引擎，顾客可以通过这个引擎在成员酒店的网站上轻松地进行预订。这个预订引擎是起源公司的系列e—商务工具之一，在设计、功能和应用上都有创新。例如，成员酒店可以把公司协议报价上传至该预订引擎，让公司顾客直接与酒店预订。

· 销售代理

世界大酒店组织通过以下渠道为成员酒店代理销售：

1）公司销售代理

世界大酒店组织的公司销售团队在旅游行业拥有20多年的经验，深谙商务旅游市场。世界大酒店的专业销售人员与旅游管理公司和全球极具影响力的集团公司合作，为成员酒店在全球市场招揽商务顾客。

2）优惠关系

世界大酒店组织与许多集团公司和旅游管理公司有着特殊关系，这些公司能让销售人员与重要的决策人接洽，这也为销售人员提供了有用的客户信息、市场信息包括需求方案说明书（RFP）和申请过程和额外的销售活动和奖励信息，保证了销售人员与市场和公司旅游预订人员的接洽。

3）需求方案说明书的集中申请

世界大酒店组织建议和帮助成员酒店通过 Lanyon 向适当的集团公司项目提交需求方案说明书，进行竞标，这些项目会给成员酒店带来最大的投资回报。一旦中标，就要保证可预订的房价（通过独有的房费核查工具检查），进行市场运作，保证为使用这一定价和渠道的酒店带来最大的预订量。

4）贸易展览会和经理会议

世界大酒店组织经常参加重要的公司展览会和贸易展览会，即英国和德国的商务旅游展和美国国家商务旅游协会（NBTA）展等，成员酒店参展可以获得世界大酒店组织给予的优惠价格。世界大酒店组织可以在工业会议和协会［诸如公司旅游行政人员协会（Association of Corporate Travel Executives）、旅游管理人员协会（Institute of Travel Managers）和其他重要活动］为成员酒店进行代理。这些活动宣传了世界大酒店组织的品牌，促进了世界大酒店组织与主要旅游购买商的关系，有助于成员酒店的销售。

5）促销活动

除了参加有组织的展览会外，世界大酒店组织自己还有针对公司顾客的促销活动，包括路展、考察、促销团和公司活动与宴请等，成员酒店可以以特价参加这些促销活动。

四、组织社会责任

At Great Hotels Organisation we believe that in order to provide excellence we must act responsibly and with respect for others.

在世界大酒店组织，我们相信：为了提供卓越，我们必须对行动负责，必须尊重他人。

第十九节　罗克福第酒店集团
Rocco Forte Hotels Group

集团总部：

英国伦敦杰敏街 70 号

70 Jermyn Street，London SW1Y 6NY，UK

一、集团历史概况

罗克福第酒店集团创建于 1996 年，由英国著名的酒店业者罗克爵士创建，集团的目标是在全球主要的旅行目的地拥有和管理豪华酒店物业，致力于打造"简洁奢华的艺术"。

集团目前在欧洲主要都市拥有和经营 13 家豪华酒店，包括伦敦，爱丁堡，曼彻斯特，布鲁塞尔，佛罗伦萨，罗马，慕尼黑，法兰克福，柏林，布拉格，圣彼得堡和日内瓦。集团于 2009 年在意大利西西里岛拥有了第一家高尔夫和水疗度假村 Verdura。除欧洲外，集团也积极开展全球业务，在中东和非洲主要目的地签订了数家酒店管理合同，开罗，卢克索，吉达，马拉喀什，阿布扎比的酒店于 2011 年陆续开业。集团也在积极开拓全球其它市场的酒店管理业务。

每间罗克福第酒店都位于当地最佳地理位置，拥有气度非凡的建筑和独特高雅的设计，以呈现和诠释当地的历史和人文风貌，以及经典优雅的豪华风貌。虽然每间酒店各具特色，但所有"福第"酒店都有着集团酒店的某些共同特点，如豪华客房，高档餐饮以及一流的设施和科技，致力于提供最佳的住宿体验和服务。

集团历史

福第家族在世界酒店发展史上是富有传奇色彩的家族。查尔斯·福第爵士于 1935 年在伦敦摄政街创立第一家"牛奶吧"，二战后，他的生意拓展迅速，公司正式取名为"福第控股"。

通过收购和拓展，福第集团成为了资产数十亿英镑的集团，旗下拥有众多餐饮、酒店品牌，且拥有伦敦地标性豪华酒店 Savoy 的绝大部分股份。

查尔斯爵士在 1993 年将公司全部的经营权交给儿子罗克。在罗克爵士担任集团 CEO 及主席期间，他负责管理集团在全球 50 余个国家 800 多家酒店，1000 余家餐厅，旗下品牌包括 Travelodge（经济型酒店），FortePosthouse（三星级酒店），Forte Heritage（历史文化酒店），Forte Grand（四星级酒店），以及豪华品牌"Exclusive Hotels by Forte"，该品牌旗下包含了当时世界上一些最顶级的酒店，如巴黎乔治五世酒店及雅典娜广场酒店；伦敦布朗酒店，格罗斯拿及海德公园酒店；马德里 Ritz 酒店；旅游广场酒店及 Westbury 酒店，罗马 Eden 酒店等；他进一步从法航手中收购了"Le Meridian 艾美酒店集团"（现成为喜达屋旗下品牌），从而将福第集团打造成一家国际酒店集团。

福第集团曾经是伦敦证交所"富时 100"成份股之一。在上世纪 90 年代中期，福第集团遭遇 Granada 财团的敌意收购，收购价格高达 38 亿英镑，是英国历史上最大金额的并购案之一。最终，福第家族出售公司，套现 3.5 亿英镑。

购并案结束后，罗克爵士于 1996 年重新创立"罗克福第精选"酒店集团，通过在欧洲主要历史文化都市收购和兴建地标型酒店，成功创立了全球一流豪华酒店集团，目前，集团在欧洲拥有 13 家豪华酒店，在中东和非洲获得了 5 个酒店管理合同，并积极拓展在全球其它主要市场的发展机会。

关于罗克爵士

罗克爵士是豪华酒店集团"罗克福第酒店精选"的主席，该集团的目标是在全球主要都市拥有和管理地标性的酒店物业，每间酒店均具有浓郁的特色；罗克爵士曾经担任英国酒店及餐饮业协会主席，也是世界旅行及旅游业协会的常务理事；他目前还是"酒店业行动"的主要慈善捐款人；作为狂热的体育爱好者，罗克爵士曾多次代表英国参加世界"铁人三项"比赛；他还经常参加慈善马拉松长跑，募集了相当数目的善款；他及夫人均是伦敦交响乐团董事。

作者与罗克福第酒店集团 Sir Rocco Forte

二、集团优势特征

1、打造经典奢华酒店，完美诠释历史文化

从罗克爵士创立"罗克福第精选"伊始，他就秉持了一个理念，精心打造独具特色的经典奢华酒店系列，他尤其钟情于那些代表着城市灵魂和年轮的历史文化建筑。这也使得罗克福第集团拥有了丰富的改造、经营和管理历史文化酒店的经验。

其欧洲的酒店基本位于历史文化名城，经过精心挑选的经典豪华酒店或者当地的地标性建筑，如伦敦的 Brown's Hotel（布朗酒店）开业于 1837 年，是伦敦第一家酒店，入住过无数名流政要及欧洲皇室，包括维多利亚女王、伊丽莎白女王、罗斯福总统、丘吉尔首相等等；贝尔在 1876 年入住布朗酒店，展示他的新发明——电话，事实上，大英帝国第一个电话正是从布朗酒店拨出的；而诺贝尔文学奖获得者吉普林及著名侦探小说家阿加莎·克里斯蒂常住布朗酒店，很多著名作品都是完成于布朗酒店；罗马的 Russie 酒店开业于 1814 年，曾经是俄罗斯皇室在地中海的行宫，接待过毕加索，斯特拉文基等众多名人；爱丁堡的 Balmoral 酒店，圣彼得堡的 Astoria 大酒店及弗洛伦萨的 Savoy 酒店也都是经典的百年酒店；而柏林的 Hotel de Rome 在改建成酒店前是德累斯顿银行总部，布拉格的 Augustine 酒店更改建于著名的 13 世纪的修道院。

罗克福第目前正在装修改造埃及开罗和卢克索的两家地标性的历史文化酒店，The Shepherd 及 Luxor Hotel，将分别于 2013 年及 2014 年开业。

2. 低调奢华的艺术，高雅独特的设计

罗克爵士相信，奢华是一种低调、简洁和高雅的艺术，为了完美诠释他理想中的奢华艺术，他特别邀请自己的妹妹——英国著名室内设计师 Olga Polizzi 担任福第酒店的艺术和设计总监，作为从小生长在贵族家庭的女勋爵，Olga 用自己非凡的艺术品味及视野使每一间百年经典老店都重新焕发昔日风采，同时融合了现代的时尚设计元素和高科技，且兼具舒适和实用性。

她还特别注重融合本地化的设计元素，如布拉格的 Augustine 酒店改造于 13 世纪的修道院，在完美保留原始风格的同时，Olga 融合了捷克 30 年代的著名立体主义设计风格，酒店一开业就获得无数旅游酒店业及设计行业大奖。布鲁塞尔的 Amigo 酒店装饰画则采用了比利时著名的超现实主义画家 Magritte 的作品复制品；伦敦布朗酒店的 HIX 餐厅挂满了英国顶尖艺术家 Tracey Emin、Michael Landy 及 Bridget Riley 的作品。而在装修罗马的 Russie 酒店时，Olga 充分利用了酒店位于罗马市中心难得的静谧花园和世界自然基金会合作，打造了著名的" 蝴蝶绿洲"，使得酒店成为好莱坞一线明星的大爱，乔治布鲁尼、布拉德皮特及朱莉、朱莉娅罗伯茨等都是酒店的常客。

3. 国际品牌 本地特色

尽管"罗克福第精选"致力于打造一个全球奢华酒店集团，但集团避免使用千篇一律的连锁品牌，而是希望用"罗克福第"品牌作为豪华酒店的象征以及服务品牌的保证。

集团致力于推广当地酒店自身的名称和品牌，以及该品牌所代表的当地独特历史文化和人文风貌。这对酒店物业拥有者是尤其有利的，因为这帮助

业主创造品牌价值。

4. 高档餐饮及特色服务

作为经典奢华酒店，每一家罗克福第酒店都是当地上流社会的聚会之所，因此，高档特色的餐饮概念及其它豪华设施和服务必不可少。

为此，每一家福第酒店都会引进名厨及特色餐厅或酒吧，其中不少是"米其林"星级餐厅及米其林大厨，如爱丁堡的 Balmoral 酒店拥有米其林餐厅"第一"及苏格兰唯一的"宝林格"香槟吧；罗马的 Russie 酒店拥有著名的米其林二星厨师 Fulvio Pierangelini，他被誉为"伟大意大利烹调的独奏家"；伦敦布朗酒店拥有伦敦最著名的下午茶。这些著名的餐饮设施不仅服务于酒店客人，也在当地享有盛誉，罗克福第酒店为这些杰出的餐厅设计了独立网站，详细介绍餐厅的厨师、设计和服务、菜单和促销，开通在线预定服务。另外，由于其绝佳的地理位置和知名度、经典优雅的设计和一流设施以及配套的高档餐饮设施和完美服务，所有的罗克福第酒店也都是当地首选的婚宴及主题活动举办地。

5. 资深管理团队，完美宾客服务

罗克爵士认为，完美的宾客服务是奢华酒店的灵魂。因此，他宁愿保持较少的酒店数目，以确保管理层包括他本人都能关注到每家酒店的经营成功。作为全球最著名的酒店经营家族，福第家族的门徒遍布全球酒店业，而罗克爵士的偶像地位也常常吸引众多资深酒店人为罗克福第酒店效力。

如罗克爵士派遣到中国的特使 Frank Pfaller 先生，他就是全球资深的豪华酒店管理者，有着超过 30 年、开业和管理过 30 余家豪华酒店的经历，更是酒店业最高奖项美国酒店管理协会"五星钻石奖"的国际理事；Frank 先生同时是全球豪华酒店经理人联盟"Hoteliersguild"的联合创始人，该联盟理事会汇集了全球很多酒店集团的主席及总裁，而会员为世界各地豪华酒店的总经理。另外，一些著名的餐饮机构如米其林指南的总裁 Jean-LucNaret 及世界美食峰会（World Gourmet Summit）的创办人 Peter Knipp 先生均是联盟成员。

三、集团旗下酒店介绍

每一家福第酒店都位于主要都市的市中心；有着自己独立的特色，反映

了当地独特的人文风貌；注重设计，但同时强调舒适和实用性；员工充满活力，友善和热情；致力于打造管家式的"宾至如归"的入住体验；关注细节，致力于杰出的宾客服务；相信奢华是一种简洁而高雅的艺术。

1. The Balmoral

集团于 1997 年收购爱丁堡 The Balmoral 酒店，成为集团的第一家酒店。该酒店拥有 188 间客房，位于爱丁堡市中心，拥有标志性的宏伟的钟楼。酒店拥有苏格兰唯一的宝林格香槟吧、米其林"第一"餐厅、豪华的 Spa 和多功能厅，让客人尽享爱丁堡城堡的壮观美景。

2. Brown's Hotel

该酒店是伦敦第一家酒店，于 1837 年由维多利亚女王揭幕，曾接待过无数名流政要，包括罗斯福总统、丘吉尔首相等等。2003 年被罗克福第集团收购，2005 年底重新装修开业，恢复昔日光彩。酒店位于伦敦尊贵的 Mayfair 核心区，其经典的英式餐厅和著名的下午茶是伦敦社交界的聚会之所。酒店还拥有豪华的 Spa。

3. Hotel Savoy

1997 年，罗克收购弗洛伦萨的 Savoy 酒店，该酒店位于市中心，靠近标志性的大教堂；酒店拥有 102 间客房，设计时尚，充分反映了弗洛伦萨作为时尚之都的特色。

4. Hotel Astoria

1997 年，集团收购了俄罗斯圣彼得堡著名的 Astoria 酒店，该酒店位于圣彼得市中心的堡伊萨克广场，俯瞰著名的大教堂，靠近各著名景点。酒店拥有大卫杜夫餐厅、鱼子酱吧、健身房和 Spa。酒店设计高雅，充分反映了圣彼得堡的历史，古典和现代交融。

"福第"旗下还管理着圣彼得堡的一家四星级酒店 Angleterre，它是 Astoria 酒店的姊妹酒店，拥有现代的设计、鱼子酱酒吧及各种餐饮娱乐设施。该酒店是福第集团管理的唯一四星级酒店，其它福第酒店均为世界一流酒店组织成员。

5. Hotel Amigo

布鲁塞尔的 Amigo 酒店于 2000 年 1 月成为 Rocco Forte 酒店；拥有 174 间客房；酒店位于老城的市中心，靠近古董市场及金融中心 。

6. Hotel de Russie

该酒店由著名的设计师设计，位于罗马时尚区，拥有 122 间客房，于 2000 年 4 月开业；酒店一开业就成为好莱坞明星的大爱，拥有著名的屋顶蝴蝶花园，是与世界自然基金会的合作项目。

7. The Lowry Hotel

该酒店是曼彻斯特最佳五星级酒店，开业于2001年，拥有165间客房；酒店拥有杰出的餐饮和宴会设施，拥有著名的河畔餐厅，由名厨 Oliver Thomas 经营。

8. Villa Kennedy

拥有163间客房的肯尼迪别墅位于法兰克福；酒店的历史可追溯于1904年，曾经是著名的私邸，现改造成经典的商务酒店；新增的三面客房和原来的别墅连为一体，创造了一个静谧的庭院。

9. Hotel de Rome

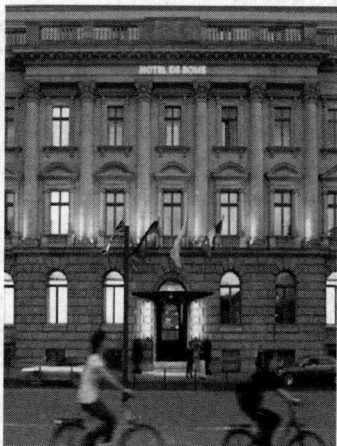

酒店位于柏林市中心，拥有146间客房，原为德累斯顿银行。

10. Le Richemond

酒店位于日内瓦市中心，拥有 109 间客房，饱览日内瓦湖风光。

11. The Charles Hotel

酒店位于慕尼黑市中心，拥有 160 间客房，为全新建筑，拥有一流餐饮，宴会和 Spa 设施，以及知名意大利餐厅及酒吧。

12. The Augustine Hotel

酒店位于布拉格市中心，拥有 101 间客房，由一间僧侣院改建，属于著名的文化遗产保护项目。

13. The Verdura Golf & Spa Resort

高尔夫和水疗度假村开业于 2009 年，位于意大利西西里岛。酒店拥有 203 间客房，面向地中海，拥有 27 洞高尔夫球场、4000 平米的水疗、4 家餐厅和 5 个酒吧以及游泳池和儿童俱乐部。

第二十节　世界优选酒店集团
Preferred Hotel Group

集团总部：

美国芝加哥 South Wacker Drive 大厦

311 South Wacker Drive Suite 1900，Chicago，

知名品牌：

优选酒店与度假村 Preferred Hotels & Resorts

优选精品酒店 Preferred Boutique Hotels

圣美酒店与度假村 Summit Hotels & Resorts

集萃酒店 Sterling Hotels

美国历史酒店 Historic Hotels of America

一、集团历史概况

世界优选酒店集团是代理独立酒店、提供优质品牌经营策略、全球销售、市场营销以及整合预订服务的行业领先者。公司始建于 1968 年，当时由 6 家酒店共同成立。时至今日，优选酒店集团已经拥有 5 个著名品牌，在

全世界 70 多个国家拥有超过 800 家酒店和度假村，包括豪华五星级优选酒店与度假村（Preferred Hotels & Resorts），豪华五星级精品酒店优选精品酒店（通常少于 150 间房，Preferred Boutique Hotels），四星级商务圣美酒店与度假村（Summit Hotels & Resorts），三四星个性设计集萃酒店（Sterling Hotels）以及美国历史酒店（Historic Hotels of America）。

集团为成员创造竞争优势，提高营业收入，并降低成本。集团在全球拥有 32 个销售办事处，通过品牌声誉和全球经营范围为酒店业主和运营商带来竞争优势。优选酒店集团提供定制的企业、休闲和集团销售支持、整合性营销方案、目前最先进的网络预订服务，并以电子方式分配到其成员酒店。

优选酒店集团是一家私人控股公司，John Ueberroth 先生担任董事长兼 CEO 一职，他于 2004 年成为集团最大的股东。Ueberroth 家族在优选酒店集团的旅行业务、酒店业务和重大事件管理方面起到了至关重要的作用。John Ueberroth 和他的妻子 Gail（集团副董事长兼首席营销官）见证了将近 500 家酒店和度假村加入到优选酒店集团的投资组合中。

作者与 **John Ueberoth** 在北京饭店

集团还一直在不断扩大对顾客的服务。2006 年，任何优选酒店集团品牌的顾客都有资格享受 I Prefer 全球顾客优惠计划，该计划的优惠包括提前办理入住手续/推迟办理退房手续，提升可用的房间等级以及其他优惠等。今天，集团已经拥有 100 多万名忠实顾客以及全球 70 多个国家不断增加的酒店和度假村会员。2007 年秋季，公司通过推出 Preferred Residences 进军豪宅市场，它是为奢华共享所有权度假村而成立的一个会员和交换计划，提供卓越的服务和设施。该计划的房产全部严格按照优选酒店集团的 Standards of Excellence 标准来运营，这是公司在酒店业运营 40 多年来苦心积累的标准。

二、集团旗下品牌介绍

优选酒店与度假村（Preferred Hotels & Resorts）

有见识的旅行者喜爱个性化的经历、超前的服务和精致的风格，也就是喜爱优选酒店与度假村。它集各种高端奢华于一身，在全球最受欢迎的地区拥有 175 家非同寻常的酒店。它宣扬其独特的个性特征和对顾客喜好的直觉理解。

优选精品酒店（Preferred Boutique Hotels）

优选精品酒店设计独特，其酒店和度假村宣扬独特的旅行经历，以亲近的距离展示风格、服务和个性。该子品牌成立于 2005 年，迅速成为为旅行者定义精品酒店经历的一个品牌——以最高水平的质量提供个性化的服务、难以忘怀的目的地旅行和亲密的周边环境。

圣美酒店与度假村（Summit Hotels & Resorts）

欣赏旅游目的地最好的地点就是在圣美酒店和度假村。它是一个有着 120 家酒店和度假村的集合，每家圣美酒店与度假村的位置都是最佳的，以期为顾客提供一流的服务——无论是商务或休闲，旅行者都可以尽情地享受在目的地的生活。每家圣美酒店和度假村，无论是历史性城市酒店还是漂亮的沙滩酒店，都极具当地特色。

集萃酒店（Sterling Hotels）

舒适、方便、连通性好。这是一个值得信赖的品牌，它能够以合适的价格带你到正确的地方，其拥有享誉全球的声誉。世界上具有个性和特色的酒店的集合，集萃酒店理解顾客对持之以恒的质量的期望。

美国历史酒店（Historic Hotels of America）

美国历史酒店包括 200 多家美国最有历史性的住宿场所，那些最具声望的酒店自然包括其中了。要成为美国历史酒店，必须具有至少 50 年的历史，并且符合国家相关机构制定的特定历史建筑和服务标准。

三、集团经营管理

1. 增加收入

（1）无可匹敌的销售网络

优选酒店集团目前在全球有 32 处销售办公室与超过 50 名专业销售代表，随时提供销售协助。集团在休闲旅游、商务差旅及会展奖励旅游市场拥有紧密的合作伙伴或客户关系，为会员酒店们带来大量商机。会展奖励旅游销售团队每月平均开发超过 2000 名新的潜在客户，商务差旅销售团队则与超过 300 家跨国企业提供长期服务与维持良好的关系。另外，集团也与各个地区众休闲旅游代理中的佼佼者紧密配合，其中包括 Virtuoso，Signature，Ensemble 以及美国运通的 Fine Hotels & Resorts 等。

（2）全盘掌握商务差旅市场

所有的会员酒店均可使用 Lanyon，这是一套辅助酒店效率极大化地管理商务差旅招标流程的自动化工具系统。酒店们可以透过在线会员网站获得优选专有的销售与联系信息，从而与数百个优选长期管理的工商企业客户及旅游代理合作伙伴建立关系。

（3）参与国际展会活动

优选酒店集团每年在全球参与或举办超过 150 次销售活动，平均每两天便有一个活动在进行。带领会员酒店进入大型国际展会，针对各个地区和市场中特定的潜在客户举办数百场特色活动，提供会员酒店一个绝佳展示平台，并与各地旅游业内人士面对面，近距离建立关系。

（4）商务差旅管理公司（TMC）

集团与美国运通，BCD Travel，HRG 以及嘉信力旅运均建立了品牌合作关系，使得会员酒店们可以利用全球分销系统，联合市场营销计划，登门拜访主要商务差旅管理公司位于全球的办事处等，为其创造无限商机。

（5）航空公司合作伙伴

优选酒店集团的常客奖励计划与航空公司里程俱乐部合作，会员酒店可以向宾客奖励飞行里程数。利用合作伙伴网站、简报、航空公司的杂志、印刷品和定向直邮，免费为会员酒店在 2 千万商务和休闲旅游旅客中进行有针对性的宣传。

2. 减少成本

（1）整体预订解决方案

整体品牌连接是集团推出的无缝式预订管理解决方案。通过一个门户网站，连接所有预订渠道，包括全球分销系统（GDS）、语音呼叫中心、酒店网站和在线旅行代理商等。基于 Synxis 技术平台的中央预订系统采用了最先进的科技，是当今市场中最实用、连接最全面紧密的中央预订系统（CRS）。

（2）营业收入管理服务

每家酒店都指派一位专业收益管理经理人。集团的专家团队会与会员酒店合作，共同制作最具竞争力的收费策略，提高各分销渠道的客房平均收入。所有收费标准均由优选酒店集团的收益管理经理人载入并要接受专业人士的检查。

（3）供应商合作伙伴和批量采购

优选酒店集团代表着全球超过 15 万间客房，在供应商合作伙伴计划中，通过谈判为会员酒店节省了大量成本并增加了可观的附加价值。其中，集团主要关注的是酒店最需要的产品和服务，因此与近 30 家公司建立了供应商合作伙伴关系，包括 Micros、Gilchrist& Soames、Cypress Collection 以及美国运通等著名的品牌和商家。

3. 投资回报

优选酒店集团致力于向所有会员提供可观的投资回报。2010 年，凭借集团的品牌实力和增值服务，其会员酒店获得了超过 4 亿美元的业务。

四、集团品牌运作

1. 加强品牌运作

（1）针对不同目标市场的营销服务

优选酒店集团的目标只有一个——提高会员酒店的营业额。集团提供极其广泛、高效且高回报的市场营销服务，例如年度全球合作广告计划、月度品牌电子简报和旅行社宣传等。此外，会员酒店还可以使用一系列协作优化及智能化的解决方案（iTool），利用其可定制的特点，从房价搜索工具、多角度市场分析报告、定向电子邮件宣传等多种工具中选择自己需要的服务。

（2）I PREFER 常客专享权益计划

I Prefer 常客专享权益计划让酒店无需付出额外成本，便可向旅客提供各种实际优惠，从而提高了旅客忠诚度。集团推出了针对不同目标市场的营销活动，并向超过 100 万的会员提供独家优惠，帮助会员酒店获得了大量业务。

（3）垄断高尔夫市场

Preferred Golf Club 与美国运通合作，向成千上万并不断增长的高尔夫旅客提供最佳的独立高尔夫球场选择。通过年鉴、网站以及各种营销手段，Preferred Glof Club 为会员酒店进行有效宣传，帮助会员酒店吸引更多业务。

（4）PREFERRED RESIDENCES

和 Interval International 合作的 Preferred Residence 是集团针对提供卓越服务及设施的产权共享度假村所设计的会员及交换计划。通过该计划，开发商可以获得 Preferred Residences 品牌旗下无可匹敌的销售、市场营销以及预订解决方案，继而为客户提供最优质的服务和最愉悦的旅行享受。

（5）品牌经营、公关和刊物

在高端消费领域中，知名酒店一直占据领先地位，因此优选酒店集团花费巨资为其旗下的所有品牌建立全球品牌推广计划。为提高品牌知名度，集团每年都会出版定制的品牌指南并发行半年刊杂志。集团的品牌网站信息全面并且易于使用，同时还有搜索引擎优化和点击付费广告的支持。每月，集团会为成千上万的旅行者发送品牌电子简报，提供最新的资讯和优惠信息。此外，集团每年还会通过全球公关计划为每个品牌提供支持协助。

2. 入会方式选择

全套服务会员，针对正在运营但需要集团旗下一个或多个品牌的全套服务的酒店。

未开业会员，针对在开业前需要至多 12 个月的品牌经营、市场营销和销售协助的酒店。其开业后必须接受优选严格的审查。

品牌授权，针对开业前需要长期的品牌经营、市场营销和销售协助的酒店和开发商。其开业后必须接受优选严格的审查。

五、集团社会责任

优选酒店集团支持成员酒店实施的具有当地社会责任的举措，这些举措在其各自的社会中产生了积极的影响。

1. 为今天（明天）社会的伟大举措

"为今天（明天）社会的伟大举措"的成立是为了承认和鼓励成员酒店及其员工在以下方面的非凡举措：慈善事业，社区服务，环境保护等。

2. 献给旅行者的小贴士：绿色出行其实很简单

（1）始终考虑本地消费

在一个发展中国家，旅行者在节日每花费 100 美元，只有大概 5 美元促进了该国经济。这种"跑掉"的美元在加勒比海高达 80%，旅行者的钱在离开这些国家时花在了旅行社、航空公司和进口食品饮料上。"请记住只使用本地的旅行社，住在本地经营的酒店，且只买本地生产的食物"。

本地和传统价值正在被全球化浪潮所吞噬。在国外旅行时，一定要在当地餐馆里就餐，购买当地产品。这样，你不仅支持了当地经济和文化，也抵制了跨国公司与日俱增的影响。同时，你可以体验当地的文化生活并从拥挤的旅游区逃避出来。

（2）不要更换

酒店的多数客人愿意再多使用几天酒店提供的床单和毛巾。酒店能耗的很大一部分——42% 用于加热水，而热水多数用于洗衣房。如果酒店为客人准备了标识，在客人出门前提示服务员不用更换床单或毛巾，估计酒店会降低至少 5% 的能源使用。"如果你入驻的酒店没有'不要更换'的政策，你可以试着自己写一个'不要更换'的便签"。

（3）留意"绿色地球标志"

"绿色地球 21"是旅行和旅游行业唯一一个全球环境计划。该计划由世界旅行和旅游委员会发起，建立在《日程 21》和"1992 年里约热内卢地球峰会"制定的可持续发展原则基础之上。该计划向符合世界旅游负责任和可持续发展标准的酒店、航空公司和旅行社颁发证书。

（4）拓宽视野

"旅游"一词来自希伯来语的"Tora"，意思是"去学习"。因而旅行不仅是去欣赏新的景色，还要扩展我们的视野。要了解一些将去访问的地方的背景，且牢记一点：你的目的地不论有多么遥远，总是当地人的家乡。

（5）抵消你的二氧化碳排放量

每年航空产生的二氧化碳排放量相当于整个非洲由人类活动产生的二氧化碳排放量。一次长途往返飞行中每位乘客能产生比一个汽车乘坐者全年平均二氧化碳排放量更多的排放量。因此，科学家预计到 2015 年，臭氧层全年空洞量的一半将来自航空旅行。请尽量降低每年的飞机乘坐次数，短途不要乘坐飞机——旅行距离在 310 英里/500 公里以下时，每位乘客因飞机飞行排放的二氧化碳量是采用铁路出行的 3 倍。

（6）步行、自行车或乘坐公交车

旅行时，尽量乘坐公共交通工具，最好是步行或租借自行车。这样一来，你会以完全不同的角度欣赏目的地的美丽景色。

（7）不要破坏大自然

木头、珊瑚、贝壳或象牙制作的自然纪念品有破坏环境的嫌疑，植物和树木的生命受到了来自纪念品交易的威胁。2002 年 5 月到 2003 年 4 月间，根据《濒危野生动植物种国际贸易公约》（CITES），海关官员查获了 419 起案件，其中多是活动物和其它动物、植物产品。因此，请以挑剔的眼光购买纪念品。

（8）负责任地潜水

珊瑚礁是海洋生物的基础，具有极高的生物多样性。比如：澳大利亚的大堡礁是 400 多种以上的珊瑚、1500 多种鱼类、4000 多种软体动物和 200

多种鸟类的聚居地。但是全球范围内的珊瑚礁已经或正在灭亡。目前，已经有10％的珊瑚丢失，如不加以保护，预计到2040年会有70％的珊瑚消失。当你进行潜水度假时，如果能遵守潜水的行为准则，就可以减少游客对珊瑚礁的压力。这些准则包括：不要触摸珊瑚或海洋动物，不要移动不是你带来的任何东西，小心不要擦碰到珊瑚礁，在摆动脚蹼时要格外小心。

（9）尊重当地文化

旅行时，要考虑到你正在进入一个与自己的文化完全不同的文化。如果你能考虑到穿什么样的衣服和如何举止更适合，那么你将受到当地人的欢迎和尊敬。

（10）只带走照片，只留下足迹

作为旅游者，你对自己访问地区的环境负有直接责任。所以如果你发现破坏环境的行为，一定要向当地的旅游运营商报告。有职业道德的旅行机构会公布自己的《游客行为守则》供你去遵守。请熟读这些守则，无论走到哪里都要遵守这些守则。

（11）疟疾防控

当你旅行至疟疾病区，不能只依赖于防虫剂，还有与其它对环境无害的方法结合使用，以更好地进行整体防护。在早晚蚊子叮咬时，要带上全身防护罩，穿深色衣服。夜间在蚊帐里睡觉时，如果蚊帐做工粗糙，千万不要在靠近静止的水面或香蕉树等蚊子易于繁殖的地方睡觉。

（12）将你的环境影响降到最低

在国外旅行时，多考虑一下自己的垃圾如何处理。出门前，试着随身带上生物可降解的产品和过滤水瓶。有些地方的水、燃料和电力资源有限，所以请注意减少使用。尊重当地规则和行为守则，保护当地野生动物及其栖息地。比如：在人行道上行走，不要触摸珊瑚，不要购买由濒临灭绝物种制作的产品。通过遵守这些简单的原则，你就可以减少自己的生态足迹和对访问地区的负面影响。

3. 清洁这个世界

"清洁这个世界"，循环利用肥皂并挽救生命。在北美，每天有成千上万家酒店将数百万英磅的肥皂和洗发水丢弃。这些产品最终流向已经满溢的垃圾填埋场，污染着已经不堪一击的地下水系统。

每天都有世界贫困地区的人们死于急性呼吸传染病和痢疾，因为他们没有肥皂可以使用。死亡总数是惊人的。每年有 500 万以上的生命被这些疾病掠走，其中多数是不足 5 岁的孩子。研究表明：简单的洗手就能够显著降低这些疾病的传播。不幸的是，全世界有几百万人民无法获得适宜洗手的基本物质。

"清洁这个世界"把肥皂送给真正需要的人们。为了努力防止这些不必要的死亡再次发生，"清洁这个世界"将这些回收的肥皂制品以及适当的教育材料分发到世界上贫困的国家以及国内无家可归的流浪人士。你可以提供帮助。你的支持会使我们离实现每年挽救 100 万生命的目标更近一步。请进行捐赠或成为志愿者。下次选择住哪家宾馆时，请一定选择我们的参与伙伴。

4. 美好夜晚基金会

（1）我们做什么

美好夜晚基金会是一个非盈利性组织，与领先的酒店老板合作，通过爱心顾客的慷慨解囊，筹集资金支持当地和全球项目，旨在使全球的各个角落成为安全、健康和宜人的居住和旅游场所。

（2）捐赠程序

在美好夜晚基金会的合作酒店入住，每位客人每天住宿费用中的 3 美元将被捐献给慈善机构。美好夜晚基金会通过重点资助健康、教育、消除贫困和环境项目来解决全球性的挑战。此外，美好夜晚基金会 50％的实收款项被留在其捐赠社区，用来支持酒店员工选择的组织。这样，顾客可以确信他们的贡献确实用在了其所访问的地区。不想捐赠的顾客可以到酒店前台联系办理退出捐赠。

（3）影响

美好夜晚基金会合作酒店及其慷慨解囊的顾客们的微小的个人贡献能够对全球社会产生巨大的影响。

第二十一节　丝路酒店集团
Silken Hotels Group

集团总部：

西班牙马德里，维多利亚 01015，AVDA zabalgana 大厦

Avda. de Zabalgana 1，Vitoria 01015 — España

一、集团历史概况

Silken 集团是近年来西班牙乃至欧洲成长最快的酒店集团之一，过去的 7 年时间，该集团在西班牙及英国、比利时、法国、以色列等国家拥有和管理了 32 家酒店。集团引领豪华酒店业新潮流，每间酒店均保持自己的独立设计特色和灵魂，同时拥有一致性的服务标准和营销平台。集团理念不同于酒店泰斗 Statler 提出的 "酒店最重要的第一是位置，第二是位置，第三还是位置"。他们提出 "第一是位置，第二是设计，第三是服务"，位置是让客人来选择酒店，给客人带来便利；设计是给客人最深的印象感受；服务则是让客人再回来。

集团投资商为西班牙著名地产公司 Group Urvasco，所以绝大部分酒店为自建及收购。旗舰店是位于西班牙马德里的美洲之门大酒店（Hotel Pur-erta America），该酒店聘请了来自全世界 13 个国家的 19 位一流建筑设计大师，包括 Zaha Hadid，Norman Forster 等，每人设计一个楼层，作为马德里竞标 2012 奥运会的标志性建筑推出，由西班牙国王卡洛斯主持开业，在当时酒店和建筑业曾轰动一时（至今仍是汇集最多国际建筑设计大师的建筑），吸引了众多名流入住。

其它的 Silken 酒店也都各具设计特色。任何一家 Silken 连锁酒店都是一个个性别致的地方，一个宾至如归的地方，一个友人之家，在这里你可以受到很好的照顾，觉得宾至如归，永远不会感觉到一丝丝孤独或被冷落。Silken 连锁酒店在众多方面设置得恰到好处，独具匠心：地理位置、建筑风格、室内设计、舒适程度、装饰装修等。所有这一切都是很多人共同努力的结果。集团将每个人的努力转化为一种精神，让每一个来到 Silken 的顾客都能够在这里找到自己心中的避风港湾。该集团另一大特色是餐饮，集团和西班牙国宝级烹调大师 7 星米其林大厨 Martin Barasaguti 联合开办餐厅及培训学院，以确保集团旗下每家酒店都提供一流的餐饮服务。另外，Silken 集团还非常擅长于营销和公共关系，通过和美国 TravelClick 公司合作，该公司拥有自己独立的中央预定系统和电子分销平台，以及忠诚客户计划，集团还经常和西班牙著名影星和球星合作，开展公关和推广活动。

集团于 2010 年成立了国际业务拓展公司，名为 Teikalia Ltd，目前除拓展欧洲市场外，也在积极拓展国际市场，致力于将 Silken 酒店的成功开发和运营经验输出，为业主和开发商提供酒店设计、开发、设计及工程方面的咨询服务，以及酒店委托管理服务，目前在南美洲、南非、中东均有在合作和洽谈中的项目，并非常看好中国市场。

TEIKALIA 公司拥有与酒店及住房项目开发与管理相关的各种领域专业人士。所参与项目包括 TEIKALIA 公司自己开发的项目以及代表其他组织和单位实施的项目。公司的经营理念是为每个客户提供量身定制的个性化服务。在酒店管理和财产管理方面，能够急客户所急，想客户所想，帮助客户做出最佳决策。在实际行动方面，丰富的团队经验提供了一系列可供选择的管理模式：从搜寻合适的土地地块到实施土地收购可行性研究，到酒店项目的综合开发，包括酒店施工完成后的经营管理建议等。根据客户需求，公司也可以提供客户所要求的服务，如适当的审计服务，以确保客户所开展的项目质量。公司拥有众多大型综合项目的成功开发和施工经验，包括马德里的 Hotel Silken Puerta América 酒店，毕尔巴鄂 Isozaki Towers 住宅楼，以及众多酒店共约 12000 床位的成功管理经验。

作者与 Silken 集团董事长和总裁合影

二、集团旗舰酒店介绍

美洲之门大酒店 Hotel Puerta America

集团邀集了 13 个国家 19 位世界顶尖的建筑师与设计师，史无前例地空间创意竞技，耗资 7500 万欧元，2005 年完成了时尚精品饭店 Hotel Puerta America。位于西班牙马德里市郊 Avenida de America 快速道路旁，12 层建筑拥有 342 个房间、时尚建筑、前卫室内设计、照明设计、视觉艺术百花齐放，宛如一场设计博览飨宴。酒店为客人带来未来感的设计。

法国建筑师 John Nouvel 设计饭店建筑立面，五颜六色的薄膜包覆外墙红橙黄绿蓝靛紫，颜色渐变彷佛彩虹一般绚烂。法国诗人 Pau Eluard《Liberty》的诗句，以各国文字烙印于膜上，企图将文学转译于空间。顶楼的游泳池及咖啡吧也是用火红色的薄膜营造出夸张的幻觉。

英国极简建筑大师 John Pawson 一贯主张竭尽所能地去除所有装饰，只以空间、光线和材质作出空间变化。因为空间对象的简化，纯粹地精炼出具有东方禅意的空间。他负责设计饭店大厅与会客室，大面积运用原木，以类似日本传统千条格子形成流动半穿透的空间，塑造出享受平静与安宁的空间。

　　澳大利亚知名设计师 Marc Newson 是一位室内设计、家具设计、工业设计、服装、汽车、甚至是飞机内装全方位跨界设计师，拥有超过 200 种著名设计作品。他设计饭店大厅右侧的咖啡厅，整个咖啡厅的设计基本颜色为黑白灰三色的冷色系设计，搭配流动的垂直金属线条，线条之间泛溢出各种色泽的灯光，形成一种时尚而简洁的氛围。Marc Newson 同时也设计六楼客房。该层采用现代与休闲的环境设计，综合了暖色系与冷色系材料。走廊以红色珐琅版塑造简洁时尚的空间感。

　　第一位女性普立兹建筑奖得主，英籍建筑师 Zaha Hadid 设计一楼客房。流动蜿蜒的曲线将空间一气呵成。大量使用高度无接缝技术制作而成的 LG－hima cs 人造石家俱、卫浴设施。客房的大门板内镶嵌 LED 别出心裁，房客可以在房内控制" room service"、" do not disturb" 等。Zaha Hadid 作品以 Winding Lines, Fluid Spaces 为主题，设计呈现了空间流动性的特色。

　　英国高科技建筑师 Norman Foster 设计二楼客房。企图营造一个可以让房客暂离城市烦嚣，沉浸在宁静之中的方寸天地。Foster 保持其惯用的金属与玻璃材料，搭配高级皮革白色墙面，创造刚柔并济的丰富质感。位于房中的高科技弧形卫浴形成空间视觉焦点。

　　英国极简建筑师 David Chipperfield 设计三楼客房。客房简单的蓝色折版天花，白色墙面上将灯具视为雕塑品般的悬挂，搭配黑色面砖地板。借由灯光和颜色的巧思，营造简单而突出的设计。

　　两位年轻的英国建筑师 Eva Castro 以及 Holger Kehne 设计四楼客房。运用大胆前卫的碎型几何概念，设计连续不规则的三角形立体几何不锈钢折版，条状的 LED 灯镶嵌折线之中，玻璃碎片重组般的墙面设计，让人感觉置身外层空间一般，创造出动态空间延伸的惊人张力。

　　以色列出生的设计师 Ron Arad 设计七楼客房。其作品总是在游戏与创作之间游走，并深入考虑制造成本和运用单一造型来生产多样性材质产品。在创作的过程中，可以完全不受材质、技法、产品领域和空间、尺寸的限制。七楼门厅白色软性塑质球形天花，营造出地球是圆的与全球信息脉动的氛围。客房浴室、书桌、衣柜及床融为一体，一个没有隔间、没有门、行动自如的个性空间。

建筑师 Kathryn Findlay 设计八楼客房，营造了一个体验漂浮于云端的沉思空间。Jason Bruges 与 Kathryn Findlay 合作为八楼的大厅及走廊设计一套交互式的灯光设备，当房客经过时就会自动照明，灯光会针对衣服的颜色及动作投影，人行经走廊时，墙上映像出行人的剪影光点。

东京六本木森美术馆的设计者，美国建筑师 Richard Gluckman 设计九楼客房。最大限度地利用各种材料，以新颖独特的方式使用了雾面透明压克力厚版，构筑了美丽的立体光墙。

日本建筑大师矶崎新 Arata Isozaki 设计十楼客房。室内以全黑色系涵盖所有空间，自然光源透过木格栅窗棂漫射进入室内，营造一种独特的东方神秘气氛。原木方形浴缸，表现了日本精致的洗浴文化。

1992 巴塞罗那奥运会吉祥物 Cobi 的设计者 Javier Mariscal 和 Fernando Salas 共同设计十一楼客房。以活泼生动的

旗舰酒店外景

图案，搭配鲜艳的色泽，旨在激发房客愉悦的情绪。

三、集团咨询服务

集团对于不同项目的开发和管理经验使得其能够为客户提供优质的增值性咨询服务。专业人员、专业工具和专业程序使得他们能够为客户提供决策性建议，帮助客户取得项目的最大收益。

1. 可行性研究与市场调研

可行性研究根据当前和未来市场需求模式分析投资风险，提供详细的研究结论、相关必要信息以及适用于具体项目的实质性论证。

进行市场研究时，集团会分析相关策略性可变因素，如周围环境、经济形势、竞争优势、潜在客户群体的细分、市场利基、各种不同经营因素、旅游行业目前的发展趋势以及其他可变因素。此外，通过与管理酒店的直接接触得出对于市场的看法。

2. 土地搜索和分析

既对客户拥有的土地进行分析，也可根据项目需求为客户搜寻土地，并向客户推荐适合项目发展的土地地块。分析结果不仅仅局限于城镇规划问题（适用的立法、土地分类、当前土地所有者的权利和义务、规划、管理、补偿金、土地评估等等）；同时，也关注土地商业影响、商务法律和税收以及与土地收购相关的金融事件。

3. 定位研究

定位研究的目的在于分析客户所推出的产品在当前市场的预期定位，或者根据对每一时刻的市场发展趋势和市场机遇的研究帮助实施概念性方案。

4. 建筑理念的形成

一个成功酒店理念的形成不仅包括酒店整体理念的形成，也包括不同酒店区域的具体理念的形成：房间、公共区域、温泉、餐厅、酒吧、会议区域、娱乐室等等；另外，服务区域以及酒店的各种设施也是创建成功的商业环境的重要因素和有效因素。Silken 的团队坚持创新，不断发展，始终如一的站在行业发展的前列。

5. 建筑风格

根据客户需求，Silken 既可以与客户的建筑师们一起工作，为其提供类似项目的相关成功经验，也可以为客户推荐一些世界级著名的建筑师、设计师和室内装潢师，或其他与 Silken 一起参与其他大型项目的高级专业人士；这些高级专业人士为业内的后来者确定发展基调。他们能够确保优质项目的提交和最佳解决方案的应用。

6. 酒店交易的调解和建议

得益于 Silken 对酒店市场各个方面的渊博知识，Silken 有能力为客户提供酒店和其他类型建筑楼宇的购买和/或销售方面的专业建议；客户可以在西班牙以及全世界各个地方申请并享受 Silken 的服务，包括旅游地产的销售或购买过程中的任何环节：从参与客户谈判、为客户提供谈判建议、提出价格、准备商业计划书到酒店的建设以及酒店的开业和业务经营等各个环节。

四、集团项目与施工管理

现如今，不管建筑项目的地理位置如何，且不管其复杂程度如何，项目管理无疑都是成功实施建筑相关项目的最佳且最先进的方法。

酒店项目是一个高度综合的项目，涉及到大型投资，并要求不同行业代理商之间进行完美合作与高度管理。整合与协调不同代理商之间的关系对于避免不同项目参与方之间的利益冲突至关重要。Silken 的目标在于为客户提供优质服务，使得他们能够完全控制建筑项目施工过程中的各个方面。

1. 项目管理

作为地产的代表者，Silken 的职责如下：技术协调、经济协调、管理协调与财务协调，管理所有项目参与者之间的接触和联系。

这种一体化的项目管理模式弥补了传统的项目管理的不足之处；传统的项目管理只着重于对施工质量的技术控制；另外，这种一体化的项目管理模式适用于技术性项目，所以也可以在施工过程中得到正确的实施。

2. 施工管理

施工管理服务的实施可以为客户带来项目施工以外的增值服务，并帮助客户对项目实施第一阶段进行全方位的控制，确保项目的发展完全满足客户的需求。

3. 质量控制

Silken 会为每一个项目起草一份合适的质量控制计划书，并申请经过认证的技术控制部门监督该质量计划书的实施。监督的目的在于满足保险公司的要求以确保所有施工符合保险条款的规定，确保每个事故的保险覆盖范围满足开发商的要求。

4. 缺陷控制与酒店的开业

监督工作的内容包括检查并及时改正施工过程中可能出现的任何缺陷，

并确保酒店的正常开业运营。

5. 配件供应的选择与谈判

Silken 通过对市场的研究和了解，对酒店开业前需要的所有设备和配件进行估价（包括家具、炊具、工具、寝具、餐具等）。Silken 的丰富经验使得客户可以货比三家，为客户提供优质、透明的服务；无需任何事先承诺；如此一来，开发商就可以获得价格和质量方面的保证。

五、集团酒店管理

与其他建筑项目不同，酒店项目并不能随着建筑施工的竣工而结束；竣工之时也是另外一个重要阶段的开始之时：酒店管理阶段。

目前，酒店行业竞争异常激烈，变化日新月异。因此，获得专业建议的指导对酒店业的成败有着非常关键的作用。Silken 酒店管理模式久经考验，应用于众多不同的项目，包括不同类型的酒店。不仅开展新型建筑项目，也为已经建成并开始运营的酒店提供管理优化建议。为客户提供满足其需求的管理模式，帮助其获得最大可能的投资回报。

我们知道许多酒店项目的投资商可能对酒店行业和旅游行业的业内知识不甚了解。这就是为什么 Silken 为投资商提供酒店管理服务的原因。所有相关方之间的完全透明使得 Silken 可以确保项目的首要和重要的步骤与地产所有者的利益保持一致。基于此目的，Silken 提供一系列服务，包括协调运营商及其设施管理团队之间的关系，提供与地产相关的经营建议等。

1. 分包商工作方案以及合伙人工作方案

酒店投资者所关注的两大主要因素是经营酒店的中长期成功和酒店地产的增值；这两大因素在很大程度上都取决于酒店经营者。

根据开发商的具体需求，Silken 为其提供管理和经营方面的支持；对于有意出租酒店的业主，Silken 会为其提供出租可行性计划书，并计算出合理的出租价格以帮助业主取得合理的利润。此外，得益于数年来 Silken 在行业内签署各种合同的经验，Silken 能够为酒店开发商提供与不同承包商之间签署合同协议方面的建议，包括人力资源，洗衣服务，配件供应、餐具、寝具等各个领域的承包商。

2. 酒店的一体化管理

Silken 能够以最佳的方式实施标准化酒店管理。在工作中坚持质量管理和全方位创新的原则。

人力资源：没有好的工作团队就没有成功的项目实施。集团设有自己的人力资源部门；人力资源部门致力于人才管理和奖罚政策的制定，以达到用合理的成本调动项目专业人员的积极性的目的。

销售：良好销售管理的基础在于对经营酒店的不同阶段和时期的销售行为的定义；此外，拥有能够有效实施此类销售行为的人员和技术也是良好的销售管理的关键因素。如 Silken 自己的专家和技术团队所实施的电子营销为集团带来了良好的竞争优势。

管理工具：经过对各种不同解决方案的测试与考察，Silken 找到了在经营酒店的过程中的最佳管理解决方案；例如，商品的采购与管理、会计系统、质量控制、客户管理以及能源控制与节能系统等。这使得 Silken 能够对解决方案的实施结果进行持续的评估并不断提高管理水平。

供应商：Silken 在业内多年的供应商联系经验使得其拥有一个广泛的供应商网络；也使得其能够根据项目的具体需求或不同楼宇建筑的具体需求联系新的供应商；目的始终只有一个，那就是为客户买到物超所值的商品。

休闲与餐饮：任何酒店的最基本的部分无疑是其为客人提供的休闲与餐饮服务。这些休闲与餐饮服务则构成能够实现酒店价值的商业单元。将 Silken 的管理模式与烹调界的高级人才相结合。集团在全世界的任何地方提供这种商业组合，这种商业组合确保其能够在酒店管理方面立于不败之地。

Silken 在酒店管理方面的另外一个长处就是娱乐活动。Silken 与西班牙及全世界的重要演员都有着良好的合作关系，确保最大程度地满足酒店对娱乐活动的需求，集团也提供酒店的夜生活和娱乐活动的管理与组织服务。

3. 酒店设施的维护与保养项目

酒店财产的适当保养和维护对于酒店资产的保值至关重要。咨询服务，或者必要情况下的管理服务的目的在于协调服务、酒店的各种不同系统日常管理、预防措施、改正措施和法定技术维修。总体目标在于获得每个维修领域的最佳绩效，用符合维护目标和因素的方法统一维修保养的标准和规定，实施合适的维修方案，从而大幅减少维修费用和成本。

附 录 一

<table>
<tr><td colspan="8" align="center">2010 年世界酒店集团 100 强
World's Top 100 Hotels in 2010</td></tr>
<tr>
<td>2010
排名</td>
<td>2009
排名</td>
<td align="center">集团</td>
<td align="center">总部</td>
<td>2010
房间数</td>
<td>2010
酒店数</td>
<td>2009
房间数</td>
<td>2009
酒店数</td>
</tr>
<tr>
<td>1</td><td>1</td>
<td>InterContinental Hotels Group PLC 洲际酒店集团</td>
<td>Denham, England 英国</td>
<td>647, 161</td><td>4, 437</td><td>646, 679</td><td>4, 438</td>
</tr>
<tr>
<td>2</td><td>3</td>
<td>Marriott International Inc. 万豪国际集团</td>
<td>Bethesda, Maryland 美国</td>
<td>618, 104</td><td>3, 545</td><td>595, 461</td><td>3, 420</td>
</tr>
<tr>
<td>3</td><td>2</td>
<td>Wyndham Worldwide 温德姆酒店集团</td>
<td>Parsippany, New Jersey 美国</td>
<td>612, 735</td><td>7, 207</td><td>597, 674</td><td>7, 114</td>
</tr>
<tr>
<td>4</td><td>4</td>
<td>Hilton Worldwide 希尔顿饭店集团</td>
<td>McLean, Virginia 美国</td>
<td>604, 781</td><td>3, 671</td><td>585, 060</td><td>3, 530</td>
</tr>
<tr>
<td>5</td><td>5</td>
<td>Accor SA 雅高酒店集团</td>
<td>évry, France 法国</td>
<td>507, 306</td><td>4, 229</td><td>499, 456</td><td>4, 120</td>
</tr>
<tr>
<td>6</td><td>6</td>
<td>Choice Hotels International Inc. 精选国际酒店集团</td>
<td>Silver Spring, Maryland 美国</td>
<td>495, 145</td><td>6, 142</td><td>487, 410</td><td>6, 021</td>
</tr>
<tr>
<td>7</td><td>8</td>
<td>Starwood Hotels & Resorts Worldwide Inc. 喜达屋酒店与度假村国际集团</td>
<td>White Plains, New York 美国</td>
<td>308, 736</td><td>1, 041</td><td>298, 522</td><td>992</td>
</tr>
<tr>
<td>8</td><td>7</td>
<td>Best Western International 最佳西方国际酒店管理有限公司</td>
<td>Phoenix, Arizona 美国</td>
<td>308, 692</td><td>4, 038</td><td>308, 477</td><td>4, 048</td>
</tr>
<tr>
<td>9</td><td>9</td>
<td>Carlson Hotels Worldwide 卡尔森国际饭店集团</td>
<td>Minneapolis, Minnesota 美国</td>
<td>162, 143</td><td>1, 064</td><td>159, 756</td><td>1, 058</td>
</tr>
<tr>
<td>10</td><td>10</td>
<td>Hyatt Hotels Corp. 凯悦酒店集团</td>
<td>Chicago, Illinois 美国</td>
<td>127, 507</td><td>453</td><td>122, 317</td><td>424</td>
</tr>
<tr>
<td>11</td><td>11</td>
<td>Westmont Hospitality Group 西山饭店集团</td>
<td>Houston, Texas 美国</td>
<td>116, 913</td><td>813</td><td>113, 771</td><td>803</td>
</tr>
</table>

续表

2010排名	2009排名	集团	总部	2010房间数	2010酒店数	2009房间数	2009酒店数
12	13	Shanghai Jin Jiang International Hotel Group Co. Ltd. 上海锦江国际酒店集团	Shanghai, China 中国	107, 019	707	89, 251	546
13	19	Home Inns & Hotels Management 如家酒店集团	Shanghai, China 中国	93, 898	818	71, 671	616
14	15	The Rezidor Hotel Group 瑞兹多酒店集团	Brussels, Belgium 比利时	87, 868	411	83, 200	389
15	17	Meliá Hotels International 欧慧酒店集团	Palma de Mallorca, Spain 西班牙	87, 000	350	76, 887	305
16	16	LQ Management LLC LQ 管理有限公司	Irving, Texas 美国	83, 635	820	78, 945	766
17	14	TUI Hotels & Resorts 途易酒店及度假村集团	Hanover, Germany 德国	79, 511	261	83, 728	297
18	12	Louvre Hotels Group 卢浮宫酒店集团	Paris, France 法国	78, 230	1, 023	91, 409	1, 097
19	18	Extended Stay Hotels 长住饭店集团	Spartanburg, South Carolina 美国	77, 200	683	76, 384	686
20	32	Iberostar Hotels & Resorts 伊波罗之星酒店及度假村集团	Palma de Mallorca, Spain 西班牙	67, 400	101	36, 000	100
21	20	Vantage Hospitality Group Inc. 卓越饭店集团	Coral Springs, Florida 美国	60, 081	973	65, 232	906
22	21	NH Hoteles SA NH 饭店公司	Madrid, Spain 西班牙	58, 687	397	61, 317	401
23	34	7 Days Group Holdings Ltd. 七天酒店集团	Guangzhou, China 中国	56, 410	568	32, 836	337
24	23	Interstate Hotels & Resorts Interstate 酒店及度假村公司	Arlington, Virginia 美国	50, 666	242	46, 129	228
25	37	China Lodging Group Ltd. 汉庭酒店集团	Shanghai, China 中国	50, 438	438	28, 360	236

续表

2010 排名	2009 排名	集团	总部	2010 房间数	2010 酒店数	2009 房间数	2009 酒店数
26	24	Barceló Hotels & ResortsBarceló 酒店与度假村集团	Palma de Mallorca, Spain 西班牙	46，922	182	45，939	181
27	25	MGM Resorts International 米高梅度假饭店公司	Las Vegas, Nevada 美国	46，533	17	45，701	16
28	26	Whitbread PLC 第一旅馆公司	Leagrave, England 英国	44，062	593	40，000	583
29	28	Caesars Entertainment Inc. 凯撒娱乐集团	Las Vegas, Nevada 美国	42，931	33	39，000	34
30	27	Riu Hotels & Resorts 瑞优酒店及度假村集团	Playa de Palma, Spain 西班牙	42，000	107	39，208	104
31	—	Toyoko Inn Co. Ltd. 东横酒店集团	Tokyo, Japan 日本	41，926	217	—	—
32	33	Fairmont Raffles Hotels International 费尔蒙莱佛士国际控股集团	Toronto, Ontario 加拿大	37，958	100	35，831	94
33	30	Red Roof Inn 红屋顶旅馆	Columbus, Ohio 美国	35，786	342	36，298	343
34	31	The Walt Disney Co. 沃尔特·迪士尼公司	Burbank, California 美国	32，536	34	36，119	36
35	38	Travelodge Hotels Ltd. Travelodge 酒店有限公司	Thame, England 英国	31，953	463	28，294	393
36	42	Shanghai Motel Chain Co. Ltd. 上海莫泰住宿公司	Shanghai, China 中国	30，856	266	23，084	199
37	36	Millennium & Copthorne Hotels PLC 千禧国尊酒店集团	London, England 英国	29，532	103	29，340	105
38	35	Shangri—La Hotels and Resorts 香格里拉酒店集团	Hong Kong, China 中国	29，408	70	29，700	65
39	39	Scandic Hotels 斯堪的克酒店集团	Stockholm, Sweden 瑞典	27，204	147	25，070	138
40	78	Pyramid Hotel Group 金字塔饭店集团	Boston, Massachusetts 美国	25，864	64	13，325	40

续表

2010排名	2009排名	集团	总部	2010房间数	2010酒店数	2009房间数	2009酒店数
41	—	Nordic Choice Hotels 北欧精选酒店集团	Oslo, Norway 挪威	25, 819	169	—	—
42	161	Hotel Okura Co. Ltd. 大仓酒店有限公司	Tokyo, Japan 日本	24, 809	79	6, 797	22
43	99	Pandox AB 朗道 AB 公司	Stockholm, Sweden 瑞典	24, 800	122	10, 700	46
44	43	HK CTS Hotels Co. Ltd. 香港中旅酒店公司	Beijing, China 中国	23, 964	74	22, 393	66
45	29	Pillar Hotels & ResortsPill-ar 酒店及度假村	Irving, Texas 美国	23, 900	233	37, 900	348
46	41	Club Méditerranée Méditerranée 俱乐部	Paris, France 法国	23, 816	84	23, 816	84
47	54	Highgate Hotels Highgate 饭店集团	Irving, Texas 美国	23, 362	43	18, 313	39
48	47	White Lodging Services Corp. 怀特住宿服务公司	Merrillville, Indiana 美国	23, 157	154	20, 259	144
49	48	Jinling Hotels & Resorts Corp. 金陵酒店及度假村公司	Nanjing, China 中国	23, 057	92	19, 785	81
50	44	Prince Hotels Inc. 公主饭店集团	Tokyo, Japan 日本	22, 077	56	22, 077	56
51	52	The Ascott Ltd. Ascott 酒店公司	Singapore 新加坡	22, 000	152	19, 000	112
52	22	GreenTree Inns Hotel Man-agement Group Inc. 格林豪泰酒店管理集团	Shanghai, China 中国	21, 600	240	49, 700	450
53	51	Value Place Value Place 酒店集团	Wichita, Kansas 美国	21, 576	174	19, 175	163
54	55	Barony Hotels & Resorts Worldwide 君廷国际酒店集团	London, England 英国	21, 308	74	18, 009	61
55	46	Ocean Hospitalities Inc. 大洋饭店公司	Portsmouth, New Hampshire 美国	21, 031	138	20, 887	132

续表

2010排名	2009排名	集团	总部	2010房间数	2010酒店数	2009房间数	2009酒店数
56	45	BTG — Jianguo Hotels & Resorts 首旅建国酒店及度假村	Beijing, China 中国	20,245	69	21,358	71
57	49	Grupo Posadas 波萨达斯集团	Mexico City, Mexico 墨西哥	20,006	113	19,600	111
58	53	John Q. Hammons Hotels & Resorts 约翰·哈蒙斯酒店及度假村集团	Springfield, Missouri 美国	18,988	78	18,760	77
59	50	Four Seasons Hotels and Resorts 四季酒店及度假村	Toronto, Ontario 美国	18,758	84	19,231	83
60	59	B&B Hotels Ltd. B&B 酒店集团	Brest, France 法国	18,192	242	16,162	215
61	—	InTown Suites Hospitality Corp. InTown 酒店集团	Atlanta, Georgia 美国	17,978	138	—	—
62	64	Mövenpick Hotels & Resorts Mövenpick 酒店及度假村	Glattbrugg, Switzerland 瑞士	17,360	68	15,708	69
63	56	Drury Hotels Co. LLC Drury 酒店有限公司	St. Louis, Missouri 美国	17,259	125	17,208	124
64	89	GF Management LLC GF 酒店管理公司	Philadelphia, Pennsylvania 美国	17,204	107	11,893	73
65	61	Omni Hotels 欧姆尼饭店公司	Irving, Texas 美国	16,970	50	16,000	45
66	60	APA Group APA 集团	Tokyo, Japan 日本	16,857	74	16,091	69
67	67	TP G Hospitality Inc. TP·G 住宿公司	Cranston, Rhode Island 美国	16,823	63	15,080	57
68	—	Panorama Hospitality 全景住宿公司	Tokyo, Japan 日本	16,735	70	—	—
69	62	The Chartres Lodging Group LLC 查特斯住宿集团	San Francisco, California 美国	15,411	33	15,947	35

续表

2010排名	2009排名	集团	总部	2010房间数	2010酒店数	2009房间数	2009酒店数
70	69	Kempinski Hotels 凯宾斯基酒店集团	Geneva, Switzerland 瑞士	15，399	64	14，993	60
71	71	Maritim Hotels 玛丽蒂饭店公司	Bad Salzuflen, Germany 德国	15，177	51	14，500	51
72	—	Interchange & Consort Hotels I & C 酒店集团	York, England 英国	14，980	275	—	—
73	57	America's Best Franchising Inc. 美国最佳特许经营公司	Atlanta, Georgia 美国	14，979	241	17，162	251
74	98	Aimbridge Hospitality Aimbridge 酒店集团	Carrollton, Texas 美国	14，795	71	10，741	56
75	40	Columbia Sussex Corp. 哥伦比亚苏塞克斯公司	Crestview, Kentucky 美国	14，775	45	23，932	69
76	58	Rewe Touristik GmbH LTI 国际饭店集团	Cologne, Germany 德国	14，616	56	16，637	59
77	70	Southern Sun Hotels Pty. Ltd. 南日饭店有限公司	Bryanston, South Africa 南非	14，342	89	14，533	87
78	74	HNA Hotels & Resorts 海航酒店及度假村	Beijing, China 中国	14，198	58	13，842	58
79	65	Grupo Husa 胡萨酒店集团	Barcelona, Spain 西班牙	13，895	128	15，632	144
80	88	Crescent Hotels & Resorts Crescent 酒店及度假村集团	Fairfax, Virginia 美国	13，642	65	12，000	55
81	94	Sage Hospitality Resources 世家饭店集团	Denver, Colorado 美国	13，584	65	11，075	53
82	—	Steigenberger Hotels AG 斯太根伯格 AG 饭店公司	Frankfurt, Germany 德国	13，502	79	—	—
83	97	Las Vegas Sands Corp. 拉斯维加斯 Sands 公司	Las Vegas, Nevada 美国	13，326	6	10，742	5
84	—	Delta Hotels Ltd. 德尔塔饭店公司	Toronto, Ontario 美国	13，297	47	—	—
85	73	Fiesta Hotel Group 悦泰酒店集团	Ibiza, Spain 西班牙	13，256	46	13，907	48

续表

2010排名	2009排名	集团	总部	2010 房间数	2010 酒店数	2009 房间数	2009 酒店数
86	79	Park Management Group 帕克管理集团	Smyrna, Georgia 美国	13, 115	153	13, 239	154
87	72	Tokyu Hotels 东急酒店集团	Tokyo, Japan 日本	13, 110	41	14, 439	56
88	68	Mantra GroupMantra 酒店集团	Surfers Paradise, Australia 澳大利亚	13, 000	130	15, 000	138
89	76	Crestline Hotels & Resorts Inc. Crestline 酒店及度假村	Fairfax, Virginia 美国	12, 912	64	13, 488	66
90	82	Atlantica Hotels International 亚特兰蒂斯国际酒店集团	São Paulo, Brazil 巴西	12, 832	76	12, 708	73
91	102	Davidson Hotel Co. 戴维森饭店公司	Memphis, Tennessee 美国	12, 803	45	10, 420	37
92	85	The Indian Hotels Co. Ltd. 印度酒店有限公司	Mumbai, India 印度	12, 802	108	12, 268	103
93	63	Grupo Cubanacan SA 蓝卡集团	Havana, Cuba 古巴	12, 700	60	15, 895	75
94	83	Solare Hotels and Resorts Co. Ltd. 太阳饭店及度假村有限公司	Tokyo, Japan 日本	12, 696	73	12, 580	72
95	117	Jaz Hotels, Resorts & Cruises Jaz 酒店及度假村	Giza, Egypt 埃及	12, 536	51	9, 244	42
96	81	Hospitality International Inc. 国际饭店集团	Tucker, Georgia 美国	12, 529	272	12, 870	282
97	84	Gaviota Tourism Group SA 海鸥旅游 S. A. 集团	Havana, Cuba 古巴	12, 481	41	12, 481	41
98	86	Northcott Hospitality International LLC Northcott 国际住宿公司	Chanhassen, Minnesota 美国	12, 304	217	12, 186	217
99	—	Silken Hotels Group 丝路酒店集团	Madrid, Spain 西班牙	12, 000	32	—	—
100	107	Grand City Hotels & Resorts 大城市酒店及度假村	Berlin, Germany 德国	11, 755	92	10, 100	80

附录二　奇妙的未来酒店

　　未来学家网站创始人格伦·希米恩特拉（Glen Hiemstra）认为，未来酒店会在方方面面改变当今旅游业的面貌。未来酒店到底以何种形象示人取决于很多因素，设计师天马行空的大胆设计当然让我们兴奋，但实际上，真正具有科幻色彩的假设来源于"纳米技术"，简单地说，纳米技术能够让我们在分子水平下完成加工和制造。希米恩特拉说："到 2030 年，我们可能有机会入住可自行改装直至让我们满意的客房。你可以按照自己的要求进行布局，比如选择一张超大号床加一张沙发或者一张单人床加一个桌子。"

　　机器人技术也将是影响未来酒店业的最为重要的技术之一。根据设想，未来酒店的大部分清洗和登记工作将全部由机器人完成。随着机器人技术不断成熟，这一天可能很快就会到来，并不是一个遥不可及的梦。

　　我们中很多人一定常做这样的梦——希望能到月亮上度蜜月。然而，我们也只是梦想一下而已，通常还是会把实现这一梦想的希望寄托在孩子或者孩子的孩子身上。但在荷兰鹿特丹建筑学院和世界顶尖建筑设计公司 Wimberly Allison Tong & Goo 的设计师汉斯—于尔根·罗姆堡（Hans—Jurgen Rombaut）手上，这一梦想在不远的将来成为现实。由他一手设计的名为"疯狂酒店"的卫星将投入建造，预计于 2050 年完工。

　　很显然，向月球发射数吨钢铁和水的成本仍旧是一项巨大挑战，但据罗姆堡透露，建筑用料中的相当一部分可以在月球上获得，方式就是利用其现有的矿石。但疯狂酒店的入住费

建在月亮上的疯狂酒店

用一定是一个天文数字。根据罗姆堡的估计，要想在他的低重力娱乐中心玩上两周，你也许要拿一套高级住宅抵押贷款，才有可能支付惊人的费用。

在韩国建筑公司 Heerim Architects 看来，人类没有必要一定要到月亮上走一遭，在地球上也同样可以建造月亮酒店。有消息说，两座灵感来源于月亮的超现代风格

建在地球上的月亮酒店

酒店将在阿塞拜疆首都巴库拔地而起，其中一座名为满月酒店，外形类似《星球大战》中的死亡之星，另一座名为"新月酒店"，与"满月"形成鲜明对比。"死亡之星"这个名字可能招致一些人的反感，但也可能对追求个性的人产生莫大吸引力。实际上，对于巴库这个世界上一个经济发展最为快速的地区来说，无论取什么名字，这两座未来派酒店都注定让它的旅游业更上一层楼。

可飞行的明日豪华酒店指的就是 Aeroscraft，它是一艘重 400 吨的巨型软式飞艇，可用于搭载乘客，其内部空间巨大，相关设施也与豪华班机不相上下。这座飞行酒店的个头相当于两个足球场，依靠 1400 万立方英尺（约合 39.6 万立方米）氦气、巨型氢燃料电池提供动力的推进器以及 6 个涡轮

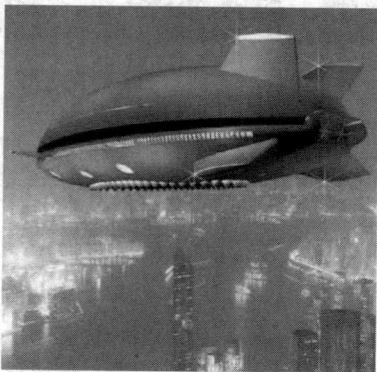

可飞行的明日豪华酒店

喷气发动机在空中飘浮和飞行。它能够容纳 250 名乘客，飞行高度可达到 8000 英尺（约合 2438 米）。除了让乘客体验飞行的快乐外，Aeroscraft 还为他们准备了贵宾包房、赌场、餐厅等，让他们尽情享受高科技带来的乐趣。

布鲁斯·琼斯（Bruce Jones）的大部分职业生涯都花在为富豪和名流设计具有突破性的潜艇上。也许是厌倦了这份工作，现在的琼斯开始在酒店业大展设计才华，位于斐

济的一个私人岛屿成为他的"试验场"。

波塞冬海下度假村被面积 5000 英亩（约合 3. 035 万亩）的礁湖环绕，豪华套房的面积达到 550 平方英尺（约合 51 平方米）。所有宾客将搭乘潜艇入住这家海下酒店，但这种海下之旅的费用可是相当昂贵，每人的入住费高达 1. 5 万美元，其中包含搭乘私人飞机从斐济机场到达"波塞冬"的费用。除了过一把坐潜艇的瘾外，游客还可以体验帆伞、深礁远足、洞穴探险、戴上自携式水下呼吸器潜水、在海床上跋涉以及各种水上运动。

高 321 米的帆船酒店又称"阿拉伯塔"，是世界上唯一一座 7 星级酒店，由于外形酷似一个被风鼓起的船帆，因此才得到"帆船"这个名字。帆船酒店坐落于迪拜海岸线之上，四周被精妙的水火交融的彩色雕塑环绕，令这里的夜景更加迷人和壮观。这家全套房酒店的司机会驾驶直升飞机或者劳斯莱斯接送游客，酒店顶层设豪华停机坪、休闲高尔夫，每一层都设有私人前台接待处，水下餐厅和各国美味一应俱全，训练有素的管家 24 小时上岗，随时准备为游客提供最热情周到的服务。

波塞冬海下度假村

迪拜（阿拉伯塔）帆船酒店

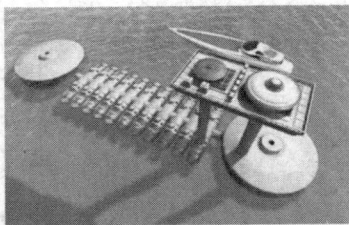

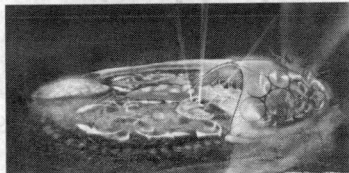

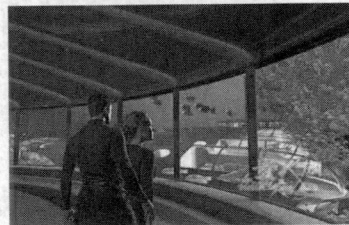

这家将在迪拜拔地而起的未来酒店仍处在设计阶段，它将成为该地区第二座 7 星级酒店。与上文提到的阿拉伯塔一样，阿派朗岛也是一家自称达到 7 星级标准的酒店。这家酒店将主打丛林主题，豪华套房数量将超过 350 间。从效果图来看，这家高科技酒店极具未来派色彩，

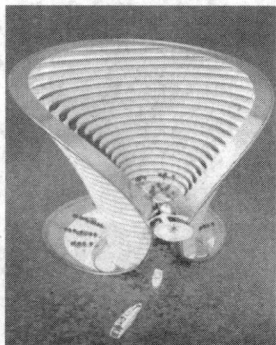

阿派朗岛酒店

可以说具有相当大的吸引力。除此之外，建造者还想尽一切办法将奢侈与舒适发挥到极致，除了必不可少的饭馆、电影院、零售商店、艺术长廊、会议设施外，这家酒店还为宾客准备了私人礁湖、海滩和温泉。毫无疑问，阿派朗岛这家设计超前的酒店将具有游客难以抗拒的魅力，它会像催眠师一样将世界各地的游人吸引过来，让他们体验前所未有的度假享受。

　　对于"钻戒"这个未来酒店，我们知之甚少，只知道它的外形类似一个 185 米高的费里斯大转轮。虽然尚未得到更多细节，但据我们

钻戒酒店

获悉，这座酒店将建在阿布扎比。从初步的建筑设计图来看，"钻戒"这个名字还称不上实至名归，而是更多地在概念上加以诠释。

　　提到水世界酒店，读者们一定会联想到凯文·科斯特纳（Kevin Kostner）的 1995 年影片《未来水世界》。可容纳 400 人的水世界酒店位于中国松江一个废弃的采石深坑内，由于身处郊外，美丽淳朴的自然风光成为它的一大亮点，而建在水下的公共区域和客房则让它散发出一种独特魅力。除了咖啡馆、饭馆和常见运动设施外，水世界还为宾客准备了令他们意想不到的惊喜，比如说用于攀岩、蹦极等极限运动的设施。

　　在英国公司"汤姆逊假日"（Thomson Holidays）发表轰动性报告《2024：一个假日奥德赛》之时，这家著名旅游运营商便预言未来酒店

水世界酒店

可折叠的"豆荚"酒店

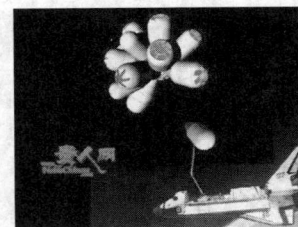

充气式太空酒店

将建在可折叠的荚状物之上，荚状物则建在真正做到可"四海为家"的巨型支柱之上。"汤姆逊假日"所指的就是"豆荚"酒店。这种未来派酒店能够实现自给自足，宾客可以用最喜欢的图像投射到墙壁上这种方式设计自己的房间。如果因为度假地无法满足要求或者出现恐怖分子而丧失继续停留的兴趣，他们还可以将酒店"打包"，而后朝新的目的地进发，整个过程就像把帐篷折起来一样简单。

这家充气式太空酒店名为"商用空间站太空漫步者"，由拉斯维加斯的毕格罗宇航公司（Bigelow Aerospace）设计。2007 年，无人驾驶的试验性可充气式太空舱"起源 1 号"从俄罗斯发射升空，并顺利进入轨道。如果一切顺利的话，整座充气式太空酒店将于 2015 年建造完毕，那时的它将在地球上空 515 公里遨游。充气式太空酒店的建造成本只有微不足道的 5 亿美元，但入住费用却高得惊人，预计最高可达到 100 万美元。

在金融海啸席卷全球之际，被誉为全球最豪华酒店的"棕榈岛亚特兰蒂斯"（Atlantis, The Palm）2008 年 11 月 20 日在迪拜正式开幕，并逆市斥资 2000 万美元举行盛大的开幕庆典。当地的传媒称为"十年来最盛大的派对"，请来 2000 多位名人嘉宾，酒店更扬言派对的烟花会演较北京奥运还盛大七倍。出席开幕派对的名人可谓星光熠熠，当中包括美国名嘴奥普拉、影星罗伯特一德尼罗和丹尼尔一华盛顿、前篮球明星迈克尔一乔丹等，著名歌星 Kylie Minogue 和印度宝莱坞女星乔普拉会表演嘉宾。而酒店的米芝莲级大厨山塔马利亚和日本厨艺大师松久信幸也粉墨登场，为来宾炮制佳肴。

　　酒店股东之一、南非赌场酒店大亨科兹纳表示："我们兴建了很特别的东西，要告知全世界。"酒店以传说中拥有高度文明的古国亚特兰蒂斯为主题，占地 113 亩，耗资 15 亿美元，坐落在世界最大的人造岛棕榈岛上。酒店设有中东最大型的水上乐园和巨型水族馆，水族馆饲养了 65000 条鱼；住客还可预约在海豚湾浅水区与海豚近距离接触，与它们一起潜泳。中庭则摆放了美国著名玻璃艺术家契胡利的大型旋转玻璃雕刻作品，玻璃艺术品的造型极像海底的神秘生物。酒店共有 1539 间房间，每晚租金由 800 美元至25000 美元。顶层则是超级富豪的专属区域，顶楼套房拥有三个卧室和三个浴室，并有一张可供 18 人用餐的金叶餐桌，住客可将整个

亚特兰蒂斯豪华酒店

岛的建筑布局尽收眼底。酒店已于 9 月 24 日试营业，目前的入住率为八成，虽然迪拜和波斯湾国家受到金融海啸冲击，经济元气大伤，加上酒店的主要顾客对象为大受金融危机影响的欧洲旅客，但科兹纳仍对酒店的前景感到乐观，称酒店属中长期的投资。

　　世界最大的游轮 2008 年 11 月 21日在芬兰第二大城市图尔库的一家造船厂下水，长 360 米、宽 65 米、高72 米，重达 22 万吨，要比"泰坦尼克号"还要大 3 倍，比当前世界上最大游轮"海洋自由号"还重 6 万吨。

这艘名为"海中绿洲"号的游轮由总部设在美国迈阿密的皇家加勒比游轮公司订购，造价为 25 亿美元，首航目的地为美国迈阿密。

"海中绿洲"号游轮拥有 16 层甲板和 2700 间客房，可乘载 5400 名乘客，其中还包括了许多两层的超级洋房，简直足以媲美城市里的家。它是首艘有 7 个明显分区的游轮，分别为中央公园、木板路、皇家步行区、众多酒吧饭店、游泳池和运动区、海洋温泉与健身区、娱乐区和少年区。其中，中央公园位于游轮的第 8 层甲板上，公园长达 100 米、宽 19 米。为了让公园中的植物能茁壮成长，此游轮还将采用小气候控制技术。娱乐区有 15 家以上饭馆和酒吧、一处娱乐场所、一家影院、两家夜总会和一家最大的淡水游泳池。

令人惊异的是，"海中绿洲"号上还将拥有一个高科技"移动酒吧"，它可以在三层甲板之间上下移动，营业时间升空，结束营业后降下。喜欢刺激的人还可以在船上体验世界首条游轮空中绳索的"飞人"感觉。此外，喜欢休闲的人们可以在船上的 3 个主题露天公园里晒太阳，或是在各类餐厅里享用美食、咖啡。船上还有水晶顶棚设计的酒吧，入夜之后与亲密爱人在此喝一杯，气氛相当浪漫。当它在海上航行时，他堪称是一座"旅行的城市"。

海中绿洲

参考文献

一、主要参考文献

1. 彼得·圣吉.《第五项修炼》. 郭进隆译. 上海三联书店，2002 年

2. 张润刚.《张润刚论酒店》. 旅游教育出版社，2010 年

3. 戴斌.《经济型饭店：国际经验与中国的实践》. 旅游教育出版社，2007 年

4. 戴斌.《2006 年中国酒店产业走势分析》，载《中外酒店》，2006 年

5.《饭店现代化》. 全国服务科技信息中心，商业科技质量中心主办，2009 年第 8 期

6. 奚晏平.《饭店业理论与前沿问题》. 中国旅游出版社，2007 年

7. 黄静.《品牌管理》. 武汉大学出版社，2005 年

8. 赵文明，黄成儒.《百年管理思想精要》. 中华工商联合出版社，2003 年

9. 魏杰.《企业文化塑造——企业生命常青藤》. 中国发展出版社，2002 年

10. 刘光明.《企业文化世界名著解读》. 广东经济出版社，2003 年

11. 马勇，陈雪钧.《饭店集团品牌建设与创新管理》. 中国旅游出版社，2008 年

12. 菲利普·哈里斯.《跨文化管理教程》. 关世杰译，新华出版社，2002 年

13. 陈亭楠.《现代企业文化》. 企业管理出版社，2003 年

14. 余菁.《企业管理世界名著解读》. 广东经济出版社，2003 年

15. ROBERT C. FORD, CHERRILL P. HEATON.《现代美国旅游饭店服务管理》. 边毅，赵丰跃译. 湖南科学技术出版社，2003 年

16. 陈荣耀.《企业伦理》. 华东师范大学出版社，2001 年

17. 詹姆斯·赫斯克特. 《服务利润链》. 牛海鹏译. 华夏出版社，2002 年

18. 魏小安，沈彦蓉.《中国旅游饭店业的竞争与发展》. 广东旅游出版社，1999 年

19. 谷慧敏，秦宇.《世界著名饭店集团管理精要》. 辽宁科学技术出版社，2001 年

20. 邹统钎.《饭店战略管理理论前沿与中国的实践》. 广东旅游出版社，2002 年

21. 邹益民，戴维奇.《饭店集团品牌组合管理——剖析国外饭店集团之品牌结构》. 2003 年

22. 杨云. 《国际饭店扩张与我国饭店集团化发展策略》. 湖北大学学报，2002 年

23. 迈克尔·波特.《竞争战略》. 陈小悦译. 华夏出版社，1997 年

24. 杜江.《旅游企业跨国经营战略研究》. 旅游教育出版社，2001 年

25.《饭店业管理会计》（第四版）. 徐虹译. 中国旅游出版社，2002 年

26. 中国旅游饭店业协会.《中国饭店集团化发展蓝皮书》. 中国旅游出版社，2003 年

27. 奚从清，谢健.《现代企业文化概念》. 浙江大学出版社，2001 年

28. 张德，吴剑平.《企业文化与 CI 策划》. 清华大学出版社，2000 年

29. 王大悟.《21 世纪饭店发展趋势》. 华夏出版社，1999 年

30. 刘光明.《企业文化》. 经济管理出版社，2002 年

31. 张德，吴剑平.《企业文化与 CI 策划》. 清华大学出版社，2000 年

32. 菲利普·哈里斯，罗伯特·莫兰.《跨文化管理教程》. 关世杰译. 新华出版社，2000 年

33. 席酉民.《和谐管理理论》. 中国人民大学出版社，2002 年

34. 林宁.《希尔顿饭店的成功之道》. 载《金融经济》，2003 年第 6 期

35. Jesper Kunde.《公司精神》. 王钰译. 云南大学出版社，2002 年

36. 申葆嘉.《旅游学原理》. 上海学林出版社，1999 年

二、相关网站

http：//www. hotelsmag. com

http：//travel. sohu. com/

http：//travel. sina. com. cn

http：//www. ichotelsgroup. com

http：//www. wyndham. com

http：//www. marriott. com

http：//www. hilton. com

http：//www. hotelchoice. com

http：//www. starwood. com

http：//www. accor. com

http：//www. hyatt. com

http：//www. shangri—la. com

http：//www. fourseasons. com

http：//www. bestwestern. com

http：//www. carlsonhotels. com

http：//www. fairmont. com

http：//www. kempinski. com

http：//www. jumeirah. com

http：//www. banyantree. com

http：//www. lhw. com

http：//www. ghotw. com

责任编辑：张　旭
责任印制：冯冬青
装帧设计：谭雄军

图书在版编目（ＣＩＰ）数据

世界著名酒店集团比较研究 / 奚晏平编著 . -- 2 版
-- 北京 ： 中国旅游出版社，2012.4（2021.8 重印）
ISBN 978-7-5032-4398-1

Ⅰ．①世… Ⅱ．①奚… Ⅲ．①饭店－企业集团－对比
研究－世界 Ⅳ．① F719.2

中国版本图书馆 CIP 数据核字（2012）第 047808 号

书　　　名：世界著名酒店集团比较研究（第二版）

作　　　者：奚晏平　编著
出版发行：中国旅游出版社
　　　　　（北京静安东里6号　邮编：100028）
　　　　　http://www.cttp.net.cn　E-mail:cttp@mct.gov.cn
　　　　　营销中心电话：010-57377108，010-57377109
　　　　　读者服务部电话：010-57377151
排　　版：北京纺印图文设计制作有限公司
经　　销：全国各地新华书店
印　　刷：三河市灵山芝兰印刷有限公司
版　　次：2012年4月第2版　2021年8月第7次印刷
开　　本：720毫米×970毫米　1/16
印　　张：33
印　　数：17001-20000
字　　数：450千
定　　价：48.00元
ＩＳＢＮ　　978-7-5032-4398-1